当/代/中/国/区/域/发/展/丛/书

Industrialization, Pollution Management and China's Sustainable Regional Development

工业化、污染治理与中国区域可持续发展

周民良●等著

经济管理出版社
ECONOMY & MANAGEMENT PUBLISHING HOUSE

图书在版编目（CIP）数据

工业化、污染治理与中国区域可持续发展/周民良等著. —北京：经济管理出版社，2012.11

ISBN 978-7-5096-2104-2

Ⅰ.①工… Ⅱ.①周… Ⅲ.①工业增长—关系—区域发展—可持续发展—研究—中国 ②污染防治—关系—区域发展—可持续发展—研究—中国 Ⅳ.①F427②X5

中国版本图书馆 CIP 数据核字（2012）第 225129 号

组稿编辑：申桂萍
责任编辑：孙　宇
责任印制：黄　铄
责任校对：蒋　方

出版发行：经济管理出版社
（北京市海淀区北蜂窝 8 号中雅大厦 A 座 11 层　100038）

网　　址：www.E-mp.com.cn
电　　话：(010) 51915602
印　　刷：北京广益印刷有限公司
经　　销：新华书店
开　　本：720mm×1000mm/16
印　　张：26.5
字　　数：466 千字
版　　次：2012 年 11 月第 1 版　2012 年 11 月第 1 次印刷
书　　号：ISBN 978-7-5096-2104-2
定　　价：68.00 元

·版权所有　翻印必究·

凡购本社图书，如有印装错误，由本社读者服务部负责调换。
联系地址：北京阜外月坛北小街 2 号
电话：(010) 68022974　邮编：100836

《当代中国区域发展丛书》编委会

顾问：王洛林　陈佳贵　陆大道　陈栋生

主编：魏后凯

编委：（按姓氏笔画排序）

白　玫　石碧华　刘　楷　孙久文　安虎森　安树伟
宋迎昌　张　军　张世贤　张可云　李　青　杨开忠
沈志渔　肖金成　陈　耀　周民良　周跃云　林家彬
贺灿飞　赵作权　郝寿义　殷存毅　高新才　覃成林
樊　杰　魏也华

走向区域科学发展的新时代
（代总序）

一

改革开放以来，中国经济获得了持续的高速增长。1979～2008年，中国国内生产总值年均增长9.8%。面对国际金融危机的冲击，2009年中国GDP增长速度仍然高达8.7%。如果按照各省区市增长速度推算，当年各地区生产总值加总平均增长率则达到11.6%。伴随着经济的高速增长，人民生活水平显著提高，综合国力和竞争力不断增强，中国经济总量在世界上的排位由第10位上升到2008年的第3位，农村贫困人口大幅减少，由改革开放初期的2.5亿人减少到2009年的3597万人①。对于改革开放以来中国经济的高速增长和所取得的巨大成就，国内外学术界把它称为"中国奇迹"、"中国模式"、"中国经验"。

显然，中国经济的高速增长是以各地区经济的繁荣为支撑的。可以说，没有各地区经济的普遍繁荣，就不可能有全国经济的持续高速增长。自改革开放以来，尽管中国各地区的经济增长速度有快有慢，但总体上都获得了大幅度的增长，各地区的经济均呈现出高速增长的态势。据我们测算，1980～2009年，全国31个省区市生产总值年均增长11.1%，其中东部地区为12.1%，东北地区为9.6%，中部地区为10.5%，西部地区为10.2%。这说明，改革开放以来，无论是东部地区还是中西部地区和东北地区，其经济增长速度都是相当快的，呈现出典型的高增长特征。各地区经济长达30年的9%以上的高速增长，这是改革开放以前无法比拟的，也是世界上少见的。

可以预见，在今后一二十年内，中国区域经济仍将会呈现高速增长的态势。第一，受工业用地短缺、要素成本上涨、环保标准提高等因素的影响，东

---

① 按2009年贫困标准1196元测算。

部地区近年来经济增速有所放慢,但随着其经济转型升级的加快,将会很快进入新一轮的持续快速增长轨道。第二,中西部地区资源丰富,要素成本较低,劳动力供应充足,未来发展的空间和潜力很大,近年来正呈现出强劲的增长势头。第三,在国家政策的大力支持下,东北老工业基地已经走出了改革开放以来的"相对衰退"困局,2006~2009年地区生产总值年均增长高达13.4%,有望在较短时间内实现全面振兴的目标。第四,过去中国经济的高速增长主要是依靠珠三角、长三角等少数地区来推动的,近年来随着工业化和城镇化的快速推进,全国范围掀起了培育和发展城市群的高潮,京津冀都市圈、山东半岛城市群、辽宁沿海经济带、中原城市群、皖江城市带、长株潭"3+5"城市群、成渝经济区、关中—天水经济区、北部湾经济区等都有望成为支撑未来中国经济高速增长的新的主导地区,由此形成"群雄并起"的多元化竞争格局。

二

但是,应该看到,改革开放以来中国区域经济的这种高增长是以高消耗、高排放、不协调、乱开发为代价的。第一是高消耗。2007 年,中国 GDP 约占世界总量的 5.9%[①],而水泥消耗占世界的 47.3%(2006 年数据),一次能源消耗占 16.5%,其中煤炭占 41.1%,石油占 9.2%[②],粗钢表观消费量占32.4%,钢产品表观消费量占 33.9%[③]。按照世界银行的数据,2004 年中国单位 GDP 能源消耗高达 8.33 标准油吨/万美元,是世界平均水平的 3.14 倍,高收入国家的 5.02 倍[④]。尤其是中西部地区和东北地区,受产业结构、发展阶段以及技术和管理水平的影响,资源和能源高消耗的特征更为明显。2008年,西部地区万元 GDP 能耗高达 2.02 吨标准煤,比全国平均水平高 83.6%,比东部地区高 117%。即使是东部较发达地区,单位 GDP 的资源和能源消耗强度与发达国家相比也具有较大差距。

第二是高排放。按照国际能源署(IEA)发布的数据,2007 年,中国二氧化碳排放量已占世界总量的 21.0%,尽管中国人均二氧化碳排放量与世界

---

① UNDP, Human Development Report, New York, 2009.
② BP 公司:《BP 世界能源统计》,2009 年 6 月。
③ World Steel Association, Steel Statistical Yearbook 2008, Brussels, 2009.
④ 国家统计局编:《国际统计年鉴》(2009),中国统计出版社,2009 年。

平均水平基本持平，只相当于OECD国家的41.8%，但单位GDP二氧化碳排放强度却是世界平均水平的3.16倍，是OECD国家的5.37倍①。中国单位GDP二氧化硫排放强度也远高于发达国家的水平。2006年，中国单位GDP二氧化硫排放量为0.012015吨/万元，是美国的59.6倍、日本的19.8倍②。分地区看，虽然中国工业废气和废水排放总量的近50%集中在东部地区，但中西部地区单位工业增加值"三废"排放量远高于东部地区，呈现出典型的高排放特征。2007年，西部地区每亿元工业增加值排放工业废水、工业废气和工业固体废物分别是东部地区的1.79倍、2.46倍和48倍。由此可见，今后中西部地区节能减排的任务十分艰巨。

第三是不协调。具体表现在以下几个方面：一是盲目追求GDP增长，忽视结构升级、技术创新、社会发展和生态环境建设，导致经济与社会发展和生态环境建设的不协调。二是地区间发展不协调。改革开放以来，我国东部地区与中西部地区间发展差距一直趋于扩大，这种状况直到最近几年才有所改变。三是城乡发展不协调。自20世纪80年代中期以来，除少数年份外，我国城乡收入差距一直在不断扩大。2009年，我国城镇居民人均可支配收入与农村居民人均纯收入之比达3.33∶1，远高于1997年的2.48∶1和1985年的1.86∶1。四是人口与产业分布不协调。近年来，一些城市和大都市圈在大规模集聚产业的同时，并没有相应大规模地集聚人口，由此造成就业岗位与人口分布的严重脱节，全国1.5亿农民工虽然大规模地参与了城镇化建设③，却没有公平地分享城镇化的成果。如我国三大都市圈人口仅占全国的12.6%，但GDP却占36.0%，二者之比达1∶2.86；而美国东北大都市区人口占全国的17%，GDP占20%，二者之比只有1∶1.18。日本等发达国家人口分布与经济布局也基本上是匹配的。

第四是乱开发。一是农村地区盲目开发，造成耕地大量减少、农产品供给安全面临挑战。二是生态地区肆意开发，使得生态系统整体功能退化，越来越多的国土成为不适宜人居住的空间。三是城市地区过度开发，导致资源和环境压力越来越大。乱开发导致国土空间开发无序，空间结构严重不合理。

---

① International Energy Agency, Key World Energy Statistics 2009, OECD/IEA, 2009.
② 铁铮：《中国生态文明建设进入量化时代》，《科学时报》，2010年2月5日。
③ 2009年，根据国家统计局的抽样调查数据推算，全国总的流动人口规模为1.8亿人左右，其中外出农民工是主体。另根据调查资料，2009年末全国农村外出的劳动力为1.49亿人。

从生产与生态看，生产占用空间偏多，留给生态的空间偏少；从生产与生活看，生产占用空间偏多，用于生活的空间偏少；从城市和农村看，农村居住空间偏多，城市居住空间偏少；从城市内部看，工业空间偏多，居住空间偏少①。特别是近年来，一些地方大建"花园式工厂"，搞"圈地运动"，地区经济高速增长主要依靠用地规模扩张。因此，从空间开发角度看，可以认为，过去不少地方的工业化是以牺牲人的福利为代价的，产业用地规模过大，比重过高，利用效率太低。

三

回顾改革开放以来中国区域发展的历程可以清楚地看出，过去各地区发展大多走的是一条以高增长、高消耗、高排放、乱开发、不协调为特征的传统发展道路。在当前资源与环境双重约束下，这种传统的发展模式已经走到了尽头，它是不可持续的，也是不符合科学发展观精神的。尤其是自2008年下半年开始的国际金融危机，加速了这种传统发展模式的终结。在新的形势下，今后各地区不应该也不可能再像过去那样依靠大量消耗资源、大量排放"三废"、大量出口廉价产品来谋求发展，而必须树立科学发展的新理念，坚定不移地走科学发展之路。可以说，区域科学发展将成为未来中国区域发展的核心理念，未来中国区域发展将进入一个更加注重科学发展的新时代。

针对过去的传统发展模式，早在2003年10月，中共十六届三中全会就提出了以人为本、全面协调可持续的科学发展观。全面发展、协调发展、可持续发展是科学发展观的三个核心理念。因此，走区域科学发展之路，就是坚持以人为本的区域全面协调可持续发展，更加强调集约发展、创新发展、和谐发展，提高区域可持续发展能力。在科学发展观视角下，必须加快区域发展方式转变和发展模式转型，尽快从传统发展模式转变为科学发展模式。这种区域发展转型是包括经济、社会、文化以及思想观念、发展战略和政策手段等在内的多元化综合转型。总体上看，当前我国区域发展转型主要内容包括六个方面：一是增长方式从粗放向集约转型；二是发展重心从注重经济

---

① 杨伟民：《推进形成主体功能区　优化国土开发格局》，《经济纵横》，2008年第5期。

增长向更加关注品质提升、社会发展和民生改善转型;三是产业结构从产业链低端向中高端转型;四是城乡关系从城乡分割向城乡一体化转型;五是动力来源从投入驱动向创新(包括技术创新、制度创新、管理创新和品牌创新)驱动转型;六是空间结构从无序开发向有序开发转型。

为此,必须实行"五新"战略,加快推进区域发展战略的全面转型。一是实行新型工业化战略。从大范围的区域看,那些适合工业化的地区,应该从本地实际出发,突出特色和优势,坚定不移地走资源节约、环境友好、生产效率高、注重自主创新、充分发挥人力资源优势、共享发展成果的工业化道路①。二是实行新型城镇化战略。重点是确立新的城市生态观,突出城市特色,注重提高城市效率,坚持城乡统筹理念,重视城市空间结构改善,走人本、集约、开放、和谐、多元化、可持续的特色新型城镇化道路。三是实行新型开发战略。一方面,要科学划定国土空间开发的控制线,实行严格的空间管治,合理规范空间开发秩序;另一方面,要推动人口与产业协同集聚,促进人口分布与经济布局相协调,以及人口、经济与资源环境承载能力相适应。四是实行新型开放战略。重点是统筹对外开放与国内发展,着力于以开放促改革、促发展、促升级、促协调、促和谐,全面提高开放型经济水平,促进国内经济社会发展和和谐社会建设。五是强化新型社会管理。要更加注重社区管理,充分发挥中间组织和民众参与的重要作用,探索形成与科学发展相适应的新型社会管理体制。

四

改革开放以来,中国区域发展取得了卓越成效,但也存在不少问题。应该看到,这些问题是发展和前进中的问题,我们绝不能因为这些问题就否定改革开放的巨大成就。正是由于中国区域发展中不断涌现的各种新问题和新现象,才促使各地在改革开放实践中不断探索创新,积极创造出各种新的模式、新的经验和新的做法。现实中的这些新问题、新现象、新模式、新经验和新做法,为中国乃至世界区域发展理论研究提供了丰富多彩的素材,也为

---

① 在我国,工业化战略并非适合于每一个地区。同时,工业化战略一般是就大范围的区域而言的,对于小范围的区域,尤其是区县及其以下的地域单元,应该强调功能分区和专业化的思想。

中国区域经济学立足世界之林创造了有利条件。

我国学术界一直高度重视中国区域发展问题的研究。近年来，这种研究主要沿着三个层面展开：一是国家层面的综合研究，主要是研究探讨中国区域发展的基本特征、演变趋势、存在问题、动力机制、战略模式和政策选择等；二是各个领域层面的专门研究，其范围几乎涵盖区域经济、社会、科技、教育、文化发展和生态环境建设等所有领域；三是地区层面的研究，从四大区域和省域的发展，到市域和县域的发展，再到乡镇、村域和园区的发展，几乎都开始成为学术界研究的热点，各个地区的发展战略规划研究则更是方兴未艾。

中国社会科学院历来具有注重现实问题研究的传统，其区域经济学学科建设更加强调对中国区域发展现实问题的积极探索。2003~2008年，我有幸主持中国社会科学院"重点学科建设工程"区域经济学学科建设项目。从2008年起，以重点学科建设为基础，以中国社会科学院的专家学者为主体，在经济管理出版社的大力支持下，我们共同组织编写了这套"当代中国区域发展丛书"，第一批共12本。中国区域发展涉及诸多领域，这次先期列入的学术著作，从体系上讲还不全面、不系统，需要今后不断地完善和补充。丛书的选题和各个单行本可能还存在诸多方面的不足，因此，真诚希望学界各位同仁提出宝贵的意见和建议。

这套丛书的顺利出版，得到了经济管理出版社沈志渔总编辑、张世贤社长以及国内外学界同仁的鼎力支持，在此表示衷心的感谢！

魏后凯

2010年3月5日

于中海·安德鲁斯庄园

前　言

　　1964年，蕾切尔·卡逊在《寂静的春天》一书中痛感春天里蛙鸣的消失。她敏锐地认识到，这种与自己孩提时截然不同的现象应该来自于工业化引起的环境污染。由此，她撰文写道："一个工业占支配地位的时代，在这样的时代里，无论付出多少代价都要赚钱的权利很少遇到挑战。"同时指出："我们冒着极大的危险竭力把大自然改造得适合我们的心意，但却未能达到目的，这确实是一个令人痛心的讽刺。然而看起来这就是我们的实际情况。"卡逊的判断是正确的，1994年，在经过多年研究和一系列实验后，人们发现，UV-B射线由于臭氧的日趋稀薄而增加了强度，而这种射线能够杀死暴露在阳光下的青蛙卵子。由于青蛙繁衍的进程受阻，所以青蛙数量变得日益稀少。

　　然而，在人类工业化扩张温室气体排放尤其是碳排放增加的情况下，"寂静的春天"越来越成为一种常态。根据德班会议传来的消息，在全世界排入大气层的碳污染总量中，来自前五名的国家排放量占到全球份额的一半以上：中国：94.41亿吨；美国：65.39亿吨；印度：22.72亿吨；俄罗斯：19.63亿吨；日本：12.03亿吨。这几个主要国家都集中在亚洲和环太平洋地区，而这一区域是全世界经济增长最快的地区。不同国家之间排放效率差距很大。2010年，中国的经济总量刚刚超越日本，但是中国的碳排放量却达到日本的7倍以上，碳利用效率差距十分悬殊，这既反映了经济结构和发展水平之间的差距，也反映了政府政策与管理效率之间的差距。

　　中国工业化带来的环境问题不只是温室气体的大量排放。2005年，因环境污染引发的冲突达5.1万起；2007年，40%的城市生活污水直接排放；60%的大湖因矿物质和有机物污染而出现富营养化；在监测的197条河流中，半数受到硝酸氨、过锰酸盐和石油的严重污染；在监测的287个大中城市中，只有44.9%的城市空气质量达到国家二级标准。根据美国麻省理工学院最近的研究，1975年，空气污染对中国生产力造成的损失为220亿美元，而到2005年上升到1120亿美元。

环境问题与工业化有关，但是环境问题变得日益严重却与对工业化的管理不当有关。史怀泽指出，伦理不仅与人，而且也与动物有关。动物和我们一样渴求幸福和畏惧死亡。如果只是关心人与人之间的关系，那么，我们就不会真正变得文明起来，真正重要的是人与所有生命的关系。联合国秘书长潘基文曾经指出："这种集体失败的后果如果不能迅速纠正，将会严重影响到我们所有人。"我们一直认为，推进中国工业化的同时，要切实加强环境管理。

千年之前，一位著名诗人写下了"相看两不厌，唯有敬亭山"的诗句，既抒发了对江南秀美山川的赞叹，也表达了个人怀忧之心得不到释放的无奈。而如今人们视野内的山水很难与古人看到的青山绿水等量齐观，一些地方的山川已经受到污染，到了"平林漠漠烟如织，寒山一带伤心悲"的状态，"我看青山多妩媚，料青山看我亦如是"的人与自然相融景象已经消失。山水易变，但今人的苦闷与古人的苦闷并无二致。何处望神州？面对受到污染的山水把酒临风，今天的文人或许比古人更难释怀，正所谓"怎一个愁字了得"。正因为如此，我们呼吁社会各方面的力量关注环境建设，在经济不断增长中凝聚起"神州尽舜尧"的共识，恢复青山绿水的本来面貌，还原一个更加清洁、宜居的国土，使我们在面对"层层似画，曲曲如屏"的自然世界时，能够发出"疾风劲雨荡浊事，悠悠，不尽长江滚滚流"的心声。当然，在一个转型社会里各类矛盾交织乃至各类牵绊横生的背景下，我们也许难以有刘翔那样抬腿横越的雄姿，更难有"乌蒙磅礴走泥丸"的气势，但只要我们适度抬高体位和提高速度，我们就能尽快跨越许多障碍，"行到水穷处，坐看云起时"，在"病树前头万木春"中走向"柳暗花明又一村"，甚至于"两岸猿声啼不住，轻舟已过万重山"，在改善人与自然关系中实现我们更高的目标和期望。

基于对工业化过程中环境问题的高度关注，21世纪前10年的中期，笔者承担了中国社会科学院B类重点项目《新一轮增长中的环境问题与对策》，在承担该项目期间，我们一直专注经济增长中的环境问题，为此发表了大量文章，这些文章发表在《人民论坛》、《江海学刊》、《中国地质大学学报》、《北京理工大学学报》、《地域研究与开发》、《城市发展研究》、《西部论丛》、《学习与实践》、《创新》、《中国环境报》、《环境保护》、《中国经济导报》、《新京报》等报纸、杂志上。其中，笔者撰写的发表于《中国地质大学学报》2008年第2期上的《贫困、环境与可持续发展》一文为中国人民大学报刊复印资料全文转载，并获得湖北省委宣传部颁发的湖北省社科期刊第十二届专题优秀作品二等奖；《以永定河流域综合治理开发推动北京西南地区可持续发展》一文获得北京市西南五区经济发展论坛优秀调研成果奖。笔者也因为在《中国地质大学学报》上发表了数篇环境保护文章获得《中国地质大学学报》百名优秀作者奖。

本书是笔者在多年研究基础上撰写的，并且得到了许多领导和专家的鼓励和支持。全国政协副主席、农工党中央常务副主席陈宗兴先生一直悉心指导、热情鼓励、积极支持我们的研究，并与笔者合作数篇文章，对我们的研究工作提供了巨大帮助。

需要提及的是，许多同行专家和学者参与了我们的研究。李同昇、米文宝、胡勇、李卓、梁祝、周群等教授都施以援手，为本书的形成增色不少。笔者在天津师范大学的校友于美霞博士提供了积极帮助，增加了数量分析的环节，对本课题完成亦有重要贡献。笔者的博士生满明俊、杭正芳、杨美玲分别参加了部分研究，并完成了各自承担的任务。

尽管经过数年研究，这一研究成果相对丰满，研究观点、思路和对各类问题的认识也得到了较深的挖掘。但是，回头来看，现在的研究成果依然存在着诸多不尽如人意之处。比如，本书的写作时间较长，为尊重各位研究者最初的想法和特色，我们不对文章的数据做新的调整，也不对文章的语言按照时下的新变化进行调整，以保持文章写作时的原生态。这样，读者就可以看到关于我们原创中的一些立意与设想。比如，在2005年写作的关于三江源治理的文章，那时国家的三江源治理相关政策尚未出台。回过头看，发现写作时的相关想法和认识与国家后来出台的政策有诸多契合之处。

本书在书稿形成中力图摆脱以往的写作体例，在每一个章节后附上一个专题研究案例，既可以强化对章节问题的认识，同时又扩展了研究面，使各章节内容与专题案例互相呼应，互有补充，希望能够增加实践性和对策性，拓展读者的阅读兴趣。当然，这只是我们的一个探索而已，成功与否需要后续的评价与检验。本书各章节的作者为：第十章、第十四章：陈宗兴、周民良；第一章、第二章、第四章、第七章、第八章、第十一章、第十二章、第十三章：周民良；第三章：于美霞、周民良；第五章：周民良、梁祝；第六章：周民良、杨美玲；第九章：周民良、周群。专题报告1、2、4、6、8、14：周民良；专题报告3：满明俊、李卓、薛晓煊、陈鸿；专题报告5：杭正芳、周民良；专题报告7：杭正芳、周民良、李同昇；专题报告9：周民良、米文宝；专题报告10：梁祝；专题报告11：满明俊、周群、周民良；专题报告12：胡勇；专题报告13：满明俊、周民良。

多年来，相关领域的领导和专家关心和支持我们的研究，汪海波、刘世锦、张丽君、刘科伟、王效科、朱蓓、时保国等都对我们的研究给予关注，并提供了各种支持，在此表示真诚的感谢。家人多年来支持笔者的研究工作，特此表达谢意。感谢中国社会科学院尤其是工业经济研究所相关部门多年的支持，经济管理出版社也为本书的出版做了大量有价值的工作，在此一并表示感谢。

周民良

2012 年 8 月北京

目 录

第一章　正视经济增长中的另一面 ··· 1

　　第一节　中国经济保持快速增长趋势 ································· 1
　　第二节　严酷的环境污染形势 ··· 2
　　第三节　环境污染扩展的区域化趋势 ································· 5
　　第四节　企业的环境污染问题日益引起公众关注 ················ 8
　　第五节　环境损害健康成为社会焦点 ······························· 11
　　第六节　加强环境管理推动科学发展 ······························· 14
　　专题报告1　跨国公司也要履行环境责任 ························· 17

第二章　经济增长、结构变动与环境污染 ······························· 21

　　第一节　经济增长与环境变化的理论研究综述 ··················· 21
　　第二节　中国经济增长遭遇环境约束 ······························· 22
　　第三节　中国工业污染的行业变化趋势 ···························· 27
　　第四节　中国工业污染的区域变化趋势 ···························· 39
　　第五节　中国环境污染的未来趋势 ··································· 49
　　专题报告2　以培育发展战略性新兴产业促进国民经济结构的
　　　　　　　　战略性调整 ··· 53

第三章　中国各地区环境污染变化趋势的定量分析 ··············· 61

　　第一节　引言 ··· 61
　　第二节　研究方法及指标体系的建立 ······························· 63
　　第三节　中国各地区区域环境污染的计量判识 ················· 64

第四节　中国各地区环境污染水平的动态变化与成因分析……… 68
　　第五节　中国"十五"期间地区环境污染状况的特征分析 ……… 73
　　第六节　结语 ……………………………………………………… 77
　　专题报告 3　陕西省环境污染问题及对策研究 ………………… 78

第四章　绿色 GDP 核算理论与政策研究 ……………………… 105

　　第一节　绿色 GDP 核算的理论基础 …………………………… 105
　　第二节　绿色 GDP 的核算研究 ………………………………… 108
　　第三节　中国绿色 GDP 核算的现实障碍 ……………………… 110
　　第四节　采用可统计可观察的指标替代不成熟的绿色 GDP … 114
　　第五节　没有绿色 GDP 但应有积极的环境政策 ……………… 115
　　专题报告 4　构筑更加协调的区域科学发展格局 ……………… 119

第五章　区域污染治理战略与政策选择 ………………………… 125

　　第一节　区域工业污染治理取得明显进展 ……………………… 125
　　第二节　区域污染面临的问题与挑战 …………………………… 134
　　第三节　区域污染治理的新形势与新机遇 ……………………… 139
　　第四节　加强区域污染治理的政策导向 ………………………… 145
　　专题报告 5　日本垃圾焚烧场所的区位决定与政策博弈 ……… 152

第六章　积极应对温室气体的挑战 ……………………………… 161

　　第一节　温室气体排放趋势与人类发展困境 …………………… 161
　　第二节　中国是全球最大的温室气体排放国之一 ……………… 166
　　第三节　采取共同行动面对共同挑战 …………………………… 172
　　第四节　发展低碳经济促进温室气体减排的政策取向 ………… 176
　　专题报告 6　促使低碳经济发展的政策重心转向消费环节 …… 179

第七章　主体功能区战略与地区发展新思维 …………………… 189

　　第一节　一项重大的理论创新 …………………………………… 189
　　第二节　双管齐下体现区域调控的创新思维 …………………… 191
　　第三节　主体功能区战略实施将按照分类调控模式进行 ……… 193

第四节　主体功能区战略的实施和管理需要创新 …………… 196
　　专题报告7　日本废旧家电回收利用机制研究 ………………… 197

第八章　中国城市的环境污染与可持续性发展 …………………… 211
　　第一节　城市化与城市的环境污染 ……………………………… 211
　　第二节　中国城市环境污染治理的具体实践 …………………… 214
　　第三节　中国城市环境污染的形势与判断 ……………………… 216
　　第四节　中国城市严重污染的成因分析 ………………………… 227
　　第五节　从可持续发展角度加强城市环境污染治理 …………… 230
　　专题报告8　以永定河综合治理开发推动北京西南地区
　　　　　　　　持续发展 …………………………………………… 233

第九章　构筑绿色交通体系　促进生态城市建设 ………………… 243
　　第一节　汽车拥堵考验政府智慧 ………………………………… 243
　　第二节　无节制的汽车社会不具持续性 ………………………… 245
　　第三节　绿色交通体系比传统交通体系更符合现代
　　　　　　城市文明的要求 ………………………………………… 249
　　第四节　以绿色交通政策促进生态城市建设 …………………… 252
　　专题报告9　以政策扶持促进新能源汽车产业扩张 …………… 255

第十章　中国农村生态环境演变趋势与建设思路 ………………… 261
　　第一节　中国农村发展的环境基础 ……………………………… 261
　　第二节　自然生态环境存在改善趋势 …………………………… 263
　　第三节　人工生态环境明显恶化 ………………………………… 265
　　第四节　农村人工生态环境恶化的成因分析 …………………… 270
　　第五节　以改革创新加强农村生态环境建设 …………………… 272
　　专题报告10　农村生活污水处理技术与政策选择 ……………… 276

第十一章　贫困、环境与可持续发展 ……………………………… 287
　　第一节　贫困是一种状态也是一种环境 ………………………… 287
　　第二节　环境约束下的贫困形态 ………………………………… 288

第三节　贫困与环境的相关关系分析 …………………………… 291

　　第四节　走可持续发展之路 ……………………………………… 295

　　专题报告 11　加快建设西部高水平的战略资源开发基地
　　　　　　　——以攀枝花为例 ……………………………… 297

第十二章　沿海地区的工业化与环境污染治理 ……………………… 309

　　第一节　率先实现现代化与生态环境支撑 ……………………… 309

　　第二节　沿海地区的环境污染及其表现 ………………………… 313

　　第三节　沿海地区污染治理的 SWOT 分析 …………………… 318

　　第四节　率先推进沿海地区可持续发展的思路 ………………… 322

　　专题报告 12　北京市促进节能减排的产业政策研究 …………… 324

第十三章　省会城市功能发挥与两型社会城市群建设 ……………… 343

　　第一节　两型社会综合配套改革试验区体现了双重新型化的思路 … 343

　　第二节　省会城市在城市群发展中的经济核心作用 …………… 345

　　第三节　在分工与合作中提升城市群的经济与环境功能 ……… 348

　　第四节　在扩大内需中充分发挥省会城市作用 ………………… 351

　　专题报告 13　以循环经济推进昌江工业园区两型社会
　　　　　　　建设的思路 ……………………………………… 353

第十四章　西部地区的工业发展与循环经济 ………………………… 377

　　第一节　西部地区的工业发展与工业结构变化 ………………… 377

　　第二节　发展循环经济对西部地区工业化的意义 ……………… 380

　　第三节　西部地区发展循环经济的主要类型 …………………… 383

　　第四节　西部地区发展循环经济的总体战略 …………………… 388

　　第五节　西部地区发展循环经济的可行性选择 ………………… 390

　　专题报告 14　建立推进三江源地区可持续发展的长效机制 …… 392

附录　本课题发表的主要成果 ………………………………………… 401

第一章 正视经济增长中的另一面

剧烈的环境形势变化通常可能与极端自然条件改变有关，也可能与经济快速增长有关。近些年来，中国的环境形势十分严峻，是众所周知的一个不争事实。而这种环境形势的形成和延续，没有建立在自然环境突变的基础之上，当然是当代中国经济快速增长的副产品。无视中国增长的环境问题，只能导致环境问题更加严重。充分认识中国的环境形势，是加强环境管理和建设的题中之意，是推动可持续发展的重要前提。

第一节 中国经济保持快速增长趋势

1895年，孙中山先生在《香港兴中会章程》中指出，中国的外部环境是"堂堂华国，不齿于列邦；济济衣冠，被轻于异族"，"强邻环列，虎视鹰瞵"，"瓜分豆剖"，"蚕食鲸吞"；国内状况则是"政治不修，纲维败坏"，"鬻爵卖官，公行贿赂"，"盗贼横行，饥馑交集，哀鸿遍野，民不聊生"。在内忧外患、积贫积弱和政治腐败的状况下，一个具有数千年文明的古老大国被列强欺凌和侮辱，沦为名副其实的弱势民族。

改革开放以来，中国经济实现了前所未有的增长，尤其是自世纪之交加入世界贸易组织以后，中国经济在内外需求的拉动下，保持了持续快速的增长趋势，2010年经济总量达到了401202亿元，已跃升至世界第2位。人均国内生产总值提高到2010年的29992元。按照世界银行的划分标准，中国已经由低收入国家跃升至世界中等偏下收入国家行列。国家财政收入到2010年已经超过8万亿元。中国进出口贸易总额2010年达到29728亿美元，进出口贸易总额居世界位次由1978年的第29位跃升到2009年的第2位，占世界贸易总额的比重也由0.8%提高到8.8%。目前，中国已成为世界第一出口大国，进口总额也升至世界第二位。中国商务部发布《中国对外贸易形势报告》预计，2011年中国进出口将达3.5万亿美元，很有可能超越美国，成为世界上外贸进出口总额规模最大的国家。外汇储备2006年超过1万亿美元，跃居世界第一位，2010年继续扩大到28473亿美元，稳居世界第一位；2011年已经超过3万亿美元，中国从一个外汇紧缺的国家跃升为世界第一大外汇储备国。

中国经济增长的重要标志是工业化与城镇化的不断提速。2010年，全国工业增加值达到160030亿元，工业增加值占GDP的比重高达40.2%，中国财政收入的近一半来自工业；仅年主营业务收入在500万元以上的工业企业就业人数就超过9000万人，解决了大量的城镇人口和农村剩余劳动力就业问题，大大缓解了中国沉重的就业压力。2010年，中国制造业有220多种产品产量居世界第一位，粗钢、煤、水泥产量已连续多年稳居世界第一位。水泥产量2009年已占世界总产量的60%。2010年，粗钢产量占世界钢产量的44.3%，煤炭产量占世界总产量的45%。风电装机容量连续翻番增长，已跃居世界前列；水电、核电发展步伐明显加快，中国已成为水电装机容量第一大国和在建核电机组最多的国家。尤其是，2010年中国规模以上高技术制造业增加值占全部规模以上工业的比重为8.9%。重点电子通信产品中，手机、计算机、彩电、数码相机、激光视盘机2009年产量分别占全球的49.9%、60.9%、48.3%、80%和85%，电子通信产品贸易额占全球的15%以上。

从城镇化来看，中国的城镇化水平也在不断提高，2009年全国城市总数达到654个，城镇化水平提高到49.7%。而在2008年的655个城市中，市区总人口100万人以上的城市达122个，占18.6%；50万~100万人口城市达118个，占18%；50万人以下人口城市达415个，占63.4%。2010年全国城镇人口达6.66亿人，城镇人口占总人口比重为49.7%，比1982年提高了28.6个百分点。目前，小城镇人口占城镇总人口的比重由1978年的20%上升到45%以上。2008年全国建制镇建成区面积2.8万平方公里，人口密度5459人/平方公里，小城镇聚集效应逐步显现。2009年，全国地级及以上城市（不包括市辖县）地区生产总值207729亿元，占全国GDP的比重为60.9%，地级及以上城市（不包括市辖县）地区生产总值超过1000亿元的城市43个，其中20个城市超2000亿元。而在2008年，京津冀、长江三角洲和珠江三角洲三大都市圈地级及以上城市地区生产总值（包括市辖县）超过10万亿元，占全国地级及以上城市地区生产总值（包括市辖县）的33%。

对于这些巨大变化，国内外都有深刻认识。《"十二五"规划纲要》在总结"十一五"时期的经验时指出："取得的成绩来之不易，积累的经验弥足珍贵，创造的精神财富影响深远。"这也适合于对中国发展多年成就的描述。

第二节 严酷的环境污染形势

在中国经济保持持续快速增长的同时，中国的环境问题逐渐突出起来，尤其是环境污染问题已经变得比较严峻。

中国环境污染目前仍然严重。根据2009年环境监测，全国113个环保重点城市中1/3的城市空气质量不达标，很多城市尤其是大中城市空气污染已经呈现出煤烟型和汽车尾气复合型污染的特点，加剧了大气污染治理的难度。与此同时，中国一些地区酸雨、灰霾和光化学烟雾等区域性大气污染问题频繁发生，部分地区甚至出现了每年200多天的灰霾天。一个值得注意的现象是，2009年，全国汽车产、销量分别达到1379.1万辆和1364.5万辆，同比分别增长48.3%和46.2%，机动车保有量接近1.7亿辆，同比增长9.3%，与1980年相比，全国机动车保有量增加了25倍。2009年，全国机动车排放污染物5143.3万吨，其中一氧化碳4018.8万吨，碳氢化合物482.2万吨，氮氧化物583.3万吨，颗粒物59.0万吨。汽车是机动车污染物总量的主要"贡献者"，其排放的一氧化碳和碳氢化合物超过70%，氮氧化物和颗粒物超过90%。据统计，2010年全国有26%的环保重点城市、17%的地级市在环保方面不达标，空气质量达不到国家二级标准。中国环境保护部在2011年7月发布上半年各市的环境空气质量状况显示，在113个环保重点城市中，有45个城市的空气质量超标。亚洲开发银行（Asian Development Bank）提供的数据表明，北京在亚洲所有大城市中的空气污染最为严重。统计公报数据显示，2010年全国开展酸雨监测的494个城市（县）中，出现酸雨的城市249个，占50.4%，酸雨程度严重或较重（降水年均pH值小于5.0）的城市有107个，占21.6%。

全国地表水污染依然较重。长江、黄河、珠江、松花江、淮河、海河和辽河七大水系总体为轻度污染。204条河流409个国控断面中，Ⅰ～Ⅲ类、Ⅳ～Ⅴ类和劣Ⅴ类水质的断面比例分别为59.9%、23.7%和16.4%。长江、珠江总体水质良好，松花江、淮河为轻度污染，黄河、辽河为中度污染，海河为重度污染。在黄河流域，渭河西安段和渭南段，湟水河西宁下游段，汾河太原段、临汾段和运城段，涑水河运城段污染严重。在淮河主要一级支流中，颍河为中度污染，涡河为重度污染。海河干流总体为重度污染，海河大闸和三岔口断面的水质分别为劣Ⅴ类和Ⅳ类，主要污染指标为高锰酸盐指数、五日生化需氧量和氨氮。其中，大沙河、漳卫新河、子牙河、徒骇河、北运河和马颊河等为重度污染。在辽河流域，西拉沐沦河为轻度污染，条子河和招苏台河为重度污染。湖泊（水库）富营养化问题依然突出，在监测营养状态的26个湖泊（水库）中，富营养化状态的占42.3%。虽然近岸海域水质总体为轻度污染。一类、二类海水比例为62.7%，三类海水为14.1%，但四类和劣四类海水依然高达23.2%。四大海区中，黄海和南海近岸海域水质良好，渤海近岸海域水质差，东海近岸海域水质极差。与2009年相比，胶州湾一类、二类海水比例上升25.0%，渤海湾、长江口和珠江口一类、二类海水比例下降20.0%以上。

中国近年来重金属污染事件不断，仅在2011年1～8月，就发生了11起重金属污染事件，其中9起涉及血铅事件。根据2011年上半年国家环保部组织的全国土壤污染调查结果，受污染的耕地约有1.5亿亩，污灌污染耕地3250万亩，固体废弃物堆占地200万亩，而在中国耕地面积中，约10%的耕地面积重金属超标问题突出，这也意味着，在中国耕地种植的粮食、蔬菜等农作物，有高比例的可能受到土地污染影响。每年因重金属污染而减产的粮食达1000多万吨，而被污染的粮食每年也多达1200万吨，这一经济损失每年至少达200亿元，足以养活4000多万人。

近年来，国际上一些组织对全球的环境状况进行评估，根据有关机构的评估，2001年，中国的可持续发展指数只有37.5，不到排名第一的芬兰的一半，在所有121个国家的评估中，中国只列第107位（见表1-1）。随着中国经济总量的增加和资源环境压力的加剧，中国的可持续发展问题将更加突出。

表1-1 2001年世界各国可持续发展指数

国家	指数	国家	指数	国家	指数	国家	指数
芬兰	80.5	智利	56.6	加纳	46.9	阿尔及利亚	40.6
挪威	78.2	拉脱维亚	56.3	洪都拉斯	46.9	缅甸	40.4
加拿大	78.1	俄罗斯	56.2	新加坡	46.9	韩国	40.3
瑞典	77.1	巴拿马	55.9	阿塞拜疆	46.5	约旦	40.1
瑞士	74.6	古巴	54.9	尼泊尔	46.5	坦桑尼亚	40.1
新西兰	71.3	哥伦比亚	54.8	埃及	46.4	基里巴斯	39.6
澳大利亚	70.9	意大利	54.3	特立尼达与多巴哥	46.4	赞比亚	39.5
奥地利	68.2	秘鲁	54.3	不丹	46.3	贝宁	39.2
冰岛	67.3	克罗地亚	54.1	土耳其	46.3	马其顿	39.2
丹麦	67.0	博茨瓦纳	53.5	马里	46.1	多哥	38.9
美国	66.1	希腊	53.1	多米尼加	45.3	伊朗	38.4
荷兰	66.0	尼加拉瓜	51.9	墨西哥	45.3	布吉纳法索	38.3
法国	65.8	津巴布韦	51.9	泰国	45.2	叙利亚	37.9
乌拉圭	64.6	厄瓜多尔	51.8	阿尔巴尼亚	45.1	苏丹	37.6
德国	64.2	毛里求斯	51.2	喀麦隆	44.7	中国	37.5
英国	64.1	南非	51.2	比利时	44.4	黎巴嫩	37.5
爱尔兰	64.0	委内瑞拉	50.8	罗马尼亚	44.1	乌克兰	36.8
斯洛伐克	63.2	亚美尼亚	50.7	莫桑比克	43.8	尼日尔	36.7
阿根廷	62.9	加蓬	50.2	乌干达	43.8	菲律宾	35.6
葡萄牙	61.4	蒙古	50.1	萨尔瓦多	43.7	马达加斯加	35.1

续表

国家	指数	国家	指数	国家	指数	国家	指数
匈牙利	61.0	马来西亚	49.8	肯尼亚	43.7	越南	34.2
日本	60.6	巴拉圭	48.8	突尼斯	43.7	卢旺达	33.2
立陶宛	60.3	白俄罗斯	48.1	巴基斯坦	43.4	科威特	31.9
斯洛文尼亚	59.9	斐济	48.0	印度尼西亚	42.5	尼日利亚	31.5
西班牙	59.5	中非	47.7	牙买加	42.3	利比亚	31.3
哥斯达黎加	58.8	波兰	47.6	塞内加尔	42.3	埃塞俄比亚	31.0
玻利维亚	58.2	保加利亚	47.4	摩洛哥	41.8	布隆迪	29.8
爱沙尼亚	57.7	摩尔多瓦	47.4	乌兹别克斯坦	41.6	沙特阿拉伯	29.8
巴西	57.4	危地马拉	47.2	哈萨克斯坦	41.5	海地	24.5
捷克	57.2	巴布亚新几内亚	47.1	印度	40.7		

资料来源：Marc A. Levy：Measuring Nation's Environmental Sustainability In Michael V. Russo (eds)：Environmental Management (2ed edition) Sage, 2008.

可以看出，我们现在陷入一个失衡的局面：经济增长环境恶化或者说经济成功环境失败，这使得我们在评估中国的发展时，必须考虑发展中出现的两重性。如果仅仅看到经济增长的一面而看不到环境恶化的一面，会出现盲目乐观的心理，导致扭曲的发展格局得不到纠正。当然，如果仅仅看到环境恶化的一面而看不到经济增长的一面，就会陷入悲观主义和失败主义的泥淖而不能自拔。正确的估计和合理的评估是，我们的确已经走上了一条先污染后治理的道路。但随着经济实力的不断增强，我们越来越有能力应对环境问题和解决环境问题。必须清醒地认识到，虽然经济增长速度快于污染增长速度，但是经济增长是可以没有容量限制的，而环境污染是有容量限制的。超过环境容量限制的环境损害，必将恶化可持续发展的基础，并损害到社会公众的健康和权益。

第三节 环境污染扩展的区域化趋势

中国环境恶化的另一个突出表现，是环境污染呈现明显的区域化特征。

首先，存在着区域环境不稳定、不安全的因素。国家环保部 2010 年 12 月发布的一项数据显示，全国 7555 个化工石化建设项目中，81% 布设在江河水域、人口密集等环境敏感区域，45% 为重大风险源。长江沿岸有 40 多万家化工企业，还分布着五大钢铁基地、七大炼油厂，以及上海、南京、仪征等石油化工基地。化工产业对长江水源的威胁，在下游尤其明显。仅南京到上海，长江沿岸就摆放着8个大型临港化工区。随着各种类型的化学工业园区建立，接踵而至的是物流、仓储和上下游产业的延伸。可以说，长江流域一些江段岸线基本被化工项目占领。有关专家指出，长江沿线的城市绝大部分水源地维系于长江，一旦长江出现污染，将无水可用。相关统计显示，自2003年以来，南通辖区危险货物吞吐量已经连续8年超过千万吨。目前，南通港口危险货物作业品种达103种，其中被《国际防止船舶造成污染公约》规定重污染、高毒性的X、Y类物质占七成以上。钢铁集中生产地也都存在较为突出的环境问题。冶金工业在生产过程中，因为存在对煤和焦炭的大量使用，也成为产生多环芳烃的重要来源。比如，辽宁本溪市钢铁工业发达、取暖期长，加上一些设备老化，各类燃料的燃烧率低，导致多环芳烃污染严重，多环芳烃的累积性污染也呈现上升趋势。工矿城市生产中形成的多环芳烃，还通过粉尘向周边扩散，影响范围较大。而多环芳烃是典型的持久性有机污染物，具有较强的致癌性，对人体健康危害较大，美国国家环保局在20世纪80年代初便把多环芳烃确定为环境中的优先污染源，中国也早已把多环芳烃列为环境优先检测的污染黑名单，但是多环芳烃的污染问题依然比较突出，没有得到充分重视。

其次，出现越来越多的区域性环境事故。随着新闻报道的逐步公开化，大量的环境污染事件逐渐见诸报端，引起社会的强烈关注。从2009年8月至2011年1月，在全国一些地方爆发了10次严重的儿童血铅超标事件（见表1-2），受害者家属对此强烈不满，当地的社会对立情绪加剧。

表1-2 近年来全国一些地区发生的儿童血铅超标事件

时间	地点	影响人数
2009年8月	陕西省宝鸡市凤翔县	651人
2009年8月	云南省昆明市东川区	200多人
2009年9月	福建省龙岩市上杭县	100多人
2009年10月	河南省济源市	1000多人
2009年12月	广东清远市龙塘镇	44人
2010年1月	江苏省大丰市河口村	51人
2010年2月	湖南省郴州市嘉禾县	250人
2010年3月	湖南省郴州市桂阳县	152人
2010年3月	四川省隆昌市隆昌县	88人
2011年1月	安徽省安庆市怀宁县	228人

资料来源：笔者根据有关资料汇总。

2008年6月，云南九大高原湖泊之一的阳宗海水体中的砷浓度超出饮用水安全标准，导致严重污染，直接危及2万人的饮水安全。从7月8日起，沿湖周边人民群众及相关企业全面停止从中取水作为生活饮用水。

2010年7月28日，由于受特大洪水影响，吉林省永吉县两家化工企业——新亚强生物化工有限公司和吉林众鑫集团7138只原料桶被冲入温德河，随后进入松花江。桶装原料主要为三甲基一氯硅烷、六甲基二硅氮烷等。7000多只化工桶被冲入松花江，上万人拦截，城市供水管道被切断，污染带长5公里。

2009年2月20日，江苏省盐城市由于城西水厂原水受酚类化合物污染，盐都区、亭湖区、新区、开发区等部分地区发生断水，中断60多个小时，该市市区2/5人口、20万名市民生活及工业生产受到不同程度的影响。据调查，一家化工厂为减少处理成本，趁大雨天偷排化工废水，流到了盐城市的水源地，最终导致了盐城市历史上罕见的水污染事件。

2009年8月6日，湖南省浏阳市镇头镇双桥村。以湘和化工厂为圆心向外500米延伸，周围田野里的庄稼渐次呈现出深黄色、黄绿色、绿色三种不同颜色，调查显示这里遭到严重的镉污染。根据相关调查，2004年12月，该厂未报批环境影响评价手续，擅自建设提炼铟生产线。2005年3月17日，浏阳市环境保护局在现场监察过程中发现该厂排出的废水内铅、镉、汞三项严重超标，随即对该厂做出责令停产的处罚。但该厂为了谋求非法利益，又于2006年再次建设提炼铟生产线非法提炼粗铟。2007年3月，浏阳市环境保护局又对该厂做出罚款20万元的处罚，并强制拆除提炼铟生产线。但该厂在未报环境保护部门同意的情况下，2008年4月在原有生产线上增加一道工序，从废渣中提纯镉渣并压缩成镉饼。现场调查结果显示，该厂未按环境保护相关规定和要求配套设置污水处理、废渣及危险废物污染等防治措施，镉污染物无组织排放，造成该厂周边部分群众镉超标，周边500米范围内土壤、农作物、禽畜等均显示镉污染等严重后果。镉污染在重金属污染中排名第二，大面积的镉污染源于铟的提炼，铟的市场价格高昂，但提炼过程对环境的破坏性很大。

2010年7月3日下午，福建省紫金矿业集团有限公司铜矿湿法厂发生铜酸水渗漏事故。9100立方米的污水顺着排洪涵洞流入汀江，导致汀江部分河段污染及大量网箱养鱼死亡。然而，紫金矿业将这一污染事故隐瞒了9天才公之于世。

2011年，浙江湖州德清县发生血铅超标事件。浙江海久电池股份有限公司（以下简称"海久公司"）成立于2003年5月，位于德清县新市工业园区，主要生产销售摩托车小型启动铅酸蓄电池，年产规模为1050万只，目前年生产量为900万只左右，产值4.5亿元，职工约1000人。2011年3月以来,海久公司职工及附近村民在自发体检中陆续发现血铅超标情况。5月2日起,德清县政府开始组织企业周边村民进行血铅检测,海久公司也安排职工进行了职业病防治体检,对2152名职工和村民进行了血铅检测(职工及家属1231人、村民921人),血铅超标332人,其中职工及家属327人,村民5人。

除此而外,近期发生的广东北江镉污染事件、辽宁浑河抚顺段水质酚浓度超标事件、广西红水河天峨段水质污染事件、湖南湘江株洲和长沙段镉污染事件、河南巩义二电厂柴油泄漏污染黄河事件和江西赣江水域油轮起火事故污染事件,也都引起公众的强烈不安。

最新的社会关注点是关于北京市大气监测方面的标准之争。美国驻华大使馆监测站的空气监测数据表明,北京空气污染达危险水平,而北京环保局监测数据则还是三级轻微污染。其中的主要区别就在于美国驻华使馆的数据中加入了PM2.5,而这一指标未列入中国空气质量评价标准。PM2.5是指大气中直径小于或等于2.5微米的颗粒物,也称为可入肺颗粒物,PM2.5可以进入肺部甚至是肺泡,对健康影响很大,还能携带空气中的重金属等物质,对呼吸系统、心血管、免疫系统、生育能力、神经系统和遗传等都有影响。环保部相关负责人指出,中国的PM2.5大气环境质量标准即将出台。一些专家指出,即使按照世界卫生组织的标准,加入PM2.5后,中国空气质量达标的城市将从现在的80%下降到20%。但是,这个结论可能与公众的环境感受更加一致。在1998年进行的北京蓝天工程项目实验中首次证明了灰霾主要由PM2.5组成,而直径在2.5~10微米的颗粒物很少。通过还原环境监测的真相,更加有助于采取积极的环境保护政策。

第四节 企业的环境污染问题日益引起公众关注

企业的环境责任指根据企业在环境中所处地位在对环境整体维护中应承担的责任。企业的环境责任至少包括四个方面的内容:一是应该在产品的设计、材料选购、工艺制造、成品出厂等所有活动和过程中,严格按国家标准,注重减少污染和保护环境。对于废气、废水、废物进行治理,努力降低直至消除污染物,与周边自然环境及当地民众和谐相处。二是对自己的建设项目进行严格的环境评估,逐步淘汰一批落后的生产工艺,采用清洁生产、少废无废工艺,加强绿色科技产品的开发,积极采用先进的生产技术和管理技术,进行环保生产,实施环保管理。三是科学、合理地利用自然资源,提高自然资源的回收利用率。建立资源节约型社会发展机制,实行集约化经营战略,依靠技术进步实现产品的最大增值。在节约资源的同时,加强废物的综合循环利用，实现废弃物资源化。四是注重研发无害于环境和人体健康的产品。在产品有可能对环境造成损害的时候，积极采取预防和补救措施。

中国环境污染的一个突出表现，还在于发生在企业层面大量的环保违法现象迟迟得不到纠正。根据公众环境研究中心的调研，有一些企业甚至包括跨国企业在环境违法现象出现后，不顾自己承担的环境责任，没有予以及时整改（见表1-3），使得环境污染事件造成的影响进一步扩大。含镉电池在电池总销量中占3%的比重，且广泛应用于在西方销售的玩具、电动工具和无绳电话中。随着西方国家加大对镉的监管力度，镍镉电池生产开始向欠发达国家转移，其中相当一些转移到中国。而在生产过程中，此类企业造成的环境污染事件一再发生，反映了在同等监管条件下镍镉电池类生产厂商造成的环境损害更加突出。

表1-3 部分企业的环境违法问题

产品类型	品牌	企业	违规内容	企业回复
洗涤用品	海鸥、威白、海利尔	徐州汉高洗涤剂有限公司	2008年徐州市属企业环境"红色"企业	截至2010年2月2日，未获企业反馈
肉制品	双汇	湖北武汉双汇食品有限公司	2008年污水排放超标，被环保部门督办，2009年处于整改阶段	同上
方便面	康师傅	沈阳顶益食品有限公司	2008年污水超标排放，2007年暗排偷排	同上
花生油	鲁花	山东鲁花	2009年政府下达限期治理废气、废水通知，要求10月1日完成治理任务	2010年1月29日，企业致电沟通
照明	飞利浦	飞东照明有限公司、飞新照明有限公司	2008年被列入南京市2007年度环境行为"红色"等级企业；2008年、2007年度仪征市工业环境行为信息公开化评级"黄色"等级企业	截至2010年2月2日，未获企业反馈
手机	摩托罗拉	摩托罗拉中国电子有限公司	2008年超标排放污染物	同上
奶制品	蒙牛	蒙牛乳品有限公司	2009年8月5日污泥未按环评要求卫生填埋，擅自外送作化肥使用，外排水超过规定排放标准	同上

续表

产品类型	品牌	企业	违规内容	企业回复
休闲食品	旺旺	哈尔滨旺旺食品有限公司	2008年清洁生产审核重点企业名单第一类（污染物超标排放或者污染物排放总量超过规定限额的污染严重企业）	同上
眼镜	丝贝尔	富华漳州光学工业有限公司	2009年"暗管"排放废水镍超过污水排放标准53倍、总铬超标9倍，铜超标6倍，雨井水镍超标10倍	同上
饮料	小洋人	南京小洋人生物科技发展有限公司	2008年洗瓶水未经处理直接外排，外排口废水化学需氧量超标5.2倍，总磷超标3.5倍。2007年度南京市企业环境行为"黄色"等级企业	同上
轮胎	佳通	安徽佳通轮胎有限公司	2008年超标SS：16514毫克/升，污水处理设施运行不正常	同上
汽车	天语、雨燕	重庆长安铃木汽车有限公司	2009年重庆市对企业加2倍征收排污费并罚款	同上
家电	日立	上海日立家用电器有限公司	2009年超标排放水污染物	同上
幼儿奶粉	多美滋	多美滋婴幼儿食品有限公司	2009年超标排放大气污染物	同上
电池	TCL	惠州TCL电池有限公司	2009年不按规定设置排污口，料盘清洗产生的废水未经处理从下水道排污口直排	同上
地板	圣象	圣象实业深圳有限公司	2008年不正常使用废水治理设施，利用水泵将废水收集池内的部分废水未经处理外排	同上
化工	亚洲创建	亚洲创建（河源）木业有限公司	2008年挂牌督办的重点区域环境污染企业，2007年经限期整改多次污染治理仍不达标，曾被政府勒令停产整顿	同上
牛羊肉制品	皓月	长春皓月清真肉业股份公司	2009年部分项目未落实环评要求，超标排放，2008年3月氨氮排放浓度超过排放标准的1.98倍	同上

资料来源：公众环境研究中心。

在2007年企业社会责任一份问卷调查中，企业回答"企业是否严格按照该行业的环境保护的法规或标准的要求来安排生产"的结果中，选择"是"的只是占38.76%，而大量企业选择"不知道"加以回应；在回答"对企业没有能力投资环境保护设备而导致企业生产违反环境保护法规的经营行为的态度"这一内容中，选择"不可姑息，严惩不贷"的仅仅占3.98%，但是选择"可以理解为社会发展阶段的必然现象"的企业高达53.23%（见表1-4），充分显示企业环境责任意识薄弱。

表1-4 企业环境责任问卷调查结果

调查内容（1）	是	否	不知道
企业是否严格按照该行业的环境保护的法规或标准的要求来安排生产	38.76%	14.34%	46.9%
调查内容（2）	可以理解为社会发展阶段的必然现象	不可姑息，严惩不贷	很难说得清楚和其他
对企业没有能力投资环境保护设备而导致企业生产违反环境保护法规的经营行为的态度	53.23%	3.98%	42.79%

资料来源：黎友焕：《企业社会责任研究》，西安：西北大学博士学位论文，2007年。

第五节 环境损害健康成为社会焦点

恶质化的区域性环境问题已经损害到居民的健康状况。空气污染已成为一个地区乃至世界性的问题，在中国一些城市尤其突出。据世界银行估算，如果中国主要城市的空气质量达到国家二级标准，可避免18万人口的过早死亡。按支付意愿法计算，其避免的健康损失大约相当于全国国民生产总值的5%。据世界银行报告，中国农民死于肝癌的概率接近世界平均水平的4倍，死于胃癌的概率是世界平均水平的2倍。据卫生部统计，中国内地每年新增癌症患者近200万人，每年死亡约150万人。

《账簿中国：美国智库透视中国崛起》一书指出，全世界20个空气污染最严重的城市有16个在中国，2/3的国内城市无法达到中国自己制定的空气污染排放标准，近200个城市无法达到世界卫生组织关于空气中粉尘含量标准。国家环保总局一项根据对国内340个城市的空气质量监控的研究显示，

75%的城镇居民呼吸不清洁的空气，空气污染还造成每年30万～50万人死亡。水污染问题被着重提到。超过75%的流经城市地表水不适合饮用和渔业生产，90%的城市地下水被污染，几乎50%的江水不适合工农业生产使用。报告也指出，环境法规最大的障碍是地方政府。"地方官员似乎不接受那些可能阻断当地经济发展的环境保护工作。"

2008年，美国《华盛顿邮报》发表了一篇题为《太阳能公司把垃圾留给中国》的文章，报道了河南某多晶硅生产商排放四氯化硅造成严重污染的问题，而世界硅都——江西赛维LDK对新余市的地下水也造成严重污染。很多新能源生产企业生产过程中产生的铅是毒性最大、累积性极强的重金属污染物，长期蓄积于人体，会严重危害神经系统、造血系统及消化系统，对婴儿的智力和身体发育影响严重。国际消除儿童铅中毒联盟的专家告诫说，中国如果不注意铅中毒的防治，20年后中国人平均智力将降低5%。

污染的水对人体的影响有很多不利的因素，这是因为人体中70%～80%是水分，长期饮用不良的水质，而导致体质不佳抵抗力自然减弱。生物性污染主要会导致一些传染病，饮用不洁水可引起伤寒、霍乱、细菌性痢疾、甲型肝炎等传染性疾病。此外，人们在不洁水中活动，水中病原体亦可经皮肤、黏膜侵入机体，如血吸虫病、钩端螺旋体病等。物理性和化学性污染会致人体遗传物质突变，诱发肿瘤和造成胎儿畸形。被污染的水中如含有丙烯腈会致人体遗传物质突变；水中如含有砷、镍、铬等无机物和亚硝胺等有机污染物，可诱发肿瘤的形成；甲基汞等污染物可通过母体干扰正常胚胎发育过程，使胚胎发育异常而出现先天性畸形。

水中排入大量苯时，水面会出现漂浮液体，并有刺激性气味，还会出现鱼类及其他水生生物死亡。苯有毒，人摄入、吸入或皮肤吸收大量苯后，会出现头痛、恶心、腹痛、麻醉症状，甚至死亡。急性苯中毒主要表现为中枢神经系统的麻醉作用，患者会步态不稳，以及头晕、头痛、恶心、呕吐等，甚至出现意识模糊，由浅昏迷进入深昏迷或出现抽搐，甚至导致呼吸、心跳停止。长期反复接触低浓度的苯可引起慢性中毒，主要是对神经系统、造血系统的损害，表现为头痛、头昏、失眠、白血球持续减少、血小板减少而出现出血倾向。水中含有苯胺时，也会造成严重健康问题，苯胺有强烈气味，稍溶于水。主要是通过皮肤、呼吸道和消化道进入人体，从而破坏血液造成溶血性贫血，损害肝脏引起中毒性肝炎，甚至导致各种癌症。硝基苯一旦污染水源，就会引起水质严重恶化。硝基苯是剧毒性物质，通过呼吸道、消化道和皮肤侵入人体，主要作用于血液、肝及中枢神经系统，可使血红蛋白变为高铁血红蛋白，失去运输氧的能力，引起缺氧和皮肤黏膜青紫。

水中进入重金属或者非金属污染物，也会造成严重的健康问题。比如，铅会对肾脏、神经系统造成危害，对儿童具高毒性，致癌性已被证实；镉会对肾脏有急性之伤害；砷会对皮肤、神经系统等造成危害，致癌性已被证实；汞对人体的伤害极大，伤害主要器官为肾脏、中枢神经系统；高浓度的硒会危害肌肉及神经系统；亚硝酸盐会造成心血管方面疾病，婴儿的影响最为明显，具有明显的致癌性；总三卤甲烷中，以氯仿对健康的影响最大，致癌性方面最常发生的是膀胱癌；三氯乙烯吸入过多会降低中枢神经、心脏功能，长期暴露对肝脏有害；四氯化碳对人体健康有广泛影响，具致癌性，对肝脏、肾脏功能影响极大。

2005年5月，全国人大常委会执法检查组分赴甘肃、宁夏、辽宁、内蒙古、江西、广东六省区，对《水污染防治法》实施情况进行了执法检查。根据检查的情况来看，中国水污染防治面临一系列严峻挑战。因为水环境的日益恶化，水源屡遭污染，全国各地制造出数个"癌症村"。"自然之友"网站曾披露以下惊人信息：

肥城市肖家店村是山东中部的一个村庄。2000年，死亡人数17人，其中11人是因为癌症死亡。2001年，死亡人数16人，其中9人是因为癌症死亡。2002年，死亡人数17人，其中10人是因为癌症死亡。2003年，死亡人数19人，其中12人是因为癌症死亡。2004年，死亡人数21人，其中14人是因为癌症死亡。近年来，大汶河流域的许多河段水质常年都是污染最严重的劣五类，并且其中的亚硝酸盐都严重超标，而这种物质正是一种强烈的致癌物。

江苏省盐城市阜宁县古河镇洋桥村：三年来先后已有20多人因患癌症而死亡。且所得癌症多为呼吸系统、消化系统癌症。三年来，因患癌症去世的村民年龄越来越小，有些死者还不足40岁。附近三个化工厂释放的刺鼻味道让他们感到晕眩，村民们还发现流进灌溉渠中发黄的废水有毒害。

江苏无锡崇安区广益镇广丰村：几年来因癌症去世的近20人，目前已查出患癌症者有近30人，占了全镇癌症病人总数的60%以上。广丰村周围都是化工厂，排放的工业废气味道十分难闻，横穿该村的马家河浜成了石利新村2000户居民生活污水的聚集地，邻近的液化气公司不断散发出的怪味，使人喘不过气。

河南浚县北老观嘴村：从20世纪80年代起，附近先后上马了很多造纸厂，大都是个体企业或承包企业，这些企业有的排放的工业废水不达标，有的甚至根本就没有排污净化设备，污水直接排入河流，导致卫河严重污染。住在两岸的很多村民近年来纷纷患上肠癌、食道癌、肝癌、胃癌等病，位于河渠交汇处的北老观嘴村情况尤为严重，近年来已有近百人患癌症陆续死亡。

天津西堤头村和刘快庄村：自1999年以来，西堤头村和刘快庄村各种癌症患者有232人，平均年龄51岁，最小的才7岁，已经死亡172人，其中肺癌、肝癌和肠癌的患病比例最高。两个村的总人口大约是1.3万人，癌症发病率达到了 1.78%，是全国癌症平均发病率 0.07% 的 25 倍多。曾经被当地村民引以为自豪的鱼塘，如今这些河渠两旁都挤满了各类化工企业，河渠下面暗藏着一个个排污口，渠道内充斥着各种颜色、各种气味的工业废水废渣，散发着刺鼻的臭味，而其中的一个排污口还在肆无忌惮地排放着不知从哪个化工厂出来的黑水。

淮河支流沙颍河畔沈丘县：坐落在淮河的支流沙颍河畔的东孙楼村，280 户人中有 40 多人患了食道癌。沙颍河畔的另一个村子黄孟营村，10 年来，该村死亡的 205 人中，因癌症死 106 人，不明病因的猝死者有 22 人。在淮河最大支流沙颍河沿岸的河南省沈丘县，出现了多个"癌症高发村"。当地村民纷纷高价购买桶装纯净水饮用，他们强烈要求政府对沙颍河沿岸群众健康状况进行普查。沙颍河边一个叫黄孟营的村子有 2400 多人，14 年来已有 114 名村民因患癌症去世。仅 2004 年 7 月 1 日以来的两个多月中，村里就有 8 名癌症患者去世，其中 9 月 1 日一天去世 3 人。除了这些死者以外，目前村里尚有已经确诊的癌症患者 10 人，怀疑是癌症但还没有确诊的有 7 人。

目前，公众的环境意识正在觉醒。在北京市与美国使馆标准之争发生后，社会舆论倾向于否定旧有的监测标准。人们注意到，作为雾霾天的重要衡量指标，PM2.5 在美国、日本、德国、澳大利亚、印度等国都已纳入国家空气质量的强制性限制标准，中国则仍采用 PM10 的监测标准。《中国青年报》社会调查中心通过民意中国网和搜狐新闻中心，对 1604 人进行的一项在线调查显示，多达 79.2% 的受访者表示，自己所在城市近期的雾霾天气严重。调查中，55.3% 的人认为目前"空气质量监测和治理标准滞后"；对于造成空气污染的原因，85.3% 的人直指"某些地方政府 GDP 至上，工业污染严重"。对于治理空气污染，69.4% 的人建议"城市规划要充分考虑环境空气问题"；63.9% 的人希望"公布更精确的监测数据"；60.0% 的人建议"对社会生产进行动态调控，调节污染源总量"；55.3% 的人表示"各地不能各自为战，应统筹考虑、联手防治"。

第六节　加强环境管理推动科学发展

发展是人类社会进步物质与精神生活不断丰富的过程。在人类的发展史上，由于科学认识上的局限，人们对于如何实现更好地发展在理论上和实践上都存在较大的盲目性和非理性。具体地说，以往的发展观过分强调物质财富的增长，而忽视人的发展和精神财富的增长；过分强调产值指标作为增长的核心价值与标准，而忽视了人文、资源、环境等指标；过分强调对自然的索取和依赖自然对人类的贡献，而忽视自然本身需要培育，索取无度将会损害人类增长的基础。这样的发展结果，一定会是自然资源被过度地开采、生态环境严重退化、环境污染不断加剧，使经济发展与人口、资源和环境之间的关系趋于紧张。随着科技进步、文明传播与科学决策的推进，科学发展观作为与愚昧、落后、传统的发展观相对立的新的发展观开始出现，并逐步成为社会的主流意识，成为制定与执行政策的理论基础。

环境保护与经济发展的关系，一直是近现代工业化和现代化进程中引起争论最多的话题。在当今中国现代化和工业化的背景下，保护环境和发展经济的矛盾再次引起人们的关切并不奇怪。而真正令人疑惑的是，一些争论者在科学发展观的概念下谈论人与自然的关系时，往往既不谈科学发展，也不谈科学保护。

从中国目前的发展状况来看，严格强调环境保护并不为过。我们为发展经济而建立起来的路线固然是正确，但是，为保护环境而建立起来的路线却不够清晰，甚至于一些保护环境的努力没有得到应有的尊重：一些地方对国家环境保护的规则置若罔闻，对企业用技术过时、污染严重的旧设备和旧机器建厂不加管理；还有一些地方任由工业废水向下游排放，阳奉阴违地破坏环境的现象多有发生，甚至连法定的环境影响评价也不予以执行。

目前，国内外科学界对中国环境问题的评价是一致的，就是中国的整体环境在恶化。在一些发达地区，经济虽然发展起来了，家庭和个人财富也拥有了，但环境恶化带来的健康损害却增加了，一些社区或村庄发生的因污染引起的恶性疾病呈上升趋势。这是发展的异化。

《商业周刊》在评价中国的环境问题时指出，"多座全球污染最严重的城市都在中国……这个国家在公共卫生领域为其经济奇迹付出了高昂代价"。

其实，保护环境并不意味着不发展经济。欧洲和北美的许多国家经济发展水平都很高，生态环境也维护得比较好。几年前，笔者出差去福建漳州，看到台湾著名实业家王永庆在当地投资的火电厂，火电厂不仅没有浓烟排放，固体废弃物的排放量也很少。笔者因此感觉到，将环境保护与经济发展对立起来的观点是错误的。能够协调人与自然的关系、既实现发展又保护自然的案例，不止可以在发达国家发生，其实我们身边就存在。

当然，这样的可持续发展是需要付出一定成本的。

以王永庆的火电厂来说，因为采用的设备技术先进，私人投入的成本相对较高，电价会相对较高。但这样的企业运作模式需要社会付出的成本，总比采用劣质设备出售低电力，却造成严重污染的结局对社会和自然的破坏小，也是社会应该接受的成本。否则，在谁保护谁吃亏的背景下，"劣币驱逐良币"的逆向淘汰机制就会发生，整个社会的生态环境将更加恶化。

好的市场经济一定是有责任、有约束、有规则和有服从的市场经济，启动环境保护的机制当然不是要放弃发展，而是要在企业付出环境成本的基础上，重新确定公平竞争的起跑点，让发展更有秩序，让竞争更加和谐。只有到了这一步，我们才会接近科学发展观概念所要求的发展。

加强环境管理符合科学发展观的基本要求。①加强环境管理体现了以人为本的思想。一个国家或者区域环境的不断恶化，会对城乡居民的生产与生活造成严重影响，甚至会影响到居民的身心健康。只有加强环境管理，才能体现真正的人文关怀，才符合以人为本的基本要求。②加强环境管理符合全面发展的思想。在环境恶化的过程中，将会使那些不进行环境治理的企业减少生产成本的支出，对于治理环境的企业会形成不正当的竞争，损害了经济增长的公平性。另外，环境的恶化还表现为在一些人获得不合理利益的同时，另一些人的正常生活空间受到限制，从而损害了社会发展的公平性。全面发展要求经济和社会都得到发展，只有加强环境管理，才能与全面发展目标的实现相一致。③加强环境管理符合协调发展的思想。协调发展要求处理好城乡关系、地区关系、人与自然等多种关系，只有加强环境管理，才能统筹好人与自然之间的关系，实现人与自然的协调发展。④加强环境管理符合可持续发展的思想。自然环境一旦被破坏，恢复起来相对困难。环境的恶化不仅会影响这一代人的发展，还会影响到下一代人的发展，损害国家与地区的可持续发展。只有加强环境管理，才能为子孙后代创造更大的生存空间。

从传统的发展观转向科学发展观，是一场带有根本意义上的深刻变化，不仅需要理论上的充分准备，还需要在执政方针、执政行为上发生根本变化。所幸的是，今天有更多的人开始关注加强对环境的管理工作，党中央将环境保护作为重要国策之一，国家环境保护部门开始采取越来越严格的环境保护措施，并且不断掀起环保风暴，对于不顾环境保护的企业施加越来越严厉的手段，使其违法的成本不断提高。但是，在环境恶化规模扩大的今天，还是应该采取更加积极的措施，来加强与改善环境管理，提高政府保护环境公共政策的水平。

参考文献

[1] 国务院. 关于印发国家环境保护"十一五"规划的通知. 环境保护部网站, 2006.

[2] 国务院. 关于印发国家环境保护"十二五"规划的通知. 环境保护部网站, 2011.

[3] 战略与国际研究中心, 彼得森国际经济研究所. 账簿中国：美国智库透视中国崛起. 北京：中国发展出版社, 2008.

专题报告 1
跨国公司也要履行环境责任

一段时期，有民间团体发现：在华的有33家跨国公司存在违反环境保护法规与政策的行为，其中包括超标排放污染物、环保设施未验收主体工程就施工等。消息传出后，引起了中国各界对跨国公司的批评。鉴于保护环境已经成为中国政府今后的重要政策内容，公众对跨国公司责任与守法问题也日益关切，因而有必要对环境保护与跨国公司的相关关系加以认识。

对于33家跨国公司违反环境法规，不少学者与社会各界对此提出批评，这是因为：其一，中方在吸引跨国公司时都给予了跨国公司许多优惠条件，从各地的税收减免、土地优惠、政府服务等方面，多年来已经形成了优惠跨国公司的政策体系，跨国公司在中国享受到超国民待遇的政策优惠，自然在各方面的表现应该优于其他企业。如果给予了跨国公司大量政策上的实惠，而跨国公司又没有履行好自己的环境责任，出现诸多环境违规违法现象，引进这些公司的意义与价值就大打折扣。其二，上述跨国公司在华的环境管理行为与其在母国的行为差别较大，使人疑惑其实行双重标准，"一个企业，两种制度"。如果是这样，无疑是对投资对象国环境管理制度的极不尊重。其三，跨国公司有能力进行环境保护但没有加以实施保护。跨国公司与中国本土企业的很大不同在于，它们作为在国际上有重要影响的企业，在资金、技术、管理、人才等方面具有优势。通过利用中国日益扩大的市场和廉价的劳动力资源，跨国公司获得了丰厚的利润。因而，人们有理由期待跨国公司在各个方面其中也包括在环境保护上强于本土企业。跨国公司有能力履行环境责任而没有履行，降低了人们对跨国公司的期望值。

固然，跨国公司违反环境保护政策法规的行为，也与各地方对跨国公司的约束不够有关。一方面，不少地方政府对引进跨国公司有强烈的冲动，能大量吸引跨国投资往往显示各地的投资环境与开放程度，甚至于被视为政绩加以炫耀。由于跨国公司的资源毕竟有限，在争夺跨国公司的过程中，一些地方政府有意无意地放松了对跨国公司的环境要求。另一方面，一些跨国公司也存在逃避环境责任的主观意愿。由于实施环境保护制度是需要花费成本的，而企业本身具有利润最大化的强烈动机。

在对本土企业环境约束不力、制裁不够,甚至个别地方对环境污染企业加以重点保护导致环境污染不断加重,一些跨国公司难免"近墨者黑",采取机会主义的态度回避环境责任,减少对环境保护的投资,以最大化地扩大利润。这种相对松弛的政策背景,难免造成跨国公司污染环境的事件时有发生。

作为经济全球化的重要表现形式,跨国公司进入中国市场是生产要素国与国之间自由流动的产物。但经济自由不应妨碍生态自由,开放性不能滋生出负的外部性。跨国公司也应遵守所在国的环境法规与政策,这是世界通用的惯例。对待跨国公司,既不能因为其来自不同国家就对其求全责备,也不能因为其带来资本能够增加就业与税收就在环境标准上对其加以放任与宽容。正因为这样,从目前纷纷扬扬的跨国公司污染环境事件中,有些偏见应该予以避免。

一种偏见是过于夸大跨国公司的污染事件。首先应该认识到,出现违反环境法规的跨国公司毕竟是少数,在2700家跨国公司中,出现33家跨国公司的污染事件是一个低比率事件,还有2600多家跨国公司的环境记录是良好的。中国的企业在环境责任上应该向另外2600多家跨国公司学习。其次,跨国公司在中国经济中所占的比例与跨国公司在中国污染中所占的比例相比反差较大,显然跨国公司在经济中所占的比例更大。最后,中国不做跨国公司的污染天堂或者是污染避风港。中国自己在经济增长中注意治理污染,也不能容许跨国公司将污染环境的生产线输入到中国。

当然,跨国公司在投资中放松环境标准约束甚至不严格遵守当地环境法规的现象,在世界各国不乏其例。比如,2000年,澳大利亚对国内产值前100强企业的调研发现,多数来自欧美的跨国公司在澳大利亚实施的环境标准低于其母公司标准。即使在美国,跨国公司不遵守环境规则与商业规则的现象也比比皆是。据《洛杉矶时报》报道,某欧洲水务巨头为亚特兰大市市长支付了一次巴黎之旅的费用后,取得了管理该市水务的合同。在管理者交接之后,当地居民开始投诉自来水有异味,颜色为棕色。在密尔沃基市的审计中也发现,欧洲水务巨头的子公司为了省钱,在用电高峰期关闭水泵,并把溢出的污水直接排放到密歇根湖和附近的河流里。另外一家欧洲水务公司被发现把未处理的污水排放到密西西比河里。

加强对环境问题的透明度,增大对环境治理的激励约束机制,是政府正在开展的重要工作。曝光跨国公司的环境事件,是增加环境问题透明度的必要步骤。人们有理由相信，在政府政策的引导与约束下，跨国公司群体能够继续成为环境保护的典范。需要指出的是，跨国公司之所以能够成为跨国公司，是因为顺从和遵守了市场经济的规则与规律。但跨国公司作为理性的经济人，应该服从各所在国家政府的规则，而不应该游离于政府的环境监督之外。就像成为体育、影视明星后，作为公众眼里的道德偶像，也就必须在其行为上有所负责。当跨国公司进入中国市场，利用中国的廉价劳动力资源与市场规模不断收获巨大利润的同时，难道不应以中国的环境标准要求它们？或者，跨国公司在没有遵守环境政策的约束后，就不能接受中国大众的评点和批评吗？

第二章 经济增长、结构变动与环境污染

2010年,是中国实施"十一五"规划的最后一年。数据显示,在国家实施宏观调控的基础上,2010年中国经济仍然保持10%左右的经济增长速度。但与此同时,中国的环境污染趋势却不容忽视。2000~2010年,在中国经济快速增长的同时,中国的环境污染也明显加重。环境污染的严峻形势,不仅引起各方的强烈关注,也对国家发展战略取向提出了新的要求。但是,应该看到,正如增长表现出一定的结构性一样,环境污染也表现出一定的结构性特征。研究中国的污染治理,不可避免涉及结构性问题。

第一节 经济增长与环境变化的理论研究综述

经济增长与环境变动之间的关系,是近年来经济研究领域与环境科学领域最引人关注的热点研究课题。1972年,罗马俱乐部发表的《增长的极限》的报告,引起全世界对经济增长与资源环境之间关系的关注。对发展中国家来说,国家有推进经济快速增长的强烈愿望,同时,许多发展中国家经济增长的环境基础又相对脆弱。如何在实现经济增长的同时又维持良好的环境水平,成为各国政府的奋斗目标。但是,在现实经济运行中,这样的愿望往往很难实现。一方面,发展中国家的经济增长需要推动工业化加以实现,而工业化势必产生相应的环境污染;另一方面,环境污染也会产生阻碍经济的进一步增长。比如,环境污染对健康造成损害,导致医疗费用上升;健康水平下降引起人力资本的贬值;环境污染还可能导致出现生态阈值(Ecological Threshold)效应,使土壤、水、植物、作物、动物等自然界诸多环境要素的质量与功能下降,威胁到经济增长的现实基础。鉴于保持经济增长与生态环境良好之间的关系往往在现实中实现起来相对困难,人们就有理由关注,经济增长中出现环境污染加重的趋势是一种暂时现象还是长期趋势,为何发达国家在保持高发展水平的同时维持了较好的生态环境?这些都显示了深化经济增长与环境污染之间规律性研究的重要性。

1991年,Grossman和Krueger通过对42个国家横截面的分析,发现环境

污染与经济增长之间的长期关系呈现倒 U 形分布的规律性。也就是说，随着经济的增长，环境恶化出现先加重而后变轻的过程，这一趋势因与库兹涅茨描述经济增长与收入分配的规律具有一致性，所以被称为环境库兹涅茨曲线。1992 年，Shafik 和 Bandyopadhyay 进一步扩展了经济增长与环境之间的关系，总结了经济增长与环境变化之间的三种规律性。第一种规律性是指由于经济不断增长，个别环境问题会减少与下降。比如，随着经济的快速增长，没有安全饮用水的人口比例、没有充分卫生设施的人口比例、得不到电力支持的人口比例都会出现下降趋势。这意味着，随着经济增长，一些低收入人口在生存环境与基础设施分享方面的约束会减少。第二种是随着收入的增加，一些环境问题会出现先恶化、然后改善的趋势。像城市颗粒物与二氧化碳的浓度都表现出这一趋势。第三种规律性是指由于经济增长，个别环境问题会一直趋于加重。比如，人均城市废弃物和人均二氧化碳排放量会出现增加趋势。其中，第二种规律性就是对环境库兹涅茨曲线的描述。此后，Panayotou (1993) 与 Cropper 和 Griffith 发现，森林遭破坏与人均收入呈现倒 U 形关系。Selden 和 Song (1993) 对二氧化硫、氮氧化物、一氧化碳和可吸入颗粒物四种空气指标的研究，也证实了环境库兹涅茨曲线的存在。

由于中国是全球最大的发展中国家，近年来经济增长迅速，但是环境污染也日益加重，引起国内外学者的研究关注自然不可避免。张晓 (1999) 对 1985~1999 年中国经济增长与环境污染的指标进行了分析，发现中国的人均废气排放量和人均二氧化硫排放量均呈现弱倒 U 形分布，而人均烟尘排放量成正 U 形分布。近年来，吴开亚和陈晓剑对安徽省、黄蔚和方齐云对湖北省、韩钧和段崴对厦门市、李义和王建荣对陕西省的经济增长与环境变化进行了研究，这些研究发现，各地经济增长与环境污染之间的关系或者呈倒 U 形变化，或者呈倒 U 形加 U 形变化或者说 N 形变化。

第二节　中国经济增长遭遇环境约束

从 2000 年开始，中国经济出现了巨大的增长，其中工业在整个经济增长中起着举足轻重的作用，中国制造在全球的影响力不断扩大。与此同时，各类工业污染也出现了程度不同的增长变化。按照有关统计数据，2000~2010 年，全国工业废水排放量有所增长，净增长了 22.26%。工业废气排放量增长十分明显，2010 年比 2000 年净增长 275.81%。工业固体废弃物的排放量增长也比较明显，2010 年比 2000 年净增长 195.25%。因而污染物排放的增长规律是：工业废气排放量的增长＞工业固体废物产生量增长＞工业废水排放量增长。分指标看，各个污染指标的变化规律略有不同。工业废水的排放基本上表现为一个先上升后下降的规律，在2007年达到峰值，其后略有下降；工业废气排放量呈单边上扬走势，在2005年以后增长速度有所加快。工业固体废弃物的排放在总体走势上与工业废气的排放走向基本一致，也表现为单向上升趋势。据世界卫生组织称，2004年，只有31%的中国城市大气环境质量满足世界卫生组织标准。在11个特大城市中，每年因大气粉尘造成的死亡人数高达50万人；40万人患慢性支气管炎；中国二氧化硫排放量也居世界第一位，成为继北美、欧洲之后的世界第三大酸雨区。部分城市逢雨即酸，湖南的常德、江西的德兴、浙江的丽水、安吉、开化的酸雨频率为100%。在水污染方面，全国约有80%的工业和城市污水未经处理直接排入水域，理论上足以污染全国所有的地表水源。90%以上的城市水域受到污染，有7亿人在饮用大肠杆菌超标的用水，1.7亿人饮用被有机质污染的水。固体废物的产生数量也同样让人忧虑，全国近2/3的城市陷入垃圾的包围之中。对中国环境恶化的形势，社会各界的关注度不断升高，不满意程度在扩大。根据中国环境文化促进会对2007年公众环保民生指数的调查，[①] 社会公众的环保满意度得分只有44.7分，高达66.9%的公众认为中国的环境问题非常严重和比较严重。

根据国家统计局提供的数据，2010年中国国内生产总值达到401202亿元，超过日本居于世界生产总值第二位，相对于2000年来说，国内生产总值净增长170.9%，增长速度在世界处于领先水平。与此同时，主要污染指标也不断升高（见图2-1）。但是如果把经济增长速度和污染增长速度加以比较，就可以发现，工业废气排放和工业固体废物产生量增长都快于国内生产总值的增长。这显示，国内生产总值的增长会引起工业废气和工业固体废物更快的增长。或者说，国内生产总值的增长在一定程度上是由主要污染排放更快的行业快速增长加以支撑的。仅仅由污染物排放速度来看，亦可以推断出经济增长的质量并不尽如人意。

具体来看，在中国经济增长与环境污染之间的关系中，还可以看出以下特点：

（1）污染强度相对下降、污染密度上升。污染强度是指单位国内生产总值产生的污染量，工业污染密度是单位面积上产生的污染数量。由于国内生产总值是可变数量且一直维持增长趋势而国土面积保持不变，污染强度指标的变化取决于国内生产总值与污染指标相对增速，哪一个指标增长过快，污染强度就会发生倾向于哪一方向的变化。假如国内生产总值的增长快于污染排放的增长，则会出现污染强度指标下降的趋势；反之，如果国内生产总值的增长慢于污染指标的增长，污染强度会增长。污染密度则随着污染物排放

[①] 刘树铎：《公众普遍认为环境污染严重影响健康生活》，《中国经济时报》2008年1月8日。

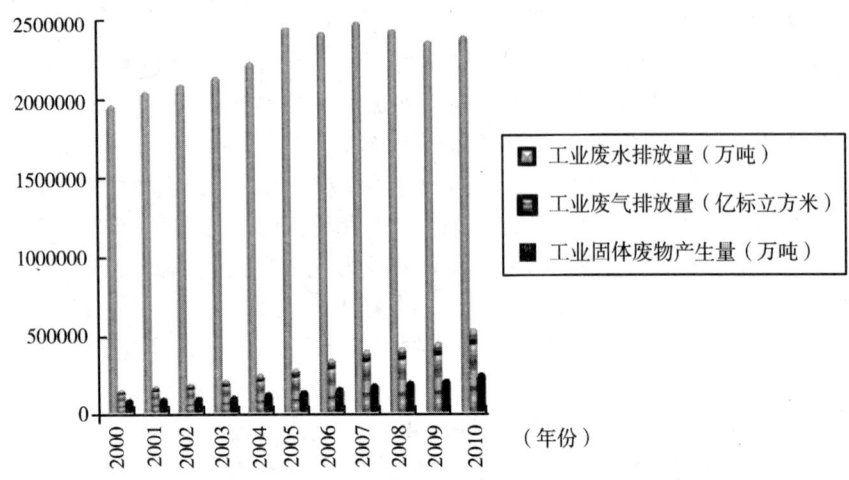

图 2-1　2000 年以来中国工业"三废"排放增长变化

量的绝对增减变化而变化。

从 2000 年以来，工业废水、工业废气、工业固体废弃物的污染强度与污染密度都出现较大的变化，但污染强度与污染密度变动趋势并不一致。从工业废水来看，污染强度一直处于下降通道而且下降势头明显，污染密度出现了先升后稳的趋势，进入 2005 年后升降变动幅度不大。从工业废气来看，污染强度指标出现先升后降再升之势，但是污染密度指标基本上出现单边上升走势，升高势头明显。工业固体废物产生量强度指标呈锯齿状上升趋势，2010 年达到新峰值；密度指标呈现单边升高趋势，但是增长幅度也比较明显。

（2）达标排放率提高，未达标排放量下降。在工业污染统计与监督中，判断违规与否的重要标准在于达标排放，尤其是对水污染的衡量标准中，实现达标排放是对企业甚至对地方领导考核的重要约束条件，达标排放率反映相对指标的变化，未达标排放量反映绝对指标的变化，把两个结合起来，可以对整个污染治理状况进行综合判断。从 2000 年以来，工业废水达标排放率一直处于上升状态，由 2000 年的接近 77% 上升到 2010 年的 95% 以上，由于工业废水总量增长变化不大，未达标排放量一直处于下降状态，由 2000 年的 44.91 亿吨下降到 2010 年的 11.11 亿吨，下降了 3/4。但是，达标排放水平的提升并没有带来污染程度的下降，水污染一直是经济社会发展中严重的环境问题。有关方面曾对 13.46 万公里河流与 322 个水库进行的水质评价显示，近 40% 的河水受到严重污染，城市河段中有 78% 不适合做饮用水源，近 1/3 的农业灌溉水不合格，90% 城市的地下水受到污染。长江因为流量大，以往污染问题不突出，但是近些年来污染范围与污染程度都在加大。据国家环保总局的数据，1998 年全流域污水排放量为 113.9 亿吨，2005 年增长到 184.2

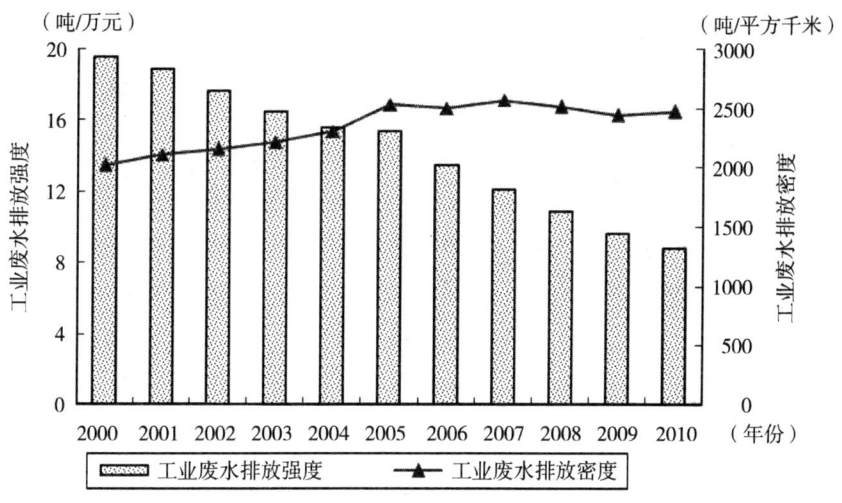

图2-2 2000年以来工业废水污染强度与污染密度

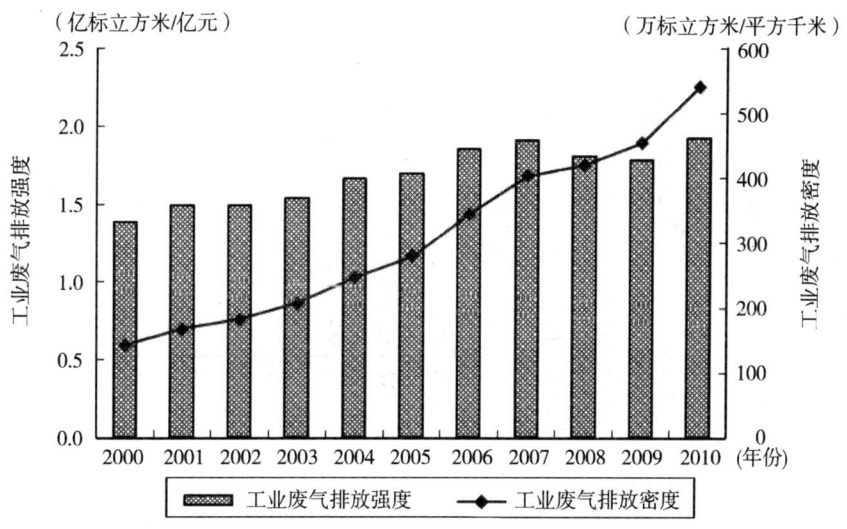

图2-3 2000年以来工业废气污染强度与污染密度

亿吨；水质劣于Ⅲ类的河长2002年为23.2%，到2004年增长到27.5%；长江污染带的长度20世纪80年代为460公里，1992年增长到565公里，而到2004年增长到650公里。另外，根据《中国环境报》提供的相关信息，长江流域的排污量在1999年为206亿吨，2008年已接近300亿吨，2009年排污量为333亿吨。

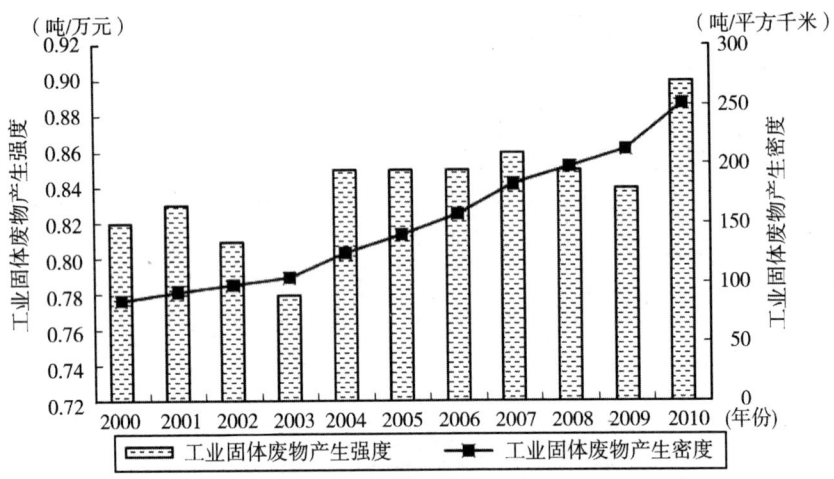

图 2-4　2000 年以来工业固体废物污染强度与污染密度

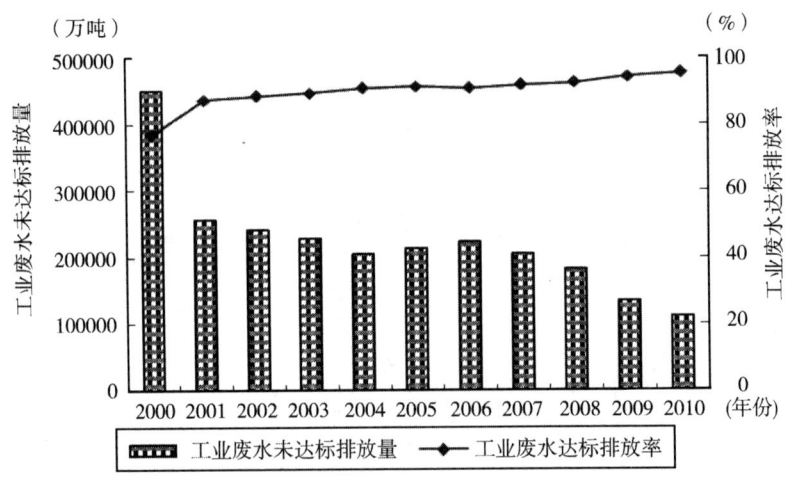

图 2-5　2000 年以来中国工业废水达标排放率与未达标排放量

(3) 一些细节性指标出现了先升后降的变化。根据国家权威部门的统计,化学需氧量、氨氮、二氧化硫、烟尘、工业粉尘等指标在"十五"时期都出现了明显的增长趋势,但是进入"十一五"时期以后,这一增长趋势出现逆转,主要工业污染物绝对数量下降趋势比较明显。化学需氧量、二氧化硫排放量都是在 2006 年达到最高点,氨氮、烟尘排放量则是在 2005 年达到最高点,工业粉尘排放量在 2003 年达到最高点。也就是说,在进入"十一五"时期以后,全国主要污染物排放量明显下降。

表2-1 2001年以来工业废水、工业废气中主要污染成分增长变化

单位：万吨

年份	化学需氧量排放量	氨氮排放量	二氧化硫排放量	烟尘	工业粉尘
2001	1404.8	125.2	1947.8	1069.8	990.6
2002	1366.9	128.8	1926.6	1012.7	941.0
2003	1333.6	129.7	2158.7	1048.7	1021.0
2004	1339.1	133.0	2254.9	1094.9	904.8
2005	1414.2	149.8	2549.3	1182.5	911.2
2006	1428.2	141.3	2588.8	1088.8	808.4
2007	1381.8	132.4	2468.1	986.6	698.7
2008	1320.7	127.0	2321.2	901.6	584.9
2009	1277.5	122.6	2214.4	847.7	523.6
2010	1238.1	120.3	2185.1	829.1	448.7

资料来源：《中国环境统计年报》(2010)。

(4) 工业污染治理投资出现了先升后降的趋势。根据国家环境统计数据，2001年以来，全国在废水、废气、固体废物方面的治理投资出现了升高的趋势，废水和废气治理投资到2007年达到最高，而固体废物治理投资早在2005年就达到最高，其后各相关指标出现下降趋势。这大概与2008年全球金融危机出现有关。全球金融危机出现后，中国为应对金融危机的冲击采取了一系列刺激内需的政策，为稳定增长做出贡献。这其中是否有放松环境管制包括减少污染治理投资的因素，值得进一步观察。不过，何以能够在环保投资减少的同时维持污染统计指标的下降，确实值得观察和进一步分析。

第三节 中国工业污染的行业变化趋势

污染物的排放多由经济主体而生成，人的再生产过程和企业的再生产过程都会产生污染物。相对来说，企业的再生产过程产生的污染比人的再生产过程产生的污染更突出也更难处理，所以在环保领域全社会更关注企业的污染治理。不过，在不同行业，污染产生的规模和水平也存在较大差距，农业和服务业产生的污染相对较少，而工业产生的污染相对较大，这就是为什么在中国的环境统计和治理中工业污染占有核心地位的原因。当然，由于技术进步、发展规模等方面的原因，不同的工业行业产生的污染程度又存在较大差别。了解工业污染的分布结构与变化趋势，有助于科学、合理地配置治理资源。

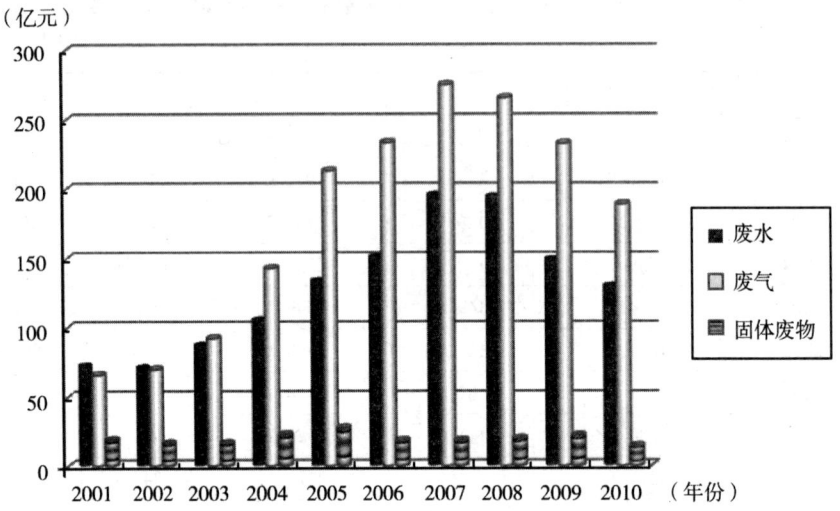

图 2-6 2001 年以来中国"三废"污染治理投资

一、工业污染物排放速度

衡量工业污染物的排放速度既可以从绝对数值也可以从相对数值反映出来。这里，我们采用 2001 年和 2010 年各个工业部门污染物排放的数量和比重，观察从"十五"初期到"十一五"末期十年全国工业行业污染排放数量和比重的变化状况（见表 2-2、表 2-3、表 2-4）。

表 2-2 2001 年、2010 年中国工业各行业废水排放规模与比重

	2001 年		2010 年	
	数量（万吨）	比重（%）	数量（万吨）	比重（%）
煤炭开采与洗选业	50644	2.73	104765	4.95
石油和天然气开采业	18778	1.01	11555	0.55
黑色金属矿采选业	13569	0.73	15353	0.72
有色金属矿采选业	29862	1.61	38852	1.83
非金属矿采选业	11481	0.62	7683	0.36
其他采矿业	1471	0.08	375	0.02
农副食品加工业	68434	3.68	143100	6.75
食品制造业	30429	1.64	54549	2.57
饮料制造业	44640	2.40	75519	3.56

续表

	2001 年		2010 年	
	数量（万吨）	比重（%）	数量（万吨）	比重（%）
烟草制品业	4009	0.22	2673	0.13
纺织业	128974	6.94	245470	11.59
纺织服装鞋帽制造业	3724	0.20	12039	0.57
皮革毛皮羽绒制品业	10905	0.59	28173	1.33
木材加工及竹藤棕草制品业	3491	0.19	5036	0.24
家具制造业	2947	0.16	2146	0.10
造纸及纸制品业	309804	16.68	393699	18.58
印刷业和记录媒介的复制	1879	0.10	1578	0.07
文教体育用品制造业	876	0.05	1071	0.05
石油加工炼焦及核燃料加工业	41741	2.25	70024	3.31
化学原料及化学制品制造业	330514	17.80	309006	14.59
医药制造业	32634	1.76	52606	2.48
化学纤维制造业	59695	3.21	42371	2.00
橡胶制品业	7070	0.38	7042	0.33
塑料制品业	2588	0.14	4962	0.23
非金属矿物制品业	46197	2.49	32313	1.53
黑色金属冶炼及压延业	191745	10.32	116948	5.52
有色金属冶炼及压延业	37451	2.02	31118	1.47
金属制品业	11742	0.63	30152	1.42
通用设备制造业	15357	0.83	13055	0.62
专用设备制造业	13504	0.73	9714	0.46
交通运输设备制造业	24251	1.31	26219	1.24
电气机械及器材制造业	11294	0.61	11652	0.55
通信计算机及其他电子设备制造业	15148	0.82	35965	1.70
仪器仪表及其他办公用机械制造业	2405	0.13	4965	0.23
电力热力生产和供应业	222997	12.01	129624	6.12
燃气生产和供应业	4207	0.23	1931	0.09
水的生产和供应业	10380	0.56	31189	1.47
其他行业	40362	2.17	14093	0.67
总计	1857199	100.03	2118585	100.00

资料来源：笔者根据《中国统计年鉴》（2002、2011）相关表格计算整理。

表2-3 2001年、2010年中国工业各行业废气排放规模与比重

	2001年		2010年	
	数量（亿立方米）	比重（%）	数量（亿立方米）	比重（%）
煤炭开采与洗选业	1543	0.95	2323.8	0.45
石油和天然气开采业	1064	0.65	1026.3	0.20
黑色金属矿采选业	757	0.46	2471.5	0.48
有色金属矿采选业	218	0.13	468.6	0.09
非金属矿采选业	444	0.27	861.3	0.17
其他采矿业	53	0.03	29.7	0.01
农副食品加工业	1236	0.76	4154.3	0.80
食品制造业	565	0.35	3270.2	0.63
饮料制造业	774	0.47	3097.1	0.60
烟草制品业	360	0.22	505.4	0.10
纺织业	1817	1.11	3258.0	0.63
纺织服装鞋帽制造业	120	0.07	175.5	0.03
皮革毛皮羽绒制品业	166	0.10	176.4	0.03
木材加工及竹藤棕草制品业	436	0.27	1567.4	0.30
家具制造业	112	0.07	134.2	0.03
造纸及纸制品业	2735	1.68	7697.0	1.48
印刷业和记录媒介的复制	69	0.04	110.1	0.02
文教体育用品制造业	146	0.09	53.4	0.01
石油加工炼焦及核燃料加工业	4205	2.58	18711.8	3.60
化学原料及化学制品制造业	10366	6.35	25741.2	4.96
医药制造业	582	0.36	1603.0	0.31
化学纤维制造业	2811	1.72	2766.9	0.53
橡胶制品业	431	0.26	1020.8	0.20
塑料制品业	246	0.15	766.8	0.15
非金属矿物制品业	34062	20.87	87263.1	16.81
黑色金属冶炼及压延业	25015	15.32	122928.3	23.68
有色金属冶炼及压延业	9958	6.10	24299.2	4.68
金属制品业	487	0.30	2077.1	0.40
通用设备制造业	488	0.30	2429.9	0.47
专用设备制造业	327	0.20	1938.8	0.37

续表

	2001年		2010年	
	数量（亿立方米）	比重（%）	数量（亿立方米）	比重（%）
交通运输设备制造业	1504	0.92	4183.5	0.81
电气机械及器材制造业	770	0.47	1062.8	0.20
通信计算机及其他电子设备制造业	1165	0.71	6368.7	1.23
仪器仪表及其他办公用机械制造业	55	0.03	554.8	0.11
电力热力生产和供应业	55647	34.09	182550.4	35.16
燃气生产和供应业	461	0.28	834.3	0.16
水的生产和供应业	16	0.01	10.8	0.00
其他行业	2027	1.24	674.3	0.13
总计	163238	99.98	519166.6	100.02

资料来源：笔者根据《中国统计年鉴》（2002）、《中国环境统计年报》（2010）相关表格计算整理。

表2-4 2001年、2010年中国工业固体废物产生规模与比重

	2001年		2010年	
	数量（万吨）	比重（%）	数量（万吨）	比重（%）
煤炭开采与洗选业	12728	15.51	27316.1	12.14
石油和天然气开采业	182	0.22	206.6	0.09
黑色金属矿采选业	8041	9.80	31968.9	14.20
有色金属矿采选业	13998	17.06	29338.4	13.03
非金属矿采选业	922	1.12	1780.2	0.79
其他采矿业	32	0.04	72.6	0.03
农副食品加工业	842	1.03	2119.7	0.94
食品制造业	318	0.39	668.4	0.30
饮料制造业	734	0.89	929.1	0.41
烟草制品业	43	0.05	40.7	0.02
纺织业	513	0.63	753.8	0.33
纺织服装鞋帽制造业	25	0.03	56	0.02
皮革毛皮羽绒制品业	78	0.10	74.7	0.03
木材加工及竹藤棕草制品业	100	0.12	209.7	0.09
家具制造业	15	0.02	17.9	0.01

续表

	2001 年		2010 年	
	数量（万吨）	比重（%）	数量（万吨）	比重（%）
造纸及纸制品业	906	1.10	2321.3	1.03
印刷业和记录媒介的复制	29	0.04	13.1	0.01
文教体育用品制造业	12	0.01	4.1	—
石油加工炼焦及核燃料加工业	1106	1.35	3512.6	1.56
化学原料及化学制品制造业	5702	6.95	14359.1	6.38
医药制造业	241	0.29	405.6	0.18
化学纤维制造业	355	0.43	460.6	0.20
橡胶制品业	72	0.09	140.8	0.06
塑料制品业	33	0.04	74.6	0.03
非金属矿物制品业	1960	2.39	5160.6	2.29
黑色金属冶炼及压延业	11858	14.45	38007.9	16.89
有色金属冶炼及压延业	4477	5.46	8791.1	3.91
金属制品业	76	0.09	364.1	0.16
通用设备制造业	191	0.23	573.2	0.25
专用设备制造业	159	0.19	211.2	0.09
交通运输设备制造业	313	0.38	561.8	0.25
电气机械及器材制造业	83	0.10	80.5	0.04
通信计算机及其他电子设备制造业	43	0.05	166.3	0.07
仪器仪表及其他办公用机械制造业	9	0.01	30.6	0.01
电力热力生产和供应业	14925	18.19	53823.1	23.91
燃气生产和供应业	119	0.15	73.3	0.03
水的生产和供应业	193	0.24	21.9	0.01
其他行业	606	0.74	383.2	0.17
总计	82039	99.98	225093.6	99.96

资料来源：笔者根据《中国统计年鉴》（2002、2011）相关表格计算整理。

从表2-2可见，工业行业废水排放绝对数量上升的有煤炭开采与洗选业、有色金属矿采选业、农副食品加工业、食品制造业、饮料制造业、纺织业、纺织服装鞋帽制造业、皮革毛皮羽绒制品业、木材加工及竹藤棕草制品业、造纸及纸制品业、石油加工炼焦及核燃料加工业、医药制造业、塑料制品业、金属制品业、通信计算机及其他电子设备制造业、仪器仪表及其他办公用机械制造业、水的生产和供应业等行业，但是也有一些行业排放的工业废水的绝对数值出现明显下降，如石油和天然气开采业、非金属矿采选业、烟草制品业、家具制造业、印刷业和记录媒介的复制、化学原料及化学制品制造业、化学纤维制造业、非金属矿物制品业、黑色金属冶炼及压延业、有色金属冶炼及压延业、专用设备制造业、电力热力生产和供应业等行业。前一个趋势的增加与这些行业的增长较快、进入门槛低、污染管制难度大有关；而后一个趋势表现出一些行业的进入壁垒较高、污染管制水平较高、技术进步速度较快或者行业发展和污染管理具有规模效应等。从具体的资本密集程度看，资源与劳动力密集型的矿产和轻工业的废水排放上升速度较快，重化学工业的废水排放上升速度相对缓慢。

工业废气排放与工业废水排放增减变化不同。工业废气排放的全国增速上升明显，废气排放绝对值下降的行业相对较少，绝对值上升的行业相对更多。这里，我们从表2-3的2001年和2010年各行业废气比重的增减分析各行业废气排放的结构性变化。2001~2010年，工业废气排放比重明显上升的行业有食品制造业、饮料制造业、石油加工炼焦及核燃料加工业、黑色金属冶炼及压延业、金属制品业、通用设备制造业、专用设备制造业、通信计算机及其他电子设备制造业、仪器仪表及其他办公用机械制造业、电力热力生产和供应业，工业废气排放比重明显下降的行业有煤炭开采与洗选业、石油和天然气开采业、烟草制品业、纺织业、家具制造业、文教体育用品制造业、化学纤维制造业、化学原料及化学制品制造业、非金属矿物制品业、有色金属冶炼及压延业、电气机械及器材制造业等行业。相对来说，废气排放比重上升较快的行业比较集中，以资本和技术相对密集的行业更加突出，尤其是黑色金属冶炼及压延业废气排放比重上升最为明显；而废气排放比重下降明显的行业则相对分散，在资源开采、劳动力密集的轻纺工业和重化工业等领域都有分布。

工业固体废物排放增减变化与废水和废气又有不同。以工业固体废物产生量所占比重看，比重明显上升的有黑色金属矿采选业、石油加工炼焦及核燃料加工业、黑色金属冶炼及压延业、电力热力生产和供应业等资源与资本密集型行业，比重明显下降的行业有煤炭开采与洗选业、有色金属矿采选业、非金属矿采选业、纺织业、有色金属冶炼及压延业等行业，主要集中在资源与资本密集型行业领域。值得强调的是，少数采掘业和原料工业产生的固体废物对整个工业行业的固体废物上升起牵引作用，另一些固体废物排放比重下降的行业也主要集中在采掘和原料工业领域，只是相对增长幅度相对较小。由于大部分行业固体废物排放比重较低，固体废物的增减变化对全行业污染的整体影响变化不大。

二、工业污染物排放强度

工业污染强度是指某一时间段单位工业产值产生的工业废物。污染强度不仅考虑到污染物排放量，而且考虑到工业品产出量，是一个把工业正产出与负产出联系起来的综合性指标。工业行业的污染强度越大，行业的投入产出效率越低，造成的环境损害越应值得注意。

表 2-5 计算了 2010 年工业各行业的废水、废气和固体废物排放强度，分析表中相关数据可以发现一些有益的规律性。以单位工业产值排放工业废水平均值衡量，2010 年超过全国工业废水排放强度的行业有煤炭开采与洗选业、有色金属矿采选业、其他采矿业、农副食品加工业、食品制造业、饮料制造业、纺织业、皮革毛皮羽绒制品业、造纸及纸制品业、化学原料及化学制品业、医药制造业、化学纤维制造业、水的生产和供应业 13 个行业，相对偏重于轻纺工业和化学类、电力、供水类原料工业，其中以造纸行业的废水排放强度最高；以单位工业产值排放工业废气平均值衡量，2010 年超过全国工业废气排放强度的行业有其他采矿业、非金属矿物制品业、黑色金属冶炼及压延业、有色金属冶炼及压延业、电力热力生产和供应业共 5 个行业，高度集中于原料工业，反映了从矿石冶炼到原材料产出过程高度的能源消耗和废气生成特点，而与之比较的大部分行业的工业废气排放强度都较低；以单位工业产值产生的工业固体废物衡量，2010 年超过全国工业固体废物排放强度的行业有煤炭开采与洗选业、黑色金属矿采选业、有色金属矿采选业、非金属矿采选业、其他采矿业、黑色金属冶炼及压延业、电力热力生产和供应业 7 个行业，主要集中在矿山开采和原料工业领域，其中以矿山开采的工业固体废物排放强度更高。

表 2-5 2010 年中国工业各行业"三废"排放强度

	单位工业产值排放工业废水（吨/万元）	单位工业产值排放工业废气（标立方米/元）	单位工业产值产生工业固体废物（吨/万元）
煤炭开采与洗选业	4.738523705	0.105105234	1.235504383
石油和天然气开采业	1.165031902	0.103480193	0.020831149
黑色金属矿采选业	2.559035759	0.411962669	5.328745043
有色金属矿采选业	10.225692940	0.123334939	7.721830495
非金属矿采选业	2.483594846	0.278418899	0.575457243
其他采矿业	11.986585760	0.948578729	2.318748004
农副食品加工业	4.096979879	0.118938722	0.060687579

续表

	单位工业产值排放工业废水（吨/万元）	单位工业产值排放工业废气（标立方米/元）	单位工业产值产生工业固体废物（吨/万元）
食品制造业	4.805808307	0.288107102	0.058886547
饮料制造业	8.251101870	0.338383982	0.101511917
烟草制品业	0.457465327	0.086505398	0.006966303
纺织业	8.610572080	0.114284031	0.026441775
纺织服装鞋帽制造业	0.976268404	0.014232145	0.004541311
皮革毛皮羽绒制品业	3.567369421	0.022336182	0.009458689
木材加工及竹藤棕草制品业	0.681168320	0.212006200	0.028363979
家具制造业	0.486091134	0.030397684	0.004054535
造纸及纸制品业	37.732110030	0.737680251	0.222473323
印刷业和记录媒介的复制	0.442952530	0.030901707	0.003676770
文教体育用品制造业	0.341516156	0.017031157	0.001307636
石油加工炼焦及核燃料加工业	2.394911007	0.639964923	0.120134930
化学原料及化学制品业	6.448373769	0.537170060	0.299647204
医药制造业	4.480377403	0.136526503	0.034544697
化学纤维制造业	8.552802892	0.558519496	0.092975561
橡胶制品业	1.192279237	0.172821573	0.023837458
塑料制品业	0.357707706	0.055275940	0.005377654
非金属矿物制品业	1.007980720	2.722101015	0.160980695
黑色金属冶炼及压延业	2.256214987	2.371595788	0.733267893
有色金属冶炼及压延业	1.106660189	0.864155294	0.312638918
金属制品业	1.497496102	0.103160677	0.018083290
通用设备制造业	0.371593562	0.069163407	0.016315266
专用设备制造业	0.450536898	0.089918156	0.009795087
交通运输设备制造业	0.472825184	0.075442770	0.010131170
电气机械及器材制造业	0.268832821	0.024519886	0.001857218
通信计算机及其他电子设备制造业	0.654261627	0.115856328	0.003025250
仪器仪表及其他办公用机械制造业	0.775940879	0.086700099	0.004781945
工艺品及其他制造业	0.451978399	0.027213359	0.006039564
废弃资源和废旧材料回收加工业	0.497500141	0.036988374	0.028792826
电力热力生产和供应业	3.196568356	4.501767288	1.327299589

续表

	单位工业产值排放工业废水（吨/万元）	单位工业产值排放工业废气（标立方米/元）	单位工业产值产生工业固体废物（吨/万元）
燃气生产和供应业	0.806962422	0.348580692	0.030625632
水的生产和供应业	27.428634250	0.009497845	0.019259520
平均值	3.017788892	0.742540640	0.321806289

资料来源：笔者根据《中国统计年鉴》（2010）、《中国环境统计年报》（2010）相关表格计算。

三、工业污染排放集中度

工业污染物的生产与工业产值生产的极大不同之处是，有些工业行业在生产过程中会产生数量庞大的污染物，而另一些工业行业产生的污染物排放却少之又少。但只要是工业生产，都会产生一定比例的产值和利润。这样，工业生产过程中产生的污染集中程度要远远大于工业生产中的产值和利润集中程度，也就是说，产值和利润指标行业分布的平均程度要远远大于污染物的行业分布程度。在统计上的突出表现是，往往几个行业的污染物排放量就超过整个行业排放量的一半，而工业产值和利润往往需要为数更多的部门才能达到行业比例的一半。

我们利用废气、废水、固体废物几个最大污染物排放部门的数据，计算了2001年以来工业"三废"排放的四大行业集中度（见表2-6）。表2-6显示，2001~2010年，工业废水排放的四部门集中度处于下降趋势，从2001年的56.8%下降到2010年的51.51%，下降了5.29个百分点，这表明工业废水排放日益具有分散化趋势。而工业废水排放的主要部门变动也较大，2001年工业废水排放相对集中于化学原料及化学制品业、造纸及纸制品业、电力热力生产和供应业、黑色金属冶炼及压延业。可以看出，除了造纸和纸制品业属于轻工业外，其余行业都属于重工业。而到2010年，工业废水排放的四大行业为造纸和纸制品业、化学原料及化学制品、纺织业、农副食品加工业。在这一时期，除了化学原料及化学制品业外，其余行业都属于轻纺工业。工业废气排放的集中规律则完全不同。从2001年到2010年，工业废气排放的四行业集中度处于相对上升趋势，从2001年的76.34%上升到2010年的80.61%，而且四大行业分布十分稳定，集中在电力热力生产和供应业、非金属矿物制品业、黑色金属冶炼及压延业、化学原料及化学制品业，均为典型的原料工业范畴。有趣的是，工业固体废物的排放集中规律又与废气和废水皆有不同。一方面，工业固体废物排放的四行业集中度处于波动上升趋势，从2001年的65.22%上升至2010年的68.03%，整体上升幅度不大；另一方面，四大行业出现一定变化与调整。2001年的四大行业为电力热力生产和供应业、有色金属矿采选业、煤炭采选业、黑色金属冶炼及压延业，而到2010年四大行业调整为电力热力生产和供应、黑色金属冶炼及压延业、黑色金属矿采选业、有色金属矿采选业。虽然行业还是主要集中在采掘和原料工业领域，但是具体部门和排序都有一定幅度的调整。

表2-6 2001年以来工业"三废"排放的四大行业集中度

年份	工业废水		工业废气		工业固体废物	
	四行业集中度(%)	四大行业	四行业集中度(%)	四大行业	四行业集中度(%)	四大行业
2001	56.80	化学原料及制品、造纸及纸制品、电力热力生产和供应、黑色金属冶炼及压延	76.34	电力热力生产和供应、非金属矿物制品、黑色金属冶炼及压延、化学原料及制品	65.22	电力热力生产和供应、有色金属矿采选、煤炭采选业、黑色金属冶炼及压延
2002	55.91	化学原料及制品、造纸及纸制品、电力热力生产和供应、有色金属冶炼及压延	76.50	电力热力生产和供应、非金属矿物制品、黑色金属冶炼及压延、化学原料及制品	67.47	电力热力生产和供应、黑色金属冶炼及压延、有色金属矿采选、煤炭采选业
2003	55.22	造纸及纸制品、化学原料及制品、电力热力生产和供应、黑色金属冶炼及压延	77.09	电力热力生产和供应、非金属矿物制品、黑色金属冶炼及压延、化学原料及制品	65.20	电力热力生产和供应、非金属矿物制品、煤炭采选业、有色金属矿采选
2004	54.60	化学原料及制品、造纸及纸制品、电力热力生产和供应、黑色金属冶炼及压延	78.57	电力热力生产和供应、非金属矿物制品、黑色金属冶炼及压延、化学原料及制品	65.89	电力热力生产和供应、黑色金属冶炼及压延、煤炭采选业、黑色金属矿采选

续表

年份	工业废水		工业废气		工业固体废物	
	四行业集中度(%)	四大行业	四行业集中度(%)	四大行业	四行业集中度(%)	四大行业
2005	52.31	造纸及纸制品、化学原料及制品、电力热力生产和供应、纺织业	78.45	电力热力生产和供应、黑色金属冶炼及压延、非金属矿物制品、化学原料及制品	67.33	电力热力生产和供应、黑色金属冶炼及压延、煤炭采选业、有色金属矿采选
2006	54.10	造纸及纸制品、化学原料及制品、电力热力生产和供应、纺织业	78.45	电力热力生产和供应、黑色金属冶炼及压延、非金属矿物制品、化学原料及制品	67.56	黑色金属冶炼及压延、电力热力生产和供应、煤炭采选业、有色金属矿采选
2007	52.03	造纸及纸制品、化学原料及制品、纺织业、电力热力生产和供应	80.07	电力热力生产和供应、黑色金属冶炼及压延、非金属矿物制品、化学原料及制品	66.97	电力热力生产和供应、黑色金属冶炼及压延、黑色金属矿采选、有色金属矿采选
2008	51.60	造纸及纸制品、化学原料及制品、纺织业、电力热力生产和供应	79.84	电力热力生产和供应、黑色金属冶炼及压延、非金属矿物制品、化学原料及制品	67.07	电力热力生产和供应、黑色金属冶炼及压延、有色金属矿采选、黑色金属矿采选
2009	51.31	造纸及纸制品、化学原料及制品、纺织业、农副食品加工	80.09	电力热力生产和供应、黑色金属冶炼及压延、非金属矿物制品、化学原料及制品	67.52	电力热力生产和供应、黑色金属冶炼及压延、有色金属矿采选、煤炭采选业
2010	51.51	造纸及纸制品、化学原料及制品、纺织业、农副食品加工	80.61	电力热力生产和供应、黑色金属冶炼及压延、非金属矿物制品、化学原料及制品	68.03	电力热力生产和供应、黑色金属冶炼及压延、有色金属矿采选、有色金属矿采选

资料来源：笔者根据《中国统计年鉴》各年度相关表格计算整理。

四、几点分析与结论

根据以上若干指标的分析，我们可以做出以下推论：

（1）不同工业部门产生的污染物排放存在较大差异，但是高加工度类产业通常都是污染轻微类产业。在无论涉及工业废水、废气和固体废物的各类指标计算中，通用设备制造业、专用设备制造业、交通运输设备制造业、电气机械及器材制造业、通信计算机及其他电子设备制造业、仪器仪表及其他办公用机械制造业、工艺品及其他制造业等行业产生的污染都相对较小。因而，这类产业所含技术含量较高，国际竞争激烈，加快发展此类产业无论是对提升国家竞争力还是对环境污染治理都有积极作用。

（2）污染排放规律与产业发展规律并不完全吻合。自20世纪90年代初，重工业在工业中所占的比重呈现持续增长趋势。尤其是2000年以来，重工业呈现加速增长之势，远远高于轻工业的增长速度（见图2-7），重工业总量增加的同时是重工业在工业比重的持续上升。鉴于近年来快速增长的电力、化工、钢铁、有色冶金等工业都是污染密集型工业，重工业的大幅度增长难免伴随着污染的迅速上升。值得注意的是，中国重化学工业的快速增长一部分是由于国际市场的需求扩张引起的。但是，如果我们把重化学工业发展和扩张与污染物排放对比就可以发现，两者之间并不存在完全吻合的规律性关系。比如，重化学工业扩张的速度超过轻工业扩张的速度，这也可以用于解释工业废气和工业固体废物的排放，但是工业废水排放重心却出现由重工业向轻工业的转移，断定重化学工业化导致污染物排放相应增加的结论是不完全正确的。当然，为何出现这样的不匹配现象，还有待于进一步发掘其中的原因。

（3）可以根据污染排放规律有针对性地配置污染治理资源。就全社会看，电力、黑色金属冶炼及压延业、有色金属冶炼及压延业、纺织业、纸及纸制品业、纺织业、化学原料及化学制品业、黑色金属矿开采、有色金属矿开采、农副食品加工也都是重点污染行业，这些行业的发展一定会带来一定程度的污染。这就要求有针对性地安排政策资源、科技创新资源、信贷资源等，对这些行业进行重点监控、重点治理，以使全社会的污染治理效率最大化。

第四节 中国工业污染的区域变化趋势

从"十五"时期开始，国家开始实施西部大开发、中部崛起和东北振兴战略，加上推动沿海率先发展的相关思路展开，标志着全国总体区域发展战

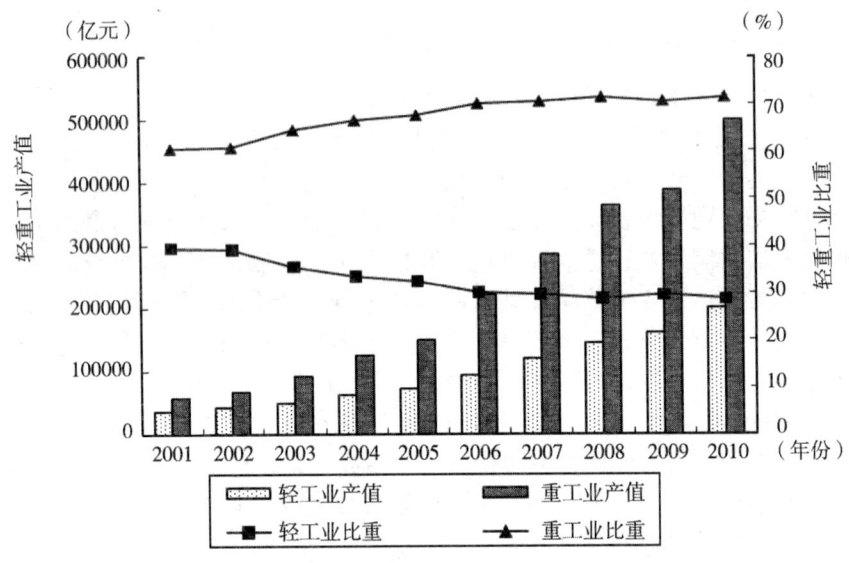

图 2-7　2001 年以来中国轻重工业规模与比重变化状况

略逐步成型。其中工业在整个经济增长中起着举足轻重的作用。与此同时，各类工业污染也出现了程度不同的区域增长变化。

一、全国四大板块区的工业污染变化趋势

四大板块的发展基础略有不同。沿海地区的高速发展是在改革开放以后出现的，由于民营企业和外资企业的蓬勃发展，沿海地区的工业基础得到很大巩固，成为引领中国经济增长的主体，但是在"十一五"后期，随着外需形势的变化，沿海地区快速增长趋势得到抑制。东北地区由于国有经济比重较大机制不活等因素，改革开放以来发展速度相对缓慢，但是在东北振兴战略和一系列改革开放政策的推动下，近年来的发展已经有明显起色。中部地区经济增长长期处于相对落后状态，多年来向沿海地区输出大量劳动力以支持沿海地区的发展。近年来随着中部崛起政策的支持，特别是一些沿海产业的转移，中部地区的增长活力得到有效释放。西部地区长期以来经济实力最弱，面积最大，发展潜力得不到释放。国家促进内地发展的政策首先是由西部发端的。随着西部大开发的推进，西部基础设施和生态环境状况得到很大改善。特别是，由于促进西部特色产业发展的政策持续发力，西部地区的增长活力得以很大增强。

我们根据全国多年以来的统计资料，绘制了各大区域工业污染的变化趋势图（见图 2-8、图 2-9、图 2-10）。

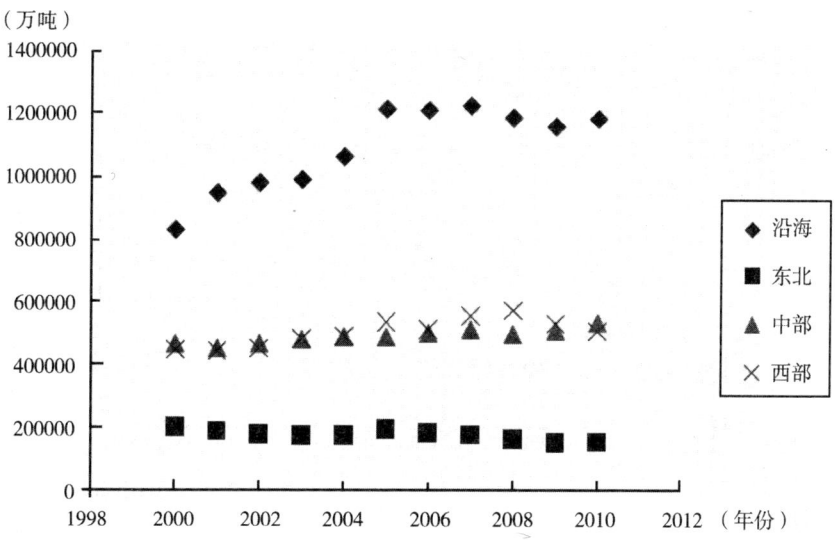

图2-8 2000年以来中国各大区域工业废水排放变化趋势

资料来源：笔者根据《中国统计年鉴》各年度数据计算制作。

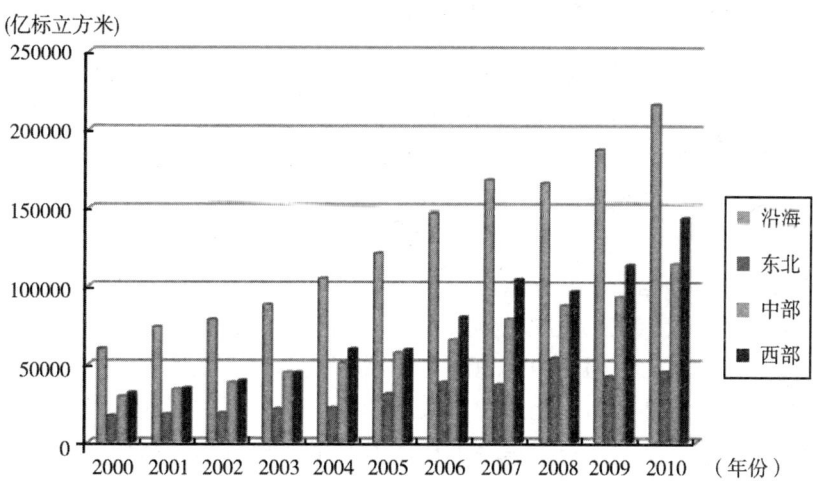

图2-9 2010年以来中国各大区域工业废气排放趋势

资料来源：笔者根据《中国统计年鉴》各年度数据计算制作。

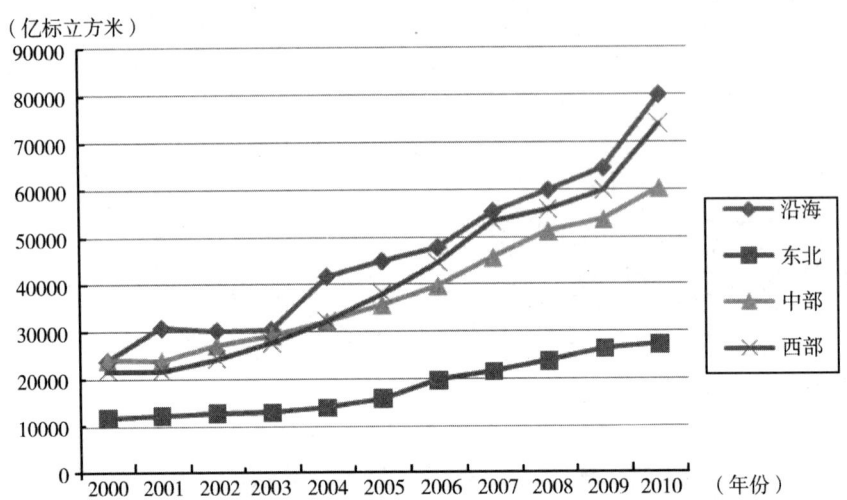

图 2-10　2000 年以来中国各大区域工业固体废物排放变化趋势

资料来源：笔者根据《中国统计年鉴》各年度数据计算制作。

从地区角度看，工业污染的地区分布变化有以下特征：

（一）各地区不同类型污染的增长带有明显的不平衡性

从数据与图表看，除了东北地区的工业废水排放出现下降走势以外，其余各类指标各地区都出现程度不同的增长。各地工业废物排放都出现一定程度的增长，污染程度持续加大。但是从相对指标上，各大区域的表现明显不同。在工业废水排放方面，2000~2010 年，沿海地区工业废水排放占全国的比重由 42.74% 上升到 49.91%，上升了 7 个百分点以上，但是，东北地区、中部地区和西部地区工业废水排放都出现一定比例的下降，其中东北地区比重下降幅度最大。在工业废气排放方面，沿海、东北都出现一定比例的下降，中部地区变动不大，但是西部地区上升幅度明显。在工业固体废物排放方面，沿海地区和西部地区所占比重上升幅度相对明显，而中部地区和东北地区的下降幅度明显。从整个三大指标的比较看，沿海地区和西部地区的工业污染上升幅度明显，而东北地区和中部地区的污染上升幅度略低。

（二）各地区工业污染的分布与国民经济的分布规律趋于一致

工业污染分布的趋势变化与国民经济与社会发展的发展规律有其一致性。以 2010 年的数据看（见表 2-7），沿海地区既是全国各个地区各类污染最多排放的区域，也是全国经济与人口集中分布的区域，说明生产、消费水平与污染具有一定的相关关系。从污染曲线的变化规律看，沿海地区一般在最上层，增长幅度也最大；中部地区与西部地区介于中间，增长幅度也介于中间；东北地区增长幅度最小，上升过程相对缓和，而出现下降趋势时则转折明显。比较而言，东北地区、中部地区与西部地区生产与消费能力较低，污染总量也相对较低。

污染水平与经济产出和人口的状况相关，可以通过污染强度与污染密度表现出来。从2010年工业废水的排放强度（工业废水排放量/工业增加值）看，各地区的大小排序为：西部地区＞中部地区＞沿海地区＞东北地区；从2010年工业废气的排放强度（工业废气排放量/工业增加值）看，各地区的大小排序为：西部地区＞中部地区＞东北地区＞沿海地区；从2010年工业固体废物污染强度（工业固体废物排放量/工业增加值）看，各地区的大小排序为：西部地区＞东北地区＞中部地区＞沿海地区。可以看出，工业废气和工业固体废弃物排放强度的规律基本一致，显示出西部、东北和中部地区单位工业增加值产出的污染水平要明显高于沿海地区，但是工业废水排放与这一规律稍有差异，显示出东北地区工业废气排放强度最低，这可能与东北地区规模以上工业企业比重较大，产业结构不支持更大规模工业废水排放有关。从2010年以人口规模衡量的工业废水排放密度看，各地区的排序大小为：沿海地区＞中部地区＞西部地区＞东北地区；从工业废气的排放密度看，各地区的排序大小为：沿海地区＞东北地区＞西部地区＞中部地区；从工业固体废物排放密度看，各地区的排序大小为：东北地区＞西部地区＞中部地区＞沿海地区。由于沿海地区产业结构主要体现对外来资源的依赖性，工业固体废物产生相对较少符合其内在规律。沿海地区按照人口密度衡量的工业废气和工业废水排放密度相对较大，显示推动节能减排在沿海地区会使更多人受益。上述数据反映出两个截然不同的图景，也说明了政策调控的不同方向：从产业效率改善的角度，政府政策的重心应该以提高内地的资源利用效率为主；但是从健康改善的角度看，政府政策的重心应该以沿海地区污染排放的削减为主。

表2-7 2010年中国各大区域经济社会发展与工业污染指标占全国的比重

单位：%

指标 区域	经济社会指标			工业污染指标		
	GDP	工业增加值	人口	工业废水	工业废气	工业固体废物
沿海地区	53.1	52.9	38.0	49.9	41.6	33.1
东北地区	8.6	9.0	8.2	6.3	8.7	11.3
中部地区	19.7	20.3	26.8	22.5	22.0	25.0
西部地区	18.6	17.8	27.0	21.3	27.7	30.6

资料来源：笔者根据《中国统计年鉴》（2011）、《中国环境统计年鉴》（2011）相关表格计算整理。

(三) 内地的污染状况也不容忽视

从相关数据看，东北、中部与西部地区的经济增长水平相对较低，环境污染水平也相对较低。但是从整个区域的数据看，三大区域只拥有不到全国46.9%的GDP、47.8%的工业增加值，却要养活占全国近62%的人口，产出占全国50%的工业废水、58%的工业废气和2/3以上的工业固体废物，说明内地的经济效率较低、污染水平较高。这除了与内地所处的分工地位与产业结构有关，反映出内地资源开发与原料工业在经济中所占比重较大外，也说明内地的环境污染同样需要引起重视。

二、各省区工业污染的变动状况

事实上，由于中国各省份经济社会发展状况与环境基础差距很大，污染物的省际差异更值得引起重视。这里，我们首先选取各省份工业废水、废气、固体废物的增长变化和2010年各省份废物占全国比重来衡量各省份工业污染的变动情况及对全国污染的影响。从工业废水排放的增长变化看，增速快于全国平均水平的省份包括山西、内蒙古、浙江、福建、江西、山东、河南、广东、广西、陕西、青海、宁夏、新疆等，由于浙江、福建、山东、广东等省份污染物基数较大，这正是沿海地区废水排放比重上升较快的主要原因。但是，内蒙古、广西、青海、宁夏、山西、江西等中西部省份的快速增长趋势也不容忽视。从工业废气排放增速看，河北、山西、内蒙古、福建、江西、湖南、重庆、陕西、青海、宁夏、新疆等省份增长速度都快于全国平均水平，尤其是宁夏2010年的工业废气排放相比2000年增长达10倍以上，值得引起充分重视。从工业固体废物排放看，天津、河北、广东、内蒙古、贵州、青海、宁夏、新疆等省份的增长速度相对较快。值得注意的是，一些省份如内蒙古、青海、宁夏三大指标的增长都快于全国平均水平，显示出一些西部省份工业快增长与污染快增长已经同时发生，必须引起足够重视。从表2-8还可以看出各省份工业污染在全国的影响力。以省份工业污染物占全国比重超过4%衡量，2010年工业废水排放影响较大的省份有河北、江苏、浙江、山东、河南、湖南、广东、广西八个省份，主要集中在沿海地区；工业废气排放影响较大的省份有河北、山西、内蒙古、辽宁、江苏、山东、河南、广东，沿海地区一些省份既是经济大省，也是废气排放大省；从工业固体废物排放看，河北、山西、内蒙古、辽宁、山东、河南、四川等都是排放影响力较大的省份。从整体看，河北、山西、内蒙古、山东、河南、广东等省份都有两个或者三个指标在全国影响力较大，是明显的污染大省份，必须引起重视。对上述变化可以进行验证的是，我们计算了2001年和2010年污染物排放的四省集中度（见表2-9）。由表2-9可知，污染物排放的四省集中度有所上升,而沿海地区一些省份在全国的污染影响力也一直居于高位。

表2-8 2000~2010年各地区工业废物排放增长变化

指标 省份	2001~2010年增长趋势(%)			2010年占全国比重(%)		
	工业废水排放量	工业废气排放量	工业固体废物产生量	工业废水排放量	工业废气排放量	工业固体废物产生量
北 京	-61.3	+56.5	+11.7	0.35	0.91	0.53
天 津	-7.4	+168.8	+223.8	0.83	1.48	0.77
河 北	+10.9	+391.6	+258.2	4.81	10.85	13.15
山 西	+60.4	+338.4	+135.7	2.10	6.78	7.58
内蒙古	+88.6	+453.3	+584.5	1.66	5.29	7.05
辽 宁	-28.1	+168.4	+119.6	3.01	5.19	7.17
吉 林	+8.7	+154.6	+183.9	1.63	1.59	1.93
黑龙江	-21.3	+119.0	+84.8	1.64	1.95	2.24
上 海	-46.0	+86.2	+52.5	1.55	2.50	1.02
江 苏	-2.3	+133.9	+155.1	11.11	6.01	3.76
浙 江	+37.5	+139.6	+166.3	9.16	3.94	1.77
安 徽	+12.2	+271.2	+180.7	2.99	3.44	3.80
福 建	+78.1	+308.7	+45.9	5.23	2.60	3.11
江 西	+74.7	+339.8	+114.9	3.05	1.89	3.90
山 东	+80.7	+203.3	+158.1	8.77	8.44	6.66
河 南	+36.5	+145.8	+172.3	6.33	4.37	4.45
湖 北	-3.2	+138.2	+152.9	3.98	2.67	2.83
湖 南	-10.8	+270.5	+134.3	4.03	2.83	2.40
广 东	+65.8	+154.8	+174.2	7.88	4.64	2.26
广 西	+82.5	+165.9	+135.3	6.96	2.80	2.59
海 南	-17.4	+170.9	+182.7	0.24	0.26	0.09
重 庆	-44.4	+489.6	+118.2	1.90	2.11	1.18
四 川	-18.7	+262.3	+149.0	3.93	3.87	4.66
贵 州	-33.1	+180.8	+245.9	0.60	1.96	3.39
云 南	-5.5	+228.1	+199.7	1.30	2.11	3.90
西 藏	-33.9	+6.7	-38.9	0.03	0.00	0.00
陕 西	+58.9	+372.7	+186.2	1.92	2.60	2.86
甘 肃	-25.9	+123.8	+191.2	0.65	1.20	1.55

续表

指标 省份	2001~2010年增长趋势（%）			2010年占全国比重（%）		
	工业废水排放量	工业废气排放量	工业固体废物产生量	工业废水排放量	工业废气排放量	工业固体废物产生量
青 海	+106.0	+367.1	+384.5	0.38	0.76	0.74
宁 夏	+110.3	+1144.2	+471.9	0.93	3.14	1.02
新 疆	+51.3	+295.7	+399.2	1.07	1.79	1.62
全 国	+17.2	+222.7	+171.2	100.00	100.00	100.00

资料来源：笔者根据《中国统计年鉴》（2002、2011）相关表格计算整理。

表2-9　2001年和2010年工业废物排放的四省集中度

	2001年		2010年	
	四省集中度（%）	四省名称	四省集中度（%）	四省名称
工业废水排放量	32.51	苏浙鲁川	36.91	苏浙鲁粤
工业废气排放量	30.64	鲁苏冀辽	32.08	冀鲁晋苏
工业固体废物产生量	33.92	冀辽晋鲁	34.96	冀晋辽蒙

资料来源：笔者根据《中国统计年鉴》（2002、2011）相关表格计算整理。

在表2-10中，我们计算了按照工业增加值和人口计算的两种不同类型的污染强度。从单位工业增加值计算的工业废水排放强度看，2010年污染强度较大的省份包括江苏、浙江、安徽、福建、江西、河南、湖北、湖南、广西、海南、四川、西藏、青海、宁夏等，发达地区与不发达地区均有分布，但是一些不发达省份如广西、宁夏的强度更大。从工业废气排放强度看，指标相对较高的省份包括河北、山西、内蒙古、辽宁、广西、海南、重庆、贵州、云南、青海、宁夏、新疆等省份，其中河北、山西、内蒙古、青海、宁夏省份的数值明显偏高；从工业固体废物产生强度看，河北、山西、内蒙古、江西、广西、贵州、云南、甘肃、青海、宁夏等省份的数值明显相对偏高。引入人口规模作为判定因素，是因为我们认为到，人口既是使经济增长的受益者，也是环境污染的受害者。单位人口承受的环境污染越大，污染造成的健康损害就越大，也就越有必要进行污染治理。从以人口衡量的工业废水排放强度看，2010年江苏、浙江、福建、山东、广东、宁夏的数值相对较高，较高区域偏重于沿海地区；从以人口衡量的工业废气排放强度看，2010年天津、河北、山西、内蒙古、辽宁、上海、江苏、山东、青海、宁夏、新疆的比重相对较高，突出表现为北方省份的数值偏高；从以人口衡量的工业固体废物产生强度看，河北、山西、内蒙古、辽宁、福建、江西、贵州、云南、陕西、宁夏、青海等省份的数值相对较高,应该加强这些省份的固废治理。

表 2-10 2010 年中国各省区工业污染强度

指标 省份	以单位工业增加值衡量的污染强度			以单位人口数量衡量的污染强度		
	工业废水排放强度(吨/万元)	工业废气排放强度(立方米/元)	工业固体废物产生强度(吨/万元)	工业废水排放强度(吨/人)	工业废气排放强度(万立方米/人)	工业固体废物产生强度(吨/万元)
北 京	2.97	1.72	0.46	4.18	2.42	0.65
天 津	4.46	1.74	0.42	15.15	5.92	1.43
河 北	11.96	5.90	3.32	15.88	7.83	4.40
山 西	10.71	7.55	3.92	13.96	9.85	5.11
内蒙古	7.04	4.89	3.03	15.99	11.12	6.88
辽 宁	8.14	3.07	1.97	16.35	6.16	3.95
吉 林	9.84	2.10	1.18	14.07	3.00	1.69
黑龙江	8.45	2.19	1.17	10.15	2.64	1.41
上 海	5.61	1.98	0.37	15.93	5.63	1.06
江 苏	13.68	1.62	0.47	33.52	3.97	1.15
浙 江	17.18	1.61	0.34	39.92	3.75	0.78
安 徽	13.12	3.30	1.69	11.91	3.00	1.54
福 建	19.41	2.11	1.17	33.62	3.66	2.03
江 西	16.92	2.29	2.19	16.25	2.20	2.11
山 东	11.04	2.32	0.85	21.72	4.57	1.67
河 南	12.59	1.90	0.90	15.99	2.41	1.14
湖 北	14.06	2.06	1.01	16.51	2.42	1.19
湖 南	15.16	2.33	0.92	14.55	2.23	0.88
广 东	8.71	1.12	0.25	17.91	2.31	0.52
广 西	42.80	3.76	1.61	35.84	3.15	1.35
海 南	15.01	3.53	0.55	6.65	1.57	0.24
重 庆	12.22	2.96	0.77	15.64	3.79	0.98
四 川	12.57	2.71	1.51	11.62	2.50	1.40
贵 州	1.90	6.72	5.40	4.06	2.93	2.35
云 南	11.87	4.22	3.61	6.72	2.39	2.04
西 藏	18.53	0.40	0.28	2.45	0.05	0.04

指标\省份	以单位工业增加值衡量的污染强度			以单位人口数量衡量的污染强度		
	工业废水排放强度（吨/万元）	工业废气排放强度（立方米/元）	工业固体废物产生强度（吨/万元）	工业废水排放强度（吨/人）	工业废气排放强度（万立方米/人）	工业固体废物产生强度（吨/万元）
陕 西	9.98	2.96	1.51	12.18	3.62	1.85
甘 肃	9.58	3.90	2.34	6.00	2.44	1.46
青 海	14.72	6.44	2.91	16.04	7.02	3.17
宁 夏	34.18	25.39	3.83	34.72	25.79	3.89
新 疆	11.76	4.31	1.81	11.63	4.26	1.79
全 国	12.28	2.69	1.25	17.80	3.89	1.81

资料来源：笔者根据《中国统计年鉴》（2011）相关表格计算整理。

三、经济与污染分布的不平衡程度

为衡量中国经济与污染分布的不平衡性，我们筛选出同一指标即衡量空间要素的集中指数，计算2000年以来污染和经济的分布状况（见表2-11）。计算方法如下：首先，对各类要素按照大小进行排序；其次，区分要素数值占总数一半的省区；再次，计算要素一半数值省份的人口数值；最后，计算出要素分布集中指数。$C = 100 - (H/P) \times 100$，式中，C为某要素分布的集中指数，H为某要素一半所在地域的人口数，P为全区域的人口数值。

计算结果表明，从2000年到2010年，中国工业废水集中指数经过了一个先增大后缩小的过程，工业废气排放变动波动较大，规律性不明显，工业固体废物排放经过了一个先增大后缩小的过程，但从2006年开始又持续增大。相对来说，地区生产总值的集中指数则经过了一个先扩大后缩小的过程，到2010年降到最低。总体上看，工业废水排放集中指数与地区生产总值走势接近，但是达到最高点的时序不同。工业固体废物排放从2006年以来基本与地区生产总值的走向呈相反走向。显示地区生产总值集中程度下降，固体废物排放的集中程度在提高。这可能显示，地区经济在扩散过程中，更加有利于固体废物排放增长较快行业及相关省份的发展。

表2-11 中国经济分布和污染分布的集中指数

年份	工业废水	工业废气	工业固体废物	地区生产总值
2000	66.82	67.37	71.63	68.27
2001	68.89	69.03	72.53	69.53
2002	69.01	68.74	72.13	69.78

续表

年份	工业废水	工业废气	工业固体废物	地区生产总值
2003	69.00	70.31	71.45	70.32
2004	69.05	69.79	74.34	69.81
2005	70.99	71.39	73.72	69.87
2006	70.20	73.58	71.84	69.82
2007	70.43	69.61	72.53	69.24
2008	70.04	71.26	72.35	68.77
2009	68.76	69.21	72.57	68.53
2010	68.32	70.68	74.64	66.88

资料来源：笔者根据《中国统计年鉴》、《中国环境统计年鉴》各年度数据计算。

对上述数字的解读还可以看出，中国工业废水排放的空间分布集中特性与地区生产总值分布更接近，显示工业废水的排放更加具有遍在性的特点，工业废气排放的集中指数相对较高，工业固体废物的集中程度最高，显示出并不是每一个省份都具有矿产开采和电力建设等方面的资源属性。污染因素与经济有关，而经济开发与资源有关，工业废物排放正是带有经济和资源因素的特点。地方资源的禀赋状况，也一定反映到环境污染上来。与此相对应的是，对于具有遍在性的污染，需要各个地方普遍注重治理；对于大气污染这类相对集中在北方的污染特点，需要更加重视北方省份的环境治理；对于固体废物处理，需要重视矿产资源集中生产和矿产主要进口省份的污染治理。

第五节 中国环境污染的未来趋势

在对经济增长与环境污染之间关系的解释中，通常有三个方面的成因被用于说明这种互动轨迹：规模效应、结构效应、政府政策与规制。如果从中国当前的国情看，还有两个成因应该被充分考虑到，即自然约束与社会约束。中国环境污染的未来变化取决于促使环境好转的因素与促使环境恶化的两种力量的对比。经济学家阿罗等人在1995年曾经指出，经济增长并不导致环境质量的改善，机制失效、市场失效和政策失效是可持续发展管理中遇到的主要问题。考虑到经济社会发展中有利于遏制环境恶化的力量增强，未来中国的环境会出现一定程度的好转。

中国经济规模还会在今后实现进一步扩张。庞大的人口数量、低水平的收入、日益沉重的就业压力，都要求中国经济保持一定速度的增长。目前，中国经济总量已经居世界第二位。但是人均生产总值只有5000美元左右。发展还是主旋律。在经济总量持续扩大的情况下，由规模扩大带来环境污染加重的趋势将会长期存在。在其他条件不变的情况下，经济规模扩大必然带来污染的扩大，包括废气、废水与固体废物排放的增加。但按照曲格平先生的说法，即使污水全部达标排放，处理过的污水质量至少也是劣五类水。因而即便是达标排放率增加、未达标排放量减少，但在总排放量大幅度增加的状况下，排放的污染规模就会不断增大。不过要看到，整个经济增长的内外环境已经发生变化，市场约束的威力已经充分展示，需求不足的矛盾将长期制约企业选择，这意味着以往的高增长格局将会发生改变。由此可以推论，由经济总量快速扩张引起环境污染排放的快速增长的趋势将得到改变。

值得注意的是，在总量增长的同时，中国经济的结构性变化将会发生，这使得从长期发展角度来看，人们有理由对全国工业污染的有效控制抱有信心。首先，国家已经明确了加快发展战略性新兴产业的鼓励政策，而市场也支持战略性新兴产业在未来取得较快增长。在全球经济面临增长困境的背景下，各国都不约而同地出台了一些支持战略性新兴产业发展的政策，中国也不例外（见表2-12）。由于战略性新兴产业带有高科技含量、高附加价值、低污染的特性，由战略新兴产业的较快增长可以带来快增长和低污染的行业形态，这将有利于减少污染物排放的增长势头。其次，重化学工业发展已经面临比较严厉的市场约束。在房地产行业的调控持续见效和基础设施的瓶颈约束缓解的情况下，黑色金属冶炼与压延业、有色金属冶炼与压延业、非金属矿物制品业等行业的增长将趋于相对稳定甚至转向低速阶段，而电力需求扩张之势也出现逆转，这意味着公共投资和私人投资领域对重化学工业的支撑作用将趋于减弱。与此同时，由于国家出台推动服务业发展的政策，未来服务业在整个经济中的比重会有一定提升，而服务业多是环境友好型产业，相应地，不会带来污染物排放的明显上升。最后，环境保护措施和产业调整速度将加快。在整个经济下行阶段，是进行经济结构调整的有利时机，国家将会出台更多的措施，对于各行业设置更加严格的环境标准，以促使高污染、高耗能型企业退出市场。而科技创新政策也因为支持生产端和需求端的技术进步，将更加有利于全社会各个环节的技术进步，有利于绿色发展、循环发展、低碳发展，推动资源节约型环境友好型社会建设，有助于在不降低福利水平下更有效地减少污染物排放。

另一个值得注意的因素是体制改革。在社会普遍关心环境质量建设的背景下，要求深化环境保护领域体制改革的呼声不断加强。如果能够通过体制机制的设计，使地方政府将环境污染治理作为政绩提高的重要成分，切断地方环境行政主管部门对地方政府的依附关系或者改变地方环境行政主管部门的利益倾向，并加强对环境污染治理的舆论监督，使地方政府不能忽视环境保护的作用。

表 2-12　当前主要经济体发展新兴产业的重点领域

国家/地区	重点发展领域
美国	清洁能源开发利用；混合动力汽车；生物医药；航空航天；海洋开发；信息和互联网；纳米产业；高速铁路；应对气候变化等
欧盟	健康；食品、农业及生物工程；纳米科学、纳米工程；材料和新产品技艺；信息和传媒工程；能源；环境（包括大气改变）；运输（包括航空）；安全；空间；海洋产业
英国	生物产业；创意产业；数字产业；通信产业；绿色能源
法国	生态经济与绿色化工；再生能源；未来城市建设；未来交通工具；数字内容
德国	数码软件；药物疗效与新药安全；成像诊断学；智能传感器与眼科学；用户友好与环境友好的创新技术；纳米材料；未来物流
日本	信息通信；纳米材料；系统新创造（机器人、微机电系统、设计制造加工、航空、宇宙空间）；生物；环境；新能源（太阳能）；医疗、护理、健康；软件；文化创意产业；融合战略（可持续制造业、计量和测量系统）；海洋开发
韩国	新可再生能源；低碳能源；高质量水处理；LED 应用；绿色交通系统；高科技绿色城市；传播通信融合产业；IT 融合系统；机器人应用；新材料纳米融合；生物制药与医疗设备；高附加值食品产业；全球医疗服务；全球教育服务；绿色金融；文化创意；会展观光；海洋产业
新加坡	清洁能源（太阳能、电动汽车）；生物医药；环境与水资源；互动数字媒体等
俄罗斯	纳米；海洋；太空
巴西	新能源（生物能源、风能、核能）；航天
中国	节能环保；新一代信息技术；生物；高端装备制造；新能源；新材料；新能源汽车

资料来源：《中国可持续发展战略报告（2011）》，第 4~5 页。

值得一提的是，在环境污染造成生态环境恶化、环境恶化导致自然系统功能下降，甚至食物、土壤、水果、生物遭受越来越严重污染的情况下，居民环境保护意识的增强，全社会制约环境污染的力量将反弹。2010 年，全国受理的环境行政复议案件数达到 694 件，受理的环境行政诉讼案件数达到 228 件。这说明，全社会要求改善环境的声音逐步增强。目前，有一批学者开始关注政府的环境法律责任问题。有学者明确提出："现行环境立法中政府在环境法律关系中往往居于'权力主体'地位，而行政相对人则处于'义务主体'的地位，这是与环境法治的主旨相违背的。"① 所提出的问题是，假如政府不能有效履行环境保护的职能，应该承担什么样的法律责任。从根本上看，由于中央提倡科学发展观，并逐步将新的发展理念融入政绩考核、政策约束与法律规范中，污染控制在政绩评价中的地位将趋于上升。同时，随着法律法规的逐步完善，在污染数据上弄虚作假的行为将会得到严厉惩处。

　　当然，也要看到一些不利于环境污染治理的结构变化也客观存在。一方面，从城乡关系看，城镇化推进将有助于污染物排放规模的持续扩大。城镇化将扩大基础设施的建设和公共投资，对重化学工业的发展起到一定支持作用。同时由于城镇居民数量的增长，将带来垃圾增多等新的污染物排放。另一方面，在不发达地区要求加快发展的呼声十分强烈的情况下，后发地区忽视环境保护而重视项目建设的冲动，将可能导致发达地区向不发达地区产业转移的同时，带来发达地区的污染物转移，引起环境污染的区域性扩散。还要看到，全社会的环境保护意识还有待增强。从中国的现实情况看，中国是一个人口较多、自然条件与环境较差的国家，环境容纳能力相对较差，近些年来的污染对环境的破坏已经接近极限水平；而社会反抗和阻滞污染企业的力量还相对较弱，人们对环境问题还缺乏足够的认识与重视。假如一个社会缺乏制约污染的民众与舆论力量，缺乏来自各方面对环境污染现象的监督机制，民众抱有希望别人挺身而出的"搭便车"心理，舆论与社会抱有多一事不如少一事的成见，污染现象就缺乏社会的应有约束，而且污染会不断侵蚀社会的和谐与发展。

　　正是基于以上认识，我们对中国未来污染排放走势做出以下判断：

　　第一，整个污染物排放总量将在中长期维持在高位震荡运行。在经济总量增长、人口总量增长、工业化推进、城镇化推进的背景下，全社会污染物排放总量不会出现高速增长趋势，但是也不会出现大幅度下滑趋势。

　　第二，污染物排放结构将会发生改变。未来由于扩大内需的努力一定会转向居民收入增长，民生类产业的提升推动轻纺工业的发展，带来工业污染物排放的重心由重化学工业领域向轻纺工业领域转移。相应地，工业废水排放会出现一定幅度的增加，工业废气和固体废物增长将会趋于缓和。同时，生产环节生产的污染增长幅度相对缓和，但是生活污染的排放速度增加。

　　第三，污染物排放出现空间扩散的趋势。在各个地区各类要素成本存在差异，经济发展的不平衡性规律发挥作用的情况下，市场力量将引起工业企业出于降低成本的考虑向不发达地区转移，从而带来污染物排放的转移。另外，城镇化将导致污染物排放重心更加向城镇集中，大中城市将持续成为环境保护关注的热点。但是，这也必将有利于污染物排放的规模化治理和环保

---

① 张建伟：《论环境立法存在的问题及其克服》，《中国地质大学学报》2008年第2期。

产业的规模化发展。

第四，污染物排放的控制还有待于全社会建立共同的约束力量。动员政府、产业界、学术团体、社会公众共同监督污染物排放，形成制度性的合力，将有助于推动污染物排放的控制和最终减少污染物排放，推动构筑人与自然关系的和谐共处格局。

参考文献

［1］张晓．中国环境政策的总体评价．中国社会科学，1999（3）．

［2］王金南，邹首民，洪亚雄．中国环境政策：第二卷．北京：中国环境科学出版社，2006.

［3］中国科学院可持续发展战略研究组．中国可持续发展战略报告（2011）．北京：科学出版社，2011.

［4］Grossman G. M., Krueger A. B.. Environmental Impacts of a North American Free Trade Agreement, NBER Working Paper, 1991 No. 3914.

［5］Shafik N., Bandyopadhyay S.. Economic Growth and Environmental Quality: Time-Series and Cross-Country Evidence, World Bank Policy Research Working Paper, 1992 No. 904.

［6］Panayotou T.. Empirical Tests and Policy Analysis of Development, ILO Technology and Employment Program Working Paper, 1993 WP238.

［7］Cropper M., Griffith C.. "The Interaction of Population Growth and Environmental Quality", American Economic Review, 1994 Vol. 84.

［8］Selden T., Song D.. Environmental Quality and Development: Is There a Kuznets Curve for Air Pollution Emissions, Journal of Environmental Economics and Management, 1994, Vol. 22, Issue 2.

专题报告 2
以培育发展战略性新兴产业促进国民经济结构的战略性调整

《中共中央关于制定国民经济和社会发展第十二个五年规划的建议》明确提出，"坚持把经济结构战略性调整作为加快转变经济发展方式的主攻方向"，"发展结构优化、技术先进、清洁安全、附加值高、吸纳就业能力强的现代产业体系"。培育发展战略性新兴产业，在加快经济发展方式转变、激发国家内生发展能力，促进国民经济结构战略性调整和优化中起关键作用，是"十二五"时期推动经济发展方式转变的重大任务，应该毫不动摇地加以积极推动。

一、战略性新兴产业是全球经济竞争的制高点

全球金融危机发生后,世界各国都采取一系列积极政策来促进经济增长。根据以往全球经济周期变动的历史看,稳定走出经济低谷通常是由一组战略性新兴产业加以牵引。换句话说,全球经济由衰退走向勃兴的一个重要标志,是战略性新兴产业群的繁荣。通过扩大基础设施建设投资,可在短期内解决需求不足的问题;但只有新兴产业的增长,才能在创造市场新的需求的同时引导和促进经济的长期持续增长。因而,全球金融危机发生以后,世界各国都不约而同地聚焦战略性新兴产业发展。而全球各国发展战略性新兴产业方面最为突出的变化,就是立足于主动推动而非被动地等待战略性新兴产业的自动出现。

国际金融危机发生后,世界许多先行国家或者发展中大国都采取了一些积极措施发展战略性新兴产业。美国重新发现工业化的作用,提出再工业化的主张,加大回归实体经济政策支持力度,促进制造业沿着出口导向方向发展。美国政府2009年8月发布《美国创新战略:推动可持续增长与高质量就业》,提出通过科技创新推动包括清洁能源、先进车辆、健康产业、信息产业等在内的战略性新兴产业发展。欧盟在2006年即推出《创建创新型欧洲》报告,在发展绿色经济就拟投资1050亿欧元,并注重发展新能源和信息产业。据统计,信息网络产业对欧盟生产力增长的贡献率达40%,对欧盟GDP增长的贡献率达25%。2009年12月,日本政府提出新增长战略,发布了《产业结构展望2010方案》,提出重点培养五大战略性产业领域,包括基础设施相关产业、环保与能源产业、文化创意产业、尖端技术产业,以及包括医疗、护理、健康和生育在内的社会公共产业。同年,新加坡政府提出,以科技创新支持四个重点领域的产业发展:生物医药、环境与水资源、清洁能源研究及互动数字媒体科技。印度是人口第二大国,在保持较快经济增长的基础上,提出发展信息产业和包括生物医药在内的先进制造产业。

围绕战略性新兴产业发展,世界各国正在展开激烈的竞争。这场竞争,关系到哪个国家能够率先走出国际金融危机的影响,关系到各国产业竞争力的表现,关系到各国未来在全球的经济地位。多年来,人们一直对中国、印度两个大国的发展轨迹与绩效进行比较,得出的结论普遍是中国的发展模式好于印度。中国拥有好的基础设施、强大的工业基础、庞大的市场规模、快捷的决策机制,孕育着巨大的发展潜力。但传

统的增长模式难以为继，一些前期投入较多的产业渐趋饱和，如果战略性新兴产业方面不能成长起来，未来的增量增长空间将会受到约束；而印度尽管基础设施落后、工业发展不平衡、决策时滞较长、市场相对较小，但是这也预示着市场潜力和产业潜力可以被进一步挖掘。假如印度在不断变革中优化存量和发展已经具有一定基础的战略性新兴产业，印度经济长期规模化增长的空间将会打开。可见，促进战略性新兴产业的发展，关乎国家竞争的地位和进一步增强中国在全球的经济影响力。

二、培育发展战略性新兴产业符合国家目标

经过30多年的改革开放，中国工业化水平已经有了很大提高，许多工业品的产出规模居世界第一位。但是，中国工业的技术创新还远远不够，高附加价值产业占工业的比重还不够高，高耗能、高污染产业所占的比重还较大，战略性新兴产业也还处在起步期，扩大工业规模和提升工业层次的任务还很重。在发展战略性新兴产业成为世界主要国家抢占新一轮经济和科技发展制高点的重大战略、战略性新兴产业必然会成为引导未来经济社会发展重要力量的背景下，积极发展战略性新兴产业，对于促进中国经济社会全面、协调、可持续发展和进一步提升中国产业竞争力具有重要意义。

国务院颁布的相关文件明确指出，战略性新兴产业是以重大技术突破和重大发展需求为基础，对经济社会全局和长远发展具有重大引领带动作用，知识技术密集、物质资源消耗少、成长潜力大、综合效益好的产业。培育发展战略性新兴产业发展，将会遵循经济结构的增量优化路线，实现中国经济增长重心从比较优势向竞争优势转变、从高能耗高物耗高污染型产业群向符合两型社会建设需求的密集型先进制造产业群方向转变、从以劳动密集型产业、资本密集型产业为主体向更加偏重于技术密集型产业的方向转变，从低生产率的中国制造向高生产率的中国创造转变，破解内需不足、资源环境约束明显、生产要素成本上涨的巨大压力，推动经济发展模式的加快转变。

党中央、国务院提出的战略性新兴产业包括七大类：节能环保、新一代信息技术、生物、高端装备制造、新能源、新材料、新能源汽车。根据发展规划，节能环保、新一代信息技术、生物、高端装备制造产业将成为国民经济的支柱产业，新能源、新材料、新能源汽车产业成为国民经济的先导产业。作为一个制造大国，节能环保产业对于发展低碳经济，减少能源资源低效利用意义重大，应加快发展新型高效节能、先进

环保、资源循环利用技术和装备,发展节能环保服务业和再制造产业;下一代信息技术包括云计算、物联网等新型产业业态和三网融合,将进一步推动新型工业化进程,推动生产方式与生活方式的根本性变革;包括生物医药、生物农业、海洋生物等生物产业的发展,将会开拓人类健康与食品供应的新空间,成为继信息产业以后影响世界发展的新领域;包括大飞机、高性能船舶、高速列车、先进航天装备、高端数字化智能装备能够充分展示中国工业现代化水平,提升装备制造业的技术含量与附加价值;发展包括风电、光伏发电、核能等新能源产业,可在增加能源供应保障能源安全的同时结构性地减少碳排放,是世界各国产业竞争的重点领域;包括新型功能材料、先进结构材料、复合材料和超导、纳米等基础材料,是先进制造体积小型化、功能多样化和质量高效化的基础,也是各国产业竞争的前沿领域。可以说,战略性新兴产业既孕育着较大的市场风险,也存在着广阔的市场潜力,体现国家的产业竞争力水平。要执全球经济竞争之牛耳,就应该在战略性新兴产业的竞争博弈中率先胜出。

比如,高速铁路已经成为一种安全、高效、超大运量、低碳环保的运输方式,体现交通运输的发展方向。中国高铁的研发虽然起步较晚,但是起点较高,在起步时就瞄准世界前沿技术,通过技术引进、技术合作、原始创新、集成创新和引进消化吸收再创新等,以庞大的市场为基础,积极推动技术创新,实现了这一战略性新兴产业技术的重大突破,系统掌握了集设计施工、装备制造、车辆控制、系统集成、运营管理等高速铁路成套技术,推动高速铁路产业的飞跃性发展。数据显示,国家知识产权局已经批复的知识产权专项就达到900多项,中国高铁的气密强度指标甚至明显领先于日本和欧洲。高铁作为战略性新兴产业,拉动了机械、冶金、建筑、材料、电力、计算机、装备制造等产业增长与产业升级,产生较强的波及效果;时速350公里的高铁每百人公里能耗每小时不到6000瓦,不到大客车的50%、飞机的18%,节能效果明显。中国目前投入运营的高速铁路已经达到7500多公里,居世界第一位。根据国家《中长期铁路网规划》,到2020年,中国将形成"四纵四横"高速铁路网,除乌鲁木齐、拉萨、海口外,绝大部分省会城市将被高铁覆盖,高铁总里程有望超过2万公里。而高速铁路建设的外溢效应,还将在中国国民经济进一步加快发展和区域经济联系不断增强中得到显现。与此同时,由于中国高铁的技术成果产业化已经得到稳定实现,将进一步推动这一领域的产业走出去,参与国际市场竞争,充分体现中国的产业竞争力和中国创造对世界的贡献。

应该说,中国发展战略性新兴产业具有明显优势:一是中国具有巨大的国内市场作支撑。近年来,中国在高速铁路、超高压临界发电机组、超高速计算机等一系列世界前沿性先进制造技术的重大突破,无不以巨大的国内市场做支撑。依此类推,我们完全可以在各战略性新兴产业领域通过国内巨大的市场需求获得临界规模起步,构筑技术创新与商业化应用之间的良性循环关系。二是便于前端起步实现弯道超车。从国际上看,全球战略性新兴产业多处在成长的幼稚阶段,技术远未成熟,中国与先行发达工业国家间的技术差距不大,并非居于后发劣势,有易于起步和接近平行竞争的特点,完全可通过技术创新后来居上。三是支持技术创新和产业化的资本与人才资源的规模不断扩大。不仅来自政府的投入在持续增加,来自民间的创新投入规模也越来越大,而基础设施等制约因素逐渐得以消除,环境保护规制也进一步完善。随着传统产业的市场趋于饱和,更有利于生产要素向战略性新兴产业集聚。制约战略性新兴产业发展的各类要素供给瓶颈将逐步消除,战略性新兴产业发展的临界要素供给规模将易于实现。四是推动战略性新兴产业发展的社会合力已经形成。在以市场为基础的资源配置体制下,政府、企业、科研人员、资本所有者,都可以在战略性新兴产业发展中寻求到自己的位置。而在各类要素供求基本平衡甚至供过于求的市场环境下,人尽其才、物尽其用的效用最大化规律和发展是硬道理的经济准则,将再次在战略性新兴产业领域显示生命力。五是形成推动战略性新兴产业发展的政策体系。建设创新型国家,已经成为党中央、国务院的重大决策部署。中央政府出台的一系列文件包括《国务院关于加快培育和发展战略性新兴产业的决定》,将会对战略性新兴产业领域的资源组合、技术创新与商业化开发提供巨大的政策支持。

三、培育发展战略性新兴产业的关键在于推动两个创新

创新是中华民族的灵魂,是实现国家持续增长的不竭源泉。著名经济学家熊彼特指出,创新是把从来没有过的生产要素的新组合引入生产体系,包括引进新产品、采用新方法、开辟新市场、拓展新原料和形成新组织。中国改革开放以来的发展经验证明:创新推动发展,大创新推动大发展。要实现战略性新兴产业又好又快地发展,必须积极推动体制创新与技术创新。

(1) 积极推动体制创新,为实现战略性新兴产业大发展提供制度保

障。目前国内有数十个省市已经提出战略性新兴产业发展的方向，规模化的资本投资热潮已经形成。要在鼓励战略性新兴产业发展中，降低制度性壁垒，强化技术性标准，放开市场的同时抑制投机和泡沫。各地政府应该把引导市场和合理调控结合起来，建立并完善防范和制止各类产品轮盘炒的政策体系，切实降低战略性新兴产业发展的制度成本、政策成本和由此衍生的市场成本，以创造更好的制度环境来助推战略性新兴产业的奋力崛起。要通过行政管理体制、行政运行模式、宏观调控政策的改革，公开和规范政府补贴、政府采购和政府投入资源的使用方向，进一步强化市场奖优汰劣的机制，引导市场实现更有效率的资源配置。

（2）积极推动技术创新，为战略性新兴产业大发展提供技术支撑。要通过实施科教兴国战略、知识产权战略、人才强国战略等一系列重大战略的实施，加快构建以企业为主体、市场为导向、"产学研"相结合的技术创新体系，在开放条件下支持在战略性新兴产业领域的原始创新、集成创新和引进消化吸收再创新，平衡、规范与透明地配置国家技术创新支持政策的激励机制、约束机制和评价机制，在加强技术标准建设中重点支持核心技术、关键技术和共性技术的突破，以创新能力的增强支持战略性新兴产业的扩张。

目前，全国各地都出现了战略性新兴产业热，各地区在战略性新兴产业发展互不相让，各显神通。但是鉴于各地科技基础和经济基础不同，发展战略性新兴产业应该有重点、有选择地推进，必须"大胆假设、小心求证"，切不可"盲人骑瞎马，夜半临深池"。

首先，做好战略性新兴产业发展规划。根据国内外经验，选择发展战略性新兴产业方向时应慎之又慎，尽可能符合本地区的资源禀赋。在产业发展方向上应该既考虑到必要性，又考虑到实现的可能性。比如，对于不发达地区来说，除了省会城市和重要工业基地外，基本上缺乏发展高端装备制造业、下一代信息产业、节能环保产业、新能源汽车等产业的产业基础、配套基础和市场基础，在国内各地尤其是沿海地区此类产业已经形成庞大产业规模的情况下，选择发展此类产业关联程度高、技术条件苛刻的战略性新兴产业会因为产业配套困难、市场认可度不高等因素而很难赢得市场支持。在战略性新兴发展上最忌讳的是盲目地"先干起来再说"，或者把产业发展当成政绩工程推进。对于缺乏资源基础支持的战略性新兴产业，原则上不鼓励不发达地区发展。为此，需要做好战略性新兴产业发展的专项规划。

其次，战略性产业发展的资源配置应符合市场经济规律。战略性新兴产业的发展必须由企业组织实施，由企业加以推动，也由企业实现收益。在政府做好规划的基础上，要发挥企业在发展战略性新兴产业发展中的主体作用，由企业进行市场评估和做出投资决策。政府不能越俎代庖，强行动员企业投入战略性新兴产业领域，金融机构在发放贷款时也应进行市场评估。以市场为基础组织资源和动员资源，会促使优胜劣汰的规则发挥作用，战略性新兴产业的发展会更有质量、更有效率。

最后，更好地利用现有政策。要结合国家已有的产业政策和区域政策，把政策支持与市场支持结合起来，在规范的基础上动员企业投入，引导和规范企业行为，坚决制止市场泡沫和盲目炒作，真正促进战略性新兴产业的又好又快发展。

第三章 中国各地区环境污染变化趋势的定量分析

第一节 引 言

推进节能降耗减排政策的实施，离不开对环境污染态势的评价与分析。通常，研究环境污染过程中，涉及事先分析还是事后分析、总量分析还是结构分析、单因素分析还是多因素分析、污染的自然影响分析还是包括对人的影响分析等方面。虽然有不少对环境变化的研究是建立在未来分析的基础上，但是基于信息披露的现实性和可靠性，大量的研究还是立足于事后分析，而未来研究也需要在现状研究基础之上展开趋势分析；总量分析相对宏观，更能面向政策层面。在日本，环境质量评价的一个重要特点就是把评价与污染控制结合起来，提出了浓度控制方式、总量控制方式、排放量分配控制方式等。但结构分析也同样十分重要。污染的结构分析通常涉及污染物的组成结构，污染物排放的产业来源、污染物分布结构等，结构分析有助于把握政策配置的重点与方向。在因素分析方面，过去国际上十分重视单因素分析。比如，在水质评价方面，R. P. Iorton 1965 年提出了质量指数（QI），此后 R. M. Brown 提出了水质量指数（WQI），等等。在大气环境评价方面，1966年 Green 提出了大气污染综合指数，其他学者又陆续提出了 Babeook 大气污染指数（API）、污染物标准指数等。但近几十年来，多因素分析方法逐渐受到重视。20 世纪 70 年代以后发展起来的多因素分析方法偏重于综合指数评价法、概率统计评价法、热力学"熵"评价法等。但环境信息除了具有随机性外，还有模糊性、灰色性和不相容性等不确定性特征。自 20 世纪 80 年代后，模糊集理论、灰色系统理论、物元可拓集、集对分析、神经网络、遗传算法和蚁群算法等理论和技术开始应用于环境质量评价。目前的环境评价方法主要有指数评价法、专家评价法、模型预测法、经济分析法、运筹学评价法和模糊综合评价法等。在污染物影响评价方面，以往的研究主要关注污染物本身造成的环境变化，但是越来越多的研究关注污染对人造成的影响。如因环境污染造成预期寿命的变化、环境损害对居民家庭的经济影响及诊疗费用的估量等。

本书采用"十五"期初的2001年和期末的2005年中国各地区主要污染物排放情况的官方统计数据，着眼于研究新时期经济快速增长状况下地区污染的分布规律与变化趋势。基于数据的可得性和信息披露的有效性，这是一种事后分析；由于涉及地区分布，这也是一种结构性分析；由于污染物种类较多，我们采用多因素分析的方法；由于环境统计数据的因素，我们主要偏重于污染自身变化的分析，但是也会涉及污染对人的影响。"十五"时期中国诸多环境保护指标并未完成控制目标，成为污染增长最快的时期之一，值得加以回头研究。而这些污染指标的增长必然通过区域层面反映出来，这正是我们把"十五"作为一个重点时期观察研究的初衷。

表3-1 "十五"时期的污染控制指标与实际达到指标

	"十五"控制指标	实际达到指标
二氧化硫排放量（万吨）	1450	2549.00
烟尘排放量（万吨）	850	1182.50
粉尘排放量（万吨）	900	911.20
化学需氧量排放量（万吨）	650	1413.00
氨氮排放量（万吨）	70	149.78
工业用水重复利用率（%）	60	83.60
工业固体废物排放量（万吨）	2900	1654.70
工业固体废物综合利用率（%）	50	56.10

资料来源：笔者根据王金南、邹首民、洪亚雄主编：《中国环境政策》（第二卷），北京：中国环境科学出版社，2006年版；《中国环境统计年鉴》（2006）相关数据计算整理。

本书采用主成分分析法对大气环境污染、水环境污染及固体废物污染三方面进行多要素的环境质量综合评价。与主成分分析比较，以往的环境分析方法存在诸多不足。如环境质量指数虽然应用普遍，但它仅仅是对环境质量比较粗略的静态描述；采用模糊综合评判对环境质量进行评价虽然取得了一些进展，但建立单因素隶属度函数过程过繁，且强调极值作用，信息丢失较多，评价结果受控于个别参数，容易出现误判；专家评价法与运筹学中的层次分析法等受主观因素影响较大，评价结果说服力不强。从数学的角度来看，综合评价就是建立一种从高维空间到低维空间的映射，保持样本在高维空间中的某种"结构"，其中最明显的是与"序"有关的结构，综合评价往往与排序是分不开的。作为一种综合评价方法，主成分分析法利用降维思想，在保留原变量大部分信息的同时将多个指标转化为少数几个综合指标，使复杂评价体系得到简化，通过数据计算进行客观赋权，解决了主观赋权的问题，使权数更具客观性和科学性。

第二节 研究方法及指标体系的建立

一、研究方法的选择及数据的来源

在对目前各种评价方法的优缺点综合考虑的基础上，为尽可能客观地评价各地区环境污染的程度与差异性，本书在定量化研究中国各地区环境污染时采用了主成分分析和模糊聚类分析法。在评价过程中，选取了主成分分析法，以减少赋权的主观性与分析的复杂性，弱化变量之间的相关性，避免评价信息被重复使用。然后，考虑到环境信息的模糊性，对评价结果进行模糊聚类分析，用以直观地显示分类对象的差异和联系。

本书所用数据主要来源于《中国统计年鉴》（2002、2006）、《中国环境统计年鉴》（2006）及中国行政区划网公布的官方数据等。西藏因2001年工业废水中的石油类污染物排放量指标数据缺失，参照其国民生产总值的增长速度来对2005年该指标数据进行内插处理。

二、指标体系的建立

本书参照《中国环境统计年鉴》所列的"十五"时期主要污染物指标，考虑到指标的代表性、可行性及关联性，并遵循Anderson原则，即一个好的指标应具备："指标或计算出该指标的信息应当是现成可得的；指标应当是相对容易理解的；指标必须是能够测量的；指标计量的内容应当是重要的或者在指标的权限范围内是很有意义的；指标描述的事情的状态与指标的获取时间间隔应当是短暂的；指标基于的信息应当可以用来比较不同的地理区域；指标还应当能够进行国际比较"七条原则，本书选择了以下指标来构造地区环境污染评价指标体系（见图3-1）。

（1）水环境方面的指标：以工业废水排放总量、化学需氧量（COD）、工业废水中石油类排放量、工业废水中氨氮的排放量为基本指标。

（2）大气环境方面的指标：以工业废气排放总量、工业二氧化硫排放总量、工业烟尘排放量、工业粉尘排放量为基本指标。

（3）固体废物方面的指标：仅以工业固体废物排放总量为基本指标。

上述指标评价体系共三大类九个指标，涉及水环境质量、大气环境质量及固体废弃物多方面的因素，既包括了各类污染物的总量指标，也包括了水污染和大气污染一些类别污染物含量的细化指标，能够综合、全面地反映各地区环境污染的状况与差异。

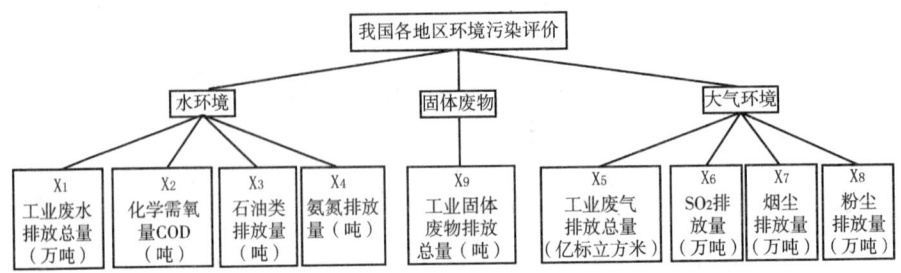

图 3-1 中国各地区主要污染物排放指标体系

第三节 中国各地区区域环境污染的计量判识

一、主成分分析

(一) 主成分分析原理与模型

主成分分析的基本思路是：通过构造原变量的适当的线性组合，以产生一系列互不相关的新变量，按照累积贡献率大小或大于均值的特征值的个数，从中选出少数几个新变量（称为主成分），并使其含有尽量多的原变量信息，使得用新变量代替原变量分析和解决问题成为可能。

变量中所含信息的大小通常用该变量的方差或样本方差来度量。求第 i 个主成分可通过求样本数据协方差矩阵的第 i 个特征值所对应的单位特征向量得到。Y_i 所对应的特征向量 $U_i = (U_{i1}, U_{i2}, L, U_{ip})$，则第 i 个主成分 $Y_i = U_{i1}X_1 + U_{i2}X_2 + L + U_{ip}X_p$。

(二) 主成分分析过程及结果

1. 原始数据的标准化处理

为消除因量纲的不同可能带来变量取值分散的影响，避免采用协方差矩阵求主成分受方差大变量影响出现结果异化的现象，我们这里采用变量标准化的方法。即令 $Z_{ij} = (x_{ij} - \bar{X}_j)/S_j$ (i = 1, 2, 3, …, n; j = 1, 2, 3, …, p)，其中 x_{ij} 为第 i 个省市的第 j 项评价指标的原始数据，Z_{ij} 为相应的经过标准化处理后的数值，$\bar{X}_j$ 为第 j 项评价指标的均值，S_j 为第 j 项评价指标的标准差。

2. 计算标准化样本数据的协方差矩阵,即为原样本变量的相关系数矩阵 R

$$R = \begin{pmatrix} r_{11} & \cdots & r_{1p} \\ \vdots & \ddots & \vdots \\ r_{p1} & \cdots & r_{np} \end{pmatrix}$$

3. 计算相关系数矩阵的特征值、单位特征向量及特征值的贡献率

由 R 的特征方程 $|R - \lambda I| = 0$,求得 P 个特征值 $\lambda_1, \cdots, \lambda_p$(见表 3-2),及其对应的 P 个特征向量 $u_1, \cdots, u_p$(见表 3-2)。第 i 个主成分:$Y_i = u_{i1}X_1 + u_{i2}X_2 + \cdots + u_{ip}X_p$,$Y_i$ 所对应的特征向量 $u_i = (u_{i1}, u_{i2}, \cdots, u_{ip})$。第 i 个主成分 Y_i 的贡献率 $\alpha_i = \lambda_i / \sum_{j=1}^{p} \lambda_j$,它描述了第 i 个主成分提取的信息占总信息量的份额。$\sum_{i=1}^{m} \lambda_i / \sum_{i=1}^{p} \lambda_i$ 为前 M 个主成分的累积贡献率(见表 3-2)。

表 3-2 2001 年与 2005 年指标数据相关系数矩阵的特征值及其总变量解释

	主成分	1	2	3	4	5	6	7	8	9
2001 年	特征值	5.830	0.990	0.702	0.544	0.425	0.203	0.147	0.117	0.043
	贡献率	64.778	11.000	7.800	6.044	4.722	2.256	1.633	1.300	0.478
	累计贡献率	64.778	75.778	83.578	89.662	94.344	96.600	98.233	99.533	100.000
2005 年	特征值	5.942	0.986	0.789	0.582	0.265	0.177	0.134	0.085	0.040
	贡献率	66.022	10.956	8.767	6.467	2.944	1.967	1.489	0.944	0.444
	累计贡献率	66.022	76.978	85.744	92.211	95.156	97.122	98.611	99.556	100.000

表 3-3 2001 年与 2005 年第一大特征值所对应的特征向量

	X_1	X_2	X_3	X_4	X_5	X_6	X_7	X_8	X_9
2001 年 V1	0.3223	0.3345	0.2220	0.3219	0.3653	0.3765	0.3481	0.3730	0.3094
2005 年 V1	0.2882	0.3501	0.2493	0.3361	0.3572	0.3757	0.3501	0.3586	0.3206

我们按照以下原则来决定提取的主成分的个数:对所有特征值求均值,大于均值的特征值的个数即为主成分的个数。通过计算两年中只有第一大特征值大于均值,因而我们只提取一个主成分,第一大特征值所对应的特征向量如表 3-3 所示。计算结果显示,2001 年与 2005 年中国各地区环境污染评价指标相关系数矩阵的第一大特征值的方差贡献率分别为 64.778% 和 66.022%(见表 3-2),说明各年用第一主成分就能概括原变量的绝大部分

信息，提取第一主成分就可描述中国各地区综合环境污染状况。这里，我们将第一主成分称为环境污染水平。分值越大，排名越靠前，则污染越严重（见表3-4）。

表3-4 2001、2005年中国31个省份环境污染水平得分及排名

省 份	2001年污染物排放水平		2005年污染物排放水平	
	分值	名次	分值	名次
北 京	-2.5201	27	-3.1011	28
天 津	-2.5351	28	-2.4524	27
河 北	3.8910	2	4.9567	1
山 西	2.1751	7	2.6808	7
内蒙古	-0.7521	16	1.2178	10
辽 宁	2.8921	6	2.8359	6
吉 林	-1.4954	23	-1.3043	20
黑龙江	-0.6948	15	-0.6315	16
上 海	-1.1531	18	-2.0069	25
江 苏	3.5244	3	3.4335	4
浙 江	1.8871	9	0.9790	12
安 徽	-0.1025	13	-0.0924	15
福 建	-1.0231	17	-1.1604	18
江 西	-1.2568	21	-0.7476	17
山 东	4.7196	1	3.4735	3
河 南	3.4899	4	4.0172	2
湖 北	1.4086	11	0.6332	13
湖 南	1.6922	10	1.9081	8
广 东	1.0195	12	1.1657	11
广 西	2.0444	8	3.1559	5
海 南	-3.5159	30	-3.5260	30
重 庆	-1.1567	19	-1.1841	19
四 川	3.4567	5	1.6322	9
贵 州	-1.1922	20	-1.7387	23
云 南	-1.4209	22	-1.6290	22
西 藏	-3.6863	31	-3.6900	31
陕 西	-0.4323	14	0.1013	14

续表

省 份	2001 年污染物排放水平		2005 年污染物排放水平	
	分值	名次	分值	名次
甘 肃	-1.6618	24	-1.5798	21
青 海	-3.3452	29	-3.1036	29
宁 夏	-2.4831	26	-2.3168	26
新 疆	-1.7729	25	-1.9260	24

二、模糊聚类分析

（一）聚类原理

聚类分析又称点群分析、群分析、簇分析等。作为对研究对象在性质上亲疏关系进行分类的一种多元统计方法，用以反映样本间的组合关系。确定的聚类方法是把事物的总体分成若干界限清晰的子类，总体中的每一事物仅在一个类中。然而，现实的客观事物间大多伴随着模糊性，并无截然区别的界限，因而在聚类分析中引进模糊技术，用模糊聚类方法解决聚类问题更符合实际。模糊聚类分析的步骤可以概括为四个环节：数据标准化、建立模糊相似矩阵、建立模糊等价矩阵、聚类。

（二）聚类过程与结果

1. 数据标准化

该过程与主成分分析中原始数据的标准化一样。聚类分析采用的数据是各地区污染水平的标准分值，是已经标准化的数据，可直接使用。

2. 建立模糊相似矩阵

标出衡量被分类对象间相似程度的统计量 r_{ij}（$i, j = 1, 2, \cdots, n$），设论域 $U = \{u_1, \cdots, u_n\}$，其中每一个元素为一个样本，建立 U 上的相似关系 $\overline{R}$，$\overline{R}$ 表示相似矩阵 $r_{ij} = \overline{R}(u_i, u_j)$。每个样本为 m 维向量，$u_i = \{x_{i1}, x_{i2}, \cdots, x_{im}\}$。计算 r_{ij} 有多种方法，如相似系数法、距离法、主观评分法等，本书采用欧氏距离，即 $d(u_i, u_j) = \dfrac{ij}{\sqrt{\sum_{k=1}^{m}(X_{ik} - X_{jk})^2}}$ 建立模糊相似矩阵。

3. 建立模糊等价矩阵

根据上述标定所建立的模糊相似矩阵 $\overline{R}$，一般说来仅具有自反性和对称性，不满足传递性，只有当 $\overline{R}$ 是模糊等价矩阵时才能聚类，故需要将 $\overline{R}$ 改造成模糊等价矩阵。可以通过求传递闭包将 n 阶模糊相似矩阵 $\overline{R}$ 改造成 n 阶模糊等价矩阵 t ($\overline{R}$)。即从模糊矩阵出发，依次求平方：$R \to R^2 \to R^4 \to \cdots$，当第一次出现 $\overline{R}^k \circ \overline{R}^k = \overline{R}^k$ 时，表明 $\overline{R}^k$ 已经具有传递性，$\overline{R}^k$ 就是所求的传递闭包 t (R)。

4. 聚类

在模糊等价矩阵中，选择不同的水平值 λ，得到不同的水平截集，以此聚类。

根据 2001 年的数据，当 λ≥0.9155 时可将 2001 年各地区的环境质量状况分为五大类：

一类：西藏、海南、青海；

二类：天津、北京、宁夏、新疆、甘肃、吉林、云南、江西、贵州、重庆、上海、福建、内蒙古、黑龙江、陕西、安徽；

三类：广东、湖北、湖南、浙江、广西、山西；

四类：辽宁、四川、河南、江苏、河北；

五类：山东。

根据 2005 年的数据，当 λ≥0.9250 时可将 2005 年各地区的环境质量状况分为四大类：

一类：西藏、海南、青海、北京；

二类：天津、宁夏、上海、新疆、贵州、云南、甘肃、吉林、重庆、福建、江西、黑龙江、安徽、陕西、湖北、浙江、广东、内蒙古、四川、湖南；

三类：山西、辽宁、广西、江苏、山东、河南；

四类：河北。

为了便于对比分析，我们将各地区的综合污染程度得分转化为效用值来表征各地区环境质量的优劣。这一计算方法规定，效用值的取值范围为 [0, 100]，即综合污染程度最大的地区效用值为 100，最小的地区效用值为 0。以 X_i 表示第 i 个地区综合环境污染程度的得分，X_{imax} 表示综合污染程度得分的最大值，X_{imin} 表示综合污染程度得分的最小值，则第 i 个地区环境污染程度的效用值 Y_i 可以表示为：$Y_i = \dfrac{100 (X_i - X_{imin})}{(X_{imax} - X_{imin})}$。通过这种方法，得到 2001 年和 2005 年全国 31 个省市区环境污染程度效用得分值排列图（见图 3-2、图 3-3）。

第四节 中国各地区环境污染水平的动态变化与成因分析

通过主成分分析和模糊聚类分析方法，我们对"十五"期间中国各地区

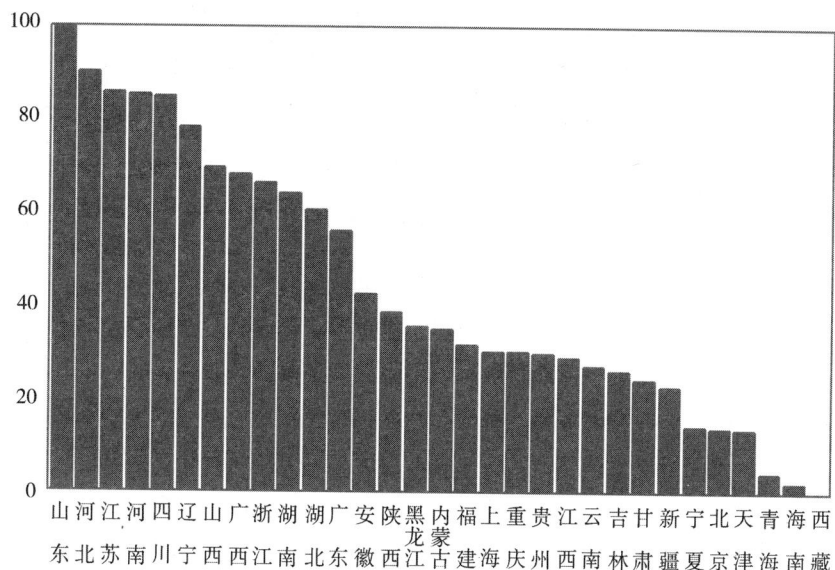

图 3-2　2001 年中国各地区环境污染程度效用值排名

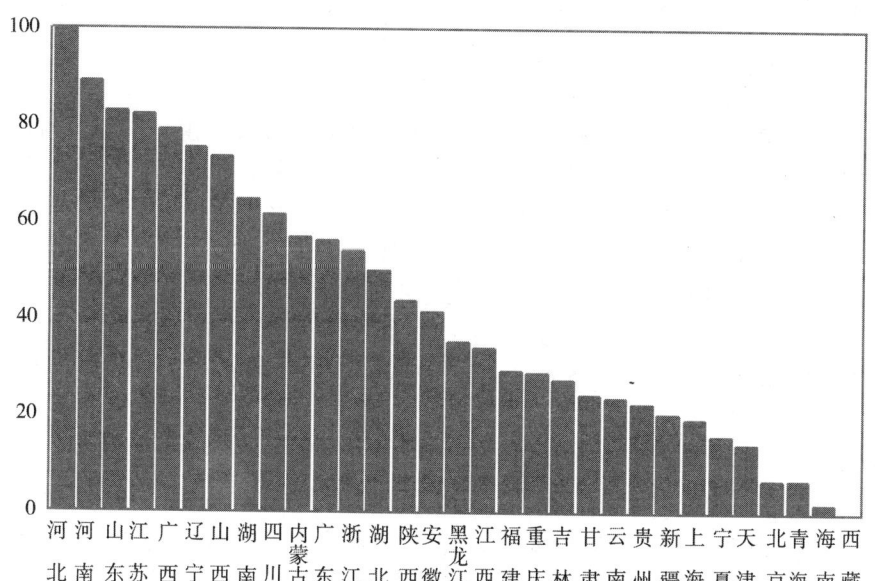

图 3-3　2005 年中国各地区环境污染程度效用值排名

环境污染状况及变化趋势进行了计量分析。通过对各地区环境污染状况进行一定时间跨度上的对比与动态研究，形成以下分析与判断。

一、各地区环境污染水平排列的动态变化

环境污染水平排序是按污染物排放指标数值，对各地区环境污染物排放总量状况所做的综合评价。2001年，中国各地区环境污染水平按高低的排序是：山东、河北、江苏、河南、四川、辽宁、山西、广西、浙江、湖南、湖北、广东、安徽、陕西、黑龙江、内蒙古、福建、上海、重庆、贵州、江西、云南、吉林、甘肃、新疆、宁夏、北京、天津、青海、海南、西藏。2005年，中国各地区环境污染水平按高低的排序是：河北、河南、山东、江苏、广西、辽宁、山西、湖南、四川、内蒙古、广东、浙江、湖北、陕西、安徽、黑龙江、江西、福建、重庆、吉林、甘肃、云南、贵州、新疆、上海、宁夏、天津、北京、青海、海南、西藏。

2001~2005年，在全国各地区环境污染水平排序中位置有所上升的省份有：天津、河北、内蒙古、吉林、江西、河南、湖南、广东、广西、甘肃、新疆；在全国各地区环境污染水平排序中位置有所下降的省份有：北京、黑龙江、上海、江苏、浙江、安徽、福建、山东、湖北、四川、贵州；位置没有变化的省市有：山西、辽宁、海南、重庆、云南、西藏、陕西、青海、宁夏。

二、各地区环境质量变动的成因分析

中国总体环境质量从主要污染物排放量的角度来看，在"十五"时期绝大部分的地区是呈下降的态势。2005年与2001年相比，各省市区环境污染程度的排名在上下较小幅度范围内浮动，没有显著性的变化。

沿海地区各省市区的污染水平排名普遍下降。北京市的环境污染水平由第27位下降到第28位。所有指标的排名都有所下降，其工业废水排放总量下降了5名，工业废水中氨氮的排放量下降了10名，工业废气排放总量下降了6名。除工业废气排放总量和固体废物排放总量有较小的正增长，其他指标都是负增长，它是全国环境质量优化速度最快的地区。天津市污染水平由第28位上升到第27位。除工业粉尘与工业烟尘排放量出现负增长外，其他都是正增长，其环境质量呈下降状态。河北省污染水平由第2位上升到第1位。除工业废水中氨氮排放量呈负增长，其他都是正增长。化学需氧量和工业废水中石油类排放量都上升了12名，工业废气排放总量由第3位上升到第1位。上海市污染水平由第18位下降到第25位。工业废气排放总量、工业二氧化硫排放量与固体废物排放量呈正增长，其他均呈负增长，其中工业废水中氨氮的排放量指标排名下降了9名。其环境质量是全国优化速度最快的地区之一。江苏省污染水平由第3位下降到第4位，其余都呈正增长。工业废水排放总量在两年中都居第一位，工业废水中石油类排放量与工业废气排

放总量也居全国前列。浙江省污染水平由第9位下降到第12位。工业废水中石油类排放量、氨氮的排放量与工业粉尘排放量呈负增长，其他指标呈正增长。其中工业废水中氨氮的排放量由第1位下降到第7位。福建省污染水平由第17位下降到第18位。化学需氧量、工业废水中石油类排放量及固体废物排放量为负增长，其他是正增长，尤其是工业二氧化硫排放量、工业废水排放总量、工业废气排放总量分别增长了0.88倍、0.9倍、1.36倍。其中工业废水排放总量上升了7名，工业二氧化硫排放量上升了6名，而固体废物排放量则下降了9名。山东省污染水平由第1位下降到第3位。化学需氧量、工业废水中石油类排放量、工业烟尘排放量、工业粉尘排放量都呈负增长，其他呈正增长。其中工业粉尘排放量下降了7名，而工业二氧化硫排放量一直居第1位位，工业废气排放总量与化学需氧量也一直居前3位。广东省污染水平由第12位上升到第11位。除工业废水中石油类排放量与工业粉尘排放量呈负增长外，其他指标都呈正增长，其工业废水排放总量增长了1.1倍，而工业废水石油类排放量则下降了6名。广西污染水平由第8位上升到第5位。除工业废水中石油类排放量呈负增长，其他都呈正增长，较显著的为工业废水排放总量、工业废水中氨氮排放量及工业废气排放总量分别增长了0.61倍、1.35倍、0.53倍。工业废水排放总量与废水中氨氮的排放量都上升了7名，化学需氧量一直居第1位。海南省污染水平在两年中都是第30位。除化学需氧量和工业粉尘排放量为负增长，其他均为正增长，比较显著的是工业废水中氨氮排放量、工业废气排放总量及固体废物排放总量分别增长了1.29倍、0.81倍、0.69倍。

东北地区的排名升降不一。其中，辽宁省污染水平在两年中都是第6位。除化学需氧量和工业废水中石油类排放量呈负增长外，其他指标都是正增长，其工业废水中氨氮排放量上升了5名。黑龙江省污染水平由第15位下降到第16位。工业废水排放总量与化学需氧量呈负增长，其他指标都呈正增长，比较显著的是工业废水中氨氮的排放量增长了2.9倍，其排名上升了8名。吉林省污染水平由第23位上升到第20位。所有指标上都呈正增长，显著的有工业废气排放总量、工业二氧化硫排放量与固体废物排放量。吉林省的环境质量呈下降态势。工业废水中石油类排放量上升了7名。

中部九省份的环境污染水平排名大多数呈上升趋势。山西省污染水平在两年中都是第7位。山西省各指标都呈正增长，增长显著的为工业废气排放总量与工业固体废物排放总量。化学需氧量和工业废水中石油类排放量分别上升7名和9名。内蒙古污染水平由第16位上升到第10位。除化学需氧量和工业废水中石油类排放量呈较小的负增长外，其他都呈正增长且大部分增长显著，如工业废水中氨氮的排放量和工业粉尘排放量分别增长了3.2倍、2.1倍。内蒙古地区是环境质量下降比较明显的地区，其工业废水中氨氮的排放量上升了 8 名，工业二氧化硫排放量与工业烟尘排放量都上升了 11 名，工业粉尘排放量上升了 12 名，固体废物排放量指标上升了 10 名。安徽省污染水平由第 13 位下降到第 15 位。工业废水中石油类排放量、氨氮的排放量呈较小的负增长，其他指标均呈正增长，工业粉尘排放量上升了 8 名。江西省污染水平由第 21 位上升到第 17 位。除工业废水中石油类排放量呈负增长外，其他指标都呈正增长，比较显著的有工业废水中氨氮的排放量、工业废气排放总量、工业二氧化硫排放量、工业粉尘排放量、固体废物排放量分别增长了 0.66 倍、0.96 倍、1.14 倍、0.68 倍、0.6 倍。河南省污染水平由第 4 位上升到第 2 位。化学需氧量、工业废水中石油类排放量、工业粉尘排放量都呈负增长，其他指标呈正增长，其中工业废气排放总量、工业二氧化硫排放量和固体废物排放总量增长显著。其工业废水中氨氮排放量、工业粉尘与工业烟尘排放量都维持在全国前 3 位，环境质量较差。湖北省污染水平由第 11 位下降到第 13 位。除工业废气排放总量、工业二氧化硫排放量和固体废物排放总量为正增长外，其他指标都为负增长。其工业废水中石油类排放量一直居前 3 位。湖南省污染水平由第 10 位上升到第 8 位。除化学需氧量、工业废水中石油类排放量呈负增长外，其他指标都呈正增长，工业废水中氨氮排放量与工业废气排放总量增长显著，工业粉尘排放量由第 4 位上升为全国第 1 位，工业废水中氨氮排放量由第 7 位上升到第 3 位。

西部地区的环境污染水平排名大多保持不变。重庆市污染水平在两年中都是第 19 位。除工业粉尘排放量为负增长外，其他指标都为正增长，工业废水中石油类排放量、工业废气排放总量分别增长了 1.1 倍、0.97 倍。四川省污染水平由第 5 位下降到第 9 位。除工业废水排放总量、工业废气排放总量、工业二氧化硫排放量及固体废物排放总量为正增长外，其他都为负增长，其废水中石油类排放量下降了 6 名，工业烟尘排放量一直居前 3 位。贵州省污染水平由第 20 位下降到第 23 位。除工业废水中氨氮排放总量、工业废气排放总量、工业二氧化硫排放量及固体废物排放总量为正增长外，其他都为负增长，其中工业固体废物排放量增长了 1.1 倍，排名上升了 8 名，工业废气排放总量下降了 8 名，工业烟尘排放量下降了 5 名。云南省污染水平在两年中都是第 22 位。除工业废水中石油类排放量、化学需氧量、工业粉尘排放量为负增长外，其他都为正增长，工业废气排放总量及工业粉尘排放量增长显著。西藏污染水平在两年中都是第 31 位，属于全国环境质量最好的地区。除工业废水中氨氮排放量、工业二氧化硫排放量、工业烟尘排放量为正增长外，其他指标都为负增长，其中工业废水中氨氮排放量增长了 9.17 倍。西藏在所有指标排名上都居第 31 位不变。陕西省污染水平在两年中都是第 14 位。除工业烟尘排放量为负增长外，其他指标都为正增长，工业废气排放总量及固体废物排放总量增长显著。固体废物排放量上升了 5 名，工业废水中石油类排放量由第 5 位上升到第 1 位，是该省最主要的污染物。甘肃污染水平由第 24 位上升到第 21 位。除工业废水排放总量、工业废水中石油类排放量为负增长外，其他指标都为正增长，增长显著的为工业废气排放总量、工业二氧化硫排放量及固体废物排放总量，其环境质量呈下降态势。青海省污染水平在两年中都是第 29 位。除工业废水中石油类排放量呈负增长外，其他指标都是正增长。化学需氧量、工业废水中氨氮排放量、工业二氧化硫排放量分别增长了 9.35、114.31、3.86 倍，它是全国污染增长速度最快的地区。宁夏污染水平在两年中都是第 26 位。除化学需氧量、工业废水中石油类排放量、工业烟尘和粉尘排放量呈负增长外，其他指标都是正增长。工业废水排放总量、工业废水中氨氮排放量、工业二氧化硫排放量分别增长了 1.05 倍、2.47 倍、1.17 倍，化学需氧量下降了 8 名，工业废水中氨氮排放量上升了 8 名。新疆污染水平由第 25 位上升到第 24 位。除工业废水中氨氮的排放量呈负增长外，其他指标都是正增长，且绝大部分都增长了 0.5 倍以上。其中工业废水中氨氮排放量下降了 19 名，化学需氧量上升了 8 名。

第五节 中国"十五"期间地区环境污染状况的特征分析

一、"十五"期间中国地区环境质量总体呈下降趋势

根据我们的计算，在主要污染物排放中，除了工业废水中化学需氧量和石油类排放量 2 个指标 2005 年低于 2001 年外，其余 7 个指标 2005 年均高于 2001 年（见表 3 - 5）。在工业废水排放总量、工业废水中氨氮排放量、工业废气排放总量、工业二氧化硫的排放量、工业烟尘排放量及工业固体废物排放量六个指标上，绝大多数省份在"十五"期间都呈正增长。其中，全国有 30 个省份工业废气排放总量、工业二氧化硫的排放量、工业固体废物排放量指标呈正增长，全国有 24 个省份工业废水排放总量与工业废水中氨氮排放量指标为正增长，全国有 21 个省份工业烟尘排放量指标为正增长。在化学需氧量与工业粉尘排放量指标上，正增长和负增长的省份数目差不多，大约各占 50%。在工业废水中，石油类排放量指标有 22 个省份呈负增长，是全国污染物排放中比较普遍改善的一个指标。以上数据说明，从省份角度审视多种主要污染物排放量的变化来看，中国总体环境质量在"十五"时期呈下降态势。

表 3-5　2001 年与 2005 年九大指标均值

	X_1	X_2	X_3	X_4	X_5	X_6	X_7	X_8	X_9
2001 年均值	653557	182241	957.8	13324.5	5189	48.5	27.49	26.4	2866
2005 年均值	784237	178946	757.2	16937.6	8677	70.0	30.62	29.4	4337

二、单个指标污染物排放量增长差异较大

将 2005 年的指标数据与 2001 年比较，工业废水中氨氮的排放量指标增长最显著，排放量增长了两倍以上的就有五个省份。包括东北老工业基地一个——黑龙江，西部地区 4 个——内蒙古、西藏、青海和宁夏。其中青海排放的氨氮由 12 吨增长到 1400 多吨，净增长 114.3 倍，其他四个省份黑龙江、内蒙古、西藏、宁夏的氨氮排放量分别增长了 2.9 倍、3.2 倍、9.2 倍、2.5 倍。从地域来看，内蒙古增长 2 倍以上的污染指标有两个，除了工业废水中氨氮的排放量外，工业粉尘排放量增长了 2.1 倍；青海省除了工业废水中氨氮的排放量外，化学需氧量与工业二氧化硫排放量分别增长了 9.3 倍和 3.9 倍。

三、省份之间综合环境污染水平增长速度快慢不一

为了更直观地表现出"十五"时期中国环境质量变化较显著的省市，本书用前文所述的主成分分析法算出各地区污染增长速度的标准分值，并列举出污染增长速度较快的前 6 个省份——青海、内蒙古、新疆、江西、福建、宁夏；污染增长速度较慢的前 6 个省份——北京、上海、西藏、贵州、四川、山东（见表 3-6）。在污染增长速度较快的前六个省份中，西部地区有 4 个，其余两个分别为沿海和中部省份；在污染增长速度较慢的前 6 个省份中，绝大部分污染指标呈负增长，其中经济较发达的地区有 3 个——北京、上海和山东。而北京、上海多数污染指标出现负增长，则反映了大都市发展到一定阶段后，城市工业向外围扩散以及城市发展对清洁型产业的客观要求。在这种格局下，特大型城市的污染形势会出现绝对量减少的趋势。

表 3-6　污染物排放量增长较快与较慢的前六个地区

污染增长速度较快的地区	青海	内蒙古	新疆	江西	福建	宁夏
分值	7.9609	4.4485	1.3297	1.2654	0.8634	0.6644
污染增长速度较慢的地区	北京	上海	西藏	贵州	四川	山东
分值	-2.7234	-1.8871	-1.4881	-1.4783	-1.3163	-1.1193

值得注意的是，无论是在污染增长较快还是污染增长较慢的省区中，都有不少西部省份位列其中。但同样是西部地区，西北和西南出现截然不同的变化趋势：西北地区的污染出现恶化趋势，环境污染增长速度最快的4个西部省份都集中在西北地区；而西南地区出现环境改善的趋势，环境污染增长速度慢甚至负增长的3个西部省份都位于西南地区。污染增长最快的西北省份都是民族地区或者按民族地区对待的不发达省份，原有的工业发展规模较小，近年来一些大中型石油开采、化工、有色金属冶炼、黑色金属冶炼等产业项目快速扩张。比如，青海省原有的工业基数较低，近年来钢铁、铝、铅、锌等原材料工业项目增建或扩建，造成污染排放速度大幅升高。但是，也因为基数较小，青海省在全国的污染排位倒没有上升。而西南地区一批水电项目建成投产，电力供应重心转向水电，加上环保因素，烟尘、粉尘、工业二氧化硫排放量的下降都比较明显，环境污染形势出现好转趋势。

四、工业污染严重区域主要集中在一些经济总量较大或者产业结构重型化偏高的地区

从污染水平上看，污染在"十五"期间主要集中在河北、河南、江苏、山东等经济大省（见表3-7）。此七个地区各自的污染关键因子指标排名，在2005年全国排放量排名中都居前3位，各地区增长较快的因子是各地2005年相对于2001年增长倍数较多的指标。有的因子既是污染关键因子又是增长较快的因子，如河北的化学需氧量、工业废气排放总量、工业固体废物排放总量，河南的工业二氧化硫排放总量，山东的工业废气排放总量，广西工业废水中氨氮的排放量，辽宁的工业废气排放总量。对于上述这些污染因子，各地应加强控制。

表3-7　主要污染地的污染关键因子与增长较快的因子

地区	污染关键因子	增长较快的因子
河北	工业废气排放总量（1）、工业固体废物排放总量（1）、工业粉尘排放量（2）、化学需氧量（2）	化学需氧量（1.6）、工业废水中石油类排放量（1.2）、工业废气排放总量（1.3）、工业固体废物排放总量（0.8）
河南	工业废水中氨氮的排放量（2）、工业二氧化硫排放总量（2）、工业烟尘排放量（2）、工业粉尘排放量（3）	工业废气排放总量（0.7）、工业二氧化硫排放总量（0.9）
山东	工业二氧化硫排放总量（1）、工业废气排放总量（2）、化学需氧量（3）	工业废气排放总量（0.7）

续表

地区	污染关键因子	增长较快的因子
江苏	工业废水排放总量（1）、工业废水中石油类排放量（2）、工业二氧化硫排放总量（3）	工业废水中氨氮的排放量（0.9）、工业固体废物排放总量（0.6）
广西	化学需氧量（1）、工业废水中氨氮的排放量（1）	工业废水排放总量（0.6）、工业废水中氨氮的排放量（1.3）
辽宁	工业废气排放总量（3）、工业固体废物排放总量（3）	工业废水中氨氮的排放量（0.8）、工业废气排放总量（1.1）
山西	工业烟尘排放量（1）、工业固体废物排放总量（2）	工业废气排放总量（0.9）

注：第二栏括号中的数字为2005年指标的排名，第三栏括号中的数字为2005年相对于2001年指标的增长倍数。

2005年，河北、河南、山东、江苏和辽宁五省不仅污染物排放位置居前，而且在全国GDP排名都居全国前8位，说明地区的环境污染总体上与经济总量存在一定关系。经济总量大，需要的原料会越多，导致经济活动副产品——污染排放增多，从而环境状况恶化，显示经济发展对环境污染的规模效应。同时，环境污染不仅与经济总量有关，还与产业结构有关。相比2001年，2005年河北取代山东成为全国污染排名第1位，与河北省钢铁、建材等工业的迅速扩张有极大的关系。目前，河北是国内钢铁第一大省，钢铁产量占全国的20%左右，一些小钢铁企业产生的污染排放十分明显。尽管广西与山西两地在2005年的GDP排名中处于中等水平，分别居全国第17、第18位。但广西与山西产业结构偏重，煤炭资源开发、有色金属开采与冶炼增长很快，是工业污染增长的重要来源。相比之下，广东、浙江的经济总量虽都较大，但污染排名却不靠前，反映了偏轻型的加工工业结构造成的污染也相对较轻。

五、一些高污染、高人口密度地区的环境损害值得关注

通常，地区污染程度越高，人口密度越大，污染造成的健康损害概率越高，危害越大。2005年，中国污染水平排前10名的省份分别为河北、河南、山东、江苏、广西、辽宁、山西、湖南、四川、内蒙古。除了直辖市外，2005年全国人口密度最大的10个省份分别是：江苏（728人/平方公里）、山东（604人/平方公里）、河南（561人/平方公里）、广东（494人/平方公里）、浙江（481人/平方公里）、安徽（440人/平方公里）、河北（360

人/平方公里)、湖北(305人/平方公里)、湖南(298人/平方公里)、福建(294人/平方公里)。其中,河北、河南、山东、江苏、湖南等省份既是污染程度较高的省份,也是人口密度较高的省份。在此类双高省份,环境污染造成的健康损害问题更应该引起注意。

第六节 结 语

本章以2001年与2005年各地区的工业污染数据为基础,采用主成分分析方法,分析了"十五"期间中国各地区环境污染的变化趋势及规律,研究发现:①中国大部分省份的环境污染状况呈现恶化趋势。②个别污染指标在一些区域上升速度惊人。③区域之间综合污染水平增减不一,差距较大。④污染变化趋势与经济规模和产业结构有关。⑤高污染与高人口密度在一些区域重合,可能造成相对严重的人体健康损害。总体上看,在进入重化学工业化阶段后,不仅经济规模庞大的发达地区的环境污染状况有继续加重的趋势,而且矿产资源集中的不发达地区如山西、广西和不少西北省份由于能源开发、黑色金属冶炼与压延、有色金属冶炼与压延等产业发展的扩张,环境污染也有加快加重的趋势。这些规律性的变化对加强区域性环境污染治理提出了新要求。

参考文献

[1] 张从. 环境评价教程. 北京:中国环境科学出版社,2002.

[2] 李祚泳,丁晶,等. 环境质量评价原理与方法. 北京:化学工业出版社,2004.

[3] 崔莉凤. 环境影响评价和案例分析. 北京:中国标准出版社,2005.

[4] 孟宪林,孙丽欣,等. 灰色理论在环境质量评价中的应用与完善. 哈尔滨工业大学学报,2002 (5).

[5] 胡永宏,贺思辉. 综合评价方法. 北京:科学出版社,2000.

[6] 欧阳建国. 中国各地区可持续发展主要影响因素及特征的定量分析. http://www.jjxj.com.cn,4/14/2007.

[7] 李鸿吉. 模糊数学基础及实用算法. 北京:科学出版社,2005.

[8] 成卫,李江. 模糊聚类法在基于交通冲突技术的交叉口安全评价中的应用. 交通运输系统工程与信息,2004 (2).

[9] 于峰,齐建国,田晓林. 经济发展对环境质量影响的实证分析. 中国工业经济,2006 (8).

专题报告3
陕西省环境污染问题及对策研究

陕西省地处中国西部，与山西、内蒙古、宁夏、甘肃、四川、重庆、湖北、河南八省份毗邻，是联结西北、西南地区的天然纽带。目前陕西省行政区划分为一个副省级城市（省会西安），一个农业示范区（杨凌区）和九个省辖市（宝鸡、咸阳、渭南、铜川、榆林、延安、汉中、安康、商洛），下设3个县级市、80个县和23个市辖区。改革开放以来，特别是西部大开发开始以来，陕西地方经济发展较快，2001~2005年GDP增长率平均高达19.5%，为西部12省份之最。但经济快速发展的同时，也出现了不少环境问题，本报告就陕西的生态环境问题进行一些分析研究，尝试提出改善生态环境的基本对策。

一、陕西省环境污染状况的判断

（一）陕西省环境污染的总体状况

1. 水体污染

近年来，陕西省环境污染最严重的问题当属水体污染，水体污染指进入水体的污染物含量超过水体本地值和自净能力，使水质受到损害，破坏了水体原有的性质和用途。水污染主要来自工业废水、生活污水、农业废水等。衡量水中污染物浓度的高低采用比照法和综合污染指数法，这里运用2005年和2006年两年的数据来反映陕西省污染的总体状况。

陕西省内的主要河流为渭河、延河、无定河、汉江、丹江和嘉陵江，它们分别分布在黄河流域和长江流域，反映了陕西省水污染的总体特征。根据《地表水环境质量评价标准》选取溶解氧、高锰酸盐指数、生化需氧量、氨氮、挥发酚、氰化物、汞、镉、石油类等因子进行水质的评价。

2005年6条河流上的40个监测断面（共1862公里）中，水质综合类别超过Ⅲ类标准的有18个断面，控制河长837.9公里，占总监测河长的45%，其中7个断面属Ⅳ类水质，控制河长325.85公里，占总监测河长的17.5%，11个断面属劣Ⅴ类水质，控制河长512.05公里，占总监测河长的27.5%。2006年不符合水质要求的有15个断面，占总长度的39%。Ⅰ类、Ⅱ类、Ⅲ类、Ⅳ类、Ⅴ类、劣Ⅴ类水体分别占监控河段的5.9%、49%、5.7%、18.7%、2.2%和18.4%。对比显示，陕西省水体综合污染程度正在逐年转优，Ⅲ类以下污染河段的长度比例不断增高。但总体形势依旧严峻，重度污染河段仍占到总河段比例的35%以上，主要污染物质是石油类、生化需氧量、挥发酚、氨氮。

各条河流的污染情况具体如下。渭河：水质污染最严重。13个监测断面中，仅有2个小于Ⅲ类水质，2个为Ⅳ类水质，9个属劣Ⅴ类水质。76.9%的断面超过水域功能标准。主要污染物是石油类、氨氮、挥发酚、生化需氧量、高锰酸盐指数。延河：水质污染严重，5个监测断面中，3个为Ⅳ类水质，2个为Ⅴ类水质。60%的断面超过水域功能标准。主要污染物是生化需氧量。无定河：水质轻度污染，2个监测断面均为Ⅳ类水质，符合水域功能标准。汉江：水质良好，9个监测断面中，8个小于Ⅱ类水质，1个为Ⅲ类水质。只有1个断面超过水域功能标准。主要污染物是石油类。丹江：水质良好，5个监测断面中4个小于Ⅱ类水质，但有1个为Ⅳ类水质，20%的断面超过水域功能标准，主要污染物为石油类。嘉陵江：水质良好，6个监测断面均为Ⅱ类水质，全部符合水域功能标准。与2005年相比，六条河流中渭河、延河两条河流综合污染指数下降，污染程度降低；汉江、嘉陵江基本持平；丹江、无定河综合污染指数略有上升。

2. 空气污染

两年来，陕西省环境空气质量基本保持稳定。2006年10个地级城市空气污染综合指数平均为2.24，2005年为2.37，空气中的主要污染物二氧化氮变化不大，二氧化硫略有上升，总悬浮颗粒物显著上升。城市空气以优良或良好为主，影响城市空气质量的主要污染物仍是颗粒物。

2006年，二氧化硫日均值为0.056毫克/立方米，比2005年（0.05毫克/立方米）上升0.006毫克/立方米，已达到国家二级标准。其中渭南市、耀州区、三原县、略阳县、韩城市超过国家二级标准（0.06毫克/立方米）。安康、兴平2005年为超标城市，2006年达标；韩城市和三原县为新增超标城市，其他市、县符合二级标准。

2006年，各县市区二氧化氮年日均值为0.032毫克/立方米，2005年为0.03毫克/立方米，基本持平，年均值范围在0.013~0.054毫克/立方米，平均水平达到国家一级标准（0.04毫克/立方米），所有城市均符合国家二级标准（0.08毫克/立方米）。

2006年，7城市可吸入颗粒物年日均值为0.118毫克/立方米，比2005年（0.123毫克/立方米）下降0.005毫克/立方米，平均水平超过国家二级标准（0.10毫克/立方米）。除汉中市外，其他城市均超标。城市总悬浮颗粒物年日均值为0.309毫克/立方米，比2005年（0.293毫克/立方米）上升0.016毫克/立方米，其中商洛市、兴平市达到国家二级标准，其他城市均超标。

2006年，城市空气平均降尘量为15.98吨/平方公里·月，比2005年（14.66吨/平方公里·月）上升1.32吨/平方公里·月，其中西安、延安、榆林超过省控标准（18.0吨/平方公里·月），延安为新增超标城市，其他城市均未超标，全省总超标月份普遍为3月份、4月份、5月份。

3. 噪声污染

城市噪声测试一般包括：交通道路噪声、功能区噪声和区域环境噪声三个项目，由于区域环境噪声数据资料缺乏，所以这里只选择城市功能区噪声和道路交通噪声加以分析。

2006年，城市功能区噪声和道路交通噪声平均值保持稳定。各类功能区昼间噪声平均值超标18.2%~30.0%，夜间噪声平均值超标20.0%~81.8%。比2005年有所下降，其昼间噪声平均值超标为20.0%~50.0%，夜间噪声平均值超标20.0%~100.0%。由于路况和交通管理措施的加强，在机动车总量快速增加的情况下，2005年和2006年两年来道路交通噪声水平并未明显增高。建筑施工和社会生活噪声扰民依然是市民投诉的热点。

（1）功能区噪声。功能区测试可分为4个类别：1类区（居住、文教为主），2类区（居住、商业、工业混杂区），3类区（工业区），4类区（道路交通干线两端）。2006年，1~4类功能区昼间噪声超标城市数分别为3个、3个、0个和2个；2005年分别为4个、4个、2个和3个。2006年，1~4类功能区夜间噪声超标城市数分别为6个、5个、2个和9个；2005年分别为7个、5个、3个和10个。2006年较2005年各个类别超标城市数量均有所减少，昼间声环境明显好于夜间。

（2）道路交通噪声。道路交通噪声监测全省建成区道路372条，总长506.216公里。2006年道路交通噪声平均值为67.4分贝，比2005年的68.6下降1.2分贝，交通噪声质量略有改善。榆林市84.7%的监测路段超标，交通噪声污染最为严重。

4. 辐射污染

陕西省现有辐射工作单位327家，重点放射源应用单位40家，密封放射源3142枚，在用放射源2859枚，闲置放射源283枚，核发《辐射安全许可证》46家。

全省电磁辐射环境质量状况比较稳定，其监测值在正常辐射环境范围内波动，全省电磁辐射环境质量达标。污染源辐射环境状况在可控范围内。

（二）陕西省环境污染的趋势分析

陕西省环境污染的趋势分析，主要选取2001~2005年的数据资料为依据，运用对比、类比的方法，侧重探究环境污染的动态变化趋势。

1. 水体污染趋势分析

2005年，渭河、延河、无定河、丹江、汉江、嘉陵江6条河流综合污染指数为7.20，比2000年的8.79下降了18.09%，其中渭河综合污染指数为4.44，比2000年的4.95下降了10.3%。但6条主要河流"九五"期间的综合污染指数为9.74，"十五"期间是10.25，综合污染指数上升了5.24%，污染状况略有加重。

2001~2005年6条主要河流水质监测评价结果见表1，其中分别按照不同河流以及不同污染因子进行了排序。污染最重的是渭河（综合污染指数：6.39）、其次是延河（综合污染指数：1.73）、无定河（综合污染指数：0.80）、丹江（综合污染指数：0.51）、嘉陵江（综合污染指数：0.34）、汉江（综合污染指数：0.33）。对不同污染因子的污染分担率所作的饼形图（见图1）则说明目前陕西省河流污染的主要因子依次是石油类、氨氮、高锰酸盐指数、生化需氧量、挥发酚和溶解氧。它们的污染分担率依次为49.240%、13.363%、10.598%、9.413%、9.216%和4.54%。从以上分析可见，陕西省主要河流以黄河水系的河流污染较严重，其中又以渭河污染最为严重。

表1 "十五"期间六条主要河流监测评价结果

名称	溶解氧	高锰酸盐指数	生化需氧量	氨氮	挥发酚	氰化物	汞	铬	石油类	综合污染指数	污染排序
渭河	1.250	4.870	5.300	7.250	6.600	0.025	0.900	0.100	31.180	6.390	1
延河	0.640	0.750	1.520	1.340	0.600	0.005	0.500	0.260	9.980	1.730	2

续表

名称	溶解氧	高锰酸盐指数	生化需氧量	氨氮	挥发酚	氰化物	汞	铬	石油类	综合污染指数	污染排序
无定河	0.710	1.220	0.480	1.940	0.600	0.005	0.400	0.120	1.760	0.800	3
汉江	0.640	0.360	0.350	0.325	0.200	0.010	0.300	0.160	0.600	0.330	6
丹江	0.610	1.500	0.580	1.091	0.200	0.005	0.200	0.040	0.400	0.510	4
嘉陵江	0.580	0.330	0.330	0.212	0.200	0.015	0.300	0.160	0.900	0.340	5
年均值	0.690	1.610	1.430	2.030	1.400	0.011	0.400	0.140	7.480	15.190	—
污染分担率	4.540	10.598	9.413	13.363	9.216	0.072	2.633	0.922	49.240	100.000	
污染因子排序	6	3	4	2	5	9	7	8	1	—	—

资料来源:《陕西省环境报告》。

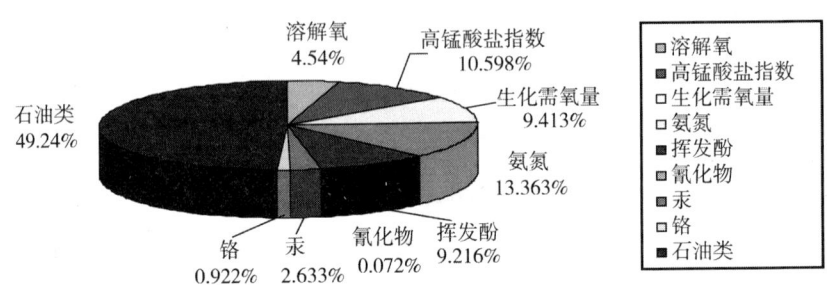

图1 六条主要河流污染因子负荷比重

表2按照时间序列对2001~2005年陕西省六条主要河流的40个断面水质级别和功能满足状况进行了对比,可以明显看出陕西省河流总体污染状况逐年减轻,在受监测的40个断面中,水质污染状况小于国家三类标准的断面数量随时间不断增加,从2001年的32%增加到2005年的55%。图2则反映出六条河流中满足功能的断面数量也呈现增长趋势,2001年满足功能的断面数仅为11个,到2005年已经增长为25个。

表2 六条主要河流 2001~2005 年水质状况变化

年份	评价断面数（个）	断面类别（1）						满足功能断面		不满足功能断面	
		Ⅰ	Ⅱ	Ⅲ	Ⅳ	Ⅴ	>Ⅴ	断面数（个）	百分比（%）	断面数（个）	百分比（%）
2001	40	0	10	3	6	3	18	11	27.5	29	72.5
2002	40	2	5	1	13	2	17	13	32.5	27	67.5
2003	40	3	11	2	8	4	12	18	45.0	22	55.0
2004	40	6	9	5	5	3	12	20	50.0	20	50.0
2005	40	4	13	5	7	0	11	25	62.5	15	37.5

资料来源：《陕西省环境报告书》。

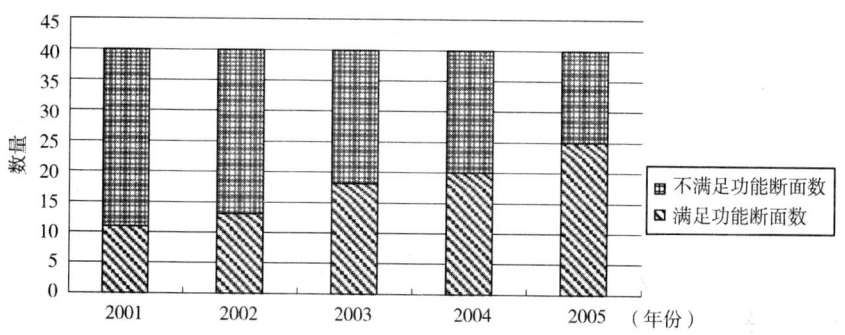

图2 2001~2005 年主要河流功能达标趋势

渭河是关中地区经济、生活、环境状况的重要影响因素和治理保护的重点，但一直以来其污染程度居高不下。如表3所示，2001~2005年度，石油类污染物为渭河水域的主要污染因子，污染指数在20以上，2003年最高达到51.8，这一年也是该因子污染变化趋势的一个转折点，其后逐年降低，2005年综合污染指数已经低至16.6。五年中，氨氮和挥发酚是仅次于石油类的污染物，并有逐年增长的趋势，特别是挥发酚类污染物，其污染负荷已从2001年的8%增长到2005年的17%，翻了一番；氨氮类污染物的综合指数最高在2003年的8.0，2004年和2005年相对稳定在5.5，但其污染负荷伴随石油类的减少，出现增加的趋势。高锰酸盐和生化需氧量两类因子，从表3和图3可以看出，基本状况稳定，但其污染负荷近两年也出现小幅增长，主要原因应该是伴随经济增长,城市扩建,生活娱乐设施不断丰富,食品、化纤,有机化工等消费类轻工产业的发展所带来的副产品污染物。

表3 2001~2005年渭河水质监测评价

年度	溶解氧	高锰酸盐指数	生化需氧量	氨氮	挥发酚	氰化物	汞	六价铬	石油类	综合指数
2001	1.22	4.50	4.05	7.290	3.600	0.030	0.50	0.100	20.00	4.59
2002	1.42	5.16	5.42	9.530	6.600	0.035	1.40	0.160	43.60	8.14
2003	1.15	5.71	5.88	8.035	7.400	0.025	1.30	0.060	51.80	9.04
2004	1.32	4.96	6.05	5.887	8.600	0.022	0.70	0.100	23.94	5.73
2005	1.19	4.00	5.10	5.502	6.815	0.016	0.70	0.065	16.60	4.44

资料来源:《陕西省环境报告书》。

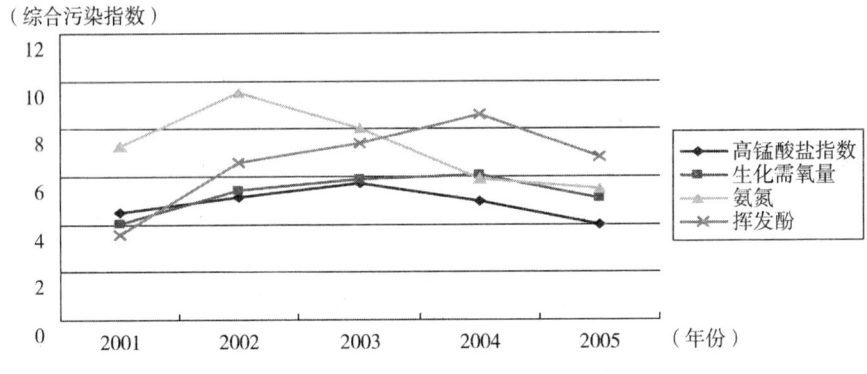

图3 污染指数变化趋势

2. 空气污染的趋势分析

2001~2005年,陕西省空气总悬浮颗粒物污染整体水平有明显降低,超过国家三级标准的城市数明显减少,但大部分城市各年度的浓度值仍在国家二级标准限制以上。悬浮颗粒物浓度日均值超标程度有所减轻,各年度10城市日均值超标率指标分别为46.91%、44.56%、36.25%、31.38%、24.80%。污染负荷也呈逐年降低的趋势,从2001年的57.6降至2005年的51.1,但由于陕西省域内高原面积比重大,降水量少,绿地覆盖率低,自然形成颗粒物基数高,导致全省颗粒物污染绝对量始终处于严重水平,因此今后控制颗粒物污染仍是空气污染治理长期而艰巨的任务。

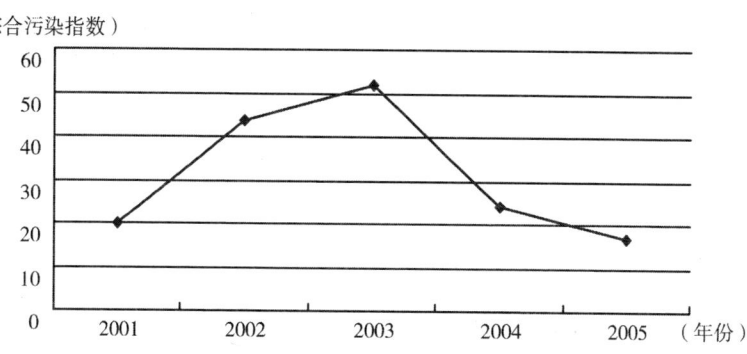

图4　石油类污染指数变化趋势

五年来，陕西省二氧化硫污染程度不断降低，浓度平均值从2001年的0.055毫克/立方米减少到2005年的0.045毫克/立方米，特别是渭南、铜川、榆林等二氧化硫污染严重地区，减排治理效果明显，渭南市二氧化硫浓度2001年是0.137毫克/立方米，至2005年已降到0.083毫克/立方米，减幅为40%，铜川的减幅更高达55.6%，全省范围内二氧化硫年均浓度超过国家三级标准的城市消失，大多数城市二氧化硫年均浓度达到国家均值二级标准。

图5是2001～2005年二氧化硫超标率与二氧化硫污染负荷系数的变化趋势，从图5中可以发现，五年内二氧化硫超标率最高值下降趋势十分明显，各年数值分别为30.6%、20%、20.66%、13%、16.35%，与此同时，二氧化硫在空气污染中的负荷系数基本维持在30%～35%，相对稳定，这两条曲线也表明陕西省空气总体污染状况在不断改善。在二氧化硫排放降低时，污染负荷没有大幅地降低。在下一阶段工作中，对二氧化硫污染的治理仍不能放松。

2001～2005年，陕西省各地区二氧化氮年均值远低于国家空气质量二级标准，浓度值在0.034左右，日均超标率仅为0.194%，安康与汉中连续五年超标率为0。但近年二氧化氮排放有增长的趋势，其污染负荷系数，也呈现逐年上升的趋势，各年数值分别为13.7%、13.8%、15.6%、15.3%、17.3%，原因在于机动车数量上升引起尾气排放的增加，以及能源化工行业的快速发展。

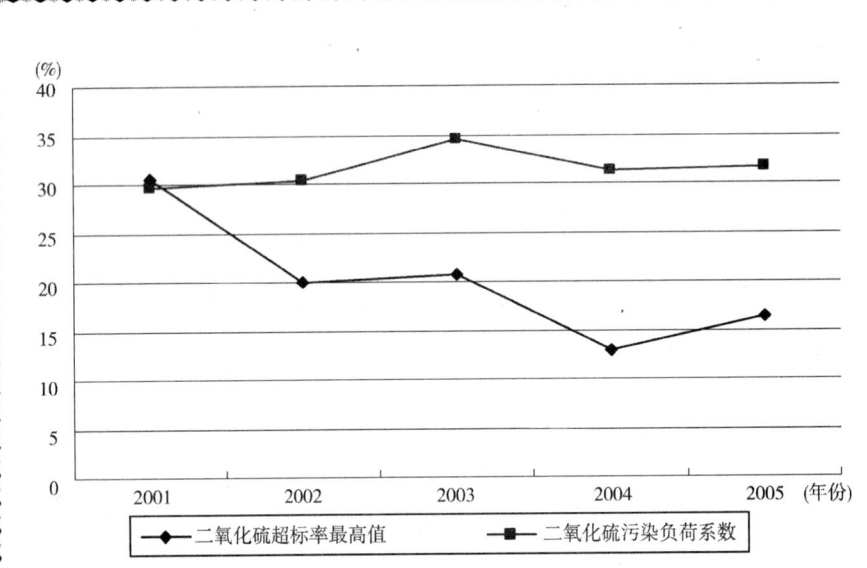

图 5　二氧化硫污染趋势

3. 噪声污染的趋势分析

2001～2005 年，噪声污染问题以交通道路噪声污染最为严重。全省共 6 个城市的道路交通噪声均值超标，其中有 54.5% 的城市五年平均等效声级均值超过 70 分贝，西安市的噪声增长趋势明显，但咸阳市和延安市的噪声问题有显著的好转。

（三）区域生态环境污染的差异性分析

区域环境污染的差异性分析主要运用了聚类分析和相关分析两种方法。聚类分析的原理是将一批样品按照性质上的亲疏、相识程度进行分类，以明确各样品之间的共性与差异。这里从省内不同的地域范围入手，根据各区的污染状况特征选取指标，揭示省域内污染物质分布的差异性。

首先，综合全省主要河流，选取石油类、氨氮、高锰酸盐指数、生化需氧量、汞、六价铬、挥发酚和溶解氧 8 个因子的综合污染指数作为量度指标，对陕西省 6 条河流进行聚类，结果如下：

位于不同区域的 6 条河流（渭河：关中；延河、无定河：陕北；汉江、丹江和嘉陵江：陕南）可以分为四个大类。最突出的就是渭河，其污染程度最重，自成一类。延河也自成一类，无定河、丹江为第三类,汉江和嘉陵江为第四类。渭河的各项污染指数除了六价铬之外都是最多的,正如前文所分析过的,渭河目前是陕西省水污染治理的重中之重。根据污染负荷比率,其主要的污染成分为石油类(54.2%)、氨氮(12.6%)、挥发酚(11.4%)。挥发酚的污染负荷为六条河流的最高值。延河被归为一类,其特殊之处在于:从绝对值来看,石油类污染物、六价铬、生化需氧量指数仅次于渭河,远高于其他河流的含量,其中六价铬指数为六条河流中的最高值0.26,高于平均值(0.14)85%;从相对值来看,石油类的污染负荷最高,达64%,其次是生化需氧量和氨氮,高锰酸盐指数较低。第三类为汉江与嘉陵江,它们是省内水质保持最好的河流,除了六价铬较高外,其他指数均为考察河流的最低值,各污染负荷比较平均,其中溶解氧达到20%左右。第四类为无定河与丹江,分别位于陕北与陕南地区,两者高锰酸盐污染指数和氨氮指数相对其他河流较高,污染负荷均在20%之上,成为两河流的治理重点,其中丹江作为国家南水北调中线工程水源地,各污染指数均比较低,特别是石油类污染负荷仅为8%(见图6)。

表4 河流主要污染物质排序

类别	名称	主要污染物质排序			
一类	渭河	石油类	氨氮	挥发酚	生化需氧量
二类	延河	石油类	生化需氧量	氨氮	溶解氧
三类	汉江	溶解氧	石油类	高锰酸盐指数	生化需氧量
	嘉陵江	石油类	溶解氧	高锰酸盐指数	生化需氧量
四类	无定河	氨氮	石油类	高锰酸盐指数	溶解氧
	丹江	高锰酸盐指数	氨氮	溶解氧	生化需氧量

其次,根据渭河2001~2005年水质数据,对其主要污染因子(生化需氧量、挥发酚、汞、石油类、高锰酸盐指数、溶解氧、六价铬、氨氮、氰化物)进行聚类,结果可以按照污染指标含量变化趋势分为四类:第一类包括高锰酸盐指数、汞、石油类,三种物质的含量变化表现为先增加后减少,特别是水中石油类污染物质含量在2003年以来迅速下降,综合指数已从51.8降为16.6。但污染物质的绝对含量还是比较高,需要继续采取措施予以控制。第二类包括生化需氧量、挥发酚,这两种物质五年中都呈现增长趋势,说明关中地区城市生活污水与轻工业污水的排放有增长的趋势,应该加以严格控制,避免污染进一步恶化。

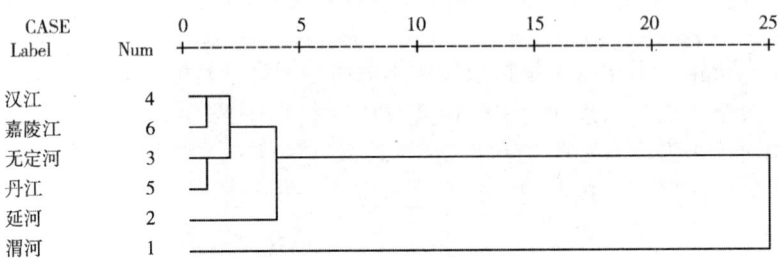

图6　主要河流聚类图

第三类包括六价铬、溶解氧，两种污染物质含量相对稳定，溶解氧均值为1.26，六价铬均值为0.097。第四类包括氨氮与氰化物，两污染物质的含量呈现明显的减少趋势。对于第三、四类污染物质应该不断检测并继续保持其减少的趋势。其具体数值可见表3。

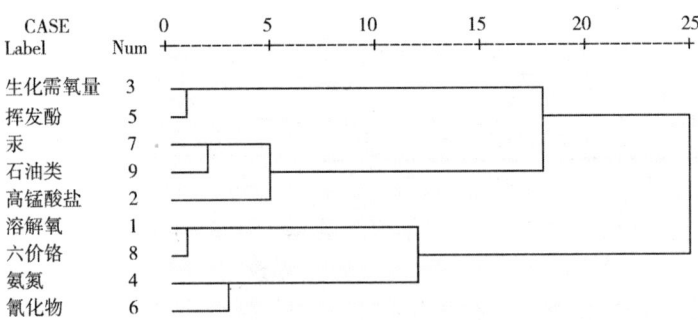

图7　渭河污染因子的类别构成

参照2005年渭河13个检测断面的污染物质类别变化，有助于明确9种污染物质治理的重点区域段，依据具体情况采取必要的治理措施：①石油类和挥发酚污染物质从兴平段开始迅速增长，其含量类别从Ⅱ类直接达到Ⅴ类及以上。兴平及其以下河段应为治理的重点区域。②汞污染主要从咸阳段开始，天江人渡达到Ⅲ类，至西丰镇桥达到Ⅳ类。重点治理区应从咸阳段开始。③氨氮、高锰酸盐、生化需氧量的污染从林家村段就不断上升，兴平段又急速上升，之后均在Ⅴ类或劣Ⅴ类间，其中氨氮的污染程度稍轻Ⅳ类左右，沙王渡段增加至劣Ⅴ类。污染的治理应从渭河入陕的源头抓起，兴平段以下是重点治理区域。

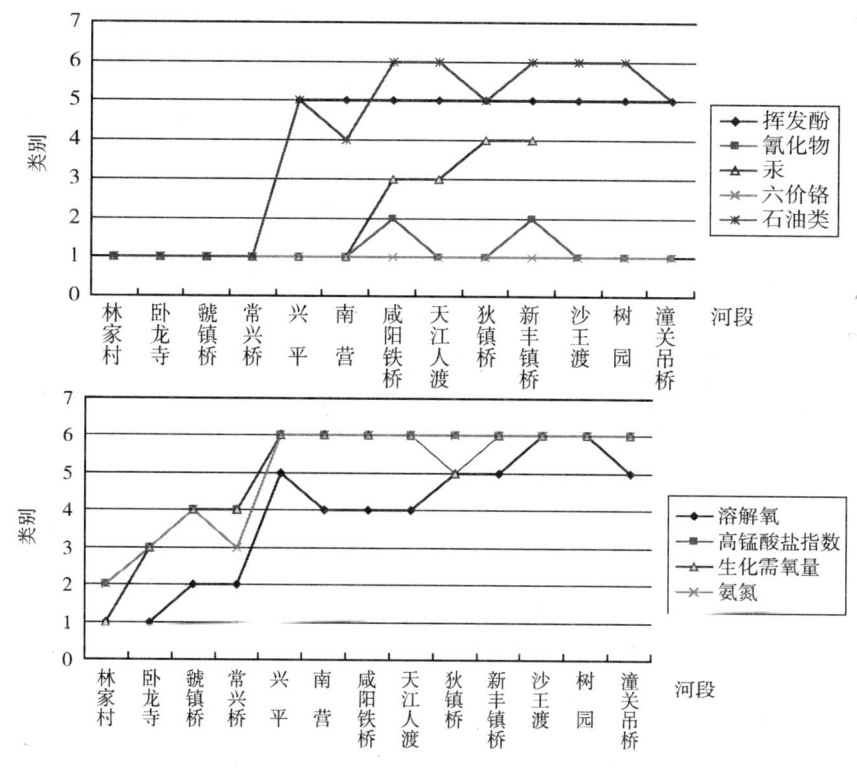

图8 渭河河段水质变化类别

再次，对2005年陕西省十个主要城市，以空气污染物质含量为依据进行分类，结果显示汉中、榆林、咸阳、商洛空气污染程度较低；渭南地区空气污染最为严重，二氧化硫、二氧化氮、悬浮颗粒量在十城市中排在首位，应该予以重点治理。延安、铜川的空气污染程度仅次于渭南，二氧化硫、二氧化氮含量高；宝鸡大气二氧化氮含量较高；西安与安康的悬浮颗粒量较高。

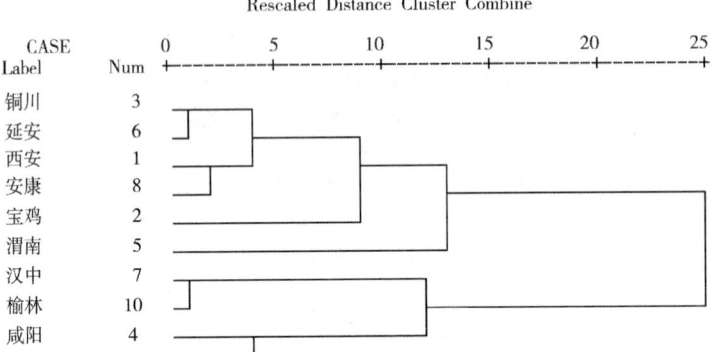

图9 十城市空气污染聚类图

最后,从空气污染物质变化趋势的角度分析,可以进一步发现陕西省不同地区空气污染的状况。根据陕西省公布的环境质量报告以及其通过 Spearman 秩相关系数法分析得到的结果,十城市中二氧化硫的含量出现显著上升的为延安市和安康市,特别是延安市,从 2003 年到 2005 年空气二氧化硫超标率从 0 上升至 9.23%,居全市第二位;显著下降的地区为铜川市和榆林市,两者超标率分别从最高的 30.6% 和 20% 降低到 5.83% 和 3.33%,其他城市五年二氧化硫变化不十分明显。二氧化氮年超标率五年呈现显著上升的城市为渭南市,从 0.14% 提高到 0.41%;商洛市和榆林市呈现显著下降的趋势,其他地区变化不显著。但以总悬浮颗粒物指数的统计看,全省没有显著上升的城市。其中,商洛市、榆林市、宝鸡市、铜川市、延安市下降明显,除商洛市以外其他五个城市 2001 年的超标率都在 50% 以上,其中延安市最高曾达到 84%,目前都已降至 25% 左右。

综上所述,渭南地区的空气污染状况最令人担忧,不但污染程度最为严重而且还呈现逐年加重的趋势;榆林市和铜川市在 2001 年时都还是空气污染的重灾区,但如今污染程度都得到了有效控制,铜川市的污染绝对值虽仍排在全省前列,其治理程度和效果却十分明显;值得注意的是,安康市与延安市两城市空气质量近年来都出现了显著的恶化,尤其是在二氧化硫和二氧化氮两个指标上。省内其他地区空气污染状况基本保持稳定。

二、陕西省环境污染的影响因素分析

（一）地理区位特征与环境问题

陕西省地势的总特点是南北高，中部低；同时由西向东倾斜。北山和秦岭把陕西分为三大自然区域：北部是陕北高原，中部是关中平原，南部是秦巴山地。

陕北是中国黄土高原的中心部分。总面积92521.4平方公里，属于温带半干旱气候，雨水稀少，年降雨量仅在400~500毫米，基本地貌类型是黄土塬、梁、峁、沟。陕北的植被覆盖较低，除了南泥湾至延川一带保存较好外，其他地区破坏相当严重，延安地区北部主要植被是沿路绿化工程，地面天然植被稀少，生长状态较差。榆林东部地区以山峁地带为主，岩土裸露；西部则与毛乌素沙漠接壤，土地沙化严重；北部的府谷和神木是严重的水土流失和沙化地区。伴随退耕还林工程开展及地方政府生态保护意识的加强，陕北地区植被覆盖率已明显提升，但目前生态状况仍然脆弱。由于缺少植被的保护，陕北地区冬、春季多发强劲的西北风，沙丘向东南移动，表层土壤流失严重，空气干燥、悬浮颗粒物质极多，各类污染物质如二氧化硫、二氧化氮不容易得到自我净化。同时，降雨季节集中，严重的水蚀导致黄河、延河、无定河及各支流产生大量的泥沙，水质下降严重。

关中地区介于陕北高原与秦岭山地，由河流冲积和黄土堆积形成，地势平坦，土质肥沃，但岩性疏松，结构性差，当原生植被受到破坏时，极易受到侵蚀。当冬、春两季大风天气密集时，容易造成严重的扬尘和沙尘暴；特别是以煤炭为主的能源消费结构和机动车辆排气，导致了中心城市严重的大气污染。关中平原为暖温带半干旱、半湿润气候，降水适中，年降雨量500~700毫米，适合作物的生长，自古就有"八百里秦川"的美誉。由于关中地区是陕西省经济、社会、文化的中心，所以该地区环境污染主要由人类活动引起，经济增长导致资源过度开发利用，超出环境的承载能力。

陕南地区主要指关中以南的秦巴山地。陕南地区山地、峡谷较多，主要是由变质杂岩组成，海拔在1000~2000米不等，山区面积占总面积的90%以上，可谓"八山一水一分田"，陕南属于亚热带湿润气候，年降雨量在700~900毫米，水力资源丰富，为建设中小型水利电力工程提供了条件。陕南农耕地1.03万平方公里，占总面积的14.2%，其中大于25°的坡耕地占农耕地的28%，荒山、林地面积占总面积的75.3%，耕地资源稀少，土壤沙质化严重、酸性强、土层薄、坡度大，加上大量的降雨，水土流失严重，流失面积约占总面积的50.3%。同时，部分地区还有滑坡、崩塌等重力侵蚀。严重的水土流失导致土地肥力下降严重，还使江河及水库泥沙淤积，极易引发洪涝灾害，威胁当地居民的生命财产安全。长期不合理的砍伐森林，造成了陕南地区森林储备量大幅度下降，20年来，森林边缘上提300~500米，草场退化速度增加15%，自然生态环境破坏严重。丹江、汉江是中国南水北调工程的重要水源地，协调好陕南地区的人地关系是生态维护的前提。

（二）资源禀赋差异性与环境问题

1. 水资源分布

（1）水资源数量不足，且分布不均匀。陕西省的两大水系，水资源与经济重心呈反向分布。以北的黄河流域，包括关中地区和陕北地区，人口和耕地面积分别占全省的74.4%和80%，而地表径流量却仅占全省的25%，秦岭以南的长江流域，人口和耕地面积分别占全省的25.7%和20%，地表径流量比例却高达全省的75%，粮食生产占全省70%，工业生产占全省80%，人口占全省60%的关中地区恰恰是全省缺水最为严重的地区。这种水资源的空间分布不仅制约了关中地区与陕北地区的经济发展进程，也是两区域水资源污染的一个重要原因。研究显示，河流的自净能力与河流的水量及流速等因素相关。如果水资源分布与经济、人口重心发生背离，一旦人类的利用强度超出河流自净能力，则会出现河流的污染。20世纪90年代，渭河咸阳站的地表径流量比多年均值减少了41.8%；林咸区间减少41.7%；涝峪减少48.3%，而关中地区经济增长的需水量以及工业和生活污水的排放量却大幅度飙升。这种水量供求的尖锐矛盾，最终引起渭河水质的恶化。

（2）时间上，陕西省降雨时段集中，季节差异大，局地降水又多以暴雨和短历时、高强度的阵雨出现。据统计，陕南地区7~10月的径流量约占全年径流量的60%，陕北地区为70%以上，关中地区为60%。由于汛期径流量集中于夏季，其他季节则干旱少雨，这使得水库的调节效能无法完全发挥，而在枯水期河流承载能力下降时，又遭遇能源消耗高峰期，导致在冬、春季节河水水质恶化迅速。

由于上述原因，陕北地区、关中地区的渭河、无定河、延河自身稀释与纳污能力较低，河道的冲沙能力不断减弱。再加上渭北煤矿区、小秦岭金矿区及陕北能源开发，工业用水、农业灌溉用水还有城镇生活用水、排污不断加剧，产生严重的河流污染，加剧了生态环境恶化。

2. 矿产资源开发

陕西省矿产资源丰富，成矿地质优越，矿产种类较多，是中国的资源大省，已查明92种有资源储量的矿产。陕北地区和渭北地区以优质煤、石油、天然气、水泥灰岩、黏土类及盐类矿产为主；关中地区以金、钼、建材矿产和地下热水为主；陕南地区以黑色金属、有色金属、贵金属及各类非金属矿产为主。但省域内矿产资源拥有存量优势的同时也并存着一些矛盾和缺陷：一方面，矿产分布区域差异明显、结构组成不合理；另一方面，资源总体勘查程度低，难以开发利用的资源多；同时支柱性矿产短缺，大型矿、富矿较少，中小型、中低品位矿较多，单一矿少，伴生矿多。这些特点决定了陕西省的矿产资源利用难度大、成本高，同时会伴生大量的副产品，以及"三废"物质的排放。特别是近年来在能源市场价格攀升的刺激下，不少地区产生急功近利的思想，加大对矿产资源的开发力度，而忽视区域环境的承载能力，超量生产，重采掘、轻加工，资源浪费严重，污染问题十分突出。同时一些规模小、缺乏环保设备的厂矿数量不断增加，随意排放污染物质，更加剧了区域生态环境的恶化。举例来说，随着长庆石油总部迁移，对安塞进行专业开采，大量的采油污水被肆意排放在河流之中，使水资源和生态环境遭到严重破坏。神华集团大柳塔煤矿采空区地表变形严重，地面下降2~3米，河水干枯，水田变成旱地，杨树等大量植被干死。窟野河两岸大小煤矿连片开发，造成窟野河支流陆续干枯断流。

（三）经济产业结构与环境问题

陕西省工业产业的结构和布局与其环境污染也存在着直接的相关性。就工业废气来说，二氧化硫和二氧化氮主要由燃煤及燃料油等物质燃烧产生；空气烟尘、悬浮物则源于煤和其他物质的不完全燃烧，以及生产过程中的粉尘和建筑交通的扬尘。按区域考察，关中地区空气污染物排放最大，占全省总量的74%，其中渭南市是工业废气排放的重灾区，其辖区内电力、煤炭、建材、纺织等高污染行业集中，境内有秦岭、韩城、蒲城三大电厂和星罗棋布的小电站、水泥和石渣加工企业，全部为工业废气高排放行业，大部分废气没有进行过净化，就直接排放，形成主要的污染源；铜川地区的污染则应归因于其煤矿企业较多，煤炭年产量占全省的30%左右，加上铝冶炼、建材、陶瓷、水泥产业也是地区支柱产业，所以比较其他地区，铜川的空气固体悬浮物、粉尘含量最大，二氧化硫也是煤炭产业的主要副产品；宝鸡和咸阳地区传统产业比例较大，宝鸡的重型汽车制造业、数控机床制造、有色金属冶炼压延、石油装备制造、食品制造业构成了其产业的主体，咸阳市的电子工业发达，占规模工业产值的78.5%，同时，纺织和化工企业也具有相当的规模（西北二棉集团有限公司、陕西第八棉纺织厂、渭电公司、兴化集团、中石油长庆石化分公司等），两个地区空气污染主要是因为工业设备陈旧，能耗较大、废气排放不达标。目前，各地都在积极进行产业升级改造，污染在一定程度上得到控制。西安市的工业产业门类齐全，覆盖了39个工业大类中的36个行业，正逐渐形成以高新技术产业（电子及通信设备制造业、专用设备制造业、医药产业、航空）为先导，传统产业（机械制造、交通运输设备制造、电气机械及器材制造、仪器仪表、石油化工、纺织、食品加工、轻工和军工）为支柱，高污染、高能耗、低效益产业逐渐向周边市县转移的格局。与之对应，近年来，地区工业废气的排放的迅速减少，这就是传统产业排放控制和新兴产业结构的转型共同作用的结果。但伴随居民生活水平的提高，生活废气以及汽车尾气正成为空气污染的新来源，这是西安地区空气悬浮颗粒物质含量比例升高的成因之一。

渭河是关中地区的主要纳污河流。其水质污染之所以在兴平迅速增高，就是因为咸阳至西安段是关中地区石油、化工行业、纺织印染行业以及各种民营造纸企业的集聚区，渭河成为它们排污的主要渠道；挥发酚类和生化需氧量的主要来源（焦化、煤气企业以及一些轻工产业如造纸、医药、染料、合成树脂、农药等）也主要在该地区分布。该区域仅造纸企业就有149家，每年排放废水约为1.56亿吨，生化需氧量排放量约为7万吨。氨氮和高锰酸钾指数的污染从宝鸡段就已经开始，宝鸡地区装备制造业、有色金属冶炼产业具有相当的规模，构成金属盐类物质的主要来源，氨氮则与生活污水和工业污水（化工、冶金、石油化工、油漆颜料、煤气、炼焦、鞣革、化肥）排放有关。可以说，渭河的污染是政府部门责任模糊、公共物品产权缺失的结果。目前，以保护母亲河为主题的渭河污染防治工作已经全面铺开，相当一部分高污染工业企业加强了环境治理，但由轻工行业、生活污水引起的生化需氧量、挥发酚类污染物的排放则在提高。

陕北地区的工业基础一直以来十分薄弱，近年来，依托西部大开发和国家能源重化工基地的建设，逐渐形成了具有相当规模的煤炭、石油开采、加工、炼焦产业以及原油制品加工产业群，但是由于产业单一以及设备老化、技术过时等因素，使得该地区油气资源的综合利用率较低，企业"三废一尘"的排放量巨大。在榆林的大柳塔煤矿，大气中氮氧化物、悬浮微粒、二氧化硫指标，分别是煤田开发前的4倍、17倍和24倍，悬浮微粒日均浓度超过国家二级标准57.9倍。榆林地区还分布有大大小小的电石、铁合金生产企业465户，也是地区空气污染的重要来源。陕北地区水污染主要与石油、煤炭开采有关。就延安来说，石油开采井含水率较高，采油废水大多就地排放，部分地区建有选油站，但是处理过水中仍含有大量高浓度的金属盐类，只是把分散污染变成了集中污染；原油运输中的漏洒也威胁着农田灌溉、人畜饮水的安全。由于煤矿开采，榆林的11条主要河流有9条受到不同程度的污染。陕北原本极度缺水，矿产资源无节制的开发，还引起了地下水位下降、河流断流。在神府矿区，煤炭采空区地下水位下降8~12米，采空区附近下降3~5米。

陕南地区除汉中市外，基本无现代工业。与之对应，其环境污染程度与其他城市相比要低得多，但随着国家把南水北调工程的中线水源地设定在这里，环境标准要求也必须相应提高，陕西省"十一五"规划把陕南地区定位为限制发展区域，目的也是保护其生态环境，目前，该地区的产业主要以依托自然资源为主，包括采选矿、生态旅游业、中草药、造纸和食品加工业等轻工产业。陕南的空气污染以悬浮颗粒物为主，主要由矿产采选业导致，汉中市的铁矿、磷矿采选企业以及化肥生产企业较多，安康市的有色金属采选业发展迅速。工业污染是丹江和汉江水质恶化的最重要因素，据统计，商洛市丹江流域主要排污口就有17处，其中包括铅锌矿、铁厂、硫酸厂、造纸厂、氮肥厂等，年排污量高达18×10^6吨。药品初级加工产业业污染当地水源。以黄姜产业为例，汉中的药品加工企业平均生产1吨皂素将排放1000吨废水，消耗98%的浓硫酸6~7吨、120号汽油6~7吨。旅游业的运营则迅速增加水源地附近度假村、假日酒店、商业中心等旅游设施的数量，由于缺乏污水处理设施，人们休闲、饮食产生的生活废水和垃圾都直接排进江河，水源生态受到严重影响。

（四）社会和城镇发展与环境问题

当前，陕西省内各城市高速扩容以及居民生活垃圾量不断提升与环保设施的相对滞后矛盾突出，逐渐成为诱发环境污染的新问题。

首先，水资源过度开采。目前，"大关中规划"、"西咸一体化"的推进，使关中地区的城市化发展最快、城市密度不断加强，由于咸阳市和西安市的工业过于集中在市区，加之长期过量开采地下水，引起地下水水位的持续下降、地面沉降、塌陷、地裂缝等环境地质问题频现，这已对城市的发展造成严重制约。以西安市为例，城区企业、法人单位有自备井300多口，长期大量超采地下水，致使著名古迹大雁塔塔基出现倾斜、开裂的严重问题。

其次，生活垃圾超量排放，城市综合废水成为城市水体的主要污染源。城市扩建迅速增加了居民、餐馆、医院和娱乐业等生活设施的数量，同时产生了巨大数量的生活污水。由于城市发展的历史、规划等原因，城市排水系统一般都直接排向附近河流，造成河水含有大量的氮磷等有机物，严重富氧化。据统计，汉江流域年生活垃圾排放量为156万吨，丹江流域19万吨。汉中市预计到2015年日平均向汉江排放生活污水25万吨。再加上原先位于城郊的老污染企业，随着城市规模的扩张，现已处于城市的中心或近郊地区，更加重城市周围区域水污染的程度。

再次，城市交通与建筑污染形势严峻。由于地区经济增长，城市私家车的数量激增，这在西安、延安等经济高速发展的城市尤为突出，汽车尾气排放所造成的污染日益严重，其中以二氧化氮的增长幅度最大，城市区的大气污染逐渐由单一煤烟型向煤烟、汽车尾气混合型污染过度。建筑垃圾污染与城市规模更是正向相关，据环卫部门统计，蒲城县每天产生的建筑垃圾500吨，由于公共卫生基础设施差，垃圾就地乱堆乱放现象十分突出。特别是一些建筑垃圾在城郊公路沿线田边地头随处堆放，致使周围大片农田作物遭垃圾侵袭。汉中市每年平均审批各种规模的建设工程170多项，建筑面积达66.8万平方米。这些工程建设中均不同程度使市区的扬尘加剧，对城市环境质量造成不可避免的影响。

最后，小城镇的发展一定程度上加剧了农村地区的污染。小城镇经济的繁荣大都以乡镇企业为基础，它不仅是农村经济的主要支柱，且解决了农村剩余劳动力，但陕西省内大多乡镇企业是原始的初级产品加工业，包括小化工、小水泥、小煤窑、小造纸等，生产工艺落后，未经统一规划布局，不仅占有大量耕地，而且"三废"随处排放，严重污染了周围环境。比如，蒲城县就有大小水泥厂138家、造纸厂62家、大型发电厂2家、石灰石厂7家、小石灰窑400家及其他各种小化工厂等。还有一些农产品企业，片面追求利润，缺少技术指导，大量施用化肥、高毒、高残留农药，污染土壤和周边地下水源。

(五) 政策因素与环境问题

(1) 公共财政投入不足。2004年陕西省财政总收入215亿元，仅占全国财政收入的0.8%，排倒数第11名；2005年陕西省财政收入275亿元，占全国1.8%，排倒数第10名，其中2005年因减免农业税财政收入减少6.3亿元。目前陕西省财政基本还属于"吃饭财政"，因为财政收入的相对缺乏，本应属于公共财政范围的环境保护、污染防治工作所获得的投入捉襟见肘。

(2) 制度导向不足。制度建设可分为制度的制定和执行两个方面。一直以来，制度制定方面存在的缺陷表现为：资源和环境方面的法律法规还不完善，全省范围内还没有完全建立起一个"谁污染谁治理、谁污染谁付费"的有效机制。这就使得许多污染者没有承担或承担极少的污染成本而心安理得地、甚至肆无忌惮地排污。制度执行过程中，单纯以GDP考核为导向，造成政府机构盲目追求地区GDP增长的氛围，而忽视环境保护和补偿工作，抱有先发展、先污染、后治理的心态，导致在环境执法中可能出现"执法不严"的倾向，特别是在经济项目与环境保护出现矛盾时，往往牺牲环境效益交换经济效益。

三、政策建议

(一) 加强点源控制、治理重点污染企业，建设防污设施

针对污染大户、传统高排放企业给予重点治理，限期改进生产技术、改造设备、建立相应的排污设施，严格控制排放标准。对污染严重的中小企业，坚决执行国务院关于环境保护若干问题的决定，增强执法力度，灵活采取关、停、禁、改、转的措施加以处理，清除违规污染源，最大限度降低现有污染排放总量。对污染企业的检查管理，不应该仅仅是突击式、临时式的整治活动，而应该建立程序化的长效机制。目前，《陕西省"十一五"环境规划》已经提出欲建立针对污染企业的环境保护问责制、污染物总量控制制度、排污申报和许可制度、环境污染限期治理制度等一整套污染防控体系。为了达到环境可持续性的目标，还有必要以环境的承载能力为标准划定重点开发、限制开发和禁止开发等功能区。提高重点保护地区的行业进入门槛。关中地区城市近郊禁止新建小水泥、小火电、小玻璃、小炼油、小钢铁等企业，避免低水平重复建设；陕北地区要坚决查处私人小煤矿、小火电、小炼油厂、小化工

厂等非法利用当地油气资源谋取利益的企业；陕南地区则必须关闭汉江、丹江干流沿岸不能达标排放的选矿厂，整合兼并年产量有限的皂素等中草药加工企业，以确保南水北调水源地的生态安全。

在严控污染的前提下，统一加强防污公共设施的建设，完善各城市排污系统，规划和建设城市污水处理厂，将工业废水、生活污水进行处理后再循环使用，提高水资源的利用效率。探索全省范围内的污染的分区治理，各地区、各城市的污染物进行"自产自消"，尽量减少下游治污负担和压力。对于工业企业分行业、分主体设计、建设、运行配套治污设施，如实施燃煤电厂除尘脱硫工程、化工行业建设污水净化池。

（二）发展地区特色产业，扶植循环产业

关中地区作为高新技术开发带和先进制造业基地，必须提高其产业进入的门槛，相关部门应对入区项目严格限制、审查、拒绝高排放、重污染企业入区，以达到不增加目前污染总量的目的。同时，对区内现有产业运用经济杠杆进行结构性调整，以减免税收等手段，加速技术密集、资本密集型产业发展，如信息、金融、航天、制药、生物工程等。对于传统装备制造行业，必须运用技术改造的方式，更新高效率生产设备，公共财政可以适当地予以补贴支持；运用兼并重组规模化经营的方式，降低环保成本；还可以积极的配置新的产业链，不但在经济上提高附加收益，而且从行业纵向上统一组织实施污染防治，提高效率。在企业的产业结构调整中，政府应该鼓励企业发展环保产业方向发展和建设有利于生态环境保护的产业。

陕北地区应该围绕建设国家能源化工基地，积极推进煤向电、煤电向材料工业品、煤油气盐向化工产品的转化，提高生产附加值；同时加快企业整合，提高现有生产能力、提高资源回采率，对产生的废物要进行无害化处理。大力发展煤炭洗选加工、水煤浆、煤炭液化等洁净煤技术，以及对燃煤锅炉进行技术改造，有效控制煤炭生产和使用过程中对环境的污染。对新建、扩建、改建项目，技术起点要高，尽量采用能耗物耗小、污染物排放量少的清洁生产工艺。同时，优化能源结构，积极利用可再生能源，加快太阳能、风能的开发。

陕南地区在产业的选择上必须突出地区特色，以环保为主兼顾经济效益。首先，开发其生态文化旅游业，促使其成为陕南经济的支撑点。其次，促进绿色食品业和现代中药业规模化经营。再次，可以有计划、有限制地开采矿产资源。最后，推行清洁生产，利用陕南丰富的水力资

源,发展水电。

(三) 坚持生态建设,提高资源承载能力

关中地区应该以农田基本建设为基础,实行山水田林路村城镇统一规划,工程措施、植物措施和耕作措施优化配置,综合治理。渭河沿岸以营造防护林带的方式涵养和保护水资源,可以因地制宜的种植经济林、用材林、风景林等,同时利用城市密集的区位优势,发展生态农业、绿色观光增加农民收入,从而协调生态效益与经济效益;大力开展平原绿化,建设农田林网,抓好秦岭北坡植被恢复,禁伐禁牧,保护天然林资源。陕北地区和陕南地区则要推行好退耕还林工程和宜林荒山荒地的植树造林工作。黄土高原环境相当脆弱,人类活动应尽可能少地干预其脆弱的生态环境系统。在退耕区实行封山育林,个别条件较好的地方可适当种植优质牧草,等到林草覆盖达到高郁闭度,适度发展畜牧业。陕南的汉江地区、丹江源头地区则应建立自然保护区,迁移人口,并实行严格的封山禁垦禁牧政策,让林草自然恢复。商洛市的核桃、板栗、花椒、水杂果基地;安康市的蚕桑、油桐、生漆、茶叶、杜仲;汉中市的速生林、杜仲、花椒等名特优产品,均具有建设产业基地的条件。政府可以给予资金、技术援助,根据不同名特优产品和自然优势,发展经济作物基地。

(四) 构建城市与农村地区环境优化体系

城市环境优化的重点在于合理科学的综合规划。应围绕主要城市,加强治理大气污染和周边河道,加快污水处理、垃圾无害化处理和危险废物处置设施的建设,重点以渭河流域、汉丹江流域和延河沿岸城镇污水处理厂和垃圾处理厂为主,同时注意处理设施建设与供水、用水、节水与污水回用统筹考虑。要推进城市产业结构的升级与转化,引导产业向能耗少、低污染方向发展,城市工业密集区应重点考虑企业间的物质梯级综合利用,构建不同类型企业间的产业生态链。规划分离居住区与工业区,提高城市人居环境质量。坚持以人为本原则,开展环境污染的疾病学研究,严格消毒饮用水,搞好居住区绿化等工作。必须倡导城市污染内部化。推广天然气能源和清洁燃料,发展热电联产和集中供热工程,推进甲醇汽油的使用进度;加强建筑施工及道路运输环境管理,开发耐酸雨腐蚀的建筑、装饰材料,解决烟尘、粉尘、汽车尾气和施工扬尘污染问题;推广废弃物循环利用工程技术,并做好固体废弃物的回收

工作；规范城市噪声标准，对城市内道路实行交通管制，限制车辆和车速，最小化城市噪声污染损失。

农村环境优化要重点依托"新农村"建设，以村容整洁为目标，实施农村环境综合治理。必须协调农村人口增量与农村环境空间承载力，一方面控制人口的出生率，另一方面引导农村人口的合理流动，减轻对自然生态环境的压力。同时按照"工业反哺农业，城市支持农村"的原则，发挥绿箱政策的优势，完善农村生态保护、污染治理的筹资机制，推进农村社区环境基础设施建设，通过"改水、改厨、改厕"和建立生活垃圾收集处理系统，扭转农村社区生活环境持续恶化趋势；保护农村集中式饮用水水源地，推广沼气和秸秆综合利用技术；还要重视农业科技研发与推广的力度，科学浇灌、科学施肥，控制剧毒和毒性较长的农药的使用，降低农产品中的农药残留量；有条件的地区应发展生态农业，利用杨凌示范区的辐射带动作用，指导生态农业、绿色食品、有机食品的标准化种植和及动物疫病防治，加快村外标准化养殖场和养殖小区建设，尽快改变人畜杂居、畜禽散养、畜禽混养的传统养殖方式，提高面源污染的综合防治示范。

（五）强化监督力度，完善法律制度

管理部门需要树立节约资源、保护环境也是发展的理念。在全省范围建立环境监测网络与预警系统，对各地环境污染和生态破坏实行全过程监测和控制，及时掌握生态环境质量和污染状况的变化。严格执行环境影响评价、污染物排放总量控制、环境目标考核和责任追究制度，从事后治理向事前保护转变，改变先污染、后治理，边污染、边治理的状况。加强执法队伍建设，严格执法程序，避免单位间、行业间的责任推诿和扯皮现象发生，保证法律法规真正落到实处，对执法不力的部门，应追究其行政责任和法律责任。实行环境与经济发展综合决策制度，在制定重大经济和技术政策时，对有关基础设施建设、区域国土资源开发、流域开发、开发区建设、城市新区建设和旧区改造等重大决策事项，都必须考虑环境的承载能力。

建立适应市场经济的新机制，构建水权转让、生态补偿的相关法律法规。探索省内外跨区域、跨流域调水的水权有偿转让制度。按照补偿合理成本和微利的原则，制定城镇生活用水和工业用水的差别化定价机制，实行有利于节约用水的水价，同时加大污水处理费的征缴范围和水费收取的方式创新，可以在一些地区试行排污许可制度。组织有关专家

对化工、发电、煤炭、石油开采与环境灾害进行权威性鉴定、评估,研究恢复方案。遵照有关法律,制定补偿办法及实施细则,强化企业特别是大型企业环境破坏赔偿意识,落实企业的出资义务和治理责任。

(六) 创新生态融资机制和补偿机制

环境保护属于公共物品范畴,所以政府财政应该是其主要的资金来源,但环保项目具有投入大、周期长、收益范围广的特征,所以应该采取国家、地方政府、企业、社会团体、个人相结合的办法,解决资金缺口问题。

(1) 要提高中央财政性环保资金用于生态恢复和治理的比例,尽可能多地安排环保项目;设立环保基金,成立环保基金会,加大对重点地区的污染防治力度;提高政策性金融信贷支持,以低息贷款或贴息方式,增加对生态环境保护建设项目的信贷支持。

(2) 防治污染融资方面,应在国家的支持下更多地运用现代金融工具。可以考虑在存在盈利空间的领域利用 BOT 模式、TOT 模式、发行生态债券等渠道筹措资金,来建设清污、防污设施,构建市场化资金流动机制。

(3) 加强污染企业地区生态建设的补偿,企业在资源所在地进行生产经营活动造成环境问题,应负责所影响区域的生态重建工作,可以采取销售收入按比例提成的做法,并通过立法进一步明确生态资金所占的比例、管理方式和使用方向;也可以尝试建立企业的环境保证金制度,使企业的污染成本内部化,重在防患于未然。

(4) 资源输入地对输出地的补偿,不管是南水北调工程还是陕北能源基地的建设,主要消费市场都是东部和经济发达地区,它们在获取西部提供的资源并逐步转移其淘汰落后产业的同时,把生态破坏和环境污染的代价留在了西部。而中国还没有建立完善的自然资源价格市场,按照"谁受益,谁补偿"的原则,有大量资源输入的东部地区,应对西部资源富集区进行补偿。

(七) 提高环保意识,建立民众环保参与机制

(1) 以科学发展观为指导,完善公众参与环境保护的相关制度,强化公众环保意识,弘扬环境文化、倡导生态文明,以生态平衡推进社会和谐。政府部门必须转变观念,充分认识到公众参与环境保护的重大意义,以《环境影响评价公众参与暂行办法》为依据,结合陕西省自身情况制定相关的配套制度和操作标准,用法律明确政府、企业、普通公众在环境评价过程中的权利和义务。确立公民环境权,保障公民知情权,尝试引入环境诉讼机制或建立独立于政府的环境仲裁机构,对环境纠纷进行仲裁。使公众参与环境保护制度化、正规化,确保公民参与环境保护落到实处。与此同时,围绕建设资源节约型和环境友好型社会,通过创建绿色文明示范工程等行之有效的活动开展宣传效应,倡导节约、绿色和简约式的生活方式及清洁、循环式的生产方式。尤其是要增强农村公众的环保意识,让他们了解自己有哪些环境权益,以及如何用法律武器保护自己的环境权益,同时还要加强领导干部的环境教育和培训力度。

(2) 完善环境信息公开制度。环境保护部门要特别重视互联网的发展,推进环保政务公开,建立服务于社会和公众的环境信息政府网站和新闻发布制度,定期发布环境质量、政策法规、项目审批和案件处理以及与人身体密切相关的污染物质的新发现和检测结果等环境信息,把环保的知情权、参与权和监督权真正交给群众。积极探索和试点公众参与的听证制度、公示制度、新闻发布制度,促进公众积极参与环境保护决策,维护公众环境权益。

(3) 完善公众参与环境保护机制。鼓励和引导公众和社会团体有序地参与环境保护。西方成功的经验表明,开放民间环保组织资源,是凝聚公众力量、创造公众参与机会、促进公众参与环保的重要手段。构建公众参与的专家支持制度,目前专家咨询主要是为政府、相关企业提供支持。可以以环保为主题,发挥陕西省智力资源丰富的优势,增强群众环境咨询的专业支持。深入开展绿色社区、绿色学校、绿色家庭等群众性创建活动,在中小学教学课程中专门设置环保课程;可以借助环保博物馆或电视等传媒加大宣传力度,全面推进环境文化建设,开展多层面、多渠道的"大众"环保参与机制。

参考文献

[1] 葛芬莉. 关中地区渭河流域水资源与水环境综合治理研究. 西北水力发电, 2004 (6).

[2] 环境术语. 国家环境保护总局网, http://www.zhb.gov.cn/xcjy/hjcs.

[3] 范立民. 煤田开发的环境效应: 以陕北神木北部矿区为例. 中国煤炭地质, 1994 (12).

[4] 秦华, 贺芸芸. 汉中黄姜产业环境问题分析与防治对策. 陕西环境, 2003 (3).

［5］唐士梅. 汉江（汉中段）水质污染防治的法律对策. 陕西理工学院学报：社会科学版，2005（3）.

［6］陕西省环境质量报告书（2001~2005）. 陕西省环境保护局.

［7］董小林. 陕西省"一线两带"区域中心城市环境经济分析. 西安：长安大学博士学位论文.

［8］陕西省"十一五"环境规划. 陕经网，http：//www.sei.gov.cn/ShowArticle.asp.

第四章　绿色 GDP 核算理论与政策研究

2007年，国内两个重要的政府部门——国家环境保护总局与国家统计局之间因为绿色 GDP 核算数据的公布问题发生严重的分歧：由两个部门联合成立的绿色 GDP 联合课题小组虽已计算出核算结果，但环保部门迫切希望公布研究结论，而国家统计局一方却拖延和推迟公布最终成果，引起社会的强烈反响。最终，这场耗时耗力、所费不赀的研究无果而终，让许多关注研究进展的人们难以释怀。时至今日，还有舆论认为，绿色 GDP 其所以不能公布，在于受到利益集团的抵制和压力。2008年1月初，由中国环境文化促进会组织编写的环保民生指数的调查显示，有 73.1% 的受调查对象认为，中国应该推行绿色 GDP。

在两部门之争暴露于社会，引起各方关注之时，笔者曾受邀写过一篇短文（周民良，2007），指出基于数据准确性等方面的因素，对在当前条件下能否真正地核算出绿色 GDP 表示怀疑。同时笔者又认为，推行积极的环境政策很有必要。本着澄清有关概念和推动理论与政策研究的双重考虑，对绿色 GDP 的理论性、前沿性、可核算性与可利用性进行研究很有必要。

第一节　绿色 GDP 核算的理论基础

从17世纪 Quesnay 提出经济表和 William Petty 对英国国民收入的研究肇始，人类对国民财富核算的研究工作开展了300多年。经过许多研究者包括 Keynes、Stone、Kuznets 等人承前启后的不懈努力，在对中间产品与最终产品的界定、对生产、分配和使用以及收入核算与支出核算等概念的区分等一系列创造性突破的基础上，联合国于1968年公布了《国民经济核算体系》（The System of National Accounts，SNA），并于1970年在世界各国推行这一核算体系。这一指标体系以国内生产总值为主要核算指标。中国在传统体制下一直沿用来自原苏联的以国民收入为主要核算指标的物质产品平衡表核算体系。自1993年起，由于体制改革推进和统计研究的进展，转而采用国际上更通用的以国内生产总值为主要核算指标的 SNA 体系，并在此期间推进了从生产核算到使用核算、从间接推算到直接计算、从附属指标到核心指标、从年度核算到季度核算等一系列重大进展（许宪春，2002）。

国内生产总值通过生产法、收入法和支出法三种方法对一个国家一定时期所有常住单位生产与劳务的价值总量进行衡量，能够用以反映国民经济的总量与规模、分析国民经济的增长变化、观察国民经济的比例与结构、研究经济效益的变化与成因、编制政府预算、提出经济政策、进行国际比较，从而成为世界各国通用的经济指标。但是，现行的国内生产总值核算也有若干严重的缺陷，其中一个重要的方面就是资源与环境问题没有包括在内（宋心川，2006）。从资源环境角度看，对国内生产总值的核算方法的批评意见主要集中在以下方面：一是没有考虑到资源的耗减；二是没有考虑到环境的退化；三是包涵了阻止环境恶化的防卫性开支。这些开支本来是应该计入成本的，但是在国内生产总值核算的框架下却计入到收入栏（Bartelmus，Lutz 和 Schweinfest，1993）。许多资源是不可再生的，开采加工即意味着可投入品的减少，一些环境破坏尤其是环境污染是影响到人体健康的，但是在传统的统计框架下医疗是作为经济产出被计算为国内生产总值的。正是因为忽略了资源与环境因素或者没有正确地计量资源环境因素，传统的国民经济核算没有考虑到经济发展的可持续性（Hamilton 和 Hassan，2006）。比如，先污染环境然后清除污染、先污染造成正常的人健康受损而后医疗，虽然在环保和医疗过程中都增加了 GDP，但未带来国民经济水平的提高。砍伐木材可以增加国内生产总值，但是却减少了生态环境服务的价值，从而影响到一个地区或者国家的可持续发展。有学者甚至认为，传统的国内生产总值核算方式是存在较大漏洞的，是用失灵的罗盘（Wrong Compass）在海上航行（Tinbergen 和 Hueting，1992），是向政策制定者和社会公众发出错误的信号（Wrong Signal）（Hueting，1989）。

图 4-1 描绘了表征经济产出与环境质量之间各种组合的生产可能性曲线。以 B 模式为例，传统的经济统计只考虑到经济总量的变化，把从 C_2 向 C_1 的增长视为福利的改善。但事实上，在此期间的环境质量从 e_2 下降到 e_1，也就是说，经济增长在一定程度上是以环境恶化为代价的，但这一信息在传统的经济核算模式中没有反映出来。这说明，单纯的经济核算反映出来的福利改善的信息是不完全的。只有同时考虑经济产出和环境质量，并在经济产出中剔除环境质量下降的成本，才能完整而准确地反映出经济产出的真实水平。

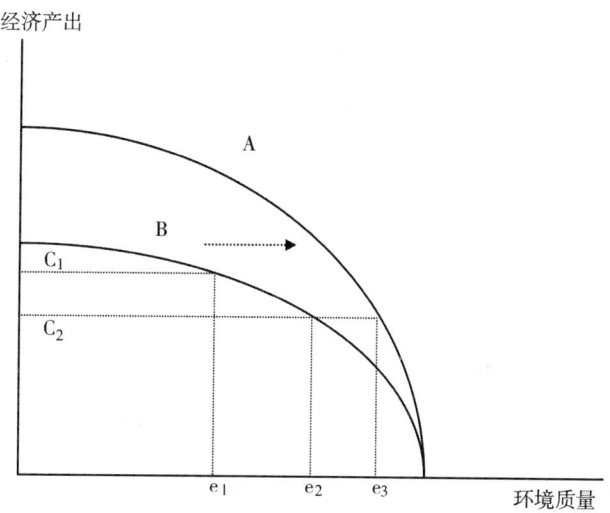

图4-1 不同发展水平下的经济产出与环境质量

今天的人们主要从资源与环境的角度理解可持续性发展。但是，经济学家对可持续性概念的认识已经有半个世纪之久。早在1946年，Hicks就对收入问题发表过独特的见解："收入是一个人保持期初与期末一样富裕的情况下，可以消费的最大数额。"（Hicks, 1946）直到40年后的1987年，布伦特兰委员会才在《我们共同的未来》的报告中指出：可持续发展是"确保发展既能满足当代人的需要，又不对后代人满足其自身需要的能力构成损害"。在许多经济学家看来，这两个定义具有异曲同工之处：一个着眼于当代人与后代人，一个立足于期初和期末；一个描述发展，一个描述收入。如果说，布伦特兰委员会的定义是可持续性发展，则Hicks的定义也可以被描述成可持续性收入。如果将Hicks的概念从个体扩展到国家层面，就具有可持续性财富或者可持续发展的含义。Nordhaus和Tobin（1972）提出衡量可持续性收入的办法，通过重新划分支出类别，对消费者资本、闲暇和居住服务的负面作用进行归类，通过计量经济福利指数（Measure of Economic Welfare, MEW），纠正城镇化带来的不适。而后，Weitzman（1976）认为，从可持续性角度出发，用国内生产净值衡量经济活动对福利的贡献没有考虑时间的变化；Hartwick指出，对于建立在可持续消费路径的经济体来说，区分自然资本与人造资本是必要的，自然资本存量耗减的价值可以由再生产性资本（Reproducible Capital）投资加以弥补，不可再生资源开采的Hotelling租金通过再投资到人造资本中去，资本存量就可以维持稳定（Hartwick, 1978）。Daly建议，应以防卫性花费和自然资本耗减来纠正国内生产净值的衡量方法（Daly, 1989）。Hartwick（1990）又指出，正确的办法是以稀缺性或者影子价格对环境服务进行再估值（Re-price），而后对 GNP 进行再修正。

第二节 绿色 GDP 的核算研究

绿色核算（Green Accounting）、绿化核算（Greening Accounting）、环境核算、绿色 GDP、绿色 GNP 等概念相继提出，就是力图改变原有的核算方式。既然建立不同的核算框架解决不同问题的方案（Ohlsson, 1953）并不现实，环境经济核算涉及的问题就是如何将经济因素与环境因素表达到同一框架下。卫星账户就是在原来的国民经济核算账户外，附加上一个环境账户。1993 年联合国提出的环境经济核算体系中指出，建立卫星账户的目的是为了避免中央经济核算体系负担过重（Overburdening）。1993 年、2000 年、2003 年，联合国先后三次提出环境经济核算体系。不过，此前一些先行国家已经进行了一系列的核算尝试。早在 20 世纪 70 年代，挪威就进行了一系列环境核算的实践。20 世纪 80 年代进行环境核算的动因是，在一些国家，快速经济增长伴随着自然资本的流失，显然，这种发展不具有可持续性，对自然资本流失造成的价值量进行估算就成为一个理论与实践提出的问题。

现行的 GDP 核算制度只考虑了经济运行本身，没有充分考虑资源与环境损耗。结果是只计算了自然资源开发成本，而没有考虑到自然资源的耗减成本，造成自然资源价值的低估；同时，在环境影响环节中未考虑环境降级成本。结果是污染物排放越多，GDP 越大，环境保护支出越多，GDP 越大。联合国统计署 2003 年推出的 SEEA 核算，通过建立起与 SNA 相联系的卫星账户，在投入产出表中产出和最终消耗中加入自然资源的使用和损耗价值，并加入污染对环境质量的影响价值。根据 SEEA 基本思路，建立绿色 GDP 核算体系包括四大内容：①核算反映和保护资源环境而付出的实际成本。②编制自然资源流量与存量的实物量核算表，对自然资源进行估价并编制货币型账户。③编制残余物或者污染物排放量的实物量账户，对所造成的环境损失进行估价。④在以上核算的基础上，对传统的经济总量 GDP 进行调整。

但早在 1995 年，Moffatt 就担心，把所有非市场的环境资本用货币单位表示，很可能会忽略许多生态功能，而这些功能尽管对人类没有价值，但是对生态系统的运行是至关重要的。并且指出，许多关于自然资源的统计是非理论性的，缺乏对经济—环境之间关系的清晰理解（莫法特，2002）。

在诸多绿色核算结果出现后，Lange（2003）在评价环境核算的政策作用时，还是得出了四点结论：①虽然在国际上有许多国家进行环境核算很积极，但是这类核算的可利用程度还不够高。②没有一个国家真正进行了全面的环境核算。③因为方法、覆盖面、环境标准等方面的不同，目前的绿色核算还难以进行国际比较。④一个国家要充分评价环境影响，还需要考虑以下两个方面：一是要有污染物、水和空气跨境流动的账户；二是与主要贸易伙伴间建立账户以便对进口产品包含的污染和物质成分进行评价。

另外，在具体的核算内容上，学者之间的认识差异也很明显。比如，防御性核算主要是指家庭和政府用以削减污染影响的花费，居民购买净水设备就可以计入防御性花费。但如何处置这类花费的问题学者之间没有达成一致意见。比如，Maler（1991）坚持认为这类花费不应从经济总量中剔除，因为如果剔除的话，将会含有双重核算的成分。但Dasgupta（1995）则坚持认为防御性核算应该保留在最终需求中。不仅如此，在评价环境损害方面也存在不同的技术方法。但是，一方面，有一些环境效应难以用上述技术估算，同时存在着社会评价与个人评价不一致的问题；另一方面，不同的估价方式往往产生差异较大的估价结果。还有，跨境污染的问题也是核算中令人头疼的问题。因为跨境污染的生产能力不在一个国家或者区域内，但是污染却发生在本地区内，在核算方面的技术处置就相对困难。除此而外，SEEA结构中，过于重视资产评价，而忽视对环境服务的评价，也是绿色国民经济核算中存在的一个共性的问题。

正像《千年生态系统评价报告》（Millennium Ecosystem Assessment Report）中指出的那样，生态系统复杂的功能提供的多样化的生态服务对人类的福利最为重要也最为基本，但是，这些功能的最主要的部分难以在市场上得到反映。Walker和Pearson在最近的一篇文章中指出，尽管SEEA提供了一个理解可持续发展的核算框架，但是在自然资源与生态系统的评价方面还是存在缺陷的（Deficient）（Walker和Pearson，2007）。Hamilton和Hassan指出，甚至许多学者反对对无价的生态支持服务体系定价。Constanza等人对地球生态服务的总体价值的评估是30万亿元，Toman（1990）认为这一数字存在严重缺陷，"对无穷价值的严重低估"，而Heal（2006）认为，对自然生态系统的替代价值进行评估是没有任何意义的。

许多专家已经指出，由于绿色GDP调整计算所使用的不同方法获得不同的结果，而结果的改变和多样导致对绿色核算动机的批评。在绿色核算方法多样问题带来的混淆没有除去以前，行政当局迫不及待地为错误的方向背书，导致弥漫了一种绿色核算疲劳症（Green Accounting Fatigue）（Serafy，2006）。尽管取得了前所未有的进展，但是SEEA-2003在价值评估等方面还是与宏观经济指标相抵触，已经有一些权威人士指出，也许10年以后的修改版能够解决这些纠纷（Lange，2007）。

第三节　中国绿色 GDP 核算的现实障碍

2006 年 9 月 7 日,国家环保总局和国家统计局联合发布了首份绿色 GDP 报告称:2004 年,全国环境退化成本(即因环境污染造成的经济损失)为 5118 亿元,占 GDP3.05%。对此,统计部门的认识是,这一核算在技术层面还存在一些缺陷和不足,距离完善的绿色 GDP 核算体系的要求还有很大差距。这一判断是基本合理的。但是,我们认为,绿色 GDP 能否核算通常不仅取决于是否愿意进行核算,更要对能否进行绿色核算的可行性加以判断。根据国际上研究核算的方式与方法,要能有效进行绿色国民经济核算,通常涉及四个方面的因素:一是能否建立起一个适合于国情的绿色国民经济核算框架;二是是否有充分、真实的数据支撑起实物账户;三是能否科学地将实物账户转化为价值账户;四是核算方法是否科学。缺乏以上四个环节的任何一项做支撑,绿色国民经济核算都很难成立。但国内目前的研究与统计进展都还不足以支持进行绿色国民经济核算。

(1) 国内对于绿色国民经济核算本身还缺乏深刻认识。尽管国内在对局部对象的环境经济核算方面有一些进展(雷明等,2004;侯元兆,2002),也初步形成了一些核算框架与模式(高敏雪等,2007;王金南等,2007;周景博,2007)。但正如一些国外学者所指出的那样,发展中国家"在标准化处理通用核算方法方面的影响还相对有限"(Serafy,2006),联合国提出 SEEA 方案时,是以严格的经济理论与核算理论做支撑的,对核算的原则、方法到具体核算的细目等都做出了详细的规定。但是从目前国内提出的各类核算方案看,所谓的核算框架基本上都是在 SEEA 基本框架的适度转换,并伴随有将一些不易核算的部分简单省略的做法。在国际上,环境经济核算中包含了大量的经济学原理和规则,包括划分产权和财产收入、界定资源租金与经济租金、如何提高实物账户的解释能力而又不完全放弃加总的方法概念,未见国内各类核算框架中有明确表述。相反,在国内的一些核算框架中,对核算的理论基础、核算细目到哪个级别,核算的基本单位是什么,核算到哪些类型,如何对核算对象进行编码化处理等基本问题,都缺乏细致的讨论。从核算范围上看,国内的一些核算框架或者仅考虑到环境污染与生态破坏,没有考虑自然资源的耗减;或者在对生态系统的分析核算时,认为对生态系统的服务功能存在着定义与核算的一系列困难而没有加以实质性核算。在国际上,环保支出是作为中间投入品还是最终消费品出现,一度困扰绿色国民经济核算的研究者。国内学者在这一问题上同样没有取得一致性意见,就是在进行绿色国民经济核算时,环保支出是否在国内生产总值中扣除,学者之间的意见差异较大（高缅昆，2007），一些方案干脆对这一核算项目不予考虑。在联合国等国际组织做出的 SEEA 分析框架下包含了供给—使用表和投入产出分析在内的复合流量表，在国内大部分核算框架中都未涉及。与此同时，国际上环境核算中存在一些瓶颈问题，也都在国内核算中保留了下来。比如，在经济一体化的前提下，一些资源性产品（如铁矿石、石油等）是可贸易的，在资源统计账户中的贷方可能来源于其他国家，如果仅仅以国内开发的资源作为资源耗减的依据，可能与大量使用资源的信息存在较大出入。但在现有的卫星账户中，很难将其他国家发现的资源作为中国被耗竭资源在同一账户下以补偿的方式加以核算。还有，在推进循环经济中，以往的伴生资源或者废弃物在新的价格和政策背景下就具有了可利用和进行产业链生产的价值，资源利用效率得以提高，但如何在环境经济核算中对这类新的生产形态加以表述，在国内的诸多核算框架中还付之阙如。在总体框架和子框架、概念和定义的标准化、资产、产业、产品等分类的标准化、估价体系的标准化、计量与计价方法、账户结构与计账规则标准化等方面，我们都还有待取得实质性进展（侯元兆，2007）。

（2）实物账户。绿色 GDP 计算的基础是环境统计数据。在联合国等机构编写的《环境经济综合核算》（SEEA）（2003）中，强调环境统计是进行实物核算的基础，环境经济核算应该依赖于环境统计。但在中国，环境统计尤其是污染数据统计方式与过程存在明显缺陷，致使自然资源耗减成本和环境退化成本的基础数据还不能满足环境核算的要求。以污染统计数据来说，环境统计数据生成便存在一些不规范的地方：①统计机构不一致——有些城市，环境统计设置在计划科，有些设置在污控科，有些设置在综合科。职能部门工作重点不同的不一致，对于污染数据重要性的理解与掌握程度会有差别。②监测方式的多样化带来的问题。现有的统计数据来源有多种途径，包括企业自报数据、人工监测、推算数据、在线监测数据等形式，各种统计方式之间在监测和加总过程中存在一定的误差。在线监测虽是一种先进的设备监测方式，但一些地方认为其监测数据不准，甚至有监测数据的正负误差在 15% 左右的说法。③统计范围不广，细致程度较低。如农村水污染统计数据与实际状况存在较大出入（王世汶，2001）。同时，对许多生态系统的数值与年际变化还缺乏基础性监测。④统计数据来源不一。多年不定期的观测数据分散于国土资源管理部门、林业部门、水利部门、建设部门、环保部门等多个部门之中，重复统计或者漏统的现象都会存在，数据对不上的现象也存在。各部门的数据观测年份不同，还不易加总。

不过，相比于统计方式与范围的差距来说，利益和机制方面引起的统计差距更应引起重视。已有学者指出，环境统计覆盖面广，牵涉多方面利益。环保部门监管存在缺位、不到位，个体数据错漏较多，同时部分环保部门在统计工作中弄虚作假，导致汇总结果误差较大（潘烁等，2005）。事实上，污染统计数据的真实程度不高有特殊的体制背景。从企业来看，由于存在超标排放收费制度，企业申报的污染数据越高，缴纳的排污费用越高，各类企业存在着低报污染数据的共同倾向。加之，污染企业维持着一定的就业和税收，不少地方政府不愿过度施压于企业，避免有较大自主权的企业转移投资，造成地方税源、就业机会的流失和地方经济增长目标的落空。从地方政府的角度看，各地普遍推行环境保护一票否决制。一个地方所辖范围的污染严重，意味着地方政绩较差，这是任何一个地方政府不愿看到的，同时，一个地方的污染数据较高，意味着地方的投资环境较差，会严重影响到地方的招商引资。除此而外，环保部门是各地政府的职能部门，投入、装备、官员任命、工资收入都来自地方政府，在多数状态下难免屈从于地方政府的利益诉求，服从和配合地方政府实现政绩目标，在数据统计存在虚构和作假的动机。这样，在各地开展的政绩竞争锦标赛中，人为地做低污染数据符合各方的利益取向，也很少遇到实际的阻力，甚至一些地方政府和环保局袒护污染企业。[①]多年来，地方环保官员有所谓"顶得住的站不住，站得住的顶不住"的说法。在这种情况下，环境统计数据很难有准确形成的可能性。比如，国家环保部门对大江大湖的监测数据与周边各省区的污染统计数据之间，很难形成对应的说明关系。又如"不稳定达标排放"便意味着许多时候企业的不达标排放。

如果说，改革开放以后相当长时期，地方在申报经济数据时，沿海一些区域存在着低报数据隐瞒经济实力的状况，而内地一些区域出于政绩要求存在着高报经济数据的倾向，全国的经济统计数值与实际数值可能误差不大。但在环境统计数据上，由于存在着利益驱使、政绩导向等方面的因素，全国各地比较普遍地存在低报污染数据的倾向。不难想象，污染统计数据一定较大幅度地低于真实数据。2007年，时任国家环保总局局长的周生贤认为，在一些地方，环境监测数据质量还得不到有效保障；在样品采集、保存运输、信息传输等过程中缺乏统一规范和有效的手段，影响了环境监测数据的可靠性。而在国际上，不少研究者都认为，环境数据的准确性是进行核算的前提。甚至有人提出，基于不完整的信息和不正确的前提进行的绿色核算，对社会是有害的，还可能导致不合理的资源配置（Harris 和 Rieber，1995）。而以中国存在较大误差的环境统计数据作为绿色国民经济核算的基础，即便方法再正确，计算再无误，也很难得出正确结论。

（3）价值账户。这也是在进行绿色 GDP 核算中存在争议性较大，而且核算出结论差异较大的一个领域。不仅如此，在具体的价值评估上也存在很大

---

① 杨磊：《大环保格局渐行渐近》，《21世纪经济报道》2008年3月13日。

的问题。比如，同等程度的环境污染，在边远地区造成的健康损害程度要远远低于大城市，但这并不意味着边远地区的环境资源自身造成的损害就一定小于大城市。而这就涉及价值评估以人作为参照系还是以自然界作为参照系的问题，从而最终影响到环境损害的核算结果。这方面的研究进展，对绿色 GDP 核算推广可能具有决定性意义。事实上，国内外还没有一个广泛一致接受的价值评估方法。

（4）核算方法。现实的经济核算为了提高核算的准确性，通常设置一些基本规则，来约束核算方法与核算程序。比如，中国一些会计核算著作就提出，核算应该考虑到真实性原则、实质重于形式原则、一致性原则、可比性原则、明晰性原则、权责发生制原则、配比原则、实际成本原则等，其中，许多原则延续到国家经济核算的实践中，如权责发生制原则，要求收入或费用的确认应在核算单位的实际发生或影响期间。但是，目前进行的绿色 GDP 的核算方法与国民经济核算的方法有较大的差别。比如，由于统计信息完全性、准确性等方面的差别，国民经济核算强调权责发生制，而绿色 GDP 核算多采取事后核算的形式；国民经济核算以自下而上的统计核算为基础，而绿色 GDP 的核算依赖于自上而下方式进行。由于核算的基础不足，核算目的又追求速成，核算方式难免有一些不科学之处。一些学者认为，环境经济核算不是靠统计局发放几张调查表进行汇总加工就能完成的工作，也不是单靠资源环境管理部门组织几个专家进行简单匡算就能够完成的（高敏雪，2007）；绿色国民经济核算有其基本核算思想与方法，不能任意解释并成为某些特定利益者手中实现部门利益的工具（高敏雪等，2007b）；一些参加核算的学者认为："绿色 GDP 距离实际准确计量，还存在着许多理论和实践上的困难"，包括对绿色 GDP 核算的复杂性认识不够、对环境与经济活动之间的对应关系还缺乏了解、在统计上无法对资源与环境之间的关系提供全面计量、对绿色 GDP 核算的相关范畴理解不深、自然资产的产权界定与市场定价较为困难、估算成本的技术方法还没有得到解决、国际上还没有成功的经验可以借鉴等问题（高敏雪，2004；王金南等，2006）。即使进行环境经济核算，也因为在技术上和资料来源上存在较大的障碍，几乎不可能完成全部资源环境成本的估算，而在核算过程中由于假定性因素的存在，估算结果还存在着较大的不确定性和含义上的不明确性（高敏雪，2004）。

以上分析显示，在绿色国民经济核算的各个环节，我们都与国际上规范的核算方式有着很大距离。有一种说法是，中国绿色 GDP 核算之所以停止，是由于特殊利益集团的阻碍所致。绿色 GDP 建立在 GDP 核算的基础上，不针对企业，涉及 GDP 考核对象只有地方政府。上述说法显然将地方政府视为阻止绿色 GDP 核算主要对象。当然，地方政府确有阻止绿色 GDP 核算的动机。不过，鉴于绿色 GDP 核算中的种种缺陷，我们不能将所有责任都推卸给

"特殊利益集团",而掩饰核算本身的不足。

第四节 采用可统计可观察的指标替代不成熟的绿色GDP

图4-1所描绘的两组生产可能性曲线反映了在不同经济发展阶段,在资源禀赋、产业结构、要素投入比重等不同发展背景下,经济发展与环境保护之间的不同对应关系。在同等产出水平C_2的条件下,B比A的环境质量要差许多。而B要达到与A相同的环境质量水平,可选择的路径是要么缩减产出,要么将生产可能性曲线外推到新的空间。发达国家位于生产可能性曲线的外缘,其产业以所占比重由大而小衡量呈现典型的三、二、一式形态。尽管资源能源人均消耗较高,但农业生成的污染不突出,服务业本身造成的污染也不重,工业因结构提升、环境准入和技术创新等方面的因素,排污水平受到限制。加之经济增长速度缓慢的因素,发达国家经济产出与环境质量之间的矛盾并不突出。比较而言,发展中国家比发达国家面临着提高经济产出的强烈愿望,但同时也面临更大的环境压力。

作为一个人口众多的发展中大国,中国是典型的二、三、一型结构。2006年,工业增加值占GDP的比重为43.3%,而重工业占工业产值的比重大约为70%。学术界相当多的学者认为,进入2000年以后,中国进入了重化学工业阶段。的确,从需求上看,随着经济增长、居民收入水平提高和国际产业转移的趋势,国内外市场消费需求的热点转向重化学工业类产品;从投资上看,中国市场化改革最早是从轻纺工业领域放松管制的,民营企业的大幅度介入和充分竞争局面的形成,提高了轻纺工业的市场竞争力。钢铁、机械、汽车、化工、造船等原材料工业和重加工工业放松管制较晚,随着投资主体多元化、民营经济实力的增长,上述产业领域成为各类投资角逐的焦点。同时,重化学工业领域资本和技术相对密集,产业链条较长、附加价值较高、产品类型众多,充分体现产业发展和技术进步的方向。另外,从各个先行国家的发展来看,也都没有回避重化学工业化阶段,重化学工业是各国产业竞争力提升的关键领域。问题在于,重化学工业产品进行物理转化与化学转化消耗的能量高,在同等管制水平下,重化学工业产生的污染程度更高。根据《中国环境统计年鉴》(2007)的数据,[①] 2006年,在全国工业废水排放中,来自化工、电力、黑色金属冶炼与压延业、非金属矿物制品、石油加工五个行业的排放量接近40%;在工业二氧化硫排放量中,来自电力行业的

---

① 这里采用相对数据。

排放量占58.97%；在工业烟尘排放量中，来自电力、非金属矿物制品和黑色金属冶炼的排放量接近70%。在管制强度没有大幅度升高，轻纺工业的污染问题没有完全解决的情况下，新增污染叠加导致的节能减排的压力明显加大。

经验性的研究证明，环境经济核算对发展中国家的重要性要大于发达国家（Hamilton 和 Hassan，2006）。这一结论适合于中国。从理论上说，中国更应该重视环境经济核算。但是，希望短时间内在中国实行绿色国民经济核算制度，存在着诸多难以克服的困难。换而言之，在相当一段时间内，我们还是没有绿色核算的罗盘作指针。但这是否就说明，我们找不到正确的信号，或者会一直在没有航标的水面上漂流？回答这一问题的关键是，首先我们能否在短时期内获得环境现状的准确数值，然后才是如果没有绿色GDP，我们是否会因此迷航？

无论国民账户调整与否，有效而可信的数据都是制定环境政策和加强环境管理的基础（Ekins，2005）。在中央政府决定加强对重点污染源普查，要求确保节能减排数据准确的前提下，应该对获得更为有效的环保数据的有效性抱有希望。然后，以可靠的数据为基础，可以用一些替代性的指标来衡量经济产出、社会发展与环境污染的关系。如单位GDP产生的污染量、单位土地面积产生的污染量、单位人口承载的污染量等指标，既可以进行行业比较、地区比较、年际比较，也可以进行跨国比较，分析得出的结论也可以成为政策建议的依据。至于绿色GDP，则只有当全世界对此方面的核算研究有公认的突破性进展，而我们自己的统计数据能够为绿色国民经济核算提供支撑，我们也确实把握到绿色GDP核算的真谛并克服了核算的障碍后，我们才具备绿色国民经济核算的条件。

可见，没有绿色GDP，不等于我们就迷失了环境监管的方向，我们还是可以找到替代的航标。而获得真实数据，则成为牵引航行方向的起点。制定和实施一个区域的绿色发展战略，也要先还原发展的真实面目，保障数据的准确性，才能把握一个地区未来的发展方向。既然环境数据失真与政绩和利益等因素有关，在现行体制下，可考虑将环保统计数据的真实性上升到衡量政绩的高度对待。如果统计违法的成本远远大于其收益，统计造假的责任追究从各地政府的行政领导开始，并进一步规范统计范围、统计方式的话，数据失真的概率会大大减少。

第五节 没有绿色GDP但应有积极的环境政策

一般来说，经济核算同时具有核算与监督两项重要的功能，绿色国民经济核算应该也不例外。SEEA 的框架从环境与经济相互作用的角度支持强化环境管理的决策与政策（Peskin 和 Angeles，2001），在联合国等机构编制的《环境经济综合核算》（2003）中，也提到了环境核算的政策用途。但在学术界，人们对绿色国民经济核算的政策意义认识还存在较大的差别。Repetto (1989) 等人希望绿色核算能够促使改变与环境有关的政策，或者产生具有改善环境效果的经济效果，但 Hamilton 认为，绿色国民收入的增长率是否可提供一种有用的政策信号仍是未解决的问题……可以使绿色国民账户与政策产生关系，但绿色核算对政策只有间接用途（Hamilton，1994）。国内一些学者也认为不能夸大其在反映可持续发展方面的作用（许宪春，2004）。从总体上看，环境经济核算只是通过考虑资源与环境成本的基础上，对宏观经济总量指标进行的数值调整，可以借此促使政策制定者更多地考虑资源与环境问题，但其本身并没有独特的政策含义。说到底，保护环境与合理开发资源，需要的是改变经济行为，而不仅仅是改变。即便是所有的程序都完善，我们计算出来了绿色 GDP，如果没有环境政策的配合，环境问题也不会自动消失。届时，我们治理环境的政策与今天没有什么不同，但要花费很长的等待时间，会错过治理环境的最佳时机，环境矛盾更加尖锐。即便如此，我们还需要了解，导致绿色 GDP 数值变化的成因主要是来自生态、资源还是污染因素，从而有重点地提出政策的努力方向。其实，没有绿色 GDP，只要有正确的统计指标，我们也能有区别地提出下一步核算方式。更不能等待绿色 GDP 出来了以后，我们才在环境保护方面采取行动。比如，一些地方已经出现了严重的镉污染，是先采取措施，还是先计算绿色 GDP。计算完绿色 GDP 后采取的措施与未计算绿色 GDP 所采取的措施又有什么不同，这些都需要在理论和政策上加以厘清。的确，只要提高节能减排数据的准确性，就有利于贯彻和实施节能减排政策。

事实上，在学术界，绿色国民经济核算为可持续发展的政策提供支持的说法并没有得到一致性地认同。当然，从政策层面上不再强调绿色 GDP 的作用，不等于绿色 GDP 研究的停止。学术界还是应该紧跟国际绿色核算的前沿进展，在深化理论研究的基础上，积极探索与国民经济核算模式一致的科学的绿色国民经济核算方式。

另外，地方政府出于政绩或者商业竞争的考虑，不愿意采取严格的环境法规的现象不仅在中国存在，而且在美国这样的发达国家也存在（菲尔德等，2006），这需要中央政府采取一定的措施予以干预。根据美国联邦政府的规定，州标准的严格程度不能低于联邦政府。

需要补充的是，类似绿色国民经济核算这样的研究项目，属于国际上新兴的研究项目，在中国的研究时间也较短。积极跟进是必要的，但是，也应随时对研究可能达到的结果进行可行性评估。否则，花费了一定的经费和人力资源，舆论也做了广泛的宣传，社会大众充满期待，但又拿不出令人满意的答卷，反而有可能带来负面效果。

参考文献

[1] 巴里·菲尔德，玛莎·菲尔德. 环境经济学. 原毅军，陈艳莹，译. 北京：中国财政经济出版社，2006.

[2] 高敏雪. 绿色 GDP 的认识误区及其辨析. 中国人民大学学报，2004（3）.

[3] 高敏雪. 环境经济核算中的宏观总量调整问题//潘岳，李德水. 建立绿色国民教育核算体系国际研讨会论文集. 北京：中国环境科学出版社，2004.

[4] 高敏雪. 绿色 GDP 核算：争议与未来走向//中国社会科学院环境与发展研究中心. 中国环境与发展评论：第三卷. 北京：社会科学文献出版社，2007.

[5] 高敏雪，周景博，王金南，於方，蒋洪强，曹东. 中国资源环境经济核算体系框架//王金南，邹首民，洪亚雄. 中国环境政策：第二卷. 北京：中国环境科学出版社，2007.

[6] 高敏雪，许建，周景博. 综合环境经济核算：基本理论与中国应用. 北京：经济科学出版社，2007.

[7] 高缅昆. GDP 及其扩展核算研究概论. 北京：中国统计出版社，2007.

[8] 侯元兆. 森林环境价值核算. 北京：中国科学技术出版社，2002.

[9] 侯元兆. 中国的绿色 GDP 核算研究：未来的方向和策略//中国社会科学院环境与发展研究中心. 中国环境与发展评论：第三卷. 北京：社会科学文献出版社，2007.

[10] Hamilton. 国内生产总值的绿色修正. Resource Policy 1994，20（3）. 转引自国土资源部信息中心编译. 国际国土资源可持续发展研究的理论与实践. 北京：地质出版社，2005.

[11] Harris D., Rieber M.. 对"矿产资源核算：问题与美国经济分析局的初步评价"的评论与批评. Nonrenewable Resources，1995，5（1）. 转引自国土资源部信息中心编译. 国际国土资源可持续发展研究的理论与实践. 北京：地质出版社，2005.

[12] Heal G.. 自然与市场. 北京：中信出版社，2006.

[13] 雷明，胡宜朝，高颖. 宁夏地区绿色核算研究//潘岳，李德水. 建立绿色国民教育核算体系国际研讨会论文集. 北京：中国环境科学出版社，2004.

[14] 联合国. 国民经济核算体系 1993. 国家统计局国民经济核算司，译. 北京：中国统计出版社，1995.

[15] 联合国. 环境经济综合核算 2003. 丁言强，王艳，等译. 北京：中国经济出版社，2005.

[16] 莫法特. 可持续发展——原则、分析与政策. 北京：经济科学出版社，2005.

[17] 潘烁，陈刚宁，王彦刚. 关于提高环境统计数据质量方法的探讨. 环境科学与技术，2005（2）.

[18] 潘岳. 绿色 GDP：一个不容拖延的话题. 经济管理，2005（3）.

[19] 宋心川. 中国的 GDP 及其若干统计问题. 经济研究，2007（8）.

[20] 王金南，於方，蒋洪强，邹首民，过孝民. 建立中国绿色 GDP 核算体系：机遇，挑战和对策//王金南，邹首民，洪亚雄. 中国环境政策：第二卷. 北京：中国环境科

学出版社，2006.

[21] 王金南，蒋洪强，於方，曹东，过孝民，高敏雪. 中国环境经济核算体系框架//王金南，邹首民，洪亚雄. 中国环境政策：第三卷. 北京：中国环境科学出版社，2007.

[22] 王世汶. 水污染//郑易生，王世汶. 中国环境与发展评论：第一卷. 北京：社会科学文献出版社，2001.

[23] 吴优. 国民经济核算的新领域——绿色 GDP 核算//潘岳，李德水. 建立绿色国民教育核算体系国际研讨会论文集. 北京：中国环境科学出版社，2004.

[24] 许宪春. 中国国内生产总值核算. 经济学季刊，2002，2（1）.

[25] 许宪春. 关于绿色 GDP 的几点认识//潘岳，李德水. 建立绿色国民教育核算体系国际研讨会论文集. 北京：中国环境科学出版社，2004.

[26] 周景博. 环境经济核算在中国实施的可操作性分析//潘岳，李德水. 建立绿色国民教育核算体系国际研讨会论文集. 北京：中国环境科学出版社，2004.

[27] 周民良. 绿色 GDP 诚可贵，惩处机制价更高. 新京报，2007 – 07 – 24.

[28] Bartelmus P., Lutz E., Schweinfest S.. "Integrated Environmental and Economic Accounting: a Case Study for Papua New Guinea", in Lutz, E eds. Toward Imp, 1993.

[29] Constanza R., et al. The Value of the World's Ecosystem Services and Natural Resources Nature 1997（387）.

[30] Daly H. E.. Toward a Measure of Sustainable Social net National Product. In Y. J. Ahmed, S. El Serafy and E. Lutz: Environmental Accounting for Sustainable Development, Report of UNEP – World Bank Symposium, Washington DC: The World Bank, 1989.

[31] Ekins P.. "Accounting for Production and Environment" In Sustainability——Critical Concepts in the Social Sciences (eds by Michael Redclift) Routledge, 2005.

[32] Hamilton K., Hassan R.. "Measuring Development Prospects by 'Greening' the National Accounts", Edited by Ramon Lopez and Micheal A. Toman: Economic Development and Environmental Sustainability——New Policy Options Oxford University Press, 2006.

[33] Hartwick J. M.. "Substitution Among Exhaustible Resources and Intergeneration Equity". Review of Economic Studies, 1978（45）.

[34] Hartwick J. M. Natural Resources, National Accounting and Economic Depreciation Journal of Public Economics, 1990（43）.

[35] Hueting R.. "Correcting National Income for Environmental Loess: Toward a Practical Solution" in Y. J. Ahmed, S. El Serafy and E. Lutz: Environmental Accounting for Sustainable Development, Report of UNEP – World Bank Symposium, Washington DC: The World Bank. 1989.

[36] Lange G. M.. Policy Applications of Environmental Accounting. "Environment Department Papers", Environmental Economics Series, 2003（88）. The World Bank.

[37] Lange, G. M.. Environmental Accounting: Introducing the SEEA – 2003 Ecological Economics, 2007.

[38] Ohlesson I.. On National Accounting. National Institute of Economic Research, Stockholm, Sweden, 1953.

[39] Peskin H. M., Angeles M. D.. "Accounting for Environmental Service: Contrasting the SEEA and the ENRAP approaches", Review of Income and Wealth Series, 2001 (2).

[40] Serafy S. E.. "The Economic Rational for Green Accounting", in Philip Lawn (ed): Sustainable Development Indicators in Ecological Economics, Edward Elgar, 2006.

[41] Tinbergen J., Hueting R.. "GNP and Market Price: Wrong Signals for Sustainable Economic Success That Mask Environmental Destruction" in R. Goodland, H. Daly and S. El Serafy (eds). Population, Technology, Lifestyle., Washington DC: Island Press, 1992.

[42] Toman M. A.. Why not Calculate the Value of the World's Ecosystem Service and Natural Capital Ecological Economics, 1998 (25).

[43] Walker B. H., Pearson L.. "A Resilience Perspective of the SEEA". Ecological Economics, 2007 (61).

[44] Weitzman M. L.. On the Welfare Significance of National Product in a Dynamic Economy. Quarterly Journal of Economics, 1976 (60).

专题报告 4
构筑更加协调的区域科学发展格局

促进区域经济协调发展，是加快转变经济发展方式的重要内容。发挥各地特色和优势，构筑更加协调的区域科学发展格局，不仅会促进国民经济结构的战略性调整，也关系到发展成果更好地惠及民生。

一、区域政策助推内地发展取得积极成效

数据显示，21世纪前10年中国各大地区的经济增长出现较大幅度的变化和调整。以国内生产总值衡量，从2000年到2010年，沿海地区占全国GDP的比重从52.46%上升到53.09%，东北地区占全国GDP的比重从10.06%下降到8.70%，中部地区占全国GDP的比重从20.35%下降到19.70%，西部地区占全国GDP的比重从17.13%上升到18.63%，出现两端高中间低的趋势。分时段看，2000~2005年，沿海地区占全国的GDP比重从52.46%增加到55.59%，而东北地区从10.06%下降到8.58%，中部地区从20.35%下降到18.83%，西部地区从17.13%下降到16.99%，沿海单边上升其他地区单边下降特色明显。而2006~2010年，上述趋势出现了回流激荡的历史性逆转。2006年，西部地区占全国比重开始上扬，2007年，中部地区占全国比重开始上扬，2008年，东北地区占全国比重开始上扬走势，这种大板块波浪轮动的上升型经济增长，与沿海地区占全国比重单边下行走势形成鲜明对照。根据2011年《中国统计摘要》相关数据，2011年，沿海、东北、

中部、西部占全国国内生产总值的比重分别为51.96%、8.70%、20.12%和19.22%，延续了2006年以来的板块走势。从省市一级角度看，近年来北方快于南方、内地快于沿海、不发达地区快于发达地区的经济增长特征相对明显，山西、吉林、江西、内蒙古、重庆、陕西、青海、宁夏等省区的经济都出现一定幅度的上升。

沿海、东北、中部、西部四大板块的升降演化说明了：在21世纪前10年的前半段，加入世界贸易组织带来国际资本转移效应和外需扩大效应，对于沿海地区的产业增长和经济繁荣发挥了至关重要的作用。这一时期尽管国家采取了一系列刺激内地增长的政策，但政策的组合效果还未凸显。而在21世纪前10年的后半段，随着西部大开发、中部崛起、东北振兴诸多政策的实施，内陆地区的基础设施短缺局面得以缓解，投资环境逐步改善，矿产和其他优势资源的开发力度加大，特色产业有效发展，沿海地区在外需下降与成本上升双重推力下的产业转移，也助力内地诸多省份生产要素的充分利用和增长活力的有效释放。与此形成对照的是，沿海地区则受国际金融危机冲击较大，个别地区更因商务成本急剧升高的叠加因素出现实体经济衰落的产业空心化趋势，使得沿海传统产业的竞争优势相对减弱。由于内陆地区以更快速度增长，沿海与内地差距缩小取得阶段性成果，缩小区域差距的政策呼吁声音有所减弱。

二、既重视自上而下发展也重视自下而上发展

面对经济增长速度下降的压力，中央政府在财政政策、货币政策和产业政策上不免进行一定的调整。如何在强化投资拉动经济增长中防止产能过剩和不合理重复建设现象抬头，需要中央有关部门在市场准入管理中，进一步加强项目论证和规范核准程序，更多公开听取社会各方意见，以决策的科学化带动建设项目布局的合理化。国务院最近通过《"十二五"国家战略性新兴产业发展规划》，清晰地表明了中央政府的产业政策努力方向。如何更好地把自上而下的发展视角与自下而上的发展视角对照协调，以提高战略性新兴产业的布局效益，不仅需要前瞻性的规划和政策设计，也需要在规范管理的基础上给予地方政府较大的自主发展权，激励地方选择切合当地实际的建设项目，调动地方扩大内需的主动性和积极性。

其实，自上而下的政策实施与自下而上的发展诉求相结合，本来就是市场经济条件下确定区域发展方向的重要原则。对于许多地方政府来

说，在经济下行阶段采用的惯常手段是，尽可能以大项目投资来刺激经济增长，这既需要充分了解中央政府的政策动向，也需要把握市场经济条件下政府管理经济的规律。除了考虑各地资源配置能力因地制宜地发展战略性新兴产业外，民生类建设项目如环保、供水、交通等项目建设也值得强调。鉴于目前工业化扩张的势头受到外需抑制，通过增加城镇人口进而提高新增城镇人口的收入和消费水平，是扩大内需的重要举措。从规模效益的角度看，大城市和特大城市综合竞争力强，文化教育水平高，产业结构多样，第二产业和第三产业都有较大吸纳外来劳动力就业的潜力，但是这些城市也受制于资源环境等方面的约束。随着小汽车进入家庭逐步普及化，许多城市内部交通拥堵问题也日渐突出。因而，改善城市的资源与环境供给状况，并发展地铁、大容量运载方式、地上快速轨道交通等公共交通，不仅可以改善大城市和特大城市的安居环境，还可以提高这些城市对新增人口的吸纳能力。此类项目从近期看可以成为扩大内需自下而上的驱动力，从长远看也不会导致建设能力闲置。

在关注城镇发展的同时，"三农"问题也值得高度重视。近年来，国家加大力度支持新农村建设，但由于农村内部管理体制与机制改革尚待深入，农村集体经济中出现的管理失衡、职责不清、内部人控制甚至管理者随意使用和处置集体资产等突出问题，一些地方村集体收不抵支乃至严重到资不抵债，普通村民未能完全享受到政府政策支持之效，自身利益甚至严重受损。如何在国家扩大内需及支持"三农"过程中，建立规范有序透明的乡村两级资产管理制度，将有助于中央政府的支持性政策惠及基层民众，保障村民的合法利益，使其正常收入和正常消费不至于受到人为因素影响。

当然，体制方面的改革不仅涉及村镇一级。简化政府管理层级组织，有助于民意上来政策下去，增强政策的传播扩散能力，还可以带来管理阻力降低和管理成本削减，激发地方经济的活力。

三、从单一的经济发展走向全面的综合发展

推动区域经济健康发展，需要良好的宏观环境。与一些发达国家物价长期相对稳定相比较，20世纪前10年大部分时段，中国诸多产品价格轮番上涨且涨幅过速、过猛，影响到各地区城乡居民的消费预期和生活安定，不仅冲击到实体经济基础，也使各地区居民的收入增长利益被价格提高所转移，实质性的福利增加一定程度缩水，消费能力也被持续

透支。所幸，由于前期实施的西部大开发、中部崛起、东北振兴战略带来各地内生发展动力的增强，部分弥补了以投资和出口拉动经济增长转向更加依赖消费拉动经济增长动力的不足。而令人高兴的是，在一个国际市场好消息少而坏消息多的经济迷局中，石油、铁矿石等大宗商品价格出现持续走跌趋势，既有利于依存于国际市场大宗原料投入的"中国制造"的成本降低，也有利于降低国内垄断行业的产品价格，使饱受物价连年上涨影响的各地区消费者受益。而近两年来，国务院出台的各类调控政策持续发力，也对物价上涨起到有效抑制作用。在国际市场复苏尚需时日、增长推动力由投资向消费转化存在时滞、民众对物价上涨的容忍度下降和政策强调民生优先的背景下，只要采取必要的预防性措施应对局部地区因出口下滑带来的失业率上升，一定时期的经济增长速度下滑应可为社会所接受。粗略估算，即使保持目前逐渐降低的增长惯性，到2015年，中国人均生产总值还是会超过中等偏上收入国家的平均水平，各地区理应创造条件让民众享受到与全面建设小康社会现阶段相一致的收入水平、消费水平和物价水平。唯有如此，才能形成增长惠及人民和消费引领增长的良性循环。

  显然，由单一的经济发展走向全面的综合发展，既要求规范中央与地方的管理权限，也需要形成一套科学合理的评价体系。在中国目前过于强调对上负责远甚于对下负责的评价体系中，管理规则不清，理论研究不足，监督制约不够，政绩评价更多依据上级政府的主观偏好。因政绩评价标准不一，出现某地有领导因摘去贫困县帽子而提升，而后续领导则因重新带上贫困县帽子而提升的怪现象。改革当前的政绩评价标准，不仅要看经济增长指标，还要看消费在经济增长中的比重是否足够大、居民收入水平是否相对高、物价水平是否相对低、环境污染程度是否小和社会安定程度是否好等。近年来，社会上出现研究区域发展排名的大量报告，一些地方政府将这些报告中的排名作为评价政绩的依据。但不少报告的共同问题是过于偏重经济指标而忽视社会指标，在经济指标中偏重于绝对指标而不重视相对指标，甚至其结果不用排名都知道。不仅如此，各种指标的权重设置随意性较大，民生指标过少，地方的自然环境与发展基础欠缺考虑，而环境污染事件、安全事故、假冒伪劣事件、政绩工程和形象工程、"三乱"现象等事关政府行为和官员操守等方面的指标，通常不进入计量范围。这样计算出来的数据难免有一定偏差，将这类排名等同于政绩更是牵强。当然，要改变的不仅是不科学的政绩观，更需要改革来强化官员的对下负责意识。

四、把区域协调发展与产业转型升级结合起来

中国的区域发展政策已经逐步成形和成熟，今后将长期引导全国各地经济的发展方向。但笔者以为，在不同时期和不同发展环境下，区域总体发展战略实施的力度和重点都应该有所不同。而在当前，沿海率先发展和西部大开发更值得中央政府政策关注。

推动沿海率先发展，关系到中国参与国际竞争的现实与长远需要。从国际上看，西方各国正在努力推动虚拟经济去杠杆化和回归实体经济，各国不约而同地提出发展制造业，美国继20世纪后期提出再工业化以后，此次二度举起再工业化的大旗，打算以其技术优势为支撑，回补工业化的空缺；作为后起的世界工业大国，中国工业的快速发展一定程度上依赖于纪律严明的低成本劳动力、富有活力且目光敏锐的民营资本家和顺势而动的跨国公司，但在国际产业分工中处在微笑曲线的底端，补创新基础不足之课不可避免。国际经验表明，工业是技术创新的原动力，也是创新成果的主要应用领域。尽管近代引领工业化的技术创新虽然诞生于西方，但没有理论和实践表明西方对创新源头的占有具有世袭特征，也无证据支持西方国家拥有创新永恒领先的遗传基因。中国在该大规模发展制造业时把握住了机遇，实现了制造业的飞跃性发展；而在该创新时也因资源禀赋结构发生变化，逐渐具有了以创新带动发展的能力——投入技术创新的财政资本与民间资本不断增加，国内外培养的技术人才不断增多，技术成果源源不断涌现，技术交易平台逐步建立和完善，甚至不足的人力与技术资源还可以在全球范围寻觅，这就大大提高了创新要素的供给水平，具备了创新成果不断涌现并支撑中国工业转型升级的社会环境。"好风借力"，一旦国家推动的促进战略性新兴产业发展政策、科技体制改革政策和促进工业强国建设的政策都予以落实，国家自然科学基金、软科学基金和相关政府部门提高先进制造领域的研发支持比重，企业创新主体的地位得以增强，将加速推动中国制造由投资驱动向创新驱动的转变。

鉴于中国是一个面积广阔的大国，各地发展基础不一致，走向工业强国的区域突破点当然非沿海莫属。尽管出现产业向内地转移趋势，但是沿海地区在全国的工业优势地位并未动摇。2011年，沿海地区的工业增加值占全国工业增加值的比重达到50.77%。与此同时，全国研发投入的重点地区、科技人才的重点地区和技术成果产出的重点地区都集中于沿海，沿海的企业家精神生生不息，这使得沿海在集成、融合、转

化创新资源上其他地区难以比拟的规模效应、聚敛效应、溢出效应、递增效应,通过集中"官、产、学、研"各类资源,整合有利于沿海率先实现现代化的产业政策、区域政策与科技政策,将在竞争与合作并存、自主与开放一体中推动沿海各地制造业生产基地中组装企业与零部件企业、产业供应链与需求链、产业集群内与集群外各类要素的合理配置。由国家级大专院校和科研机构支撑的中关村国家自主创新示范区、以华为、中兴通信为代表的深圳企业创新群体,活跃于广东、江苏、浙江、山东、福建、河北以民营企业为主的制造产业集群,都有寻求技术创新带动产业升级的强烈愿望与需求。浙江纺织大县绍兴,集中了来自世界各地的1000多名设计师,是开放条件下现代制造基地对创新的另一种诠释。而对整个沿海地区来说,实行创新驱动战略也意味着沿海发展战略进入新阶段。沿海如果能够突破创新约束,则可实现成本优势与创新优势相结合,建立起可持续性的竞争优势,推动中国实现从工业大国走向工业强国的跨越。

推动西部大开发,关系到国家最不发达地区经济社会形态改变和社会稳定,也关系到扩大内需的目标实现。一般来说,在市场环境条件较好时,应该顺市场发展,使资源组合较好的发达地区的发展潜力有效释放;而在市场环境条件较差时,应该强化政府干预,使后进地区的发展基础得以培育。在目前国际经济不景气、国内经济相对下滑阶段,促进后进地区发展正当其时。2011年,全国人均GDP已经达到35083元,三个人均GDP低于20000元的省份贵州(16413元)、云南(18957元)和甘肃(19517元)都位于西部地区,而三个省份经济发展水平低的一个共同特点是城镇化水平低。与全国城镇化水平超过51%相对照,2011年,贵州、云南、甘肃的城镇化水平分别只有34.96%、36.80%和37.15%。而这三省的总人口也在2000万~5000万人,亟待通过城镇化转移的压力较大。如果能够建立起符合市场需要的产业转移平台,引导沿海企业在云南、贵州、甘肃三省投资发展劳动密集型产业,将更好利用其庞大的劳动大军资源,促进地方经济发展。

沿海决定中国制造推进的高度,西部决定中国小康建设的程度,如果能够把前后两端都加速提升,则整个国家的发展重心就会明显前移,产业增长空间和区域增长空间将极大扩展,建设中国自己的伟大社会更有保障。

第五章 区域污染治理战略与政策选择

在中国工业保持快速增长的同时，中国的工业污染也在不断扩大。既然工业增长带有一定的区域性，工业污染问题也必然带有一定的区域性。要看到，国家在治理区域工业污染方面出现了一系列体制机制政策上的重大变化。其中包括：大政方针出现巨大变化、法律法规不断增多、管理体制出现重大调整、管理责任逐步明确等。当然，区域工业污染的真正有效控制，必须建立在科学发展理念的落实上。通过构筑新的污染治理体制机制，完善政策与法律法规、加强舆论监督，有助于减少区域工业污染的突出问题。

第一节 区域工业污染治理取得明显进展

"十一五"以来，国家在环境保护尤其是污染治理方面付出了较大努力，也因而取得了突出成就。李克强同志指出，"十一五"以来，环境保护在经济社会全面协调可持续发展中的作用显著增强，环境保护投入和能力建设力度明显加大，污染防治和主要污染物减排成效明显。"十一五"是全社会环保意识明显提升的五年，是投入和整治力度最大的五年，是环保领域不断拓展的五年。应该说，这样的评价是十分中肯的。从区域角度看，环境污染形势也出现了好转趋势。

一、主要污染控制指标出现大范围的下降

在制定"十一五"环境保护规划时，中央政府把主要控制指标放在削减化学需氧量和二氧化硫排放量两个指标上，根据相关材料，2010年化学需氧量、二氧化硫排放总量比2005年分别下降12.45%、14.29%，超额完成减排任务。分省市看，在2005～2010年，除了少数几个污染指标较低省份如海南、西藏、青海、新疆的污染物排放出现不同程度上升外，其余省份的化学需氧量和二氧化硫排放量都出现一定程度的下降。北京、河北、山西、辽宁、上海、江苏、浙江、山东、河南、重庆等省市双指标下降的幅度都超过全国平均下降速度。从相对比重看，沿海与东北化学需氧量占全国的比重分别从

2005 年的 36.1% 和 11% 下降到 33.99% 和 10.81%，而中部和西部这一指标在同期分别由 24.89% 和 28.01% 上升到 25.56% 和 29.64%，可以看出沿海相对快降西部相对快升的态势比较明显。二氧化硫的排放出现了同样的趋势，也就是在总量下降的同时各大区下降速度不一致，导致沿海快速下降和西部快速上升，沿海和西部分别由 2005 年的 33.25% 和 35.18% 变动到 2010 年的 30.65% 和 37.41%，不过有所差别的是，二氧化硫的排放在中部和东北也出现相对比例的升高，中部从 23.38% 上升到 23.39%，东北从 8.19% 上升到 8.55%。

表 5-1　2005 年、2010 年中国各地区化学需氧量、二氧化硫排放量变化

地区	化学需氧量（万吨）			二氧化硫（万吨）		
	2005 年	2010 年	削减率（%）	2005 年	2010 年	削减率（%）
全　国	1414.2	1238.1	12.45	2549.4	2185.1	14.29
北　京	11.6	9.2	20.69	19.1	11.5	39.79
天　津	14.6	13.2	9.59	26.5	23.5	11.32
河　北	66.1	54.6	17.40	149.6	123.4	17.51
山　西	38.7	33.3	13.95	151.6	124.9	17.61
内蒙古	29.7	27.5	7.41	145.6	139.4	4.26
辽　宁	64.4	54.2	15.84	119.7	102.2	14.62
吉　林	40.7	35.2	13.51	38.2	35.6	6.81
黑龙江	50.4	44.4	11.90	50.8	49.0	3.54
上　海	30.4	22.0	27.63	51.3	35.8	30.21
江　苏	96.6	78.8	18.43	137.3	105.0	23.53
浙　江	59.5	48.7	18.15	86.0	67.8	21.16
安　徽	44.4	41.1	7.43	57.1	53.2	6.83
福　建	39.4	37.3	5.33	46.1	40.9	11.28
江　西	45.7	43.1	5.69	61.3	55.7	9.14
山　东	77.0	62.1	19.35	200.3	153.8	23.22
河　南	72.1	62.0	14.01	162.5	133.9	17.6
湖　北	61.6	57.2	7.14	71.7	63.3	11.72
湖　南	89.5	79.8	10.84	91.9	80.1	12.84
广　东	105.8	85.8	18.90	129.4	105.1	8.78
广　西	107.0	93.7	12.43	102.3	90.4	11.63
海　南	9.5	9.2	3.16	2.2	2.9	-31.82

续表

地区	化学需氧量（万吨）			二氧化硫（万吨）		
	2005年	2010年	削减率（%）	2005年	2010年	削减率（%）
重 庆	26.9	23.5	12.64	83.7	71.9	14.10
四 川	78.3	74.1	5.36	129.9	113.1	12.93
贵 州	22.6	20.8	7.96	135.8	114.9	16.39
云 南	28.5	26.8	5.97	52.2	50.1	4.02
西 藏	1.4	2.9	-107.14	0.2	0.4	-100.00
陕 西	35.0	30.8	12.00	92.2	77.9	15.51
甘 肃	18.2	16.8	7.69	56.3	55.2	1.95
青 海	7.2	8.3	-15.72	12.4	14.3	-15.32
宁 夏	14.3	12.2	14.69	34.3	31.1	9.33
新 疆	27.1	29.6	-9.23	51.9	58.8	-13.29

资料来源：笔者根据《中国统计年鉴》（2011）计算整理。

二、主要江河湖泊的环境污染形势出现一定程度好转

"十一五"期间，全国建立重点流域跨省界断面水质考核制度。考核结果显示，截至2010年底，80.9%的断面水质达标。2010年，全国地表水国控断面高锰酸盐指数平均浓度比2005年下降31.9%。2010年，辽河、海河、淮河、长江、黄河、松花江和珠江七大流域共接纳废水514.6亿吨，比上年增加6.7%，占全国废水排放总量的83.4%。但相对于2005年来说，化学需氧量和氨氮排放量都出现了不同幅度的降低，七大水系国控断面好于Ⅲ类水质的比例也由2005年的41%提高到59.9%。不过，七大流域的废水排放总量从2005年的379.3亿吨增加到2010年514.6万吨，显示出减排压力增大。尤其是，生活污水排放增长较快，应该引起足够重视。需要指出的是，2005年11月松花江重大水污染事件发生后，中央领导多次对松花江流域水污染防治工作做出重要批示，经过各方努力，污染状况得到明显扭转。根据权威信息，到2010年底，松花江流域化学需氧量（工业和生活）排放量63.1万吨，较2005年削减19.5%，全流域均完成总量减排控制目标。2010年，松花江水质总体上由中度污染转为轻度污染，流入黑龙江的断面水质已稳定达到Ⅲ类，松花江流域Ⅰ~Ⅲ类水质断面比例为52.9%，比2005年提高29个百分点；劣Ⅴ类水质断面比例为17.6%，比2005年降低2个百分点；国控断面高锰酸盐指数、氨氮、化学需氧量平均浓度比2005年分别下降20.5%、37.5%、24.2%。

表 5-2　七大流域废水及污染物接纳情况

年份	废水（亿吨）			化学需氧量（万吨）			氨氮（万吨）		
	总计	工业	生活	总计	工业	生活	总计	工业	生活
2005	379.3	172.5	206.8	1059.9	406.3	653.6	110.9	40.4	70.5
2006	412.0	180.8	231.2	1136.4	422.5	713.9	113.0	36.2	76.8
2007	433.6	191.0	242.6	1114.1	410.5	703.6	107.1	28.9	78.2
2008	447.3	185.3	262.0	1070.0	365.6	704.4	103.1	24.9	78.2
2009	482.5	184.4	298.1	1053.4	356.5	696.9	102.1	23.4	78.7
2010	514.6	190.3	324.3	1025.3	350.8	674.5	100.6	23.0	77.6
增长率（%）	6.7	3.2	8.8	-2.7	-1.6	-3.2	-1.5	-1.7	-1.4

资料来源：《中国环境统计公报》(2010)。

2010 年，滇池、巢湖、太湖、洞庭湖和鄱阳湖五大流域接纳废水排放量 45.8 亿吨，比 2006 年增长 10% 以上，生活污水增长加快。但是从控制指标化学需氧量和氨氮两项指标来看，2010 年相比 2006 年出现明显下降。统计显示，2010 年，五大湖泊流域共有废水治理设施 5735 套，共去除化学需氧量 107.7 万吨、氨氮 3.2 万吨、石油类 0.8 万吨、挥发酚 815.3 吨、氰化物 52.1 吨，工程减排的效果比较明显。

表 5-3　五大湖泊废水及污染物接纳情况

年份	废水（亿吨）			化学需氧量（万吨）			氨氮（万吨）		
	总计	工业	生活	总计	工业	生活	总计	工业	生活
2006	41.0	22.7	18.3	66.4	29.6	36.8	5.7	2.2	3.5
2007	41.1	21.5	19.6	60.5	25.6	34.9	5.7	2.1	3.6
2008	40.6	20.2	20.4	57.1	23.7	33.4	5.1	1.6	3.5
2009	41.9	20.2	21.7	54.8	23.0	31.8	4.5	1.4	3.1
2010	45.8	21.8	24.0	51.2	23.2	28.0	4.4	1.2	3.2
增长率（%）	9.3	7.9	10.6	-6.6	0.9	-11.9	-2.2	-14.3	3.2

资料来源：《中国环境统计公报》(2010)。

有关方面提供的信息显示，2009~2010 年，辽河、淮河干流化学需氧量消除劣 V 类，海河水质有所改善，太湖富营养状态由中度变为轻度，劣 V 类入湖河流由 8 条减少为 1 条，巢湖富营养化状态得到改善，基本抑制了大规模的蓝藻爆发，滇池外海水质得到改善。

三、主要城市大气环境质量出现一定改善

根据国家环境保护部发布得到相关信息，环保重点城市空气二氧化硫年平均浓度比 2005 年下降 26.3%。在全国 31 个直辖市和省会城市中，以颗粒物排放 PM10 浓度来衡量 2005 年和 2010 年数据，只有南京、合肥、福州、郑州、西宁、乌鲁木齐等少数几个城市可吸入颗粒物（PM10）排放浓度出现上升趋势，其余二十余个城市的数据要么下降要么持平。以 2005 年数据和 2010 年二氧化硫排放看，只有沈阳、长春、哈尔滨、合肥、南昌、西宁等几个少数城市出现二氧化硫排放浓度上升的情况，大约 25 个城市的这一指标持平或者下降；以二氧化氮排放浓度衡量，2005~2010 年上升的有长春、合肥、南昌、济南、郑州、武汉、长沙、贵阳、昆明、西安、兰州、银川、乌鲁木齐等十多个城市，其余城市这一指标要么持平要么下降。以空气质量达到及好于二级以上天数计算，除了南京、合肥、南宁、兰州四个城市外，其余 27 个城市好空气质量天数都有提升或者持平。因而，总体衡量，在全国 31 个城市的 4 个指标中，除了二氧化氮排放浓度上升的城市略多以外，其余指标上升的城市都较少。从目前已监控的指标看，全国重点城市大气质量环境出现一定程度的改善。

表 5-4 2005 年、2010 年中国重点城市大气环境质量变化状况

单位：毫克/立方米

城市	可吸入颗粒物（PM10）		二氧化硫（SO_2）		二氧化氮（NO_2）		空气质量达到及好于二级的天数	
	2005 年	2010 年	2005 年	2010 年	2005 年	2010 年	2005 年	2010 年
北京	0.141	0.121	0.050	0.032	0.066	0.057	234	286
天津	0.106	0.096	0.076	0.054	0.047	0.045	298	308
石家庄	0.132	0.098	0.054	0.054	0.041	0.041	283	319
太原	0.139	0.089	0.077	0.068	0.020	0.020	245	304
呼和浩特	0.097	0.068	0.050	0.046	0.041	0.034	312	349
沈阳	0.118	0.101	0.054	0.058	0.036	0.035	317	329
长春	0.099	0.089	0.026	0.030	0.035	0.044	340	341
哈尔滨	0.104	0.101	0.042	0.045	0.056	0.048	301	313
上海	0.088	0.079	0.061	0.029	0.061	0.050	322	336
南京	0.110	0.114	0.052	0.036	0.054	0.046	304	302
杭州	0.112	0.098	0.060	0.034	0.058	0.056	301	314
合肥	0.095	0.115	0.018	0.020	0.025	0.030	329	310

续表

城市	可吸入颗粒物（PM10）		二氧化硫（SO_2）		二氧化氮（NO_2）		空气质量达到及好于二级的天数	
	2005年	2010年	2005年	2010年	2005年	2010年	2005年	2010年
福州	0.072	0.073	0.016	0.009	0.042	0.032	349	351
南昌	0.089	0.087	0.050	0.055	0.031	0.042	339	343
济南	0.128	0.117	0.060	0.045	0.024	0.027	262	308
郑州	0.109	0.111	0.059	0.053	0.039	0.046	300	318
武汉	0.119	0.108	0.054	0.041	0.050	0.057	271	284
长沙	0.122	0.083	0.081	0.040	0.036	0.046	245	338
广州	0.088	0.069	0.053	0.033	0.068	0.053	332	357
南宁	0.067	0.069	0.058	0.028	0.038	0.030	354	349
海口	0.040	0.040	0.012	0.007	0.015	0.015	365	365
重庆	0.120	0.102	0.073	0.048	0.048	0.039	267	311
成都	0.125	0.104	0.077	0.031	0.052	0.051	293	316
贵阳	0.076	0.075	0.063	0.057	0.013	0.027	343	343
昆明	0.082	0.072	0.055	0.040	0.038	0.046	363	365
拉萨	0.070	0.048	0.010	0.007	0.025	0.021	358	361
西安	0.129	0.126	0.044	0.043	0.032	0.045	291	304
兰州	0.158	0.155	0.068	0.057	0.037	0.048	238	223
西宁	0.114	0.124	0.029	0.039	0.026	0.026	306	312
银川	0.090	0.093	0.054	0.039	0.025	0.026	323	332
乌鲁木齐	0.114	0.133	0.116	0.089	0.056	0.067	256	266

资料来源：《中国统计年鉴》(2005、2011)。

四、主要城市工业固体废物利用效率明显提高

随着城市规模的扩大和人口的增加，城市化过程带来的工业固体废物也出现一定程度上升，因而，工业固体废物处理和利用水平对生态城市建设和宜居城市建设关系重大。从表5-5可见，"十一五"期间，主要城市废物产生量出现一定程度的上升。除了北京、上海、福州、广州、兰州、银川等几个城市工业固体废物综合利用率出现大小不等的降幅外，其余城市工业固体废物综合利用率都出现一定幅度的上升，沈阳、哈尔滨、郑州、长沙、南宁、贵阳、西宁等城市的综合利用率上升幅度比较明显。这表明，依据直辖市和省会城市的数据看，适应城市人口和经济社会发展对环境的要求，城市工业固体废物处理水平不断提高。

表5-5 2005年、2010年重点城市工业固体废物产生及综合利用状况

城市	2005年			2010年		
	工业固体废物产生量（万吨）	工业固体废物综合利用量（万吨）	工业固体废物综合利用率（%）	工业固体废物产生量（万吨）	工业固体废物综合利用量（万吨）	工业固体废物综合利用率（%）
北京	1238	969	67.9	1268.9	835.2	65.8
天津	1123	1153	98.3	1862.4	1845.1	98.6
石家庄	852	782	91.8	1567.6	1498.1	93.4
太原	2084	936	44.6	2554.6	1335.3	52.3
呼和浩特	257	122	36.1	826.1	319.8	38.7
沈阳	475	330	69.3	895.4	856.7	95.7
长春	303	300	98.9	474.2	472.1	99.6
哈尔滨	946	705	74.5	1442.8	1293.9	89.7
上海	1964	1892	96.3	2448.4	2366.9	96.2
南京	1159	1052	87.9	1656.5	1471.4	88.8
杭州	461	436	93.9	707.2	665.7	94.1
合肥	188	186	98.8	339.5	335.3	98.8
福州	136	126	92.6	693.3	557.6	80.4
南昌	154	135	88.1	216.9	203.0	93.6
济南	874	846	94.7	1011.7	986.7	97.5
郑州	691	467	67.6	958.9	796.2	83.0
武汉	847	770	85.4	1324.8	1337.3	98.6
长沙	110	98	88.1	149.0	148.6	99.7
广州	540	520	91.2	692.1	622.2	89.8
南宁	304	245	80.5	407.7	384.2	94.0
海口	4	3	94.2	4.2	4.1	97.0
重庆	1777	1329	72.1	2837.4	2316.8	80.2
成都	424	401	94.5	513.4	511.2	99.6
贵阳	657	290	43.7	1167.7	658.5	56.2
昆明	1132	451	39.4	2284.0	944.0	41.4
西安	125	117	88.1	248.5	243.6	98.1
兰州	161	193	96.9	507.3	413.2	78.9
西宁	184	95	48.7	391.8	339.2	83.6
银川	67	63	94.8	197.7	149.1	75.4

续表

地区	2005 年			2010 年		
	工业固体废物产生量（万吨）	工业固体废物综合利用量（万吨）	工业固体废物综合利用率（%）	工业固体废物产生量（万吨）	工业固体废物综合利用量（万吨）	工业固体废物综合利用率（%）
乌鲁木齐	343	247	68.5	691.8	471.8	68.2

资料来源：笔者根据《中国统计年鉴》（2006、2011）相关表格整理。

五、园区建设中的污染治理水平不断提高

工业园区是能够集约使用资源和对环境污染集中处理的产业密集区，具有集聚要素、集聚管理和实现规模效益等方面的优势。改革开放以后，园区经济在中国各地普遍兴起，对于改变以往分散的产业布局模式和改善区域的环境治理效果作用比较明显。但是，由于大部分园区依托的产业依然主要是制造业，园区环境管理问题就不能松懈。正是基于这一点，主管部门推出相应的考核指标，逐渐加大对园区生态化和污染物处理效率的考核力度，这对于加强园区的环境管理有积极意义。根据乔琦、李艳萍报告所列的监测数据（见表5-6和表5-7），正在创建（包括已验收）的综合类生态工业园区物质减量和循环类指标及污染控制类指标看，大部分指标在2006~2009年得到改善，显示出生态工业园区的污染治理水平在上升。

表5-6 物质减量和循环类指标达标情况

单位：%

年份	单位工业用地面积工业增加值	单位工业增加值综合能耗	综合能耗弹性系数*	单位工业增加值新鲜水耗	新鲜水耗弹性系数*	单位工业增加值废水产生量	单位工业增加值固废产生量	工业用水重复利用率	工业固体废物综合利用率	中水回用率
2006	67.0	50.0	58.0	50.0	67.0	50.0	8.0	—	—	—
2007	70.0	62.0	92.0	77.0	92.0	85.0	38.0	—	—	—
2008	84.6	84.6	81.8	84.6	100.0	92.3	84.6	100.0	100.0	25.0
2009	85.7	85.7	81.0	76.2	85.7	85.7	85.7	90.5	90.5	25.0

注：*指标自2008年按照《综合类生态工业园区标准》（HJ274—2009）计算。
资料来源：乔琦和李艳萍（2011）。

表5-7 污染控制类指标达标情况

单位:%

年份	单位工业增加值化学需氧量排放量	化学需氧量排放弹性系数*	单位工业增加值二氧化硫排放量	二氧化硫排放弹性系数*	危险废物处置率	生活污水集中处理率	生活垃圾无害化处理率	废物收集和处理处置能力
2006	67.0	—	50.0	—	75.0	92.0	83.0	92.0
2007	85.0	—	54.0	—	100.0	92.0	100.0	100.0
2008	84.6	90.9	84.6	100.0	100.0	100.0	100.0	100.0
2009	95.2	81.0	90.5	90.5	100.0	100.0	100.0	100.0

注:*指标自2008年按照《综合类生态工业园区标准》(HJ274—2009)计算。
资料来源:乔琦和李艳萍(2011)。

对于"十一五"区域污染治理所取得的成效,可以归结为以下若干原因:一是党中央、国务院高度重视污染治理工作。胡锦涛提出,要让江河湖泊休养生息。李克强亦明确表示,基本的环境质量是一种公共产品,是政府必须确保的公共服务。国家在制定"十一五"规划时,明确提出了主体功能区规划和建设的方向。二是积极推进大部门体制改革。在原有国家环境保护总局的基础上组建国家环境保护部,并使之成为国务院组成部门,有利于环境主管部门更好地行使污染治理职责。用环境保护部部长周生贤的话说,大部门体制的改革,促进"环境保护参与宏观决策的能力不断增强,真正进入国家经济社会生活的主干线、主战场和大舞台"。三是加强结构减排力度。尤其是在关停落后生产能力方面取得长足进展。"十一五"时期,全国累计取缔关闭违法排污企业2万多家。其中,关停小火电机组7000多万千瓦,分别淘汰炼铁、炼钢、水泥、焦炭和造纸等落后产能1.1亿吨、6860万吨、3.3亿吨、9300万吨和720万吨。山东省极力推动造纸行业的结构调整,既推动规模以上企业强化污染治理,又积极淘汰规模以下企业的产能,全省造纸行业产量增加了1.5倍,利润增加了3倍,但是污染物排放总量下降了65%。四是加强对环境保护的投资力度。火电厂是产生二氧化硫污染的主要来源,"十一五"时期国家加大了脱硫设施建设力度,累计建成运行5.65亿千瓦燃煤电厂,火电脱硫机组比例从12%提高到80%。全国累计建成运行5亿千瓦燃煤电厂脱硫设施,火电脱硫机组比例从2005年的12%提高到80%;新增污水处理能力超过5000万吨/日。五是在一些关键技术创新上取得一系列突破。在重污染排放行业减排、城镇水污染高效脱氮除磷、农业面源污染控制、饮用水安全干净处理、流域水质目标管理等技术领域取得突破,为全国重点流域水污染治理起到一定的技术支撑作用。六是环境经济政策发挥积极作用。比如，2009年，环境保护部发布《"高污染、高环境风险"产品名录（2009年）》（简称"'双高'产品名录"），含290余种产品。财政部和商务部根据名录调整了出口退税政策、加工贸易政策，对遏制这些产品出口、减轻环境压力起到了重要作用。国家安监总局和银监会专门转发"双高"产品名录。又如，国家在实施脱硫电价补贴政策的同时，也对脱硫设施投运率及脱硫效率不高的火电企业进行了扣减脱硫电价、追缴排污费并进行罚款的处罚措施，并向社会公告。脱硫电价政策加快了火电行业脱硫设施的建设和运行，促进了二氧化硫减排。除此而外，"中央财政城镇污水处理设施配套管网建设专项奖励补助资金"，也继续采取"以奖代补"形式，支持重点流域和中西部地区纳入国家"十一五"规划范围的城镇污水处理配套管网建设，鼓励提高城镇污水处理能力。七是相关省市积极配合。"十一五"期间，各省市都与环境保护主管部门签订了环境治理责任状，在各省市制定的经济社会发展规划中，都把区域污染治理作为重要内容，并且采取一系列措施落实国家和地方的相关规划，处理了一批环境违法企业。八是一些省市在采取经济手段和工程措施降低污染方面进行了行之有效的探索。比如，山西省通过环境污染外部成本内部化改革，实施二氧化硫排污费差别收费政策。对未完成烟气脱硫标准设施建设或二氧化硫排放超标的单位，二氧化硫收费标准由现行的每公斤0.63元提高至每公斤1.26元，提高1倍。对已完成烟气脱硫设施建设并且二氧化硫排放达标的单位，二氧化硫排污收费标准仍执行旧标准。这一举措使全省3400千瓦燃煤电厂全部建成脱硫设施，成为全国率先实现电力行业全脱硫的省份，全省二氧化硫排放总量下降十分明显。

第二节 区域污染面临的问题与挑战

尽管"十一五"时期，国家实现环境保护的规划目标，各地区也实现了相关环境指标的明显改善目标。但是，要因此做出各地区污染治理形势出现了历史性转折的判断还为时过早。应该看到，目前的目标实现是建立在规划指标较少、统计数据还不完全真实的背景下，区域污染的形势依然十分严峻，治理区域污染的努力不能有半点松懈。

（1）污染控制指标有限，导致一些区域污染长期缺乏有效治理。比如，多年以来，中国的土壤污染呈区域性扩散，污染治理落后于现实需要。尤其是，工业扩张带来的环境污染带有区域扩散的趋势，出现有毒化工和重金属污染由工业向农业转移、由城市向农村转移、由地表向地下转移、由水土污染向食物链污染的方向转移，导致土壤污染面状扩散。根据环境保护部提供的信息，中国现在受污染的耕地达到1.5亿亩，约占耕地总面积的10%以上，其中因污水灌溉污染的耕地达到3250万亩，每年因重金属污染而损失的粮食达到1200万吨，造成直接经济损失200亿元。而据南京环科所相关研究人员的介绍，华南部分城市约有一半的耕地遭受到镉、砷、汞等有毒重金属和石油类有机物污染。另有数据显示，中国由于过度使用化肥与农药，也带来严重的环境污染。一些专家指出，中国现在年农药使用量达到130万吨，是世界平均水平的2.5倍。而化肥与农药实际利用率却不到30%，多余的部分就造成了污染。对长三角主要农产品的调研也发现，农药残留超标率达到16%以上。另有人估计，严重的农药、化肥和工业带来的土壤污染，造成粮食每年减产100亿公斤。

除了土壤污染外，垃圾堆积等污染问题也没有很好解决，造成污染物越积越多的"垃圾围城"席卷200多个城市的现象。以北京市来说，2005年生活垃圾产生量为537万吨（日均产生量1.47万吨），2008年生活垃圾产生量为672万吨（日均产生量1.84万吨），估计到2012年生活垃圾产生量会达到900万吨（日均产生量接近2.5万吨），但是直到2008年，全市生活垃圾日均处理量只有1.04万吨，实际处理量1.74万吨，平均超负荷率67%，卫生填埋、堆肥和焚烧比例为90:8:2，垃圾处理能力和效果都不能令人满意。一方面，随着填埋占据空间较大，寻求新的填埋空间越来越难，而填埋的可行性越来越受到制约；另一方面，垃圾利用和转化效率不高，填埋中的渗滤等问题也难以解决，污染控制较为困难。

(2) 区域水污染状态依然十分严重。水污染会严重影响到水生物生长和灌溉效果，进而影响到食物链下端人的生活质量。由于中国国土面积较大，江河首尾距离较长，一个区域的水污染会造成周边乃至下游大范围的负外部效应。资料显示，2010年，在全国监测评价的3902个水功能区，水质达标率仅为46%，17.6万公里河流中，38.6%的河水水质劣于Ⅲ类；339个省界断面中，有48.7%劣于Ⅲ类。水污染事故频繁发生，水污染事件造成的影响和损失也逐步加大。重化学工业产生的苯系物、重金属等具有易于致癌、致残、致突变或者毒害，随其工业区由大城市向中小城镇扩张，水污染造成的环境恶化和健康损害问题比较突出。

(3) 区域大气污染态势比较严峻。中国大气污染的监测指标主要是PM10和二氧化硫，但是在实际空气监测中，污染物的排放越来越具有组成多、数量大特征，空气中细粒子、臭氧和挥发性有机物等污染物相互耦合经二次反应后形成严重复合污染，表现为灰霾增加、光化学烟雾多和空气能见度低现象。根据有关方面的资料（吴舜泽等，2011），中国城市细颗粒污染问题十分严重，北方城市和区域（如北京及周边省市）颗粒物的细粒PM2.5质量浓度高达0.08~0.10毫克/立方米，超过美国标准年均限值（0.015毫克/立方米）5~6倍，南方城市和区域颗粒物细粒子PM2.5质量浓度高达

0.04~0.07毫克/立方米，超过美国标准年均限值（0.015毫克/立方米）2~4倍。有关方面提供的数据显示，2006年和2007年上海出现灰霾天数分别为167天和143天，分别占全年总天数的45.6%和39.1%。2008年深圳、广州和天津出现灰霾的天数分别为154天、110天和81天，分别占全年天数的42.1%、30.1和22.1%。2008年，全国臭氧监测试点的7个城市（北京、上海、天津、重庆、沈阳、青岛和广州）共18个监测点位的臭氧浓度都有不同程度的超标。另一个值得注意的指标是汞。目前，中国的汞排放量已经位居世界第一。2003年主要由于燃煤和有色冶金带来的人为源汞排放量696吨，占全球排放总量的1/3，减排压力较大。除此而外，由于大气污染，造成中国酸雨面积迟迟不能减少。在工业污染控制中，随着一批脱硫项目的建成运行，酸雨中硫沉降的强度有所减少，但是氮沉降的强度有所增加，酸雨区污染类型逐渐由硫酸型向硫酸硝酸混合型发展。

（4）污染治理标准依然与国际水平存有差距。众所周知，中国的不少污染物监测与治理标准与发达国家有着较大差距，甚至于一些污染治理标准还低于某些发展中国家。比如，在国际上许多国家都实行PM2.5的观测标准时，中国的这一标准长期停留在PM10，直到社会公众反响较大后，这一标准才得到纠正。西方不少国家的水质经过处理自来水可以直接饮用，而中国的水监测和处理项目指标较少，还缺乏大肠杆菌等指标的监测和处理，所以要达到西方的水处理标准还有较大差距。同样，在垃圾处理焚烧行业，中国的标准与欧盟的标准有较大差距（见表5-8），导致污染物经过焚烧处理后，并不能完全净化环境甚至还可能造成大小不一的二次污染。日本的垃圾焚烧处理率已经达到75%，德国的垃圾焚烧处理率已经达到70%，新加坡垃圾焚烧处理率达到100%。而中国的垃圾焚烧处理标准还较低，不能完全满足公众对安全性的要求。

表5-8 中国垃圾焚烧标准与欧盟标准的对照

序号	污染物名称	单位	GB18485—2001	欧盟1992	欧盟2000
1	烟尘	（mg/Nm^3）	80	30	10
2	HCl	（mg/Nm^3）	75	50	10
3	HF	（mg/Nm^3）	—	2	1
4	SO$_X$	（mg/Nm^3）	260	300	50
5	NO$_X$	（mg/Nm^3）	400	—	200
6	CO	（mg/Nm^3）	150	100	50
7	TOC	（mg/Nm^3）	—	20	10
8	Hg	（mg/Nm^3）	0.2	0.1	0.05

续表

序号	污染物名称	单位	GB18485—2001	欧盟 1992	欧盟 2000
9	Cd	(mg/Nm^3)	0.1	0.1	0.05
10	Pb	(mg/Nm^3)	1.6	—	≤0.5
11	其他重金属	(mg/Nm^3)	—	6	≤0.5
12	二恶英类	(ng-TEQ/Nm3)	1.0	0.1	0.1
13	烟气熏度	林格曼级	1	—	—

注：①本表规定的各项标准限值，均以标准状态下含11% O_2 的干烟气为参考值换算。烟气最高黑度时间，在1h内不得超过5min。②国内目前已建成运营的生活垃圾焚烧厂烟气排放均执行《生活垃圾焚烧污染控制标准》(GB18485—2001) 标准或欧盟1992标准。随着环保要求日益严厉和节能减排政策实施，国内已经有部分筹建的生活垃圾焚烧厂烟气排放执行欧盟 2000 (EU2000/76/EC) 标准。

（5）污染处理设施不配套的问题比较严重。以污水处理来说，按照住建部公布的数据，截至2010年，全国仍有61个设市城市没有建设污水处理厂，其中一半以上分布在黑龙江、吉林、广东三省。即使一些已经建成污水处理厂的城市，也还存在着管网配套不完善等问题，污水处理厂的污水收集能力和处理能力低，影响污水处理厂发挥正常作用。而全国48%的县城没有污水处理设施，乡镇污水处理设施基本处于空白状态，也反映出区域性污水处理设施的严重不足。而据住建部的权威信息，全国目前依然有已经投运的235座或者说9%污水处理厂没有达到"污水处理厂投运一年负荷率不低于60%，投运三年不低于75%"的目标，显示出投资沉淀和运转不良的特点。

（6）发达地区污染治理措施还有不得力之处，不少不发达地区缺乏污染治理的能力与意愿。沿海地区是全国工业密集区，也是污染密集区，污染治理难度较大，一些地方的大气质量、水环境质量差强人意。长三角、珠三角和京津冀三大城市群占全国国土面积的6.3%，消耗了占全国40%的煤炭，生产了占全国50%的钢铁，承载的人口和产生的国内生产总值都在全国居于重要地位，也因而导致水污染和大气污染居于前列的省市集中在这些区域，使上述区域成为全国污染健康损害密集区。而在不发达地区，由于存在着产业转移追逐成本洼地和招商引资饥渴症的双重效应，一些地方政府对高耗能高污染型企业往往大开绿灯、网开一面，也造成一些区域污染物排放上升较快的现象。根据环境保护部的调查，晋陕蒙宁交界能源富集地区的污染反弹十分突出，当地水环境和大气环境恶劣，二氧化硫和酸雨污染极为严重，黄河水在这一段有多个断面都是劣Ⅴ类水质。

（7）区域污染治理的科技基础与国外存在较大的差距。根据有关方面的评估（吴舜泽等，2011），中国现在的工业污染防治技术，大体上相当于工业化国家20世纪70年代中期水平，个别技术达到20世纪80年代初的水平，极个别的技术接近国际先进水平。从整体上看，中国的工业污染处理技术比工业化国家落后数十年。而在一些重点技术和关键技术领域，比如，高浓度和难生物降解废水处理技术的创新方面还缺乏突破性进展，水处理剂产业发展相对落后；在脱硫、氮氧化物排放控制技术和除尘技术等关键技术仍不成熟。而工业水污染区域防治技术的落后，也影响到各个地区工业污染治理水平的提升。

（8）区域环境统计的科学性、真实性还有待加强。环境污染统计的不足尤其是瞒报和低报污染状况，必将会影响到对环境形势的判断和下一步应该采取措施的出台。环境保护部有关领导的报告（张力军，2009）披露，环境保护的统计失真问题比较普遍，排污申报数据、排污收费数据、环境统计数据三套数据各自一体，难以互相印证，"环境统计数据质量不尽如人意，不能全面真实反映污染源排放状况，不能全面真实反映环境管理工作的需求"。数据显示，"十一五"期间，全国各地的烟尘和工业粉尘排放量都出现明显下降。但根据权威机构的观点（吴舜泽等，2011），从理论上讲，"在全国电力工业和其他废气排放较多行业没有采取大规模、革命性减排措施的情况下，烟尘和工业粉尘排放量不会出现明显的下降趋势"。另外，从统计数值和规划目标看，一些数据也对不上。比如，2010年全国化学需氧量的统计数值是1238.1万吨，但是在出台的"十二五"环境保护规划中可以看到，采用2010年化学需氧量的排放起点数据是2551.7万吨。或许，这其中有统计口径上的差异，也可能还有利益驱动的因素。"工业化学需氧量排放量主要是通过企业层层上报汇总得来的，由于收费、减排等利益导向，我认为企业少报的可能性较大，环保系统也采取放纵的态度，这个数字可能没有反映工业排放的实际。"（张力军，2009）

（9）支持区域污染治理的政策与现实要求还有一定差距。政府的支持既包括财政方面的投入和相关补助，也包括相应的税收减免。但从财政收入方面看，政府投入上还存在明显不足。权威分析显示，在2008年"十一五"中期检查时，重点流域规划的投资需求达3000多亿元，实际投入不足1/3。其中，中央投入有所增强，但也没有达到相关要求；而地方的配套资金更是不足，这就不免严重影响到环境保护相关重点工程建设的进度。又如，各国都在开展垃圾焚烧发电，但中国垃圾构成导致发电成本偏高。通常，城镇垃圾中，餐厨垃圾所占比重高达60%以上，纸张等高热值垃圾只占30%左右；而在农村，餐厨垃圾所占比例在35%左右，而灰土所占比例在40%以上。由于中国城乡垃圾多没有经过分类，且餐厨垃圾、灰土等低热值垃圾比重较大，含水率高而发热值低，通常焚烧时需要掺入一定数量的助燃剂，导致发电成本较高。但上网电价不高及一些地方补贴不能到位，影响到各地区垃圾焚烧处理企业的正常进行。

（10）各地区企业对环境保护担当的责任能力与实现企业价值存在一定冲突。由于企业存在着自利性的冲动，在外界约束软化的情况下，会弱化履行企业环境保护责任，存在着一定程度逃避污染治理的机会主义行为。在20世纪80年代初期，国家在排污控制上主要采取浓度标准，不少企业便采取机会主义的态度，不采取任何治理措施，仅仅通过加入未污染的水将污水稀释，轻而易举地实现达标排放。这种情况，导致了国家提出加强总量控制的新要求。而在总量控制的政策下，仍有企业通过暗排、不稳定达标排放等形式，放弃履行环境污染的治理责任。在政府新一轮严格环境治理中，仍有企业采取各类机会主义行为逃避责任，比如，在限期治理期间，一些企业以排污设施故障为由，更加肆无忌惮地排放；一些企业购买在线检测设备时要求供货商提供经常出故障的设备，以使环保部门接收不到正常数据；在线监测设备由环保部门政府采购时，一些企业就设法使仪器无法正常工作，并在修理调试期继续超标排污。另外值得注意的是，中小企业的分散布局影响到污染设施的建设和污染治理的监管。中国中小企业占企业总数的99%，创造了占六成的经济总量和税收，提供了近八成的就业岗位，但是这些中小企业存在着布局分散、污染排放突出等问题。由于企业规模有限，多处于竞争性领域，利润偏低，独自进行环保投资的能力有限，导致环境污染排放问题更为突出。当然，一些大型企业也对环保成本上升十分敏感，存在着一定的转嫁成本冲动。比如，在火力发电领域，由于2012年1月1日采用新的排放标准，根据中电联的测算，实行新标准后火电企业仅脱硝成本就高达2300亿元，给企业带来运营困难。

第三节　区域污染治理的新形势与新机遇

进入"十二五"以后，中国区域污染面临一系列新形势，新机遇，更好地利用这些内外因素，有助于区域环境污染治理的顺利推进。

（1）党中央、国务院十分重视环境保护尤其是污染治理工作。中共中央关于"十二五"规划的建议明确提出："坚持把建设资源节约型、环境友好型社会作为加快转变经济发展方式的重要着力点"，并明确指出："以节能减排为重点，健全激励和约束机制，加快构建资源节约、环境友好的生产方式和消费模式，增强可持续发展能力"、"以解决饮用水不安全和空气、土壤污染等损害群众健康的突出环境问题为重点，加强综合治理，明显改善环境质量。落实减排目标责任制，强化污染物减排和治理，增加主要污染物总量控制种类，加快城镇污水、垃圾处理设施建设"。国家环境保护部已经提出了要"积极探索代价小、效益好、排放低、可持续的中国环境保护新道路",这无疑是令人振奋的努力方向。

(2) 环境保护部门的成立,有助于更好地发挥治理区域污染的作用。在1997年的《世界发展报告》中,世界银行归纳了现代政府的五大责任。①建立国家的法制基础。②保持国家的宏观经济稳定。③向人民提供社会和基础设施服务。④保护社会中的弱势群体。⑤保护环境与自然资源。可见,加强环境保护是现代政府管理经济与社会事务的一个职责。在西方发达国家和不少发展中国家政府体制的转变中,环境保护部门的地位不断增强,管理职能和范围也不断扩大。在各国普遍采用的大部门体制的内阁组成中,环境保护部门多依法设立,并作为重要的政府职能部门发挥作用。但是,在环境保护部正式成立之前,中国环境保护主管部门的职能相对较弱,在行政法和环境立法中缺乏针对环境管理体制的条款、较难参与国民经济发展的综合决策、综合协调职能不强、无法对各类环境问题进行有效统一监管。此外,环保部门还与许多部门存在着职能交叉。比如,中国大量的工业污染是由各类城市产生的,但污水处理厂却是由住建部门规划建设与管理;河流是船舶往来和灌溉用水的重要来源,水利部门在兴修水利设施时,往往不大考虑治污设施的建设;自然生态环境与自然资源对经济可持续发展起着重要支撑作用,但是在开发中往往归于国土、矿产、林业、园林等不同部门管理,都与环境管理部门存在职能交叉。这种体制管理上的问题,在地区之间越界污染的治理关系上表现得十分明显。但是,随着环境保护部的建立和相应的协调机制形成,大部门体制对促进污染管控方面的作用将进一步得到发挥。

(3) 由高速转向常速的经济转型阶段更有益于国家污染治理政策在各地贯彻和实施。由于全球经济不景气,中国经济也处于下行阶段,国内外市场需求增长缓慢,而产能增长较快,导致产业产能过剩矛盾突出。在这种状况下,一方面,为实现产业转型升级,通过发展资源消耗少、环境污染轻的战略性新兴产业,有助于加快经济增长,同时减轻污染压力;另一方面,国家将更加注重结构调整,淘汰污染严重型产业和企业的过剩落后产能,有助于生态环境的建设。除此之外,为拉动经济增长,依然需要借助于投资推动,这其中不可避免会上马一批环境保护型工程,也有助于环境污染治理和生态修复。

(4) 国家逐步采取更加严格的区域污染治理标准。2012年3月,温家宝总理在《政府工作报告》中提出,"今年在京津冀、长三角、珠三角等重点区域以及直辖市和省会城市开展细颗粒物(PM2.5)等项目监测,2015年覆盖所有地级以上城市"。2012年5月,环境保护部发布了《空气质量新标准第一阶段监测实施方案》,明确提出空气质量标准实施分三步走的目标。第一个阶段就是在京津冀、长三角、珠三角等重点区域以及直辖市和省会城市开展空气质量新标准新增细颗粒物（PM2.5）、一氧化碳（CO）、臭氧（O_3）三项指标的监测。在2012年10月底之前，在所有实施监测城市完成设备安装和试运行，12月底前开展监测并发布数据。其所以强调以沿海、京津冀、长三角和珠三角为主的重点区域，也是因为这些地区的经济总量较大，地方配套能力较强，污染问题突出，环境治理的受益人群密集。因而，相关实施方案强调，重点区域要做到三个率先：率先实现环境空气质量新标准，率先争取早日与国际接轨，率先使监测结果与人民群众感受相一致。2012年1月1日，新修订的《火电厂大气污染物排放标准》正式实施。新标准规定，对全部燃煤锅炉的氮氧化物排放限值确定在100毫克/立方米，新建燃煤锅炉和现有燃煤锅炉二氧化硫排放的限值控制在100毫克/立方米和200毫克/立方米，全部燃煤锅炉的烟尘排放限值确定在300毫克/立方米。

（5）政府部门制定了区域治理污染的一系列规划。在"十二五"时期，相关政府规划都将付诸实施，一些绝对指标的判定可以看出，政府环境治理最终会显示出明显效果。比如，国家在《重点流域水污染防治规划》中提出，到2015年，全国城镇集中式饮用水水源地水质稳定达到功能要求；重点流域主要污染物排放总量和入河总量持续削减，化学需氧量较2010年削减9.7%，氨氮排放总量削减11.3%，重点流域总体水质从中度污染改善到轻度污染，Ⅰ~Ⅲ水质断面比例提高5个百分点，劣Ⅴ类水质断面比例降低8个百分点，全国重要江河湖泊水功能区水质提高到60%。除此之外，在国家环境保护"十二五"规划中提出，到2015年，重点区域内重点重金属污染物排放量比2007年降低15%，非重点区域重点重金属污染物排放量不超过2007年水平。

（6）在区域环境治理上形成一系列新的探索。从中央政府政策管理角度，已经形成用好包括环境影响评价、总量控制、环境标准等环境准入手段，并且明确了严格环境执法监督的政策取向。由于中央政府与地方政府签订了相关协定，有助于推动地方政府承担起辖区范围的污染治理责任。这样，实施诸如区域限批等政策的探索就有一定制度保障。关于区域限批政策，这里有必要多花些笔墨加以解释。区域限批是指如果一家企业或一个地区出现严重环保违规的事件，环保部门有权暂停这一企业或这一地区所有新建项目的审批，直至该企业或该地区完成整改。2007年1月10日，全国第三次"环评风暴"掀起。河北省唐山市、山西省吕梁市、贵州省六盘水市、山东省莱芜市四个行政区域和大唐国际、华能、华电、国电四大电力集团除循环经济类项目外的所有建设项目被国家环保总局停止审批，引起国内外的广泛关注。区域限批制度的作用主要体现在：一是能够在短期内有效地抑制地方政府放任环境污染恶化的行为；二是限批政策是一种典型的行政干预手段，有立等见效的执行力，能够立竿见影，政策实施效果明显；三是能够起到旗帜鲜明的引导和震慑作用。当然，区域限批政策的问题也同样存在。首先，这是一种事后惩处的政策。实施区域限批时，环境违规事件已然发生，污染损害和损失已经既成事实，事后惩处不能改变这一结果。管理部门没有在违规前或者违规中进行执法纠正，本身或也带有失察之责。其次，区域限批政策与谁污染谁负责的政策存在一定矛盾。以被限批地区来说，前期产生污染问题的一些企业在当期限批过程中可能根本没有新的污染项目申报，因而限批对于其已经发生的环境违规行为缺乏惩戒效果，但当期申报的被限批项目可能属于另一些企业，甚至这些项目根本没有污染可言，要求当期企业为前期违规企业受过，可能存在政策针对性不当的问题。最后，区域限批政策实施也存在着较高的成本。因为是行政性措施，区域限批政策叫停不少投资建设项目，因为对存量的环境违规行为缺乏足够惩戒，但对未来的增量项目存在制约，有可能难以充分发挥惩恶扬善的作用，会影响到一个地方的经济发展和就业增长。当然，由于经济社会活动属地管理的特性，地方环保部门还需要地方政府支持的背景下，环境管理部门直接深入地方进行执法活动存在很大障碍，采取区域限批政策有可能是不得已而为之的行为，是环境管理部门策略性地约束地方政府并借助地方之手治理严重污染的举动。当然，考虑到区域限批政策的作用与影响较大，环境保护部在运用区域限批政策时，已经有一些约束条件，就是"对不能按时完成重点工程项目建设和保证正常运行的地区，将严格实行区域限批政策，暂停审批除民生工程、节能减排、生态环境保护和基础设施建设以外的建设项目"。这样，可以使区域限批政策的正面作用得以强化，负面作用得以限制。不过，以子之矛攻子之盾其收效如何，还有待进一步观察。

（7）逐步明确了各级政府在环境保护方面的法律责任。环境污染是一种区域现象，与各个地方政府的环境保护意识和责任有很大关系，因而，在各类环境法律、法规和政策中，都一再重申政府在环境保护方面的法律责任。《宪法》第 26 条规定："国家保护和改善生活环境与生态环境，防治污染和其他公害。"《环境保护法》中第 7 条规定："国务院环境保护行政主管部门，对全国环境保护工作实施统一监督管理。县级以上人民政府环境保护行政主管部门，对本辖区的环境保护工作实施统一监督管理。"《环境保护法》中第 11 条规定："国务院环境保护行政主管部门建立监测制度，制定监测规范，会同有关部门组织监测网络，加强对环境监测的管理。国务院和省、自治区、直辖市人民政府的环境保护行政主管部门，应当定期发布环境公报。"《环境保护法》第 16 条规定："地方各级人民政府，应该对本辖区的环境质量负责，采取措施改善环境质量。"同时，环境保护的法律法规，也要求全社会关心环境污染的治理，制止环境破坏行为。在《环境保护法》第 6 条中规定："一切单位和个人都有保护环境的义务，并有权对污染和破坏环境的单位和个人进行检举和控告。"这些法律条文的规定,有助于厘清各级政府的污染治理与环境管理责任,明确了放任污染现象发生甚至纵容无节制排放污行为的政府行为是与现行法律相违背的。

(8)新的环保组织在发育,社会公众的环保意识正在觉醒。除了政府部门、高等院校机构中的环保研究与教学机构不断增多外,包括自然之友、北京地球村文化环境中心、绿家园志愿者等在内的各类民间环保组织不断发育,在促进环境保护方面对政府部门和社会公众的影响正在加大。在2005年松花江特大污染事件、2005年圆明园防渗工程事件、2007年太湖绿藻事件、2007厦门PX项目建设事件等类事件中,社会舆论都发出强大的监督制约呼声,在防范环境问题爆发或者进一步恶化、督促政府部门改善环境管理方面发挥了积极作用。2011年10月,北京等大城市连续出现雾霾天气,空气质量低劣,患呼吸道等疾病的病患人数急剧上升,但是相关部门发布的监测数据却显示空气质量属于正常水平,与民众的观察和感受存在较大差距,引发社会的强烈不满。这一问题迅速成为社会关注的焦点,使得在一段时间内,社会公众对政府长期采用落后于国际标准的PM10的采用标准提出质疑。在这场影响广泛的讨论中,一些政府部门的解释处于明显的下风,得不到社会舆论的赞同和公众的支持。与之相反,要求政府调整观测标准的呼声得到普遍赞同。国家环保部顺应社会期待,迅速做出调整监测标准的决定。媒体把实施PM2.5监测标准称为"民意空气保卫战"的胜利。2012年在四川什邡市,一个计划投资巨大的钼铜项目因民众的上街游行示威而被叫停,显示公众对政策的环境影响力在增强。

当然,应该看到,影响区域污染治理取得大幅度进展的因素也客观存在,突出表现在:

(1)存在着引致区域污染扩大的政策导向。由于各国刺激经济增长的行为或多或少都注重基础设施建设项目,外需重心的变化有助于出口从轻型加工工业向重型加工工业的方向转变;同时在国内,投资驱动中基础设施项目也占较大比重;而在消费结构中,住房、汽车资本密集型产品的消费还在一定程度上对经济起支撑作用,一些地方还存在着依赖房地产拉动经济增长的冲动。在这种情况下,重化工类产业会维持高比例态势运行,而重化工通常与重污染相联系。

(2)存在实现社会公众利益与环保部门利益的矛盾。在美国,环境保护部门在一段时期通过收取环境污染费用弥补经费的不足。无独有偶,在中国,一度时期,因为环境保护部门缺乏充足的财力来源,难以完成自身的工作任务,"许多环保局依靠大量征收污染费解决办公费用。而这也可能导致环保局倾向于允许企业污染,以便收取污染费"(国合会中国环境执政能力课题组,2007)。

（3）地方政府存在着追求政绩的强烈愿望，有意无意地放松对污染的治理。现有的自上而下的政绩考核体系，是分权制下中国经济取得成功的重要成因之一。但是，对政绩的考核主要集中于经济指标，对污染控制指标强调不够。由于经济指标与地方财政收入、就业增加等因素直接相关，与地方居民收入增长、教育投入增长、公共财政支出扩大等因素相关，成为地方经济与社会发展中考虑的首要因素。尽管存在着环境保护一票否决制等制度规定，但是由于环保部门隶属于地方政府管理，很难提出独立的反对意见。相反，地方政府往往会以影响招商引资、损害政府形象为由，要求环保部门不要披露有损于地方经济利益的污染数据或者对污染数据进行人为处理。尽管各地的环保体系相对完备，但在职能线（Functional Line）与财务线（Financial Line）发生矛盾与冲突时，地方环境行政管理部门的理性选择，是弱化对国家环境保护行政主管部门的业务服从，而强化与地方政府的实质合作。"没有地方政府领导的支持，环保局要强制实行污染控制是非常困难的。"①

（4）高估还是低估环境问题严重性的矛盾。相对来说，在环境保护部门和非环境保护部门之间，存在着环境保护严重性的差别化认识，这是不少国家带有共性的社会问题。以美国来说，环境保护部门的官员，出于各类动机而"高估环境风险，并把过多的治理成本强加给社会"（戴伊，2011），这种做法尽管增加了社会规制成本，却可以避免因环境事件和环境灾害发生遭遇社会批评。就中国而言，谈到成绩时低估环境污染问题，谈到利益时高估环境污染问题在一定程度上存在，中央政府高度重视环境污染问题，而许多地方政府对环境污染问题大而化之的现象也屡见不鲜，造成对环境污染问题的判断存在着较大程度上的不一致。

（5）环境法律法规的约束性较差。尽管国家在环境立法方面进展明显，但是在实践中，一方面，法律法规的不完善性依然存在。比如，在法规体系上，污染防治立法和资源保护立法相互孤立、相互隔离；在立法原理上，过多地强调行政主导，对市场作用和市场供给强调不够；在适用对象上，过度地突出大中城市利益中心主义和大中企业利益中心主义，适应于乡村污染治理与乡镇企业环境管理的法律制度近乎空白；在立法原则和思路上强调末端控制和预防，但是对源头控制强调不够；以点源控制、个体化责任为基本对策，对污染者负担和社会化责任强调不够。另一方面，法律法规的可实施性还不强。在现行的政策法律框架下，提起法律诉讼，不仅要求追究违法责任人的法律责任，也要追究地方政府的相关责任。这使得企业与政府都有回避被提起法律诉讼的动机。从受害者与企业的关系看，许多企业家都是当地的

---

① 伦纳德·奥托兰诺：《环境管理与影响评价》，郭怀成、梅凤乔译，北京：化学工业出版社，2004年版，第170页。

人大代表、政协委员，是强势的一方，受害的社会公众，则是弱势一方，提起法律诉讼时，弱势方的社会大众很难花费巨大成本应付司法事件，也难以对污染企业加以法律惩处。在跨界污染方面，现行的法律还缺乏应有的约束力。《环境保护法》第15条规定："跨行政区域的环境污染和环境破坏的防治工作，由有关地方人民政府协商解决，或者由上级人民政府协调解决，做出决定。"在这里，跨界环境污染的违法事件，就被简单化为一种民事纠纷事件，成为需要政府间协调解决的问题，导致对跨界污染企业很难加以司法追究。另外，现行的法律处罚力度低、缺乏威慑力、没有直接强制权，进行严格的法律制裁相对困难。像松花江和沱江的严重污染事件，最后都只对相关企业罚款100万元了事。全国人大环境与资源保护委员会法案室孙佑海指出，环境立法质量低是环境法律得不到很好实施的关键因素，"立法项目选择失当，回避重大问题；规范力度不够；立法过早过严；可操作性不强；放任部分污染者；权利与义务失衡；法规内容不合时宜；表述模糊、无所适从；法律之间互不协调"。[①]

另外，社会公众大多在地方政府管辖的范围工作生活，享受地方政府提供的诸多公共服务。如果污染的破坏达不到威胁个人现实生活的地步，受从众心理、搭便车效应的影响，许多人选择对周围的污染保持沉默。

第四节　加强区域污染治理的政策导向

"十二五"规划强调以科学发展为主题，以转变经济发展方式为主线，是中国经济实现转型升级的关键时期，这样的环境有益于区域污染治理政策的推进。而国家"十二五"环境保护规划已经出台，描述了污染治理的方向与目标，特别是一系列治理方案的推出，都着眼于区域污染治理。可以想见，如果能对各类污染治理的要素加以集成，就会推动污染治理绩效出现大的改善，中国区域污染的拐点就有可能在"十二五"时期出现。但在我们看来，从区域环境污染和生态变化的格局来看，还必须有一系列政策方面的配合与协调，才能实现"十二五"的奋斗目标。

（一）各级政府充分认识环境污染造成的生态健康损害从而高度重视环境治理

必须认识到，我们现在确实是面对着"先污染，后治理"的生态困境，必须设法解决环境恶化中的外部不经济问题。一些同志否认出现"先污染，

---

① 孙佑海：《提高环境立法质量对策研究》，《环境保护》2004年第8期.

后治理"的局面，认为这只是西方资本主义国家工业化阶段时出现的社会问题，而没有意识到只要是工业化就存在着产生污染的可能性，越是重化学工业化，污染生成的能力越强的规律性。但是如果像沿海一些水资源丰富的区域已经出现了水质性缺水，污染物已经损害到公众的身体健康，负的外部性已经抵消经济的部分增长时，对环境污染问题决不能掉以轻心。还有人说环境污染是一种全球现象，其隐含的意思是说，环境污染不独中国所有，污染的发生不足为奇，从而淡化中国的环境污染问题。其实一些西方学者在研究中国的环境问题过程中提出中国出现的环境污染是"中国经济突飞猛进的副产品"。各级地方政府都应该按照科学发展观的要求，充分认识环境污染造成的生态健康损害，高度重视环境治理。

（二）把区域污染治理作为国家环境政策的重点内容

国家是由地区构成的，国家的环境污染治理目标需要通过区域层面的环境污染治理加以实现。由于中国各个地区的环境污染状况存在较大差异，地区污染控制的目标达成不可能以"齐步走、一刀切"的政策努力加以实现。加之，中国的经济社会发展目标实现在很大程度依赖于地方政府组织和动员资源实现，地方政府既是实现经济增长和民生改善目标的重要推动力，也是污染治理的重要推动力。诺贝尔经济学奖获得者奥斯特罗姆教授指出，层层交叠的市级、省级、国家级、国际级政策要比包罗万象的单一协定更有可能实现，反映了在层级管理体制下，自上而下的区域污染治模式有其必然性与合理性。要在推动重点行业污染治理的同时，更加重视区域污染治理，因地制宜把解决全局性、普遍性的环境问题与集中力量解决重点区域的环境问题结合起来，体现重点突破的宏观战略，从解决重点地区、重点河流、重点城市的污染物控制出发，解决事关国计民生的重大区域性环境问题。

（三）制定更加具有民本色彩的区域污染治理评价考核制度

党中央、国务院一直强调以人为本建设和谐社会，这一目标应该通过相关的政绩考评加以实现。倡导社会公平正义的政府必然要求建设环境友好型社会，也必然要求对环境污染现象加以纠正。而一个污染突出的地区一定是人的健康、人的尊严受到严重侵犯的地区，一个与科学发展理念格格不入的地区。国家环境保护"十二五"规划明确提出，将喝上干净水、呼吸清洁空气、吃上放心食物等摆上更加突出的战略位置，当然需要把生态健康、城乡居民身心健康、人与自然和谐相处作为评价经济社会政策执行优劣的重要内容。这就需要在考察各地的经济社会发展指标实现中，把污染致病、土壤污染、食物污染等相关指标加入统计和考核指标，使污染治理与经济增长的重要性相近甚至等同，并要求地方政府第一责任人对环境污染负责，提高对重大污染事件的问责力度，提高地方政府处理污染事件的应急能力。国家已经明确提出要"建立损害评估、损害赔偿以及损害修复技术体系"，希望这一进程能够有所加快，使污染损害评估和赔偿制度能够规范化运转，在严格地方政府执政能力考核强化地方政府的环境责任中造福于民。另外，在实行干部交流制度中，可以考虑推动各地发展改革委员会主任和环境保护局局长之间建立任职交流的"旋转门"，在干部交流中换位思考。这样，环境保护部门的领导进入经济部门时，可以较好地将环境保护作为经济增长的约束条件；而经济部门的领导进入环境保护部门时，可以把环境保护工作速度提升到一个新的台阶。

（四）坚持分类调控、大区推进的污染治理路线

自"十五"以后，国家逐步实行了总体区域发展战略，强调沿海、中部、东北和西部采取不同的发展模式和对策，国家的污染治理思路可以与总体区域发展战略相一致。沿海地区具有较大的资源动员能力，较高的人口密度，较强的地方配套财力，污染治理的效率更高、包容人群更加广泛，应该适应率先发展的需要，在可持续发展方面走在全国的前面。因而，在重点流域三角洲地区、近海地区、重点湖泊，要加强水污染的治理力度。在主要工业区和居民生活区，应该加强废气的治理。适应大都市连绵带建设的需要，进一步提高车用油料标准，实行更加严格的汽车尾气排放标准，以扩展公共交通覆盖范围引领绿色交通趋势。沿海地区、京津冀、长三角、珠三角领改革开放之潮流，也应该领区域污染治理之潮流，在全国率先探索新的环境保护道路。沿海的诸多城市群和城市带应该在明确各自污染治理责任的同时，加强污染治理方面的分工与合作，有效控制区域性复合型大气污染。东北地区应该在实施老工业基地改造振兴规划中，强化污染治理的约束机制。结合东北的改革开放推进，在规范政企关系中规范污染治理政策的行使，结合东三省各自建设的工业带建设污染治理防护带，继续加强辽河、嫩江、松花江流域的环境基础设施建设。围绕着重点污染城市的建设，重视辽中南、长吉图、哈大齐和牡绥等区域采暖期城市大气污染治理，突出加强资源枯竭型城市和钢铁、化工、电力等原料工业城市的大气污染和水污染治理力度。中部地区要结合中部崛起战略的实施，推动环境污染治理政策齐头并进。在重点城市群和工业区资源和原料工业规模化扩张的同时，强化煤炭、钢铁、化工、有色金属密集区的污染治理。粮食主产区建设中不仅在耕地保护上要画上红线，还应该为污染排放画上红线，以严格治污的具体行动维护粮食安全。中部距离沿海较近，更容易接受到沿海地区的产业转移，也更要注重防范污染的跨地区转移。西部大开发在保持退耕还林还草成果和建设西部生态屏障中，要加强省会城市和重点资源开发城市的污染治理，严格限制高耗水行业发展，

控制采暖期煤烟型大气污染。在北方地区，要加强黄河重点河段、渭河等河流的污染治理力度。在西南地区，应将重点放在大气污染治理上以控制酸雨的排放。

（五）加强主体功能区规划与环境保护规划的实施衔接

应该结合全国主体功能区规划的实施，在推动各地区环境公共服务均等化的同时，推动各地区形成与其资源环境承载能力相一致的经济开发格局，以环境容量限定区域开发规模，在维护环境安全底线中促进合理的经济发展。重点开发区和优化开发区要采取更加严格的污染标准，采取积极措施大幅度削减污染物排放总量，维护区域的持续发展基础，推动经济转型升级；限制开发区和禁止开发区要本着生态优先原则，强化生态保育与生态修复力度，完善生态补偿机制，在控制本地区污染产生和加强治理力度的同时，对来自优化开发区和重点开发区的产业转移施加严格环境约束。从全国看，在各个功能区区域污染的政策处置上，要采取低容忍性措施，既要重视那些从绝对污染程度高的地区的污染治理，也要重视那些从人口数量和土地面积衡量相对污染程度较高地区的污染治理，还要重视那些污染物自净能力较低、污染物难以排泄迁移、环境承载能力较弱地区的污染治理。

（六）进一步强化统筹城乡的污染治理

随着城市人口的增多、产业扩张和覆盖范围扩大，未来污染治理的重点无疑将继续集中在城市。应严格保护城市饮用水水源地，扩大城市居住、公共设施和绿地等空间，严格控制并压缩工业空间。对于小而散的大量城市、城镇工业企业来说，除了继续按照园区化的模式集中布局以外，也应该采取集中式废水处理（Centralized Wastewater Treatment，CWT）的模式，把工业企业的废水集中运送到城市污水处理厂进一步处理，有用物质回收后运送到回收材料市场，处理后的污泥进行填埋或者以其他方式处理。在新农村建设中注意加强污染设施建设。应该按照环境保护"十二五"规划的要求，鼓励乡镇和规模较大村庄建设集中式污水处理设施，将城市周边村镇的污水纳入城市污水收集管网统一处理，居住分散的村庄要推进分散式、低成本、易维护的污水处理设施建设。并注意推进清洁畜禽养殖工程，规模化畜禽养殖场和养殖小区配套固体废物和污水储存处理设施。

（七）把发挥政府作用与发挥市场机制和社会各方作用结合起来

应充分认识到在转轨阶段，如果没有很好的制度和政策设计，市场力量总是倾向于恶化环境。为此必须发挥政府在污染治理方面的主导作用，对严重污染行为采取高压态势很有必要。通过发布环境污染黑名单制度和实行绿色信贷政策，降低对污染企业容忍度，强化企业的环境责任。应采取优惠政策吸引更多企业进入治污市场，通过拍卖治污权等形式，积极培育污染治理市场，强化企业的污染治理责任。推进生态民主，维护生态公平，是现代社会发展的必然要求。环境污染对生态健康和民众健康的损害不符合全面建设小康社会的要求，必须动员社会的力量包括媒体的力量加以监督。要凝聚社会共识，动员社会力量包括媒体、民间的力量来监督污染型企业。鼓励全社会的广泛参与，形成环境管理上人人有责，全民皆兵。加强公民对环境恶化事件的举报、投诉制度，严格环境奖惩机制，大力发育参与环境保护的非政府组织和民间团体，形成环境保护人人有责的社会环境。应该注重受到污染损害的大众群体的生态需求，维护污染受害者的健康权，保护这些弱势群体的经济利益与社会利益。

（八）进一步理顺中央与地方的管理关系

加强中央对地方污染治理的指导、监督和约束，使地方政府把追求环境效益作为政府职能合理化的重要内容。多年的实践表明，严格的政府规制与政策有助于制止环境污染的扩大，而相对宽松的政府规制与政策会导致污染现象蔓延和得不到有效治理。事实上，各地政府在推进经济增长过程中形成强烈的政绩意识，在依赖本地政策配置资源以实现增长方面的权限有所扩大，从而可以将个人的政绩倾向与资源的配置和政策的运用结合起来，由此形成对待经济增长与社会发展、生态协调方面不同的价值判断，并区分出发展的硬指标与软指标两种类型。从硬指标看，GDP被作为地方官员政绩的重要考核标准，也被看做地方财政增收的标志，成为干部选拔、任用、晋升的标志性指标；但是环境污染指标通常被视为软指标，是可逃避、缺乏强制性约束的指标，污染严重很难成为限制地方领导提拔的障碍。在这种情况下，政府规制和政策就不能有力地限制本地的污染扩张，政府官员会认为严格的环境保护会限制的经济增长，甚至一些地区的政府在招商引资中对别的地区弃而不用的污染项目加以引进。不少地方政府对本地的污染企业视而不见，甚至挂牌保护，导致污染问题得不到纠正与治理。正是基于这一原因，需要国家硬化环境污染治理约束。在一定时期内抓紧构筑促进生态环境治理的制衡机制。可以考虑实行环境问责制、环境质询制度、环境听证制度，加强对环境管理部门的约束，并且将政府的环境管理报告列为人大、政协两会需要做出的报告之一。地方政府应该积极履行环境保护责任，贯彻执行国家的污染治理政策，强化污染管控和治理责任，把污染治理与建设生态省区、生态城市与幸福美好家园结合起来，促进各省市的环境净化与美化。与此同时，中央政府在更大范围更大力度加强环境污染治理。在条件适宜时，推出环境税收政策，以税收政策促进减排实践。值得强调的是，由于各地的产业结构不同，污染物来源与重点不同,以少数几个指标"包治天下"的政策导向不适应环境污染治理的新要求。因而,有必要参照国际标准,针对大气污染、水污染、土壤污染、固体废弃物污染等状况,建立更多更严格的污染管制标准,在此基础上构造新的治理目标,以指导全国各地区的污染治理实践。中央政府还应该建立有奖有罚的制度安排,引导地方政府和企业的行为。比如,可以出台补贴措施激励和引导企业自主减排,同时对污水处理不达标、设施运行不正常、污泥处置不规范等企业行为加以惩罚,对于再生利用垃圾等废弃物资源的发电项目等参照国际通行做法进行必要补贴。除此而外,中央政府应加强对污染治理基础设施的投资,尤其是注重跨地区的基础设施投资,积极推动区域之间环境污染治理的联防联控。

(九) 更加重视以结构调整转型升级带动污染减排

严格执行国家产业结构调整政策,进一步改变传统的高投入、高消耗、高污染的生产方式,促进产业结构、技术结构、区域结构的调整优化。加大钢铁、有色、建材、化工、电力、煤炭、造纸、印染、制革等行业落后产能淘汰力度;大力发展战略性新兴产业,积极落实国家有关新一代信息技术、节能环保、新能源、生物、高端装备制造、新材料、新能源汽车等战略性新兴产业发展规划。采用先进技术改造传统产业和注重发展高新技术产业,加快传统产业绿色转型。要大力推动企业的技术升级,提高生产工艺水平,积极发展循环经济,淘汰技术落后污染环境的工艺与设备,实行清洁生产,严格限制污染严重的企业进入市场。对于生产伪劣产品、采用落后设备进行粗放生产导致资源消耗较高、环境污染严重的企业行为,应该严格实行国家强制性环保标准加以制止。在对外出口中,继续严格控制"两高一资"类工业品的出口。同时,在国内主要生产区域之间进行产业结构的调整,将高耗能的产业向能源基地转移,以便集中生产和集中治污。积极推动环境保护尤其是污染治理方面的技术创新,提高技术创新在区域污染治理方面的贡献度。

(十) 依法管理区域环境,强化对政府官员违规的法律制裁

依法治国是污染治理的基础。要在区域污染治理上取得明显成效,必须在国家层面强化相关法律法规的建立健全。在修订《环境保护法》等法律法规的同时,抓紧制定土壤环境保护法、垃圾污染处理法等法律法规,并对现有的污染防治的法律法规进行修订。在此基础上,加强对各地环境保护执法状况的检查与监督,加强环境执法队伍建设并提高环保执法力度,促进各地区依法行政。对于破坏环境的行为,一定要严格按照政策与法律的程序加以处理,使破坏环境者能够付出更大的违法成本,也使更多的企业引以为戒,自觉地遵守国家的环境法律与法规。除此之外，在环境保护部门规范化专业化设立环境统计机构，规范统计对象和统计口径，通过教育相关工作人员和强化统计法规检查监督，促使各地环境统计工作服从国家的统计法规而非政府官员的行政指令。

（十一）加强区域污染治理方面的国际合作

中国的工业化起步晚于西方，环境污染治理的起步也晚于西方。在全球一体化过程中，由于加强了国际分工与合作，中国的工业化有了长足的发展。但是中国环境保护并没有国际一体化。这使得中国的区域污染治理还没有跟上工业化的脚步，不少地区的工业增长与环境保护间的矛盾日益突出。近年来，有关方面正在顺应城乡居民的愿望和顺应现代社会对宜居生活的要求，抓紧污染治理政策与法规的制定与落实以便迎头赶上。正因为如此，中国在环境保护方面很需要加强国际合作，尤其是加强环境产业、污染治理技术、人才培训、产业转移等方面的合作，也更需要国际社会帮助中国解决相关难题。顺便指出的是，如果美国政府真正关心中国城市的环境污染问题，就不应该只是发布中国相关城市站点的大气信息，而是应该积极回应中国政府的要求，积极转让有关污染治理方面的技术和提供相应的解决方案，对中国加强大气污染和水污染治理提供技术支持，而不是站在一个"外太空人"的角度袖手旁观、指手画脚和做无谓的纯意识形态的联想。

参考文献

[1] 中共中央. 关于制定国民经济和社会发展第十二个五年规划的建议. 新华网, 2010-10-27.

[2] 国务院. 关于印发国家环境保护"十二五"规划的通知. 环境保护部网站, 2011-12.

[3] 温家宝. 政府工作报告. 新华网, 2012-03-17.

[4] 周生贤. 紧紧围绕主题主线新要求 努力开创环保工作新局面. 环境保护部网站, 2011-01-13.

[5] 周生贤. 在全国节能减排工作电视电话会议上的发言. 环境保护部网站, 2011-09-27.

[6] 周生贤. 深入推进环保体制改革创新 积极探索中国环保新道路. 中国机构改革与管理, 2011（3）.

[7] 周生贤. 关于松花江休养生息情况的调查. 人民日报, 2011-08-02.

[8] 张力军. 抓住机遇, 正视困难, 努力开创环境统计工作新局面：在2009年全国环境统计工作上的讲话. 2009.

[9] 吴舜泽, 洪亚雄, 王金南, 陆军, 等. 国家环境保护"十二五"规划基本思路研究报告. 北京：中国环境科学出版社, 2011.

[10] 中国科学院可持续发展战略研究组. 2011中国可持续发展战略报告：实现绿色

的环境转型. 北京：科学出版社，2011.

[11] 中国环境执政能力课题组. 环境执政能力. 变革与前瞻//中国环境与发展国际合作委员会. 中国环境与发展的战略转型. 北京：中国环境科学出版社，2007.

[12] 乔琦，李艳萍. 综合类生态工业园区建设绩效的研究//桑国卫，陈宗兴. 生态建设与生态城市. 北京：中国医药科技出版社，2011.

[13] 奥斯特罗姆. 可持续发展需最广泛参与. 参考消息，2012-06-10.

专题报告 5
日本垃圾焚烧场所的区位决定与政策博弈

近年来，国内因垃圾焚烧引起的争论屡屡披露报端，引起社会各方的强烈关注。争论的关键不仅涉及焚烧与反焚烧之间的实践之争，而且细致到涉及一旦建立焚烧场所如何确定焚烧场所的区位选择之争。在中国城镇化水平不断提高、城市生活垃圾的数量也不断增加的背景下，垃圾焚烧不可避免地成为处理垃圾的重要途径之一。垃圾焚烧厂的位置设定与其他类型企业区位选择一样，都既涉及企业的经济利益比较，也涉及人与人之间的利益博弈。如何确定垃圾焚烧场所的区位，不仅与城市环境治理有关，也关乎百姓的切身利益。世界上一些先行工业化国家在城市垃圾焚烧场所区位选择上做过长期探索。日本的垃圾焚烧有多年的历史，在选择垃圾焚烧场所区位方面也有一些成功的政策实践，值得中国城市管理者加以借鉴。

一、垃圾焚烧场所区位决定的基本因素

垃圾处理方式通常包括填埋与焚烧两种类型。日本的垃圾处理早期以填埋为主，主要选择谷地和坑洼之地作为填埋场所。但日本是一个岛国，土地较少，人口密度较大，寻求建设更多的填埋场所并不现实。加之居民区产生的垃圾主要为厨余垃圾，埋入地下会腐烂发臭并滋生大量的蚊蝇和老鼠，带来新的环境卫生问题。因而在管理实践中，各地逐渐采用焚烧模式来替代填埋模式。相对于垃圾填埋来说，垃圾焚烧的优势明显。比如，垃圾焚烧可以消灭病原菌，减少疾病传播；垃圾焚烧可以减少最后的剩余物，符合垃圾减量化处理的要求；垃圾焚烧可以产生源源不断的电力，作为现有能源的补充；垃圾焚烧占用土地较少，可以节约土地资源，不像垃圾填埋会不断扩展填埋范围并易于造成地下水污染；垃圾处理产生的余热资源还可以利用；垃圾焚烧和余热利用过程还

可以产生一定的就业机会。正因为焚烧的无害化更为彻底，减量幅度大，能够节约大量土地资源，还可以产生一定的能源，从而成为资源与能源短缺的日本在处理固体垃圾的首要选择。当然，并非只有垃圾填埋才产生负面影响，垃圾焚烧过程也同样会产生一定的副作用。垃圾焚烧过程会产生一定的二恶英、飘灰、废渣等废弃物，也会对居民生活造成一定影响。

垃圾焚烧处理体系建设通常考虑到以下因素：垃圾来源与组成、垃圾收集、垃圾运输、垃圾焚烧、焚烧后的灰渣处理等。焚烧是垃圾焚烧处理体系建设的关键一环，大量收纳的垃圾进入焚烧场所，经过焚烧过程处理后，垃圾中的腐败物质（有机物）大部分变成水和二氧化碳释放到大气中，只剩下不用担心腐烂的焚烧灰。与处理前的生鲜垃圾相比，焚烧后的重量减少到1/10，体积可以减少到1/20。与直接填埋生鲜垃圾相比，填埋场可以有效利用 10~20 倍。这种物质的空间转化、数量转化与能量转化，带来巨大的经济社会效益。在焚烧方式确定后，关键在于选择垃圾焚烧场所区位。

垃圾焚烧场所的区位确定与其他工商业场所的区位确定有一定的共性特征。比如，垃圾焚烧场所建设必须考虑到自然环境与条件，要求建设区位自然环境较好，但是又不能对生态环境进行冲击；要求社会基础较好，得到民众的普遍认可。尤其是垃圾焚烧场所的区位一旦确定，就会产生长期的刚性成本。这就要求服务对象与人口保持一定规模。服务范围内的人口较少，则带来明显的规模不经济，设施建设后利用效率不高；还要求运输半径必须在一定距离范围内。垃圾焚烧体系的运转尽管带有一定的公益性但也需要考虑减少成本，而垃圾运输距离过长会带来偏高的运输成本，加重企业的负担；运输距离过短的区域，要么已经主要辟为商业区，要么自然环境条件不支持建设垃圾焚烧场所。而且，距离主要居民区过近，焚烧的飞灰较多，影响居民家庭环境卫生，距离居民区过远的地方，可能会对自然保护区、水源地等有明显的环境影响。因而在长期的垃圾焚烧场所区位选择实践中，日本提出相对远离居民区（其距离是根据烟囱高度计算出尘埃可能飘落的最大距离的两倍）作为焚烧场建设的基本要求。

二、垃圾焚烧场所区位确定中的利益博弈

垃圾焚烧场所的区位决策，就是在现有技术条件下，以垃圾资源化和减量化处理为目标，选择成本较低而效益较高的焚烧场所作为建设地

址。然而，垃圾焚烧尽管是为了处理外部性问题，但是在焚烧过程中还是难以完全消除负外部性问题，甚至在措施不当或者技术不完善情况下，可能出现这样的状况：在解决以往的负外部性问题的同时，滋生新的负外部性问题。在这方面，日本并非没有前车之鉴。

1988年，六粟环境美化中心周边还是森林茂密、环境良好的区域。1990年4月1日，垃圾焚烧设施开始使用。但在1997年1月日本厚生省公布的二噁英实态调查中，六粟却成为在全国环境最差的区域。在全国焚烧设施测定结果中，六粟环境美化中心二噁英的浓度最高。以往致力于环境保护的区域变成环境极差地区，当地的农产品销售顿时受到影响，地区发展振兴规划的实施遭受重大打击，区域声誉一度严重受损。受此影响，全国各地都出现反对建设垃圾焚烧场的活动。根据有关方面对1997~1999年着手进行垃圾处理设施建设的自治体的问卷调查，有39%反对建设焚烧设施，有28%反对建设最终处理场，其理由主要大多是"周围居民多"或"规模大"，反对运动的形态主要表现为结成反对组织及进行签名运动，向县及厚生省的请愿活动也达14%。主要的反对者中，设施周边的居民比建设用地上的当地居民还多，表现出居民纠纷的"炸面圈现象"（见图1），反对建设焚烧设施的运动此起彼伏。

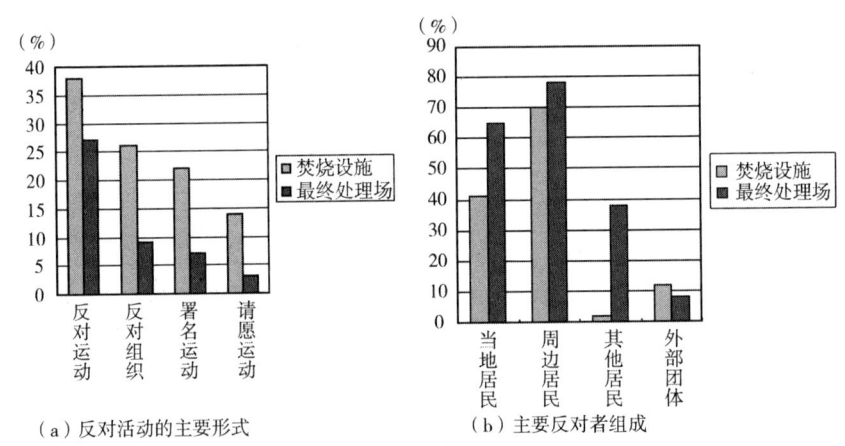

(a) 反对活动的主要形式　　(b) 主要反对者组成

图1　垃圾处理设施区位反对运动的情况

注：①调查对象：1997~1999年垃圾处理设施动工的自治体。②散发问卷：（焚烧）113个设施（最终处理）178个设施。③收回问卷：（焚烧）59个设施（最终处理）87个设施。

资料来源：21世纪废弃物问题座谈会．自治体的政策决定过程——以达成协议为重点．http：//www.jesc.or.jp，2001-01．

在日本，反对建造焚烧设施及最终处理场的原因概括起来有以下四点：①对焚烧设施能否安全运行感到不安。具体表现为：二恶英类污染、大气污染、地下水污染、恶臭扩散、重金属污染；自然环境被破坏，农作物的安全性受到影响；垃圾收集车造成的交通公害和排气污染；垃圾处理设施的爆炸、火灾事故、最终处理场的漏水事故；焚烧设施影响到周边学校的环境，许多市民认为焚烧设施的建设还影响到周边医院的环境。②对于达成协议的方式感到不满。具体表现为：用地选定过程不透明、理由不充足、对地权人进行利益误导；与民众沟通少、事先得出结论后才进行公开说明；对补偿费、扰民费支付范围有意见；对决策执行信任度不高，认为执行部门的承诺不可信；行政机构的说明与学者、媒体的说法不一致。③认为计划本身不够妥当。具体表现为：没有明确告知建造设施的必要性；设施规模过大、垃圾减量努力不够；不同意处理其他城市的垃圾。④对垃圾和处理设施在本地区的出现有不愉快、厌恶感。具体表现为：视觉上、心理上的不快；垃圾处理场所对周边建筑物有压迫感；对地价下降感到不安。由于垃圾焚烧设施建设，周边地区的房地产价格会出现一定程度的下降，影响到居民的切身利益。正因为如此，在日本，当地居民与政府部门围绕着建设垃圾焚烧场所会出现大量纠纷，甚至出现不少对簿公堂的现象。日本民众存在着普遍的"知道建设的必要性但不能建在自家附近"即 NIMBY（Not in My Back Yard）心理，反对就近建设垃圾焚烧场所的倾向较为普遍。由此可见，在垃圾焚烧场所建设过程中，利益矛盾与冲突客观存在。一方面，焚烧是解决日本垃圾问题的必由之路，是相对安全和更具可持续性的垃圾处理方式，是在日本这样一个岛国维持环境稳定的必要措施，是日本建设环境友好型社会的必然途径；另一方面，民众出于自身利益的诉求，对于在居住与工作场所周围建设垃圾焚烧场所持反对意见。由于日本已经跨越工业化阶段进入后工业化社会，民众对于健康、安全、和谐、清新的环境存在强烈的追求。对于环境不友好的经济与社会行为，存在强烈的反对心理。民众从对焚烧设施的二恶英产生不安逐渐扩大到居民对焚烧设施产生不安，要求焚烧设施停产的诉讼和反对焚烧设施建设的活动不断高涨。

鉴于民众的利益与政府的管理目标存在着截然的反差，如何平衡两个方面的利益关系就成为政府政策的重要着力点。政府采取的措施包括两个方面：一是注重加强垃圾焚烧技术的研究，尽可能提高垃圾焚烧效率和减少焚烧中的废弃物排放；二是注重垃圾焚烧场所的区位选择。

就前一方面看，日本拥有垃圾焚烧设施的大部分城市规定，焚烧设施的排气设施构造不得对生活环境保护产生损害。在烟囱等处设置检测口的同时，煤烟排出量必须达到大气污染防止法所定排出基准以下，必要时设置合适的煤烟处理设施；由于日本地震多发，垃圾焚烧设施作为城市应对灾害的重要设施，在建筑上的抗震要求比一般建筑物更高。在阪神淡路大地震后，垃圾焚烧设施在处理震灾垃圾方面发挥重要作用。新潟县中越地区发生地震时柏崎焚烧设施烟囱外筒 RC 发生破损的报道让人震惊，但是工厂厂房、内部装置只受到轻微损害。自六粟环境美化中心二恶英事件发生后，兵库县二恶英对策讨论委员会开始开展活动，成立由各町的助理、各町推荐的居民代表、有学识有经验者在内由 13 名委员组成的"六粟环境美化中心公害监视委员会"，并采取一系列措施来处理垃圾焚烧环境问题。比如，停止将可燃垃圾搬运到六粟环境美化中心，关闭焚烧部门；将垃圾处理业务开始委托给揖龙清洁中心；实施六粟环境美化中心周边环境调查，对大气、表土、河水、土壤、大米、蔬菜污染状况加强监测；对六粟环境美化中心建筑施工进行社会监察；给最终处置场渗滤液处理设施安装去除二恶英设备（逆浸透膜方式）；垃圾固体燃料化（RDF）设施开始运营等。这些举措都收到良好的减污效果，当地的环境状况出现明显好转。两年后，针对居民代表提出对土壤进行的检测要求，兵库县二恶英对策研讨会公布，调查结果已经对健康没有影响。

在垃圾焚烧场所的区位选择方面，日本各地也明确了一系列基本原则，规范垃圾焚烧场所的决定基础。其中包括：垃圾焚烧场所原则上要建设在城市的规划区域内；避免建设在自然公园等受到保护的自然环境区域；避免建设在住房密集区域；为确保垃圾运输畅通，垃圾焚烧场所出入的道路设置在干线道路上或者面向干线道路设置；焚烧设施周围的基础设施要完备或者具备修建基础设施的可能性；垃圾焚烧场所挖掘出地下埋藏文物的可能性小。在垃圾焚烧场所确定后，还有一系列具体的建设规定。包括焚烧场所的用地面积必须大而完整，以保障焚烧设施的处理能力与处理方式（炉型）；基于焚烧炉数量和规模，必须确定焚烧场所建筑物建设规模、区域内垃圾运输路线、运输车数量、停车场、洗车设备等，并考虑对周边市区影响的远离距离、缓冲绿地。在区位选择过程中，日本的学者逐渐形成了一套明确的评价项目体系（见表1），构筑了区位选择评价模式逐步规范化和科学化的基础。

表1　一般垃圾焚烧设施的选址评价项目

设施建设的难易度	建设费、土地购买费	土地购买费 土地修整费 设施建筑费
	对自然环境的影响	对植物的影响 对动物的影响
	对文物的影响	埋藏文物的可能性
	土地利用规制	有无开发规制区域 指定保护林 其他
设施运营的难易性	通勤的便利性	到最近的铁路车站的距离
	垃圾搬运的方便程度	离居住地的平均距离
	用水	上下水的整备情况
获得地区居民的同意	设施对环境的影响	大气污染 恶臭 噪声
	垃圾搬运造成的环境影响	大气污染 恶臭 噪声
	设施的存在带来的影响	妨碍景观 妨碍电波

山武市明确规定，垃圾焚烧场所不能建设在距离学校、托儿所、医院、诊所或特别护养老人院附近；相对远离主要住宅区；不能建设在自然公园特别区、自然环境保护区的特别区域、鸟兽特别区域、绿地保护区、首都圈近郊绿地保护地区、法定风景区、保护林和预定保护林、急倾斜地有崩溃危险区域、防砂制定林、滑坡防止地区。还有一些城市政府还规定，垃圾焚烧场所不应设置在以下区域：自然公园或自然环境保护地区、乡间或绿地环境保护地区、鸟兽保护区、首都圈近郊绿地保护地区、特定植物群落、作为城市规划设施或其他公共设施属于将来土地利用规划区域或场所、市街化调整区域、需要进行文物保护的场所、作为优良农地必须保护的场所、市长认为不适于建造垃圾处理设施的场所。

值得一提的是，日本的垃圾焚烧场所的区位选择已经出现了一些新动向，值得我们加以关注。比如，在理论研究方面，日本学者已经把改良型的层次分析法（D-AHP）用于垃圾焚烧场所的区位分析评价之中；在实践上，近年来以二恶英问题为发端，日本不少城市出现了将小规模的一般废弃物焚烧场合并起来，把若干市町村的焚烧场合并建设成一个广域处理的大规模设施的倾向。

三、垃圾焚烧场所区位确定的合理程序

垃圾焚烧处理关系到日本民众的切身利益，也关系到日本走什么样的可持续发展之路。围绕垃圾焚烧场所的区位选择，日本政府与民众衍生出诸多的矛盾与纠纷。但是在实践中，双方逐渐认识到合理确定焚烧场所的重要性。垃圾焚烧场所区位决定如不顾及政府利益，将滋生大量的运输成本，导致公共环境空间被破坏，损害下一代人的生存环境与生态环境；但区位选择如不顾及民众利益，也会影响到民众的生活环境，增加广大民众的心理负担，影响到民众的经济与社会权益。在日本垃圾焚烧场所区位选择实践中，逐步采取了一些规范化的决策程序，以平衡各方利益关系，避免垃圾焚烧场所区位单方面确定导致的负面因素发生。

一是明确向社会大众说明垃圾焚烧场所区位选择的目的和必要性。垃圾焚烧场所建设中的位置之争，促使政府认识到垃圾焚烧设施的区位选择与社会和谐息息相关，争取社会大众对建设垃圾焚烧场所的支持是垃圾焚烧场所建设的关键。

二是确定多个替代方案。在垃圾场所建设区位选择方面，政府主管部门已经形成一个规范的做法，就是提出多个建设方案备选，多次确定候补地区，进行广泛地调查与分析评价，采取民众反对声音较小、社会接受程度较高的方案（见图2），以便在具体的区位选择中顺利规划和建设。

三是提高信息的公开化、透明化程度。为了获得社会各方面的充分意见，就需要尽可能充分地公开信息，广开言路，征求社会团体与市民的意见，听取社会各方的不同建议，尽可能多方面广泛反映居民心声。为此，政府部门采取市民说明会、参观、征求委员会成员意见、意见听取会等形式，获取多方看法与观点，并围绕垃圾焚烧场所建设设立投诉窗口。

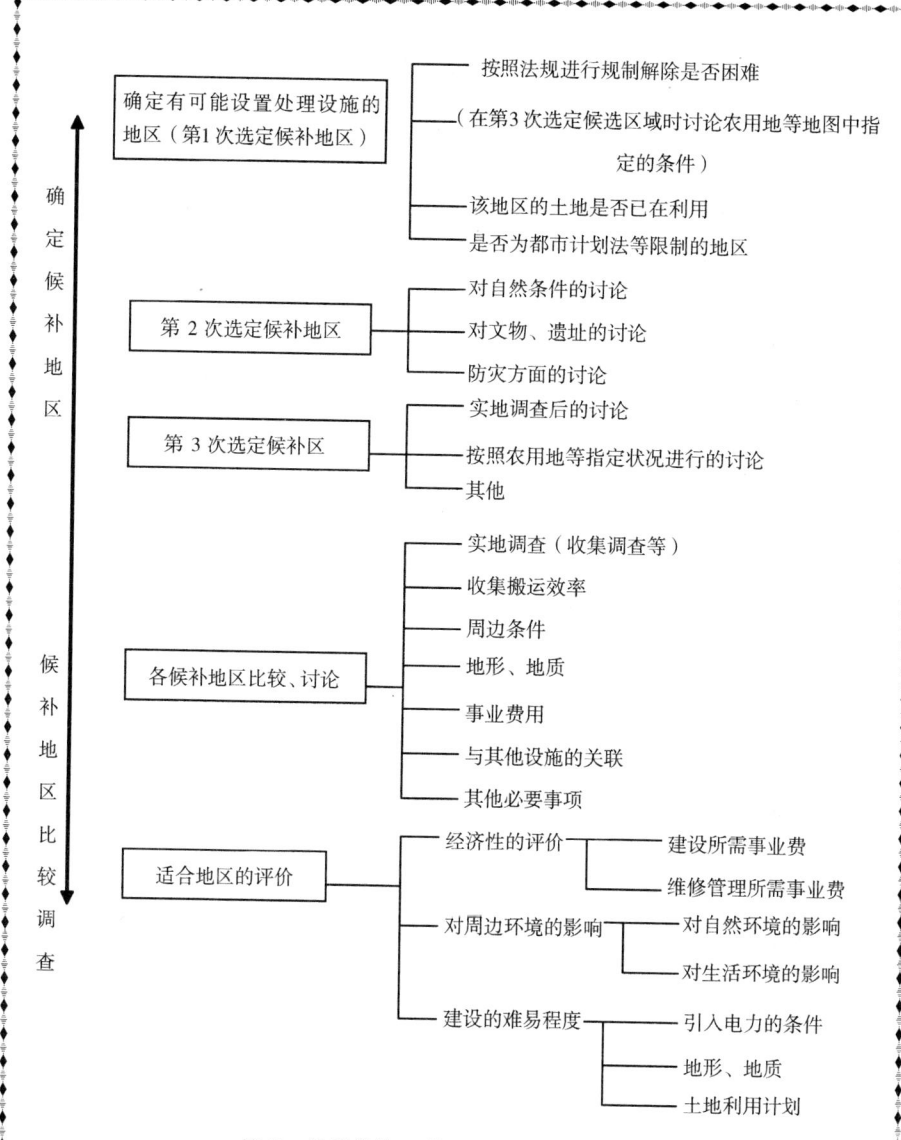

图 2 垃圾焚烧设施建设的政策决定过程

四是凝聚社会共识。在信息渠道畅通的基础上，构筑由行政、企事业者、居民联合起来共同构筑的处理体系，就当地设施新建、更新、改造的必要性，还原设施与设备选择、公害防治协议等方面争取社会各方的支持，求得尽可能广泛的社会共识。

他山之石，可以攻玉。研究日本垃圾焚烧场所的区位选择，是为了借鉴日本的经验，推动中国垃圾焚烧场所区位选择的研究与政策决定，这既有利于扩大区域经济与经济地理研究的范围，同时也促进中国环境保护政策的区域化实践。从整体上看，日本在垃圾焚烧场所区位选择上的一些成功经验还是值得我们加以借鉴。一是重视区位决策。充分考虑城市发展的自然与社会经济条件，把区位选择作为垃圾焚烧场所建设的重要环节加以高度重视。二是加强规划研究。采用多因素全方位的分析与评价方法，在垃圾焚烧场所的区位确定中，充分考虑综合性、地域性和专业性特点，进行经济效益、社会效益、环境效益等方面的综合评判。三是推进民主决策。切实落实以人为本的精神，通过广泛征求意见和充分重视各方的利益诉求与利益表达，以便区位决策体现最广泛的利益，获得各个群体的社会认同。

参考文献

[1] 日本环境省．循环型社会白皮书．东京：株式会社ぎょうせい，2006．

[2] 田中胜，寄本胜美．垃圾处理手册．东京：丸善株式会社，1998．

[3] 佐藤幸世．日本焚烧技术的进步及今后将发挥的作用、可能性．日报出版（株），2008，34（9）．

[4] 21世纪废弃物问题座谈会．自治体的政策决定过程——以达成协议为重点，http：//www.jesc.or.jp，2001－01．

[5] 山武市废弃物处理设施选址基准．http：//www.city.sammu.lg.jp，2006－03－27．

[6] 藤田真一，田村坦之．改良型AHP在一般废弃物焚烧场选址中的应用．经营科学，2002，47（3）．

第六章 积极应对温室气体的挑战

2009年底的哥本哈根全球气候大会一度吸引了全世界的目光。虽然此次大会因为诸多原因没有达成有约束的协议,但是各国的政治家与学者都十分关心全球气候变化,也不约而同地承诺在应对全球气候变化方面做出贡献。中国是一个人口规模和经济总量都较庞大的发展中国家,理应成为全球温室气体减排的重要力量。中国在哥本哈根全球气候大会上做出自己的减排承诺,也受到各方的充分肯定,为全球温室气体减排做出了贡献。

第一节 温室气体排放趋势与人类发展困境

科学研究表明,地球之所以生命斑斓多彩,是因为存在着二氧化碳和水蒸气等气体物质,这些气体物质如同温室一样,能够阻挡和吸收过多的太阳光直射,防范地表温度大幅度上升;同时又能阻碍地球能量的耗散,滞留地表以一定热量来维持温度。可见,温室气体的存在,避免了地球温度的畸高畸低。然而,温室气体在地球上维持在一定范围,可以有利于保持地球气候正常水平。当温室气体集聚过多超过一定水平时,则有可能滞留过多的太阳光热量并阻止其向外层空间反射,使地球上温度升高,气候出现异常,各类生物的生命受到威胁。政府间气候变化委员会(IPCC)2007年的评估报告表明,由于工业革命以后大量化石能源的利用,导致人类向大气层排放大量温室气体,影响到地球表面的辐射平衡,导致地球表面的温度上升,人类生产、生活活动导致的温室气体排放约占全球气体排放总量的90%以上。有研究发现,过去100年以来,全球表面温度已经上升了0.5度。而在过去的200年中,大气中的温室气体排放量出现明显增长,其中二氧化碳排放增长了30%。大部分科学家认为,全球温室气体排放与地球表面温度上升之间存在一定的相关关系。政府间气候变化专门委员会第四次评估报告表明,大气中二氧化碳浓度已从工业革命前的280ppm上升到2005年的379ppm(1ppm为百万分之一),超过了近65万年以来的自然变化范围,近百年来全球地表平均温度上升了0.74℃。如果我们还是延续原来的生活方式,那么到21世纪末,二氧化碳在大气之中的含量将高达750ppm,全球平均气温上升1.1℃~

6.4℃。根据 2011 年 11 月 21 日世界气象组织在日内瓦发布年度《温室气体公报》，2010 年地球大气温室气体中二氧化碳的浓度较 2009 年上升了 2.3 个 ppm，达 389ppm，增幅高于近 10 年 2.0ppm 的年均增长水平和 20 世纪 90 年代 1.5ppm 的年均增长水平。根据世界气象组织的资料，由于大量使用化石燃料、毁林和改变土地用途，自 1750 年工业化进程开始以来，二氧化碳在大气中的浓度增加了 39%。此外，2010 年大气中甲烷浓度较上一年增加了 5 个 ppb（1ppb 为十亿分之一），达 1808ppb，较 1750 年水平增长 158%。同时，另一种温室气体氧化亚氮的浓度也有一定程度上升，达到 323.2ppb，较 1750 年水平增长 20%。

根据国际能源署（IEA）的最新研究，如果人类不加以有效控制，温室气体在大气中的长期浓度将超过 1000ppm 二氧化碳当量，那么，全球温度将比工业革命前升高 6℃。而根据世界银行报告《2010 世界发展报告：发展与气候变化》的数据，预计 21 世纪（指 2000～2100 年）全球温度将比工业化前总共升高 5℃。

自 20 世纪中后期开始，人们注意研究工业化与全球大气层之间的相互关系。比如，自 20 世纪 30 年代开始，在冰箱冰柜制造中就开始使用氟氯化碳（CFC）作为制冷剂，到 1970 年时，全球每年使用的氟氯化碳已经多达 100 万吨。从理论上看，这种化合物不能在自然界天然生成。但在 1970 年，James Lovelock 发现伦敦上空的大气中含有少量氟氯化碳，并在其后的研究中指出，在远离地面的大气层中也存在氟氯化碳气体。四年以后，F. Sherwood 和 Mario Molina 发现，即使氟氯化碳的浓度很小，也能够腐蚀同温层的臭氧圈，而臭氧圈是为人类遮挡紫外线辐射的重要大气圈层。以后的研究还证明，氟氯化碳可以长时期存在于大气层中，对臭氧层产生持久性的破坏；而暴露在紫外线辐射下的时间越长，人类患皮肤癌的可能性越大。可见，工业化尽管可以带来人类生产率与消费水平的提升，但是如果对工业化带来的环境损害注意不够，也会影响到人类环境与人类健康。因而，有必要对因工业化造成的环境影响进行科学评估，以便从政策上更好地干预和引导工业化进程。目前，国际社会已经采取措施，逐步减少臭氧损耗物的生产。可以预期，由于适度的干预性政策，未来全球的臭氧层会得以复原。

事实上，氟氯化碳是温室气体的重要组成部分，与全球范围的工业化不无关系。而工业化也是造成其他类型温室气体排放的主要成因。根据有关资料，在几种温室气体排放构成中，二氧化碳为 55%、氯氟烃为 24%、甲烷为 15%、氧化亚氮为 6%。以二氧化碳的排放来说，大约 80% 以上的二氧化碳排放都是因为能源工业或者其他相关工业发展引起的。从国别上看，尽管西方各发达国家都进入后工业化时期，工业在整个经济结构中所占的比重较小，但是由于工业占全球比重较大，发达国家依然是全球温室气体排放的主要来源。不过,由于发展中国家的工业化处于推进阶段而发达国家的工业化处于衰减过程中,在全球工业化出现发达国家与发展中国家涨落互见的同时,温室气体排放也出现此消彼长的变化。由表6-1可见,1990~2000年,发达国家占全球温室气体排放的比重明显下降,而发展中国家在温室气体排放中的比重明显上升,发达国家与发展中国家在温室气体排放中的份额出现趋同化趋势。随着人口规模和经济规模的扩大,未来发展中国家将无疑会成为温室气体排放的主体。

表6-1 发达国家、发展中国家和前20位国家的关联性排放

单位:%

指标	发达国家	发展中国家	前20位国家
1990年温室气体排放	59.2	40.1	76.0
2000年温室气体排放	51.9	47.3	75.4
1950~2000年与能源关联的累积性温室气体排放	72.0	26.6	81.0
2000年因土地利用导致的温室气体排放	41.7	57.7	70.4
因土地利用带来累积性温室气体排放	51.7	47.0	74.1

资料来源:WRI CAIT.

联合国政府间气候变化专家委员会的其他一些报告也确定了温室气体排放对气候造成的负面影响。由于全球气温上升引起冰川融化和海洋膨胀,导致海平面明显上升。根据IPCC提供的不同方案预计,到2100年地球温室气体浓度增长1倍时,海平面上升的高度可能会在20~100厘米范围内,一些低海拔的沿海地区和岛国可能遭遇灭顶之灾。研究表明,温室气体排放量增长1倍所带来的破坏性效果,可以使发达国家GDP损失1.0%~1.5%,使发展中国家的GDP损失2.0%~9.0%。21世纪第一个10年中期,一些西方国家军政界人士提出,应把气候变化作为世界各个国家安全计划的组成部分,并认为,气候变化是世界上一些最不稳定地区的"威胁放大器"。显然,发展中国家在温室气体排放中受到的影响更大。有研究指出,海平面如上升40厘米,受年度性洪水威胁的人口将增加7500万人到2.6亿人,其中90%的人口位于非洲和亚洲。根据IPCC的预测,在2010年以后三个30年时间段中,亚太地区的气候会出现较大幅度的变化。由于各地所处的区位不同,气压、湿度、风力等条件不同,气候变化的区域差异较大。以温度变化来看,偏冷气候带如北亚、中亚和青藏高原的气温增加更快(见表6-2)。亚太地区的雨量也会出现较为明显的变化,已经干旱的澳大利亚北方和中亚地区因而会变得更干(见表6-3)。

表6-2　21世纪分三个时期亚太地区可能出现的地表温度变化（与1990年相比）

单位：度

次一级区域	30年间隔的环境变化（2010~2099年）		
	2010~2039年	2040~2069年	2070~2099年
	由低到高	由低到高	由低到高
北亚	1.69~2.94	3.13~6.65	4.00~10.45
中亚	1.52~1.89	2.58~4.42	3.42~7.50
青藏高原	1.49~2.05	2.74~4.44	3.73~7.62
东亚	1.24~1.82	2.24~4.18	3.00~6.95
南亚	0.54~1.18	0.88~3.16	1.56~5.44
东南亚	0.72~0.92	1.30~2.32	1.87~3.92
印度洋	0.51~0.98	0.84~2.10	1.05~3.77
北太平洋	0.49~1.13	0.81~2.48	1.00~4.17
南太平洋	0.45~0.82	0.80~1.79	0.99~3.11
澳大利亚	0.10~1.50	0.30~4.00	0.40~8.00
新西兰	0.10~1.40	—	0.20~4.00

资料来源：http://www.ipcc.ch/ipccreports/ar4-wg2.htm.

表6-3　21世纪分三个时期亚太地区可能出现的降雨变化（与1990年相比）

单位：%

次一级区域	30年间隔的环境变化（2010~2099年）		
	2010~2039年	2040~2069年	2070~2099年
	由低到高	由低到高	由低到高
北亚	+4~+16	+8~+35	+10~+39
中亚	-5~+5	-7~+8	-13~+10
青藏高原	+4~+14	+5~+21	+7~+31
东亚	0~+6	+2~+13	+4~+21
南亚	-3~+8	0~+26	-16~+31
东南亚	-2~+1	-1~+4	+1~+12
印度洋	-5.4~+6	-6.9~+12.4	-9.8~+14.7
北太平洋	-6.3~+9.1	-19.2~+21.3	-2.7~+25.8
南太平洋	-3.9~+3.4	-8.2~+6.7	-14~+14.6
澳大利亚	-15~+10	-40~+27	-80~+54
新西兰	-19~+15	—	-32~+40

资料来源：http://www.ipcc.ch/ipccreports/ar4-wg2.htm.

从表 6-2 和表 6-3 可以看出，在 2010~2100 年的三个阶段中，与前一个时期相比，后一个时期全球气温与雨量的变动幅度明显加大，各地气候变得更加不稳定，极端气候状况如热浪、干旱、暴雨、台风和洪涝等发生更为频繁，可见人类未来面临的气候形势将越来越严峻。有研究表明，气温如上升 2 度，印度耕地的产值将下降 36%，非洲与亚洲贫瘠和半贫瘠的地区将面临更高气温。当然，哥本哈根会议前后，人们发现，IPCC 等机构有夸大温室气体排放导致气温上升之嫌，出现了"曲棍球门"、"冰川门"、"亚马逊门"等事件，IPCC 遭受到信任危机，但大部分学者依然承认温室气体排放导致气温上升和气候异常的作用。鉴于温室气体排放带来的负面作用，20 世纪 70 年代后，越来越多的学者提出应通过削减温室气体排放来维持全球气候的稳定性，并且对成本收益关系进行了估算。1991 年，美国经济学家诺德豪斯就研究了削减温室气体费用与收益之间的关系。研究发现，如果削减 5% 的温室气体排放量，全球仅花费 6 亿美元但可以避免 30 亿美元的损失。当削减规模超过 11% 时，可以实现最大净收益。国际社会普遍认为，要稳定形成有利于人类生存和发展的全球气候，就有必要把大气中的温室气体浓度稳定在目前水平，从而大幅度减少二氧化碳的排放量。比如，国际能源署估计，如果全球大气中温室气体浓度能够稳定在 450ppm 二氧化碳当量，全球二氧化碳排放量到 2020 年将达到最高峰，为 307 亿吨碳当量，2030 年降到 240 亿~260 亿吨碳当量，到 2050 年则降至 100 亿吨碳当量，相当于 1990 年（209 亿吨碳当量）的一半。

温室气体的排放，主要是由人类经济活动造成的。二氧化碳、甲烷、氧化亚氮、氢氟碳化物、全氟化碳等的增加，带来不同的增温效应（见表 6-4），但都对整个人类未来的发展带来不可持续的结果。过于夸大温室气体排放带来的效果很不恰当，但是无视温室气体排放带来的后果更是错误的。国际社会有必要行动起来，积极参与温室气体减排行动。

表 6-4 主要温室气体及其特征

温室气体	化学分子式	增温效应（%）	生命周期（年）	主要来源
二氧化碳	CO_2	62	50~200	煤、石油等燃料燃烧，生物呼吸、火山爆发等
甲烷	CH_4	21	12~17	厌氧微生物对有机物分解、水稻家畜排放、石油煤及生物体燃烧排放
氧化亚氮	N_2O	4	120	生物源、人类生产活动如施肥等

续表

温室气体	化学分子式	增温效应（%）	生命周期（年）	主要来源
氢氟碳化物	HFC$_3$	11（含下项）	13.3	主要是人类生产与生活排放
全氟化碳	PFC$_5$	—	50000	主要源于人类生产与生活排放

资料来源：葛庆龙：《城市主要能源及用水量对全球气候变化的响应——以大连市为例》，大连：辽宁师范大学硕士学位论文，2004年。

第二节 中国是全球最大的温室气体排放国之一

中国是世界上人口最多、经济规模最大的发展中国家，同时也是世界上温室气体排放最多的国家。根据有关方面提供的数据，1990年中国二氧化碳排放量22.41亿吨，占全世界（212.23亿吨）的10.56%，同年美国和欧盟15国的二氧化碳排放量分别为49.78亿吨和40.89亿吨，占全球的比重分别为23.46%和19.27%，但是到2006年，中国的二氧化碳排放量已经达到61.03亿吨，相对于在1990年基础上增长了1.72倍，而同期美国的二氧化碳排放量只增长了15.56%，欧盟的二氧化碳排放量还出现了下降趋势。中国排放的二氧化碳占全球二氧化碳排放量的份额已经由10.56%上升到21.5%。在全球二氧化碳排放量从1990年的212.23亿吨增加到2006年的284.32亿吨，净增长72.09亿吨时，中国碳排放数量净增长38.63亿吨，占全球新增二氧化碳排放量的一半以上，达到53.59%。从人均排放量来看，根据有关国际机构提供的数据，2006年，中国人均二氧化碳年排放量达到4.57吨，超过世界平均水平的9.33%。

表6-5 2006年世界前20个国家年二氧化碳排放量及人均值

排序	国家	年二氧化碳排放量（千吨）	占全球比重（%）	人均值（吨）	达到世界人均值需要削减比重（%）
	全世界	28431741	100.0	4.18	0
1	中国	6103493	21.5	4.57	9
2	美国	5752589	20.2	18.67	78
—	欧盟	3914359	13.8	7.84	47
3	俄罗斯	1564669	5.5	11.03	62
4	印度	1510351	5.3	1.29	-224
5	日本	1293409	4.6	10.14	59

续表

排序	国家	年二氧化碳排放量（千吨）	占全球比重（%）	人均值（吨）	达到世界人均值需要削减比重（%）
6	德国	805090	2.8	9.82	57
7	英国	568520	2.0	9.26	55
8	加拿大	544680	1.9	16.08	74
9	韩国	475248	1.7	9.59	56
10	意大利	474148	1.7	7.90	47
11	伊朗	466976	1.6	7.03	41
12	墨西哥	436150	1.6	3.92	-7
13	南非	414649	1.5	8.45	51
14	法国	383148	1.4	5.98	30
15	沙特阿拉伯	381564	1.3	13.30	69
16	澳大利亚	372013	1.3	18.74	78
17	巴西	352524	1.2	1.83	-128
18	西班牙	352235	1.2	8.69	52
19	印度尼西亚	333483	1.2	1.39	-201
20	乌克兰	319158	1.1	6.98	40

资料来源：CDIAC, 2007.

国际社会对温室气体排放的影响因素进行了大量的分析，中国国内也对中国自己的能源消耗和温室气体排放做过不少有价值的分析。但中国成为世界上温室气体排放量最大的国家之一，本身就是中国发展面临的挑战。加强对中国温室气体排放成因分析，有助于制定科学的减排政策，也有助于中国与全球其他国家一道共同应对温室气体排放带来的挑战。根据我们的研究，中国温室气体排放量大，至少有以下诸多成因：

（1）庞大的经济规模与人口规模。统计规律显示，无论是在国家之间还是在一国的地区之间，经济规模和人口规模都与能源生产与消费存在正相关关系。经济规模越大，对能源需求会越多。中国目前的经济总量已经达到世界第2位，相应地能源消耗与温室气体排放在全球前列也属正常。美国、欧洲诸国的经济总量较大，能源消耗数量也相应较多，排放的温室气体自然较多。从人口规模看，人是生产者也是消费者，人的衣食住行都需要投入各类电力、煤炭、化肥、钢铁、水泥等物质产品，这些消费品的产生都会产生大量温室气体。中国是世界上人口最多的国家。2008年，全国人口多达13.3亿人，占全球人口总数近20%。人口越多，消费需求越多，能源消耗与产生的温室气体排放也相应越大。

（2）不断推动的工业化与城镇化进程。工业化与城镇化是中国经济发展的总体趋势，工业化与城镇化也相应带来整个经济结构与经济规模的变化，形成大规模的能源消费需求。工业化的推进，如果更多地依赖于规模扩大而非技术创新与结构升级，会自然而然带来原材料工业与原料工业规模的扩大，而原料与原材料生产与加工都高度化地依赖于能源消耗，从而带来能源生产与消费规模的迅速扩大。城镇化亦然。城镇化中人口由农村转移到城镇，将带来生产规模与消费规模的扩大，城镇居民本身的收入水平与消费水平高于农村，城镇人口增加还会带来住宅、基础设施建设方面的需求增加，带来能源使用规模的扩大和温室气体排放的增加。

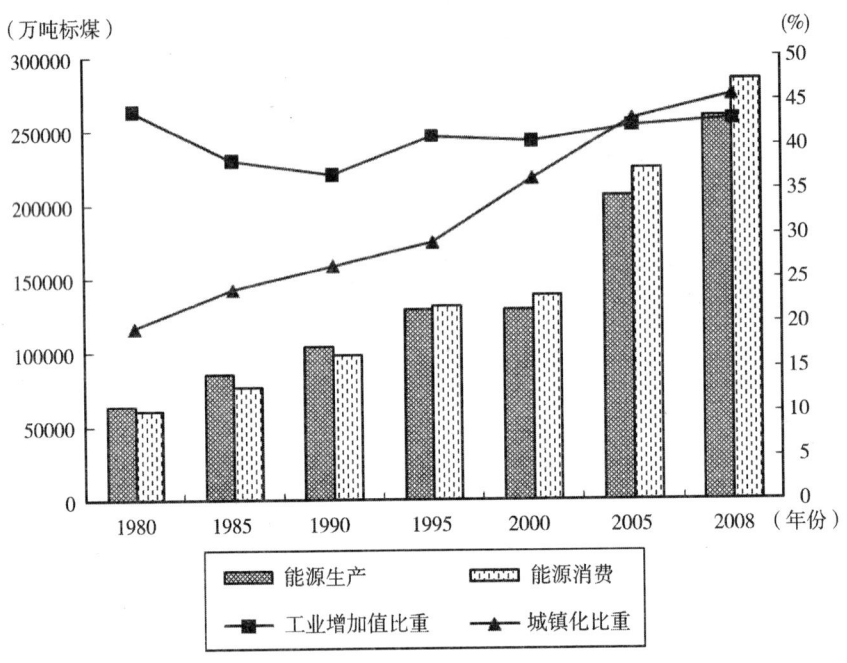

图6－1 中国能源生产、消费与城镇化和工业化比重变化

资料来源：《中国统计年鉴》（2009）。

（3）现有的能源结构易于产生相对偏多的温室气体排放。中国拥有较为丰富的化石能源和可再生能源，但人均能源资源拥有量较低，而且可再生能源在能源中所占比重较小。其中，煤炭和水力资源人均拥有量相当于世界平均水平的50%，石油、天然气人均资源量仅为世界平均水平的1/15左右。在能源供给总量相对不足的国家，经济发展的动力驱动将不可避免地主要依靠具有相对禀赋优势的煤炭。中国煤炭储量世界领先，年煤炭产量近30亿吨，基本形成以煤炭为主、多种能源互补的能源结构，在中国的能源消费结构中，煤炭所占比重占到70%以上（见图6-2），全国85%的二氧化碳、90%的二氧化硫和73%的烟尘都是由燃煤排放的，大气污染中仅二氧化碳造成的经济损失就占GDP的2.2%。在消费结构中，煤炭消费总量为世界第一，石油消费总量也为世界第一。这样的耗能结构使中国的二氧化碳排放总量居于各国前列。等量的能源消耗，并不必然产生等量的碳排放，这与能源结构与能源产生条件等因素有关。传统能源产生的碳排放数量存在较大差别，新能源如风能和太阳能在生产与使用中甚至很少产生碳排放。根据有关方面的资料，天然气与石油的燃烧效率比煤炭分别高30%和23%，燃烧每吨煤炭、石油和天然气的二氧化碳排放量分别为0.7吨，0.54吨和0.39吨，单位热量燃煤引起的二氧化碳排放比使用石油和天然气分别高出36%和61%。改变能源消费结构有利于节能减排。在能源消费总量中，煤炭消费比重下降1个百分点，相应的能源需求总量可以下降2000万吨标准煤。这与中国能源蕴藏结构有很大关系，中国能源结构以煤为主，石油、天然气资源储藏相对于煤炭资源蕴藏明显偏少。而在全世界的能源消费结构中，石油、天然气所占的比重都较高。也就是说，中国的能源消费结构是一种易于产生更多二氧化碳的结构。耗用同样数量的能源时，中国产生的二氧化碳排放量比全世界平均水平高。

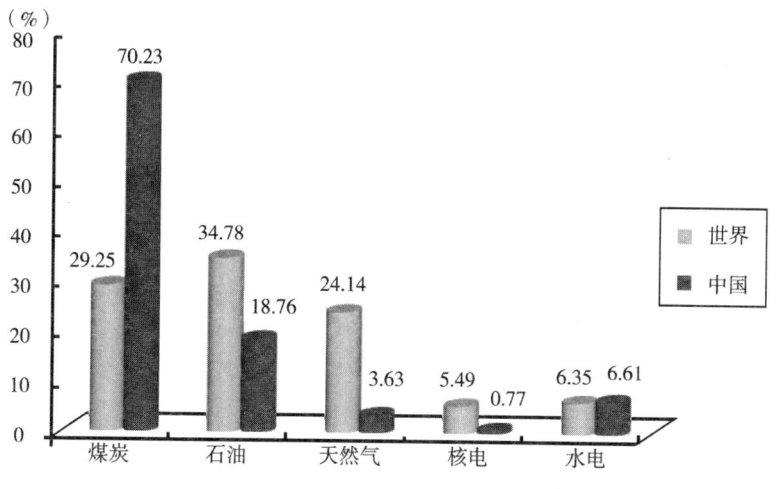

图6-2 2008年中国与世界能源消费结构

（4）低层次的产业结构导致能源利用效率较低。高技术产业在整个经济中所占的比重较低、服务业在整个经济中所占的比重较低，使得中国的经济增长。重化学工业阶段耗能产业所占比重较大。在中国的产业结构中，三大产业大体停留在1:4.5:4.5的状态，经济增长还不得不依赖第二产业，耗能型的重化工业比重偏高，低能耗的服务业发展滞后，导致整体产业的能耗偏高。钢铁、有色、建材、化工和电力等高耗能行业规模庞大，其中还存在着一批工艺和装备落后、资源利用率低的中小企业，而不少高能耗产品产量增长速度在20%以上，这都使得中国能源需求不断增大。由于原料工业和低层次加工工业在中国工业所占比重较大，加上技术创新与国外存在较大差距，中国不少工业行业能耗水平高于国际先进水平（见表6-6）。中国8个主要高能耗行业的单位产品能耗平均比世界先进水平高47%，而这8个行业的能源消费占工业部门能源消费总量的73%，按此推算，与国际先进水平相比，中国工业部门每年多烧掉2亿~3亿吨标准煤。

表6-6 中国工业领域相关行业能耗与国际先进水平比较

类别	中国	国际先进	差距	+%
火电发电煤耗（克标准煤/千瓦小时）	343	301	42	14.0
火电供电煤耗（克标准煤/千瓦小时）	370	314	56	17.8
钢可比能耗（公斤标准煤/吨）（大中型企业）	714	610	104	17.0
电解铝交流电耗（千瓦小时/吨）	14622	14100	522	4.0
铜冶炼综合能耗（公斤标准煤/吨）	780	500	280	56.0
水泥综合能耗（公斤标准煤/吨）	153.0	127	26	20.5
砖综合能耗（公斤标准煤/万块）	0.91	0.78	0.13	16.7
建筑陶瓷综合能耗（公斤标准煤/平方米）	7.1	3.6	3.5	97.2
平板玻璃综合能耗（公斤标准煤/重量箱）	22.0	15.0	7.0	46.7
原油加工综合能耗（公斤标准煤/吨）	104.3	73.0	31.3	42.9
乙烯综合能耗（公斤标准煤/吨）	986	629	357	56.7
合成氨（大型）综合能耗（公斤标准煤/吨）	1314	1000	314	31.4
烧碱（隔膜法）综合能耗（公斤标准煤/吨）	1460	1275	185	14.5
纯碱（氨碱法）综合能耗（公斤标准煤/吨）	450	350	100	28.6
电石综合能耗（公斤标准煤/吨）	2186	1800	386	21.4
纸和纸板综合能耗（公斤标准煤/吨）	1500	640	860	134.4
铁路货运综合能耗（公斤标准煤/万吨·公里）	76.3	84.3	-8.0	-9.5

（5）地区之间差异较大。以能源消费总量看，沿海地区经济总量庞大，导致能源消费量相应庞大。以电力消费看，2008年，沿海地区的广东、江苏、浙江、河北、山东五省电力消费量达到13768亿千瓦小时，占全国电力消费总量的42%。同时，要看到中国各省份的能源利用效率差异很大，中西

部不少省份较多的能源投入还没有转化为较高的经济产出。以2009年为例，山西、内蒙古、贵州、甘肃、青海、宁夏、新疆等省份的单位GDP能耗偏高，能源利用效率明显较低（见图6-3）。

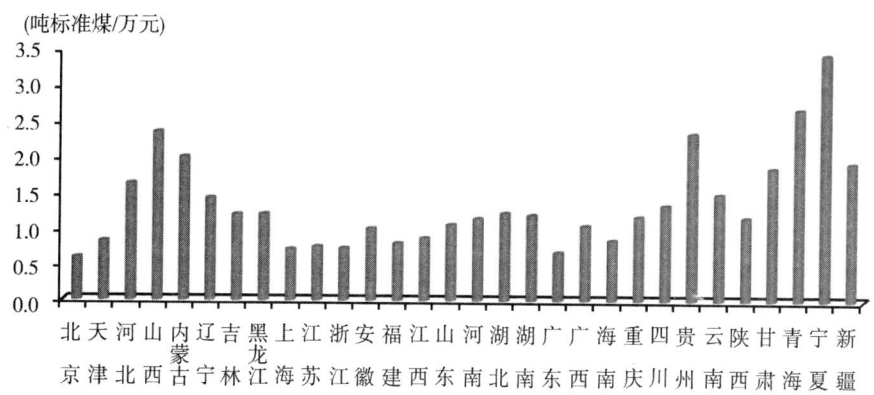

图6-3　2009年中国各省市单位GDP能耗状况

资料来源：根据《中国经济时报》2010年8月4日相关数据制作。西藏数据暂缺。

（6）在国际分工中中国承担了较多的温室气体排放。中国是一个经济外向型相对较高的国家，价廉物美的中国制造产品，除了满足国际市场要求，尤其是在国际金融危机下为全球数以亿万计的民众带来福祉，使其在面对失业、降薪等环境下能够有尊严地购买消费必需品，但是也把大量的能耗在中国本土释放。另外，在国际产业结构调整与转移过程中，中国承接了相当一部分劳动、资本密集型、高消耗、高污染的产业。这种承接，不仅是产业的承接，也同时成为高碳排放的承接。在中国成为"世界制造业基地"的同时，也直接或间接地出口了大量能源资源，加剧了经济的高碳特征，并付出了巨大的环境代价。由于国际贸易分工的缘故，中国替发达国家生产了大量的高碳产品，年转移碳排放高达10亿吨。

必须看到，中国目前人均GDP只有不到4000美元，未来加快发展的压力还会很大。增长效应与锁定效应的存在，致使提高能源效率困难重重。中国目前正处于工业化中期阶段，经济高速增长至少还会持续20~30年，今后相当一段时期还需要利用好中国推进增长的机遇期。经济快速增长的原动力是以能源为支撑，能源增长优先经济增长是一个普遍规律。这意味着，能源总量的增长不可避免，降低能源需求规模的可能性并不存在，改善能源结构将是必由之路。但是，在庞大的国民经济总量和能源消费总量下，能源结构调整非一日之功。另外，能源消费的"锁定效应"（Locked-in Effect）也客观存在。基础设施、机器设备以及个人大件耐用消费品等一旦投入，技术与投资会被"锁定",相应的能源消耗也会被锁定,这些投资与消费品使用多年,不大能轻易舍弃。今天的中国经济正好进入了一个高能源消耗、高能源强度的阶段。未来数十年,经济增长中大规模基础设施建设、工业化、城市化、人民生活小康化的趋势不可避免,会继续维持大规模的能源消费格局。尤其是,随着城市化的发展,农村人口将大量向城市转移,转移人口生活模式城市化的转变也自然发生。城市化水平每提高1个百分点,意味着增加上千万城市人口,能源需求扩大也会必然发生。

第三节 采取共同行动面对共同挑战

在1992年召开的联合国环境与发展大会上,150多个国家一起制定了《联合国气候变化框架公约》,要求把大气中的温室气体浓度控制在一定水平,防止出现人类活动干扰气候系统的风险。其中的公平原则规定,基于当代与后代利益保护气候系统的必要,发达国家应该率先采取行动来应对气候变化及其不良影响;1997年在联合国气候变化框架公约第三次大会上,参加国通过了《京都议定书》,作为《联合国气候变化框架公约》的补充性条款,明确提出了温室气体排放的目标、各国责任及实现机制;2007年12月,联合国气候变化大会制定了应对气候变化的巴厘岛路线图,要求发达国家在2020年前温室气体减排25%~40%,2008年7月,在G8峰会上,八国领导人表示将努力争取实现在2050年将全球温室气体排放减少50%的长期目标。2009年底的哥本哈根世界气候大会,各国都提出温室气体减排的方向。比如,欧盟承诺到2020年在1990年的基础上减排20%,如有其他国家跟进将可以减排30%;美国宣布在2020年将在2005的基础上减排17%,到2050年减排83%;日本承诺2020年在1990年的基础上减排25%,但条件是主要排放大国都要参加国际协定;加拿大承诺到2020年在2006年的基础上减排20%;澳大利亚承诺2020年在2000年基础上减排15%~25%;俄罗斯承诺2020年在1990年的基础上减排20%~25%。不过,综合来看,发达国家2020年整体减排幅度相对于在1990年的基础上减排8%~14%,距离IPCC提出的发达国家在2020年减排25%~40%的目标具有一定距离,距离大部分发展中国家要求发达国家减排40%以上的目标差距更大。另外,根据国际能源机构的不完全估计,目前已经有50多个国家制定了激励性政策,在未来的30~40年中,全球每年对低碳经济的投资将达到5000亿美元以上。联合国环境发展署的报告也称,目前在全球范围内,与环保有关的产品与服务市值已经达到1.3万亿美元。

一、西方国家削减温室气体的政策努力

西方各国不仅承诺削减温室气体排放，而且也确实采取了一系列政策措施付诸行动。2003年，英国颁布了《能源白皮书——我们能源的未来：创建低碳经济》，倡导低碳经济的概念，并且提出在2050年建立低碳社会的设想。2008年，英国通过《气候变化法案》，承诺到2020年削减26%~32%的温室气体排放；到2050年，实现温室气体减排60%的目标。2009年，英国政府不仅设立了"碳预算"，更明确了发展低碳经济的战略蓝图。这一蓝图包括三个层面：一是积极发展新能源。到2020年，可再生能源在能源供应中占15%的份额，其中40%的电力来自低碳领域（30%来源于风能、波浪能、潮汐能等自然界可再生能源，10%来自核能）。二是推广新的节能生活方式。其中包括：对住房进行节能改造，对安装清洁能源设备的家庭进行补偿；在交通运输方面，新生产汽车的二氧化碳排放标准在2007年基础上平均降低40%。三是向全球其他地区推广低碳经济模式。

2007年，欧盟提出2020年的减排目标，大规模增加投入以发展低碳技术，并且通过立法扩大可再生能源的利用，提出到2020年将可再生能源在能源消耗中所占份额提高到20%。德国总理默克尔提出："欧洲将在解决全球气候变化问题上起表率作用，使欧盟具备充分的信任度。"2008年12月，欧盟通过应对能源气候计划，其中包括欧盟排放权交易机制修正案、欧盟成员国配套任务分配的认定、碳捕获和储存的法律框架，可再生能源指令、燃料质量指令和汽车二氧化碳排放法规等内容。

美国是世界上温室气体排放的主要大国之一，尽管多年来美国并未批准《京都议定书》，但是美国加州早在2006年就通过温室气体减排的法律，一些政界人士与科学家呼吁与国际社会在加强温室气体减排上加强合作，要求美国承担相应的减排责任。2007年，美国参议院出台《低碳经济法案》，提出通过开发新能源、发展低碳经济以重振美国经济的法律构架。2009年1月，奥巴马政府宣布"美国复兴与再投资计划"，把发展新能源作为重点，计划投入1500亿美元，用3年时间使美国新能源产量增加1倍，到2012年使新能源发电占美国能源发电比例的10%，到2025年提高到25%。2009年2月，美国颁布《美国复苏与再投资法案》，包括高效电池、智能电网、碳储存与碳捕获、风能和太阳能等新能源产业，都成为政府投资指向的重点领域。2009年6月，美国发布《清洁能源与安全法案》，依法规范温室气体减排行动。具体包括排放总量控制、配额发放、稳定配额交易价格、国内与国际抵消量、治理结构和对发展中国家的援助等内容。

加拿大也十分重视温室气体减排工作。在2010年温哥华冬奥会举办期间，明确提出举办绿色冬奥会的设想。温哥华市政府积极推动发展新能源经

济与绿色经济，把国际体育盛事与环境保护结合起来。比如，市政府把对自行车基础设施建设预算增加了1倍，城市90%的用电依赖于可再生的水电，政府为冬奥会场馆制定了严格的绿色建筑标准，公共交通工具多采用氢动力，火炬材料的90%可回收利用，奖牌的部分材料来自回收后的电子垃圾，奥运村由附近一个垃圾处理厂供电，是一座零耗能（供需电力相等）设施。另有私人赞助商投资建设"碳补偿"工程，补偿冬奥会举办期间的温室气体排放量。

与此同时，日本、英国、德国等国家也都积极行动起来，制定相关政策，以促进全社会发展低碳经济，减少温室气体排放（见表6-7）。

表6-7 近年来部分发达国家或地区提出的低碳政策与目标

欧盟	声明到2020年之前比1990年排放水平减排20%，2009年3月宣布到2013年出资1050亿欧元支持低碳经济，计划在风能、太阳能、生物能源、二氧化碳的捕获和储存等六个领域发展低碳经济
美国	计划到2050年电力的25%来源于可再生能源，到2050年温室气体排放比2005年减少83%美国。《清洁能源与安全法案》规定，对清洁能源技术与能源效率技术的投资到2025年达到1900亿美元，其中能源效率和可再生能源900亿美元，碳捕捉和封存技术600亿美元，电动汽车等先进技术机动车200亿美元，基础性研发200亿美元
英国	通过《气候变化法案》草案，宣布把"碳预算"纳入政府预算框架，规定到2020年二氧化碳在1990年基础上减排26%~32%，到2050年在1990年水平上削减至少60%，制定了碳收支5年规划和未来15年规划，成立气候变化委员会，发布《低碳转换计划》、《英国科再生能源战略》
德国	出台《可再生能源法》，提出新能源占全国能源消耗比例最终超过50%。鼓励私人投资新能源产业，并予以一定的政策激励，已经引入能源税和碳税制度
日本	出台《构筑低碳社会的12个方略》，提出到2050年二氧化碳排放削减70%的目标，先后制定《节能法》、《合理用能及再生资源利用法》，促进全社会各个部门减排温室气体

资料来源：根据有关报刊汇总。

二、中国政府削减温室气体的政策实践

中国是最早制定实施《应对气候变化国家方案》的国家，也是近年来节能减排力度最大的国家。"十一五"期间，通过"上大压小"，累计关停小火电机组7682万千瓦，淘汰落后炼钢产能7200万吨、炼铁产能1.2亿吨、水泥产能3.7亿吨、焦炭产能1.07亿吨、造纸产能1130万吨、玻璃产能4500万重量箱。电力行业30万千瓦以上火电机组占火电装机容量比重由2005年的47%上升到2010年的71%，钢铁行业1000立方米以上大型高炉炼铁产能比重由48%上升到61%，电解铝行业大型预焙槽产量比重由80%提升到

90%以上。钢铁、水泥、有色、机械、汽车等重点行业的集中度明显提高，重点行业能耗水平显著降低。2005～2010年，火电供电煤耗由370克/千瓦时降到333克/千瓦时，下降10%；吨钢综合能耗由694千克标准煤降到605千克标准煤，下降12.8%；水泥综合能耗下降24.6%；乙烯综合能耗下降11.6%；合成氨综合能耗下降14.3%。另外，中国是新能源和可再生能源增长速度最快的国家，中国水电装机容量、核电在建规模、太阳能热水器集热面积和光伏发电容量都是世界上最大的国家。中国还是世界上人工造林面积最多的国家，目前人工造林面积达5400万公顷。中国在低碳经济上的投入超过340亿美元，超过世界上其他国家，是美国的两倍。全球最大的10个风力发电机组生产商有3个在中国，中国占据世界上一半以上的太阳能市场。经过各方努力，中国完成了"十一五"规划提出的节能目标，2010年单位国内生产总值能耗比2005年累计下降19.1%，相当于少排放二氧化碳14.6亿吨以上。"十一五"期间中国以能源消费年均6.6%的增长支撑了国民经济年均11.2%的增速，能源消费弹性系数由"十五"时期（2001～2005年）的1.04下降到0.59，缓解了能源供需矛盾。

中国政府承诺2020年前中国应对气候变化的目标。到2020年中国单位国内生产总值二氧化碳排放比2005年下降40%～45%，作为约束性指标纳入国民经济和社会发展中长期规划，并制定相应的国内统计、检测、考核办法。中国政府还决定，通过大力发展可再生性能源、积极推进核电建设等行动，到2020年中国非化石能源占一次能源消费的比重达到15%左右，这些行动都以政策方式展示中国碳减排的国家责任。

三、承担共同但有差别性的减排责任

2007年，英国的一个环保组织计算出，如果全球都按照遵循美国人的生活方式，则需要5.6个地球；如果遵循欧盟的生活方式，则需要3.9个地球；如果遵循日本人的生活方式，则只需要2.9个地球；如果遵循中国人的生活方式，则只需要0.9个地球。Rees曾经指出，欧美国家中，除了加拿大因为其地大物博人口稀少的原因外，没有一个国家能够依赖于自身的资源持续生存下去。美国有8800万台电烘干机，平均每台年消耗电量1079度，基本上相当于一户普通中国人家一年的家庭用电量，2009年全球消费绿色指数方面，在17个发达国家与新兴国家中，美国最差，德国位于第10位，而中国位居第3位。

必须注意到，中国虽然是世界上排放最多的国家之一，但是中国显然存在当前排放多，但累计排放少的状况。当前大气中累计的温室气体有80%源自发达国家排放，中国的排放只占20%中的一部分。同时，中国的总量排放多，人均排放少。当前中国的人均排放量只是发达国家的1/3、1/4甚至1/5，中国不可能接受中国人只享有发达国家1/3、1/4甚至1/5权利的想法。

第四节 发展低碳经济促进温室气体减排的政策取向

低碳经济是低碳发展、低碳产业、低碳技术、低碳生活等一类经济形态的总称,是低能耗、低排放、低污染的生态经济发展模式,是人类社会继农业文明、工业文明之后的又一次重大进步,标志着人类生存发展观念的根本性转变。从中国的实际看,发展低碳经济是中国社会逐步从工业文明迈向生态文明的里程碑。面对全球气候变化的严峻形势和各国的减排实践,积极发展低碳经济,建设低碳社会,推动经济发展模式由高碳经济向低碳经济的转变,是加快中国经济发展方式转变的客观要求,是实现科学发展、和谐发展、绿色发展、低代价发展的战略选择。

一、把发展实体经济与低碳经济结合起来,推动经济的低碳化

今后数十年,推进现代化进程、提高经济发展水平仍是政府政策的核心。从政策走向看,中国经济不可能以降低经济增速去实现碳减排目标。衡量现代化的重要指标是人均GDP。这就意味着,提高人均GDP还是今后的主要任务。但研究发现,人均GDP是影响碳排放的最主要因素。中国政府向国际社会承诺2020年的碳强度指标,这就需要考虑到提高GDP总量和削减二氧化碳排放的双重目标。如何在不影响经济发展的前提下,继续履行温室气体减排的国际责任,是中国政府面临的较大挑战。这就要求把低碳的约束性因素加入经济运行过程,鼓励全社会重视节能减排和发展低碳经济,合理把握中国的碳减排进程,通过必要的自我约束、自我加压、自我调节来减缓碳需求和碳供给,使碳排放增长速度明显慢于整个经济的增长速度。

二、推动产业调整与产业升级两个进程

产业结构的调整与升级会带来碳消耗模式的明显改变。西方国家之所以提出高的减排目标,与其已经跨越工业化阶段、产业结构中耗能低的第三产业比重较大有关。按照党中央、国务院的要求,加快国民经济结构的战略性调整,对于实现产业的低碳化发展目标至为重要。为此,一方面,要积极淘汰落后产能,为此必须设置必要的能效标准,强化优胜劣汰机制,促使能耗高产出低的企业退出市场,使宝贵的能源资源更有效地配置到能效高的企业,扩大高能效企业的市场份额。通过植树造林、退耕还林、沙漠治理等形式,还可以扩大碳汇,有效吸纳碳排放。另一方面,应该积极发展能耗低效率高

的产业。采取积极的鼓励政策，促进服务业和高新技术产业发展。通过主动而积极的产业结构调整和升级，建立起以低碳农业、低碳工业、低碳服务业为导向的新型产业体系。

三、推广节能与发展清洁能源并重

中国产业结构中重化学工业比重较大，节能潜力也巨大。根据"褐煤预干燥洁净煤技术"项目的研究结果，采用该技术研发的"高床层过热蒸汽褐煤预干燥洁净煤成套装置"，可以在干燥褐煤的同时回收水分和余热。与普通煤相比，发热量增加1.6倍，燃料消耗减少3%~5%，二氧化碳最高减少8%。中国有着推广节能技术的良好传统，应该进一步强化政府的鼓励性政策，支持企业节能、政府节能、社会节能和家庭节能。另外，应该采取措施大力发展清洁能源。根据国际风能理事会推算，到2020年全球风电将实现减排15亿吨的目标。发达国家仅仅以风能单一行业的减排，就占到发达国家承诺减排总量的42%~65%。开发利用风能、太阳能、地热能、生物质、潮汐能、水电等可再生能源，推动清洁能源和可再生能源有序发展，使之成为满足未来能源需求的重要组成部分，成为控制温室气体排放、保障能源安全的重要措施。

四、促进低碳技术的研究开发和产业化转化不断深化

技术的创新是低碳经济发展的源泉和动力。加强低碳技术创新，发展节能技术、碳捕获和储存技术、推动低碳技术成果应用和转化是中国今后低碳技术发展的主要趋势。短期内，中国将会大力发展节能与能效提高技术，如煤炭、石油和天然气的清洁、高效开发和利用技术，可再生能源和新能源技术；从中长期看，中国的技术研究领域主要包括：主要行业二氧化碳和甲烷等温室气体的排放控制与处置利用技术，生物与工程固碳技术，先进煤电、核电等重大能源装备制造技术，二氧化碳捕集、利用与封存技术。为促进低碳技术的持续发展，需要深化产学研合作，鼓励低碳技术的研发机构和研发人员面向低碳产业的主战场，以技术创新推动碳减排进程，提高技术创新在低碳经济中的贡献率。

五、加强重点区域碳约束与发展低碳经济示范区并行不悖

由于各地的社会经济基础不同，向低碳转型的起点和条件不同，就决定了中国发展低碳经济的具体路径和发展重点必然会有差异。中国经济发展不平衡的国情决定了在低碳经济发展的具体路径上，各个区域的努力方向应该有所区别。太阳能、风能、水电在西部相对丰富，必须加快这些地区的新能源开发；中国的技术资源主要集中在沿海，发展电动汽车、核能等能源应该

以沿海为重点。沿海地区小散差的企业较多，应该加强对企业的能源管理；中西部高耗能的原材料工业较多，应该注重发展循环经济。另外，选择市场经济比较成熟、经济实力比较雄厚的地区，实施低碳经济科技示范试点，制定低碳经济科技示范工作规划或方案，并结合相关示范项目的实施，探索低碳发展的新模式，然后把低碳经济发展的成功模式向其他条件适宜的地区推广，通过示范区带动更大范围低碳经济的快速发展，也是发展低碳经济的正确途径。

六、经济手段与法律手段交叉运用

低碳经济作为一种新型经济状态，必须建立有效的经济手段和法律手段作保障。通过政府财政收入、降低税收等形式，建立有助于实现能源结构调整和可持续发展的价格体系，会支持低碳产业发展。当然，政府通过惩罚性税收限制高碳产业发展，也符合市场经济条件下的政策选择。建立碳交易市场、扩大市场融资渠道，引导社会加大对低碳产业的投入，都有助于壮大低碳经济规模。还应从提高能源使用效率、促进节能的角度出发，在实施禁止开发、保护性开发的区域建立生态补偿制度，逐步建立起低碳财政税收优惠的政策体系。与此同时，也应该加快制定和修改有利于减缓温室气体排放的相关法规，对于以往的政府指导性文件、条例规则和法律条款加以重新调整和修正，依法引导和激励国内外各类经济主体参与开发利用可再生能源，推动低碳经济发展。

中国的国情决定了中国低碳经济的发展必将面临很大的挑战。未来低碳经济发展趋势主要是建立低碳能源系统、低碳技术体系和低碳产业结构，建立与低碳发展相适应的生产方式、消费模式和鼓励低碳发展的国际国内政策、法律体系和市场机制，最终实现由"高碳"时代到"低碳"时代的跨越，真正实现中国经济社会、人与自然和谐发展。

参考文献

[1] 世界银行. 变革世界中的可持续发展. 北京：中国财政经济出版社，2003.

[2] 保罗·R. 伯特尼，罗伯特·N. 史蒂文斯. 环境保护的公共政策. 穆贤清，方志伟，译. 上海：上海三联书店，上海人民出版社，2004.

[3] 袁瑛，郭海燕. 谁绑架了科学？IPCC 遭遇史上最强信任危机. 南方周末，2010-02-04.

[4] 高广生. 气候变化的本质与应对策略. 今日国土，2002（5）.

[5] 王宇. 世界走向低碳经济. 中国经济时报，2009-11-14.

[6] Nordhaus, William D.. To Slow or Not to Slow: The Economics of the Greenhouse Effect. Economic Journal (July)，1991.

专题报告6
促使低碳经济发展的政策重心转向消费环节

为应对全球气候变化而加快发展低碳经济，已经成为中国政府自上而下的共识。不仅中央政府出台了一系列政策，各地也把节能减排的政策具体化，层层加以落实。但是，应该看到，目前的政策重点还立足于生产环节，对于如何促进消费环节的节能减排，发展消费型低碳经济还没有引起足够重视。不过，随着扩大内需政策的进一步实施，未来居民消费中的碳排放问题将会日益突出。因而，加强对消费模式、消费结构与消费政策的研究，在消费引导和消费管理上赋予更多的低碳经济内容，促进全社会从更多地关注低碳生产到关注低碳消费，是新时期一个值得高度关注的重大命题。

一、节能减排与居民消费密切相关

2010年7月，英国《卫报》首席记者乔纳森·沃茨出版了一本专著，名为《当10亿中国人蹦起来时：中国将如何拯救或毁灭人类》，引起西方的强烈关注，该书从10亿中国人的消费方式变化看中国未来的环境问题。西方曾经流传这样一个笑话，假如所有的中国人都蹦起来，地球将失去重心，人类将性命不保。沃茨提出，现在越来越多的人认为，如果中国10多亿人都住大房子、开大车，全球资源环境会承受不了。不仅在国外，越来越多的国内研究者抱持同样观点。这就从资源环境角度提出，认识和引导好国民的消费偏好、消费倾向和消费行为，绝对与国家的科学发展息息相关。

数据分析显示（见表1），从1990年以来，中国居民用能状况发生很大变化。1990～2006年的十余年中，中国城镇居民人均住房面积增长了近一倍，农村居民人均住房面积增长了72%，私人汽车的拥有量增长了28.6倍，人均能耗增长了近1.2倍，居民家庭生活用电增长了4.9倍，集中供热面积增长了11.6倍，城市用气人口增长了近4倍。上述诸多类型的用能增长，反映了改革开放过程中国居民收入与福利水平不断增长、全面建设小康社会不断推进的现实。从中国的国情看，中国居民消费能耗增长主要源于以下几个因素：①人口增长。从1990年到2008年，全国人口从11.43亿人增加到13.28亿人，净增长1.85亿人也就是16%的人口，新增人口会产生一系列消费需求。②全国经济出现了明显增长带来消费水平的普遍提高。1991~2008年，中国国内生产总值年平均增长速度达到10.5%，城镇居民人均可支配收入年平均增长速度为8.2%，农村居民人均纯收入年平均增长速度为5.3%。居民收入的不断增长，带来消费需求增加和消费习惯的改变。③相当长时期中国消费产品的生产与消费需求没有考虑到节能减排因素。以往的节能减排主要是关注生产过程，对于消费过程的节能减排因素很少考虑，从而致使消费中的能耗问题日益突出。随着收入增加和购买力的增加，居民消费结构中高耗能产品的数量在增加，普通产品也因为面积增大和功能增加，用能指标也在不断上升。财富增长与能耗增长同步进行，财富规模与用能规模都日益庞大。

表1　近年来中国居民用能状况变化趋势

类别及单位	1990年	1995年	2000年	2006年
城镇人均住房面积（平方米）	13.7	16.3	20.3	27.0
农村人均住房面积（平方米）	17.8	21.0	24.8	30.7
私人汽车（万辆）	81.6	250.0	625.3	2333.3
人均能耗（千克标准煤）	863.0	1083.0	1093.0	1874.0
居民家庭人均生活用电（千瓦·时）	42.0	83.0	132.0	247.0
集中供热面积（亿平方米）	2.1	6.5	11.1	26.5
城市用气人口（百万人）	60.0	125.0	180.0	295.0

资料来源：根据《中国统计年鉴》、中国电力企业联合会的相关报告整理。

经济学家Pearce和Warford在研究了1960~1984年世界各地区能源消费增加的成因后发现，能源消费的增加，54%来源于消费水平的改善，46%源于人口数量的增加。应该说，在中国消费耗能增加中，人口数量增长速度远远低于耗能产品与用能人口的增长速度，说明人口数量增长带来耗能增长的因素要远远小于消费水平改善带来能耗增长的因素。对于中国这样一个人口与经济规模巨大的国家来说，财富的增长是可以持续的，但是能耗的增长是不可持续的。加强能耗的管理尤其是强化对消费环节的用能管理，促进低碳经济的政策重心由生产环节向消费环节转变，应该成为"十二五"及以后政府政策必须加以考虑的重大课题。

居民福利水平的提升与消费能力的增长，是中国经济增长的重要表现。消费引导生产，也是持续增长的重要内容。但是，如果传统的消费模式不加以改变，不加约束的消费需求平面化扩张，消费耗能就会无节制的增长，从而损害政府建立资源节约型社会和环境友好型社会的努力。因而，从现在开始，就应该在家庭层面上兼顾追求殷实富足和节能环保之间两个方面的平衡，倡导绿色消费、适度消费，推行富而俭、富而不奢的生活方式，充分体现家庭作为社会成员组成部分的社会责任和环境责任。从政府角度来看，政策导向包括以下方面：①要对全国及各个地区全面小康的家庭生活指标做必要的修正，赋予居民家庭生活改善必不可少的节能成分，把节能纳入对小康家庭国家考核的指标体系。②实行节能型消费政策。鼓励居民购买节能型产品替代耗能型产品，积极培育与扶持节能型产品的消费市场。在国家消费品标准制定中，应该强化节能型消费品标志管理；对企业生产节能型产品的行为，政府应该有鼓励性政策。从而，以消费政策与生产政策引导企业的生产行为。③全面推进节能型家庭消费方式。鼓励城乡居民在小康家庭建设中，养成健康、富足和节俭型消费习惯，自觉抵制浪费型消费、奢侈型消费和过度消费。④加强政策宣传，合理引导居民家庭的消费行为。

当然，鼓励居民家庭消费节能化，不等于限制居民消费行为。有人提出男士不穿西装、女士不穿套裙，显然是把政府引导节能消费的政策简单化和极端化。以政府政策干涉居民的个体消费行为，既不符合居民收入增长状态下的消费价值取向，也不符合国家扩大内需的政策。在市场经济体制下，界定政府与居民个体的权利边界是前提，不能以公权干预私权，直接干涉居民的消费行为。当然，提倡居民少购几套西装、少购几套套裙以减少过度闲置和过度浪费，则是可取的，也是合理的。

二、加强对绿色出行的政策引导

出行在居民日常生活中占有重要位置。人们日常的所有活动包括上学、上班、旅行、购物、休闲，都离不开出行。而随着城乡基础设施的完善，出行方式也日益多元化。而在遭遇全球金融危机以后，中国出台了一系列政策扩大内需，其中一项重要政策就是通过降低税费的形式刺激小汽车发展。不过，应该指出的是，汽车运营是以耗用能源为基础的，因而，汽车拥有量的增加、汽车规模的扩大，是以大量的能源消耗为代价的，2009年，中国的原油进口达到2亿多吨，超过美国成为世界第一大石油进口国。其中，一个重要的耗油源头就是汽车。根据有关方面的资料,在承担相同出行量的情况下,公共电(汽)车、轨道交通与小汽车的能源消耗比例是1:1.9:3.5,公共电(汽)车、轨道交通与小汽车的二氧化碳排放量是1:2:5.6,小汽车的耗能水平与二氧化碳排放水平远远高于公共交通。同时,小汽车运营产生的废气污染已经成为城市污染的主要来源。另外,小汽车本身就凝结了大量的钢铁、塑料、玻璃等产品制造出来,是典型的高耗能产品,而小汽车的增加,带来道路、车库、停车场等行驶或者停驶需求的增长。而道路、车库、停车场空间扩大,是以沥青、水泥等耗能产品的需求的增加和绿化空间相对缩小为代价的。显然,小汽车拥有量不断增大尤其是传统能源作动力的耗油型汽车的快速增长,是不可持续下去的。2010年11月,环保部发布的《中国机动车污染防治年报》显示,机动车尾气排放已经成为中国大中城市空气污染的主要来源之一。部分地区甚至出现了每年200多天的雾霾天气,这些问题都与机动车排放的氮氧化物、细颗粒物等污染物直接相关。调查显示77.6%的人认为,造成空气污染的原因是"汽车迅猛增长,尾气排放超标"。调查还显示,为减少汽车污染,79.4%的人建议"真正实施公交优先";70.2%的人建议"严格控制燃油质量,推广清洁燃油供应";68.1%的人希望"推广绿色能源汽车,限制大排量汽车";60.9%的人希望"实施严格机动车排放标准";51.4%的人希望"限制汽车数量";48.5%的人建议"建立机动车冒黑烟举报制度"。从国家科学发展的角度看,实行绿色出行政策不仅符合城市发展规律,而且具有广泛的民意支持基础。

  在汽车应用高度化的欧洲,曾经有过许多人设想过以个体行为改变来改善城市生活空间。1998年9月22日,法国的一群年轻人提出"In Town, Without My Car"(城镇无我车)的口号,希望建立清洁、安静型城市。此举得到社会的普遍响应,法国35个城市市民自愿停驶私家车,使这一天成为"市内无小汽车日"。一年后的9月22日,66个法国城市、92个意大利城市参加第一届"无车日"活动。2000年,"无车日"活动被纳入欧盟的环境政策框架。今天,"世界无车日"活动得到越来越多的国家认同。据不完全统计,大约有37个国家近1500个城镇参与其中。在一些国家的城镇,甚至提倡用车人一周停驶一天,从而形成"每周无车日"。北京市在2008年奥运会期间,按照绿色奥运的要求,采取单双号限行的政策,不但缓解交通拥堵压力作用明显,而且明显改善了首都生态环境。奥运会后,政府通过调研和科学决策,实行按照车号的每周无车日,在不明显降低居民驾驶利益的情况下收到了较好的节能环保效果。

所谓绿色出行政策,就是按照绿色经济的理念引导居民的出行行为。具体表现有三个方面:①在乘用或者放弃乘用汽车的选择上,鼓励居民放弃乘用汽车的出行模式,采用步行或者自行车的出行方式。②在选择乘用汽车工具中,选择相对节能的交通运输方式,尽可能使用公共交通工具替代私人交通工具。③在私家车的选择购买和使用上,尽可能采用低排量汽车取代大排量汽车、采用混合动力汽车和电动汽车代替传统汽油、柴油汽车。显然,与进入汽车社会相比,采用低排放、低能耗、低污染、符合环保健康理念的绿色出行方式,有利于有效减少道路资源,有利于降低能源消耗和尾气排放,有利于居民身心健康和建设宜居城市。

(1) 鼓励民众采用绿色出行方式。各地政府应该采取政府补贴公交、公交维持低票价的模式,鼓励城乡居民以低价格使用公共交通工具,减少使用私家车的使用。应该说,政府公共政策作用,就是以政府干预的方式来实现公共管理目标。通常这类政策或者是惩罚性税收或者收费的形式对某些经济行为加以限制,或者以政策激励的形式对某些经济行为加以鼓励。显然,更多地居民采用节能环保的模式,有利于政府节能减排和减少城市拥堵目标的实现,选择鼓励性政策是符合公共政策的需要。2009年以来,中央政府出台了一系列政策,对居民购买小排量汽车实行减免税政策,并鼓励发展电动汽车。最近,北京市政协提出,要开展"半小时绿色出行"行动,鼓励居民在半小时步行和自行车可以到达的范围内,不乘坐各类耗能车辆。

(2) 为绿色出行提供环境支持。应该实行公交、自行车、人行道路优先的原则,保障绿色出行便利;充分发挥地铁、公交、自行车、步行的不同优势,加强综合交通运输枢纽建设,改善多种运输方式换乘环境,形成按照出行距离合理分工、巧妙搭配、方便换乘、有序衔接的换乘系统,建立起高效低碳的"接力交通"模式,为居民"择善而从"选择绿色出行模式提供便捷通道。与此同时,加强对侵占人行横道、自行车道行为的管理,严禁小汽车侵占非机动车道和人行道的违章行为。

(3) 发展绿色道路。与出行相关的道路建设,也是一个可以体现绿色出行的重要领域。有关信息表明,以往沥青铺路时多采用热拌沥青混合料模式,现场温度达到160℃~180℃,除了大量消耗能源,还产生浓烈烟雾和刺鼻气体,带来大气污染和损害施工人群健康的双重影响。采用温拌沥青新型环保路面技术,可以大幅度降低沥青混合料的拌和温度，节约燃油 20%~30%，使二氧化碳和氮氧化物分别下降 60% 和 72.6%，沥青烟、苯可溶物下降 80% 以上，节能效率高达 20%~30%。根据测算，施工温度每降低 4℃，沥青的老化程度可降低 50%。根据有关部门的估计，假如，北京的道路建设选择这项技术，则每年可节省 9000 吨燃油，相当于两万辆空调公交车两周多的燃油消耗量，而每年降低的氮氧化物则相当于北京六万辆出租车一天的排放量。加强道路建设方面的技术创新，可以保障系统化、整体性的绿色出行效果。

三、积极推进绿色居住

居住是人类的最基本需求之一。"居者有其屋"、"安得广厦千万间"一直是人们追求的理想目标。但是，人类的居住活动，也带来很大的能源消耗。目前中国住房市场的基本格局是：一方面存在大量住房闲置，凝结了大量钢铁、水泥等高能耗高物耗资源并污染环境的建筑没有有效利用；另一方面房地产价格居高不下，大量中低产阶层被高价房挤出，沦为"房奴"。北京大学满燕云提供的数据表明，2009 年，北京市商品房新房价格为每平方米 2350 美元，已经超过美国的芝加哥，与华盛顿特区、洛杉矶的价格水平相当。与此同时，2008 年，北京、上海、广州二套房的拥有比例平均达到 20.7%，其中北京为 10.9%，上海为 17.8%，广州为 33.2%，三城市的住房空置率平均水平为 25%。中国房地产市场的严重扭曲，加重了建筑领域的无效耗能。

当然，从国际上看，房地产行业也是一个耗能巨大的部门。根据联合国政府间气候变化专门委员会发布的《第四次评估报告》中的数据，2004 年，全球建筑业耗能产生的二氧化碳排放大约占全球二氧化碳排放的 30%，欧盟 25 个成员国建筑能耗占全社会能耗的 40.4%。不过，中国房地产行业的平均耗能超过国际平均水平。数据显示，中国的能耗结构中，建筑建造和使用占据大约 30%，而与建筑有关的工业和交通占 16.7%，二者合占 46.7%；在目前总数达 430 亿平方米的既有建筑中，达到节能标准的不足 5%，而 95% 以上的建筑为高能耗建筑。中国每年新建的房屋面积占世界总量的 50%，每年新增的 20 多亿平方米建筑中，仍有 80% 以上的建筑是非节能建筑；还有数据显示，中国大中型城市新建建筑符合规范的只有 10%~15%，能源利用率仅为 33%，中国单位建筑面积能耗是发达国家的 2~3 倍以上，能源消费强度大大高于发达国家，约为美国的 3 倍，日本的 7.2 倍。预计到 2020 年，建筑能耗占全社会总能耗的 50% 以上。房地产行业耗能中的突出问题除了大量房产闲置外还有：①采暖能耗高。以建筑供暖为例，中国北方一个采暖期平均能耗 20.6 瓦/平方米，而与中国北方气候条件相当的瑞典、丹麦、芬兰等国一个采暖期条件相同的建筑，一个采暖期的平均能耗为 11 瓦/平方米。②大户型住房日益增多，利用效率不高。③投机型住房和投资性住房规模大，占而不用的耗能现象突出。④住房能源供应多采取传统能源，很少采用新能源。

如何减少建筑耗能，很早就引起国际学术界的关注。意大利建筑师保罗·索勒瑞于 20 世纪 60 年代提出绿色建筑的概念。这一概念强调，与一般建筑的最大不同在于，绿色建筑能够充分利用地热、太阳能、风能，耗能可以降低 70%~80%。同时，绿色建筑的造价比一般建筑造价高出不多。达到节能 60% 标准的绿色建筑，比一般建筑的造价多 5%~7%，但是增加的造价预计可在 5~8 年收回。中国住房市场的问题远远多于其他国家，建筑无效耗能的状况也比大部分国家严重，采取的措施也应该是多方面的。根据中国的建筑能耗状况，未来国家节能减排的努力方向就是应该把住宅节能作为一个重点内容。既注重加强政府调控政策的科学性，也注意增进城乡居民家庭决策的合理性。

从政府角度看，应该进一步加强房地产市场的调控力度，尽快推出房产税政策，积极控制投机性购房和投资性购房需求，做好风险防范工作，正确引导居民的住房消费行为；制定建筑节能与能源利用的技术标准，用经济手段和政府规制手段引导建筑方向；积极推进供热分户计量制度和推进供热设备自控阀进入家庭；积极推进新能源和新型建筑材料的利用，更多地采用新型墙体材料和保温材料，降低传统能源、传统建筑材料的使用比重。从居民家庭消费看，还需要增进住房决策的合理性。一是在住房市场价格已严重背离价值的情况下，顺应国家的宏观调控政策要求，不入市参与投机和投资，规避市场风险。二是购买适合居住的中小户型住房，在满足居住需求的同时减少温室气体消耗，体现家庭的社会责任。三是选择购置节能型住房，自觉抵制传统的高耗能型住宅。四是加强住宅内各类附设物的节能工作。

四、注重培育绿色生活方式

加强居民消费环节的低碳管理，在衣食住行中除了住行外，重视包括衣食等各方面的节能管理，养成绿色健康的生活方式，对于全社会的节能减排也有积极意义。

（1）积极加强节电管理。居民家庭照明用电是电力消耗的一部分。

数据显示，中国目前的照明用电占全社会用电量的12%，如果采用节能灯替代白炽灯，可以节电60%~80%，也就是说，可以减排二氧化碳3/4左右。根据有关方面提供的数据，假如全国都把白炽灯全部替换为节能灯，一年可节电480亿千瓦时，减排二氧化碳4800万吨。减少不合理的家用电器使用也能够减少碳排放。据估计，中国网民数量多达3.84亿，保守估计使用计算机3.5亿台，假如不关机，一年使用的能源相当于2个以上的三峡大坝发电。如果能够注意适时关闭计算机，减少上网时间，养成随手关灯、拔插头的良好习惯，可以双收节能与省钱之功效。

（2）推进厨卫方面的节能和节水。比如，把普通的淋浴喷头换成节水型喷头，每次洗浴不仅可以节水，还可以把热水淋浴导致的二氧化碳排放减少一半；集成环保灶的使用不仅吸油效果好，而且还比传统炉头节能30%~56%。把餐厨、洗衣后使用过的水循环利用并注意收集和回用雨水，用于洗车、浇灌、清扫用水，可以减少水的损耗和相对应的输送、消毒中的能源消耗。

（3）养成健康节能的饮食习惯。在饮食上，提倡低脂、低糖、低盐模式，选择更为简约朴素的饮食形态，不仅有利于减少高血压、高血脂、高血糖患病概率，有利于个人身体健康，减少就医需求，还可以节约开支，减少二氧化碳排放。2008年，中国猪肉总产量4615万吨，占全世界的50%，牛肉产量615万吨，羊肉产量376万吨。据联合国政府间气候变化专门委员会的报告，畜牧业排放的温室气体占世界总量的18%，高于交通部门的13%，略低于占总量19.5%的工业部门。因而，畜牧业和饮食业中的碳减排不容忽视。有研究表明，饲养牛等牲畜中排放的甲烷等温室气体与汽车和飞机等交通工具排放的温室气体不相上下，生产1公斤肉类产生的温室气体对气候变暖的潜在作用与36.4公斤二氧化碳相同，生产1公斤牛肉消耗的能源相当于169兆焦，足以使一个100瓦电灯点亮20天，生产过程中产生的二氧化碳相当于一个欧洲汽车平均行驶250公里排放的二氧化碳。因而，更多地食用粮食、蔬菜、水果等农产品，适度减少肉食数量，是一种更为健康低碳的生活方式，应该加以推广。

（4）量用购衣。以往人们常说量体裁衣，衣服过大或者过小都不适合穿用。从节能环保的角度看，还需要注意量用购衣。随着居民生活水平提高，购买时令衣物已成为提高生活档次的内容。但不少居民有意愿购买但购买后利用不多的习惯。数据表明，少购买一件衣服，相当于节能 2.5 千克标准煤。在购衣偏好中选择采用棉织衣服,可以减少加工环节过多的碳排放。因而,养成良好的购物习惯应作为家庭低碳生活的重要内容。

其实,家庭日常生活中的低碳形式众多,可以随手拈来。比如,减少烟酒消耗,利于家庭成员身体健康也利于低碳社会建设;在购买商品的过程中自觉抵制豪华包装,实现简约化的购买和消费,减少不必要的耗材损失;在居家生活空间放置盆栽花草如柑橘、吊兰、文竹等,既可以吸收二氧化碳,保持清洁环境,也可以调节身心,增加生活乐趣;少用一次性木筷和对纸张双面利用,可以更好地保护森林;随身携带购物袋,减少对塑料袋的利用,也是身边可行的节能环保形式;减少一次性牙刷、一次性水杯等一次性产品的需求,是履行节能责任的具体表现。

总之,提倡并积极发展低碳消费方式,符合国家节能减排的现实要求,也符合中国几千年来的文化习惯。促进居民消费转向低碳消费模式,并不是要居民降低家庭福利水平,追求一种苦行僧的生活方式,"一觉回到改革前"。而是在不明显降低家庭福利水平的同时,推进低碳、健康、节俭的生活方式,实现家庭目标与全社会目标的统一。就是以亿万家庭推行低碳消费的个性化努力为基础,构筑建设资源节约型、环境友好型社会的合力,为实现中国的科学发展和中央政府向国际社会承诺的减排目标做出贡献。

参考文献

[1] 崔晨. 绿色出行:城市理想出行方式. 北京观察, 2010 (5).
[2] 满燕云. 用房产税调节住房市场. 环球时报, 2010 - 09 - 16.
[3] 王元丰. 建设绿色北京 大力发展绿色建设. 北京观察, 2010 (5).
[4] 龚伟中. 低碳环保与肉类消费. 前进论坛, 2010 (6).

第七章 主体功能区战略与地区发展新思维

在"十一五"规划中，中央政府首次详细地描述了主体功能区规划建设方向。2011年出台的"十二五"规划，再次提出实施主体功能区战略的要求，引起国内外的广泛注意。作为一项酝酿已久的重大战略举措，有效实施主体功能区规划应是今后自上而下的重要行动。不过，从"十一五"规划出台到现在，各地在主体功能区规划过程中发现和提出了一些新问题，学术界关于主体功能区规划与建设也有不同观点，这不可避免地影响到对主体功能区战略的具体推进。进一步厘清理论和实践中提出的新矛盾、新问题，已经成为顺利推动主体功能区战略实施的重要组成部分。

第一节 一项重大的理论创新

在以往国家的发展规划中，没有提到区域的主体功能。而在"十一五"与"十二五"规划中，接连对主体功能区做了大段陈述。在《"十二五"规划纲要》中，甚至把实施主体功能区战略与实施区域发展总体战略放在等量齐观的位置，作为区域结构战略性调整的重点内容，反映了党中央、国务院对实施主体功能区战略的高度重视。

《"十一五"规划纲要》提出："根据资源环境承载能力、现有开发密度和发展潜力，统筹考虑未来中国人口分布、经济布局、国土利用和城镇化格局，将国土空间划分为优化开发、重点开发、限制开发和禁止开发四类主体功能区，按照主体功能定位调整完善区域政策和绩效评价，规范空间开发秩序，形成合理的空间开发结构。"

在上述概念中，资源环境承载能力是一个基本的理论词汇。所谓资源环境承载能力是指在某一时期和某种环境状态下，某一区域环境对人类社会经济活动支持能力的限度。通常，资源环境承载能力受两个方面因素的影响：资源环境容量、开发强度和密度。而这两个因素在一定时期都是可变的。一方面，资源环境容量并非一成不变。当一个区域如长江中游遭遇百年一遇的酷暑干旱时，资源环境容量就会缩小，按照往年排放的污水就会浓度大增，从而严重破坏区域的生态环境。但是，假如一个缺水型城市因为引水工程建设成功，城市的供水矛盾大为缓解时，资源环境容量将会扩大。当外部因素引起资源环境容量扩大时，资源环境承载能力也相应增大。另一方面，开发强度和密度的变化也影响资源环境承载能力。当一个地方重大项目中高能源强度、高污染程度的比重增大时，资源环境承载能力将会受到冲击。而当一个地区重大项目中技术创新项目增多，产业发展更多依赖技术进步而不依赖物质资源消耗时，资源环境承载能力将扩大，环境压力会减少。

笔者认为，倡导建设主体功能区，主要基于以下背景因素：首先，快速增长的工业带来较大的资源环境压力。进入21世纪以后，受国内需求和国外需求双重扩大的影响，中国经济保持进一步加快增长的速度。其中，工业增长速度快于其他产业。工业是消耗资源和易于产生污染的产业，工业的快速增长带来巨大的资源环境压力。其次，资源环境承载能力出现区域性危机。在一定区域范围内，出现"局部改善、整体恶化"的环境现象，癌症村、重金属进入食物链等现象在某些区域的出现，沙漠化地区的不断扩大，说明环境污染与生态危机在区域层面上冲击到了以人为本的发展观，环境的恶化严重影响到人居环境。再次，进入21世纪前10年后期，国内外经济面临重大调整。源于美国的金融危机席卷全球，传导到包括中国在内的许多发展中国家。适应全球经济的变化，中国正在主动对国民经济结构进行战略性调整。兼顾人与自然的协调发展，对于高耗能、高污染产业进行有节制的管理与约束，降低产业发展对环境的影响和冲击，符合建设服务性政府的基本要求。最后，科学发展观成为党和国家推动经济社会平稳较快发展的重要指导思想。"十二五"规划明确提出，以科学发展为主题，以转变经济发展方式为主线，推动经济社会平稳较快发展，要求更好地协调经济增长与资源环境之间的关系。在这样的背景下，实施主体功能区战略与"十二五"强调主题主线的发展思路一脉相承。

之所以说主体功能区管理思想是一项重大的理论创新，主要源于以下几个成因：①创新发展观念。主体功能区的概念首先强调资源环境承载能力，建立了具有理论创新的科学基础。在中国过去的区域开发中对于资源环境承载能力的概念使用较少，出现了许多脱离甚至超越资源环境承载能力的过度开发甚至竭泽而渔式的破坏性开发现象，市场即无序、开发即破坏、经济指标重于环境指标的错误发展观在一定区域范围内存在。采用资源环境承载能力的概念，建立起具有创新性的新开发理念。②顺应国际趋势。在人口和发展压力增大的情况下，国际社会提出加强区域性环境保护的新要求，不同国家和地区越来越重视协调人与自然的关系。资源环境承载能力是一个国际通用的要求对开发强度和开发方式加以约束的概念，以此概念定义和衡量一个地区开发利用合理与否，说明党和政府在协调人与自然关系方面是严肃的、认真的，当然另一个前提条件也是要基于资源环境承载能力数量表达可量化和考核的。③高度强调保护资源与环境的总体思想。主体功能区规划强调开发与保护并重的观念，把保护放在主体功能区建设的重要位置。在优化开发、重点开发、限制开发、禁止开发中，各类主体功能区开发都必须考虑区域的资源环境承载能力。这一促进资源、环境与开发相协调的思想，体现了统筹人与自然关系、统筹保护与开发关系甚至以保护约束开发的思想，符合科学发展观的基本要求。④强调开发的可持续性。进行区域性经济开发，是历久弥新的发展故事，不是当代人的独有专利，更不是当代人损人利己的私利性开发，而需要兼顾当代人与后代人协同发展的思想，为子孙后代留下发展空间，为此在区域开发上绝对不能"吃祖宗饭，断子孙路"。强调在区域开发中保护资源与环境，实施主体功能区规划和战略，把今天的开发与未来的发展结合起来，功在当代、利在千秋，体现了可持续发展的正确思想。五是符合体制改革的总要求。经济发展靠市场，环境保护靠政府，曾是一个广为人知的口头禅。积极消除私人成本的负外部性，是现代市场经济体制对政府的正常要求。回归到对区域的主体功能进行评价和限定，对区域开发进行强制性约束和规范性引导，重申政府在保护资源环境方面的角色定位，符合在市场经济体制下界定政府管理职能的制度要求，在理论创新的基础上进一步推动体制与政策创新的要求，改革的整体性推进不言而喻。

第二节 双管齐下体现区域调控的创新思维

"十一五"和"十二五"规划的重要创新之处，在于同时强调了区域总体发展战略和主体功能区发展战略，把两个战略放在并驾齐驱、双管齐下的位置，显示两个区域战略都十分重要、缺一不可。在具体的文字表述中，并没有以主体功能区战略替代区域发展总体战略，或者强调区域发展总体战略而忽略主体功能区战略，说明两个战略是互补的、和谐共生的，而不是相互矛盾或者相互否定的。认识到这一点，对于正确理解主体功能区战略极其重要。

在《"十二五"规划纲要》中，对于区域总体发展战略做出以下描述：推进新一轮西部大开发，全面振兴东北地区等老工业基地，大力促进中部地区崛起，积极支持东部地区率先发展，加大对革命老区、民族地区、边疆地区和贫困地区扶持力度。而在实施主体功能区战略方面，提出了优化国土空间开发格局、实施分类管理的区域政策、实行各有侧重的绩效评价、建立健全衔接协调机制的要求。应该说，总体区域发展战略与主体功能区战略侧重点不同，实施的具体要求不同。两个战略并行实施，体现了区域经济发展和区域环境保护分进合击的调控思路。混同两个战略的角色，要主体功能区战略实施去实现区域总体战略的目标是不现实的。比如，在区域总体战略中，对于资源枯竭性城市、老少边穷地区有明显的政策表述，要求在主体功能区规划和战略中做同样表述就会造成语义重复。同样的，要区域总体战略承担实现主体功能区的目标也是难以企及的。

由此，我们可以对一些学术界的观点加以判断。比如，一种典型的看法是，实施主体功能区战略会带来区域发展差距的扩大，这种看法具有一定的普遍性，但未必正确。首先，主体功能区规划并不针对区域差距现象，也不着眼于解决区域差距问题。正如前文所言，在国家发展规划中，不同的区域战略和政策解决不同的区域问题。解决区域发展差距的问题，是总体区域发展战略应该担负的使命。事实上，区域发展总体战略十分明确地强调，把西部大开发"放在优先位置，给予特殊政策支持"，就是着眼于削减西部地区与其他地区的发展差距。把解决资源环境承载能力的问题和解决区域发展差距两类遥不可及的事情放在一起混同评价，显然对"十一五"和"十二五"规划没有进行认真阅读，误解了主体功能区的作用。其次，区域差距扩大不是由主体功能区规划或战略实施造成的。区域经济发展现象多与市场因素有关，市场的作用就是往往引导资源配置到最能获得高回报的经济区位。在市场经济体制下，区域差距的扩大往往是基于市场发挥作用形成的，而政府的作用就是根据区域经济运行规律以顺市场或者逆市场方式对区域经济进行干预。在市场作用发挥初期，政府顺应市场进行调节，引导市场实现最大化的经济效率，推动经济快速发展；但若市场导致区域差距过大，区域经济社会失衡程度加剧，市场自身带来的负效应超过正效应时，政府也可以采取逆市场的方式进行干预。可以说，区域差距扩大现象与主体功能区规划实施无关。最后，政府引导实现主体功能区规划目标，并不必然导致区域差距的扩大。仔细阅读关于主体功能区的概念和类别就可以发现，主体功能区规划首先着眼于统筹区域内部人与自然关系的职责，在此基础上引导资源的合理流动。而区域差距则是衡量人与人之间的经济关系，主体功能区规划不主要承载协调区域经济关系的职责。也就是说，主体功能区规划和战略立足于形成区域性经济开发与资源环境容量相协调的局面而不考虑是否会出现区域差距扩大的后果，区域差距不是实施主体功能区规划和战略顾及的问题，在实施主体功能区战略的基础上出现区域差距扩大或者区域差距缩小都是合理的。事实上，在主体功能区战略思维下，不会出现区域差距单一扩大或者区域差距单一缩小的格局。比如，从理论上讲，主体功能区规划和战略的实施，会造成优化开发区的资源流向重点开发区，从而减少优化开发区和重点开发区之间的区域差距。

一些限制开发区和禁止开发区因为实施主体功能区战略，促使人口迁移到其他地区,是提升这些区域生态功能的有效举措,如果因以国家的名义保护限制开发区和禁止开发区的生态功能,剔除了一些带来重大资源环境压力的项目,影响到限制开发区和禁止开发区的经济总量扩张进而导致二者与优化开发区和重点开发区的经济总量差距扩大,也应该视为正常的结构调整。同时,也要注意到,针对限制开发区和禁止开发区的人口迁移,会带来趋于本地资源的再分配,促进限制开发区和禁止开发区人均资源占有数量的扩大,可能有利于缩小人均收入差距。另外,从国家角度看,在实施主体功能区战略中会对禁止开发区和限制开发区保护环境的努力给予必要的生态补偿,使立足于保护生态功能的留存人口成为直接受益者,也有助于减少限制开发区、禁止开发区范围居民与其他地区居民的福利差距。当然,从总体上讲,所谓缩小区域差距在中央政府层面一直强调的是缩小公共服务差距、人均收入差距和基础设施差距,缩小经济总量的差距既不现实也无意义。可以印证的一个证据是,自西部大开发以来,宁夏回族自治区通过政策引导南部山区居民向沿黄河城市带和农业区迁移,迁移者实现了迁得出、稳得住、能致富的目标,尽管宁南山区与沿黄河地带的经济差距依然扩大,但宁南山区与沿黄河地带的发展协调度明显提高,并没有出现大规模人口由宁南山区流入沿海的现象,迁移的经济效益与社会效益得到广泛认可。可见,断言实施主体功能区战略会使禁止开发区和限制开发区与其他地区经济差距扩大从而显示其局限性,或者因为实施主体功能区战略导致人口大规模流向沿海而显示其局限性的认识未必正确。

第三节 主体功能区战略实施将按照分类调控模式进行

主体功能区规划和战略的设计,着眼于解决经济开发与资源环境承载能力之间的关系问题,不聚焦所有区域问题和解决所有区域问题,因而要求主体功能区承担非其担负的使命是不合理的。主体功能区划分了优化开发区域、重点开发区域、限制开发区域和禁止开发区域四大类功能区,按照差别对待、分类调控的模式,按照资源环境承载能力引导资源与要素的流动和重组。

在《"十一五"规划纲要》中,优化开发区域是指国土开发密度已经较高、资源环境承载能力开始减弱的区域。这一点本身没有问题。但是,在许多地方制定本地的规划时,尽可能减少对优化开发区的范围,甚至不设立优化开发区,因为任何一级地方政府都有经济发展目标考核,这种考核与投资项目的拉动作用有关。假如一个地区被列入优化开发区,在地方政府官员看来,就意味着许多投资项目不能立项上马,因而许多地方政府极力反对。据笔者了解到的信息，在不少省份制定的主体功能区规划中，地方政府删除了"优化开发区"类型。但在"十二五"规划中，创新了优化开发区的表述内容，明确了对"人口密集、开发强度偏高、资源环境负荷过重的部分城市化地区要优化开发"。新的定义简明地陈述了优化开发区的范围主要是针对部分城市化区域，同时对其范围加以明确限定，就是"人口密集、开发强度偏高、资源环境负荷过重"，在这样的区域推动经济社会发展，势必要进行重大的结构性调整，比如，限制人口的过度增长，把过于消耗资源和污染环境的项目迁移出去，促进轻型高技术类的产业发展。

在《"十二五"规划纲要》中，国家对重点开发区的概念基本上沿用"十一五"规划的描述，重点开发区是指资源环境承载能力较强、经济和人口集聚条件较好的区域，国家着眼于对重点开发区加以重点开发。但是，究竟如何推动重点开发区的开发活动？我们看到，从《"十一五"规划纲要》到《"十二五"规划纲要》，国家对重点开发区的开发途径描述上出现较大变化。对于重点开发区，《"十一五"规划纲要》要求其"承接优化开发区域的产业转移，承接限制开发区域和禁止开发区域的人口转移，逐步成为支撑全国经济发展和人口集聚的重要载体"。但是，在《"十二五"规划纲要》中，对其承接产业转移和人口转移的功能已经不再强调。这是因为，根据目前的区域划分，重点开发区的范围与农产品主产区的范围交叉分布，在这样的区域承接优化开发区的产业转移是合理的，重点开发有此能力和积极性，但也有一定的限制性约束，就是承接的产业不能造成严重的污染，不能危及农产品安全。另外，重点开发区缺乏大规模承接禁止开发区和限制开发区的人口转移的条件，重点开发区的政府和民众也难以接受这样的大规模转移。这里需要强调指出的是，人口转移和产业转移应该遵从市场规律和政府管理规律，生产要素的跨地区转移不应由政府强制推动，其中人口转移也不应该列入重点开发区政府的政绩考核目标。

那么，重点开发区是否会因为重点开发而走上优化开发区的老路，出现先污染后治理的问题？这是许多关注主体功能区建设的人士提出的疑问。我们认为，重点开发区是否会出现先污染后治理的结局，完全取决于政府管理主体功能区的能力。尽管重点开发区的资源环境承载能力强，但是这种强弱对比是相对的。如果放松管制标准，则重点开发区就有可能面对沉重的工业化城镇化压力，资源环境承载能力就会受到大规模项目进入的挑战从而趋于减弱，复制先污染后治理的结局并非不可能。因而，重点开发区不等于放松管制区或者放任污染区。对于重点开发区资源环境承载能力的变化趋势，应该加以重点监控。

"十一五"规划和"十二五"规划对限制开发区都有一定的文字表述。在"十一五"规划中明确提出，限制开发区域是指资源环境承载能力较弱、大规模集聚经济和人口条件不够好并关系到全国或较大区域范围生态安全的区域。在《"十二五"规划纲要》中进一步指出，对具备较好的农业生产条件、以提供农产品为主体功能的农产品主产区，要着力保障农产品供给安全。对影响全局生态安全的重点生态功能区，要限制大规模、高强度的工业化城镇化开发。可见，限制开发区的范围有所扩大，限制内容更加严谨。一些学者担心，限制开发区是否等同于限制发展区，这种担心虽有一定依据，但是并不成立。首先，限制开发只是出于对特定区域与生态脆弱的评价，是建立在生态保护基础上的开发。考虑到过度开发会给限制开发区带来生态风险甚至灾害，影响限制开发区的可持续发展。甚至于考虑不当开发会影响限制开发区的周边地区、下游地区的生态稳定，设立限制开发区具有积极意义。限制开发区的设立初衷，明确提出了保护优先的思想。其次，限制开发不等于不开发。限制开发区范围同样存在一定数量的人口，这些人口享受到为保护付出的一定补偿，但是为使这些区域居民的福利增长与全国其他地区保持同步增长，也享受到国家改革开放的福利待遇，应该保持一定程度的开发，只是在开发范围、开发类型、开发规模上受到一定约束。既要约束开发使开发过程不影响到区域生态功能的发挥，也不能采取不开发的方式放弃发展机遇。因而，在这些区域的发展中必须把生态规划与经济规划更好地结合起来。在国家的政策中，主要农业区域在保障国家农产品安全中具有重要地位，对于保障农产品供给的开发行为，应该加以鼓励。至于重点生态功能区，其建立的目的就是为了保障生态功能的发挥，因而限制大规模、高强度的工业化城镇化开发，但是并不限制诸如旅游开发等其他形式的开发努力，也说明限制开发不能等同于不开发。再次，限制开发区一定范围涉及生态移民，乃是因为一些限制开发区的生态环境过于严酷，人居环境较差，可开发能力有限，把一定数量的人口迁移出去，可以减轻人口压力，使整片土地上承载人口数量减少，继而提高人口福利水平，减轻过多人口造成的资源环境压力。最后，限制开发区的开发应该对资源消耗高、污染浓度大的工业项目加以限制，推动旅游、资源开发转化等特色优势产业发展。对森林资源在保护的基础上进行间伐，发展立体种植、立体栽植；在发展生物多样化的基础上提高促进珍稀动植物资源的繁育与发展。

需要强调的是，目前的农产品主产区主要位于中部和东北、重点生态功能区位于内地，在加强限制开发区发展时，应该协调内地优化开发区、重点开发区与限制开发区的关系。从理论上讲，沿海地区有限制开发区和禁止开发区，而内陆地区有优化开发区和重点开发区。在内陆地区，一些原来的优化开发区在改革开放以来已经出现了多次人口向沿海地区迁移的现象，随着沿海地区的产业转移和内地实行计划生育奖励政策，内地优化开发区向沿海人口迁移的动力进一步减弱。同时，由于基础设施建设和投资环境改善，民族地区重点开发区对限制开发区的吸引力增强。可见，随着内地内部按照主体功能区设置调节人口、产业等要素流动能力的增强，会有助于主体功能区建设按照既定目标进行。

第四节 主体功能区战略的实施和管理需要创新

主体功能区战略的实施，是一项重大的理论与政策创新。但是，应该说，主体功能区战略的实施，或许不是旧问题的终结，而可能是新问题的开始。

首先，主体功能区规划本身并非无懈可击。事实上，实施主体功能区规划，能否达到扭转环境污染扩大化的趋势，存在着一定的不确定性。原则上讲，假如一个消耗资源和污染环境的企业由优化开发区转移到重点开发区，重点开发区因有一定的环境容量加以接纳，优化开发区因为有腾出的环境容量可以投资不那么严重污染环境的项目上马，最终结果会是旧的污染项目转移了，新的污染项目又再起来，污染物排放总量扩大了。可见，从中央政府角度来说，实施污染排放总量的管制性政策并没有过时。

其次，结构性政策也需要与总量管制的政策相配套。主体功能区战略的实施，是一项繁琐和细致的结构性政策，但是以为结构性政策就能解决所有资源环境问题，则是盲目的、不现实的。从国内外经验看，结构政策都必须与总量政策结合实施。比如，放任投机的房地产政策放大了资源环境的市场需求，也放大了许多城市和地区的资源环境压力，导致中国的环境问题如碳排放、环境污染等进一步尖锐化。如果不约束房地产业粗放的消费政策和投资政策，而仅仅希望主体功能区战略能够解决资源环境压力问题，无疑是舍本逐末，起不到改善资源环境压力的应有作用。

再次，资源环境承载能力的数量化考核难题。发挥生态保护的正效应，对于保护生态基础不同的地区采取不同的政绩评价标准；对于生态保护力度较大但是因此经济增长受到影响的地区，可以采取以保护优先的原则实行绩效评价保护优先的标准，都是实施主体功能区战略提出的严肃性问题。但这面临着一个重要的数量依据问题，就是如何核算资源环境承载能力。在现实中，资源环境承载能力存在着多种计算方法，但没有一个标准化的广为接受的计量模式。进一步地，一个地区承载生态能力与承载污染能力分属于两种不同模式，如何把不同的环境功能计量到一个公式中本身就是一种挑战。假如我们不能数量化一个地区的资源环境承载能力，又怎么样判定开发密度或者强度超过了资源环境承载能力。

最后，主体功能区战略应该由哪个部门实施。目前，有关主体功能区的权威性研究与新闻发布，都是由国家发展和改革委员会组织实施的。但是，未来是由国家发展和改革委员会还是环境保护部来实施主体功能区战略，却是一个没有结论的问题。事实上，在国家发展和改革委员会之前，环境保护部已经做了全国性的生态功能区规划。目前，由国家发展和改革委员会发布的主体功能区规划与环境保护部所做的生态功能区规划既有一致处，也有一定差别。但是，对于区域环境管理尤其是污染管理、重点生态功能区管理尤其是自然保护区的管理职能在很大程度上集中在环境保护部。如由两个部门分头实施功能区战略，必定会造成一定的职能重叠、重复，甚至加剧部门职能管理的矛盾。

当然，新问题的出现，对于实施主体功能区战略未必不是好事。比如，通过加强污染物排放总量管制和界定区域环境容量，有助于环境保护和生态建设向纵深发展；通过进一步落实国务院关于加强房地产调控的政策，为主体功能区规划实施创造条件；通过深化资源环境承载能力的研究，可以为中央政府的决策和政策实施提供科学依据；通过实施大部门体制改革，进一步强化政府部门之间的分工与职能区分，有利于提升政府的运行效率。这些，都意味着新的创新思路需要建立和形成。

专题报告 7
日本废旧家电回收利用机制研究

2010年，经国务院同意，国家发展和改革委员会、环境保护部、工业与信息化部联合发布了《废弃电器电子产品处理目录》（第一批），显示出在家用电器电子产品进入报废高峰时期后，中央政府着眼于减少废弃物污染和促使废旧资源再生利用的处理废旧家电的政策正式出台。对照之下，日本的家用电子电器产品进入报废高潮期早于中国，在处理废旧家电方面也超前于中国形成完整的政策法律体系，废旧家电处理工作也已经按照产业化的模式运转，值得中国重视和借鉴。

一、日本废旧家电回收制度建立的背景

通常而言，废旧物品的资源化利用应基于四个条件：废弃物大量存在并得到回收；废弃物中存在大量可利用的成分；对废弃物进行再生利用的技术相对成熟；经资源化利用后的物品可以满足市场需求。从这四个方面看，日本废旧家电具有回收再利用的良好条件。

首先，日本每年拥有大量进入报废期的家电。由于数量大、体积大、可回收具备规模化条件等因素，日本家电产品的回收主要针对电视、冰箱、洗衣机和空调四种电器。但由于家用电器新产品的不断出现，废旧家电处理的内容也不断扩展（见表1）。由于家庭持有家电数量的增多以及功能多样化造成家电使用年数的缩短，日本废旧家电排放量不断增加。电视、空调、洗衣机、冰箱四种家电的年排放量达到2000万台，占到日本所有家电排放量的80%。废旧家电的大量产生，涉及具体的后续处置问题。倘若废旧家电处置不当，会带来严重的环境问题。

表1 日本废弃电器电子产品（WEEE）分类

分类	对象产品	备注
《家电再生利用法》涉及的产品	冰箱、电视、洗衣机、空调	
厨房用具	微波炉、冰柜、保温壶、电瓶、平底电烤锅、烤面包器、洗碗机、餐具干燥机、电热式咖啡壶、烤炉、电饼铛、电磁炉、烤箱、自动面包机、电动锅、榨汁机、粉碎搅拌机、换气扇、热水器、其他小型家电	
清扫、洗漱用具	吸尘器、手动吸尘器、电热毯、衣服烘干机、电风扇、家用电动水井泵、电熨斗、吹风机、电动剃须刀、电子炉、空气净化器、除湿器、保健器具、换气扇、其他小型家电	
居室用具、户外设备	照明器具和安定器、电话、电话应答装置、传真机、有线通信、遥控器、表、计算器、各种传感器、其他小型家电	
音乐、映像设备	等离子电视、液晶电视、收音机信号接收器、VTR、DVD播放器、收录机、录音机、音响组合、HiFi放大器、HiFi调谐器、HiFi扬声器系统、唱片机、CD播放器、MD播放器、录像机和一体型照相机、天线、数字调谐器、音响、耳机、接续插座等	
娱乐、个人设备	手机、无线应用装置、耳机音响、IC录音机、数字相机、游戏机（TV接入）、游戏机（便携式）、电动玩具、电子乐器、户外、汽车关联（发电机等）、其他电器产品、耳机和接续插座等、手表、充电器和其他附属机器、存储集成电路	

续表

分类	对象产品	备注
IT 机器	电脑（常用）、CRT 显示器、液晶显示器、笔记本电脑主机、台式电脑主机、打印机、扫描机、超真空同步加速器、其他附属 IT 机器、其他零部件、接续插座等	
汽车用品	汽车用音响、汽车导航系统、汽车用彩电	①
工具	电动工具	
照明器具	荧光灯、接线器具、白热灯器具、荧光灯器具	
医疗、工业控制机器	X 线装置、放射线装置、超音波应用装置、产业用 TV、医用测定器及其他、电气计测器、电气测定器、测定用数据处理、工序装置、工业用计测控制机器和环境计测器	②
其他	弹子机、自动销售机、ATM、售券机、电池、其他	③

注：①可能作为废车被再生利用，此处当做一种可能性。②如果是用于医疗和工业就包含马达等，此处将属于 WEEE 的计测器范围当做一种可能性考虑。③考虑到碱性电池、锰电池、氧化银电池、锂电池、其他电池（锰电池、空气电池、Ni 一次性电池）等，未将铅蓄电池作为 WEEE 包含在内。

资料来源：白鸟寿一和中村崇（2008）。

其次，废旧家电中存在大量的可利用成分。废旧家电主要原料为塑料、玻璃、铝、铜、铁、钢及稀有金属等，由于存在大量的可利用成分，废弃家电也被日本民众称为"都市矿山"。松下环保技术中心可从一台冰箱中拆解出 50% 的钢、40% 的塑料；可从一台空调中拆解出 55% 的钢、17% 的铜、11% 的塑料、7% 的铝；可从一台电视中拆解出 57% 的玻璃、23% 的塑料、10% 的钢；可从一台洗衣机中拆解出 53% 的钢、36% 的塑料。

除了大型家电外，小型家电也含有大量的可利用物质。根据有关专家的研究，手机、电脑、小型游戏机等电气设备中含有很多有用的金属资源。产品报废不应该是金属资源报废。在矿山开采中，铜矿石的含量可能只有 1%，但电子零部件的基板中含有 10% 的铜。事实上，废旧家电中还含有大量的稀有金属，手机中就使用了锂、镍等稀有金属，一部手机所含金属的价值为 100~300 日元。如果废旧家电中的稀有金属得到回收，铟就可以用于超薄电视的液晶显示器，锂和钴可用于二次电池的电极、电解质，镓用于发光二极管（LED），被称为稀土的镧、钕、镝用于制造双动力汽车搭载的高性能发动机的永久磁铁，钯用于净化汽车排气的催化剂,废旧家电的资源化利用会得到充分体现。

最后,在家电回收的技术创新和废旧家电面向市场的资源化利用方面,日本也取得了突出进展。

可见,在四种条件都满足的情况下,废旧家电大规模的资源化利用已是水到渠成。

二、日本废旧家电回收再利用制度的建立

在《家电再生利用法》制定之前,80%的废旧家电在消费者再次购买时被零售商收取,20%的废旧家电作为大件垃圾被市町村收取。而市町村又对零售商收取的25%进行回收。在具体处置方面,60%的废旧家电被民间处理业者处理、40%的废旧家电被市町村处理。日本是一个矿物资源稀少的消费大国,矿石自给率极低,资源大部分依赖进口,虽然废旧家电中含有铁、金、铜、铝及玻璃等,但在废旧家电的早期处理阶段,只有铁等金属通过破碎、磁力分选等工序被回收,但是,其中90%以上的废电气电子设备未提前处理就被填埋、焚烧或只对一部分物质进行了再生利用(白鸟寿一和中村崇,2008)。从商业角度看,由于显像管式电视机线路板中每吨只含有10~20克的金,无法与拆解及收集费用相抵,线路板在这种没有利润的情况下就无法被收集。在废旧家电处置中,氟利昂未得到正确处理,几乎都被直接或破碎后填埋了,部分零配件拆解后变卖,未除去铅等有害物质、无法对零部件进行再利用,剩下的材料尤其是塑料状残渣就被当成废品直接燃烧或掩埋,稀有金属及玻璃等资源也没有得到利用。不仅如此,这种处置方式还导致填埋场严重不足,土地制约矛盾突出。

1998年,日本制定了《特定家庭用机器再商品化法》(以下简称《家电再生利用法》),于2001年4月正式实施。《家电再生利用法》的出台,使废旧家电回收再利用出现了根本性的变化,突出表现在一系列制度与规则的改变。

(1)家电回收利用主体从以零售商处置为主转向以生产者为主。《家电再生利用法》规定,消费者必须将以上四种废弃家电交给零售商、零售商再将其交给制造业者、制造业者对其进行再商品化并保证再商品化率达到基准值以上。这一思想体现了当时逐渐出现于欧洲的"生产者责任延伸制"(Extended Producer Responsibility,EPR),EPR要求厂商不仅要选择材料、制造产品、负责一定期间的保修,还要对废弃后的资源化处理及产品整个生命周期的环境影响负责。如果厂商必须

对本公司生产的产品进行资源化处理,就会努力制造易于资源化的产品,这必将促进资源化水平的提高和成本的降低。基于以上考虑,是让制造业者担负再商品化义务,即担负生产者责任延伸的责任。该法基于厂商持有家电产品的详细数据,要提高资源化水平必须由厂商亲自进行家电产品的资源化处理的思想。日本已建设了覆盖全国的废旧家电回收网络和资源循环再商品化处理工厂。目前,基本上所有的日本家电企业都实施了"与环境共生"的生产政策。每家企业都有专门的环境技术中心负责废旧家电回收的再商品化工作。

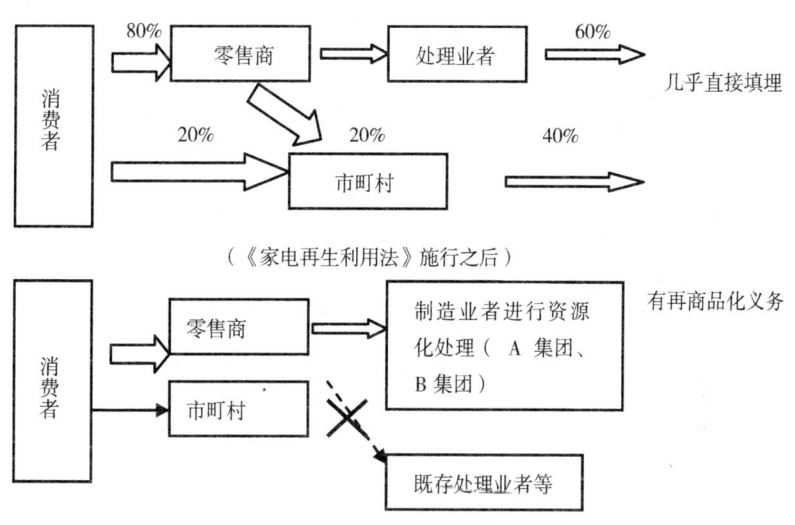

图1　日本废家电处理状况

资料来源:日本环境省(2008)。

(2)消费者支付再商品化费用。再商品化费用由谁支付,在国际上并没有一致性意见,日本与欧洲的管理模式截然不同。欧洲的模式是废旧家电免费回收,再商品化费用由生产者支付,然后生产者通过价格变动,将废旧家电处置中生成的成本通过涨价因素转嫁给消费者,最终由消费者承担再商品化成本。而在日本,依据"污染者支付原则"(Polluter Pays Principle, PPP),废旧家电的再商品化费用由消费者支付。由消费者支付再商品化费用的依据是:废弃物的处置是需要花费成本的,废旧家电也不例外,既然废旧家电是在消费环节产生的,由消费者支付处置成本有其合理性;在劳动力成本和运输成本上升的情况下,如果没有消费者支付废旧家电回收和处置费用,企业缺乏回收废旧家电的积极性,消费者付费可以弥补家电生产商的处置成本;通过建立消费者付费制度,可以促使消费者更珍惜对家电的利用,减少家电因不合理利用带来的提前报废,符合消费者利益也符合日本建设循环型社会的期待。日本法律规定,再商品化费用在产品废弃时征收,再商品化费用标准由制造业者规定,基本上为2520~4830日元(含税)。法律还规定,消费者负担的费用不仅包括再商品化费用,还包括向零售商支付的收集搬运费(平均为1500~2000日元)。

(3) 实行废旧家电回收管理票制度。未实行管理票制度前,用户不了解废旧家电如何被收集搬运、又如何被交付给厂商进行再生处理。新制度通过管理票与废家电的流程一道被交付、回付及保存,使得收集搬运及转交的相关信息能够被用户所掌握。持管理票复印件的消费者想在零售店查阅被保存的管理票时,零售店无正当理由时不得拒绝。消费者在全国的任何一个地方都能够通过Web网站确认自己排放的废旧家电何时搬入指定领取场所,还可以回溯家电厂商的收集过程。也就是说,消费者可了解废旧家电是否被正确地收集搬运与转交。

被称为"家电回收券"(Manifest)的管理票由(财团法人)家电产品协会内部设置的家电回收券中心(RKC)发行,共有五联,分别是零售商备用兼收据、交回零售商、指定领取场所备用、消费者备用、附在现品上,管理票体系能防止不正确处理的发生和制度的透明化。零售店在从消费者处提取废旧家电时,将管理票的复印件交付给消费者,上面填写有消费者名称、零售店名称、品种、制造商名称、提取日期等规定事项,将其交给制造商时也采取同样做法。制造商提取废旧家电时在管理票上盖章。制造商提取废家电的信息被传送到管理废家电和再生处理费用的RKC。RKC基于废旧家电提取信息从零售商处收取再生处理费用,然后支付给制造商。

(4) 法律条款的约束作用得到体现。作为《家电再生利用法》重要环节的管理票制度,既对回收前环节消费者处置废旧家电行为没有约束,也没有要求家电厂商记录提取废旧家电后再商品化的实施状况。事实上,不正当处理尤其是违法丢弃等在收集、搬运、转交阶段频繁发生,冲击着废旧家电的正常回收秩序。为此,日本十分强调用法律手段维护家电回收制度的正常运转。针对非法弃置现象,《家电再生利用法》第16条规定,将会对行为人进行5年以下的徒刑或1000万日元

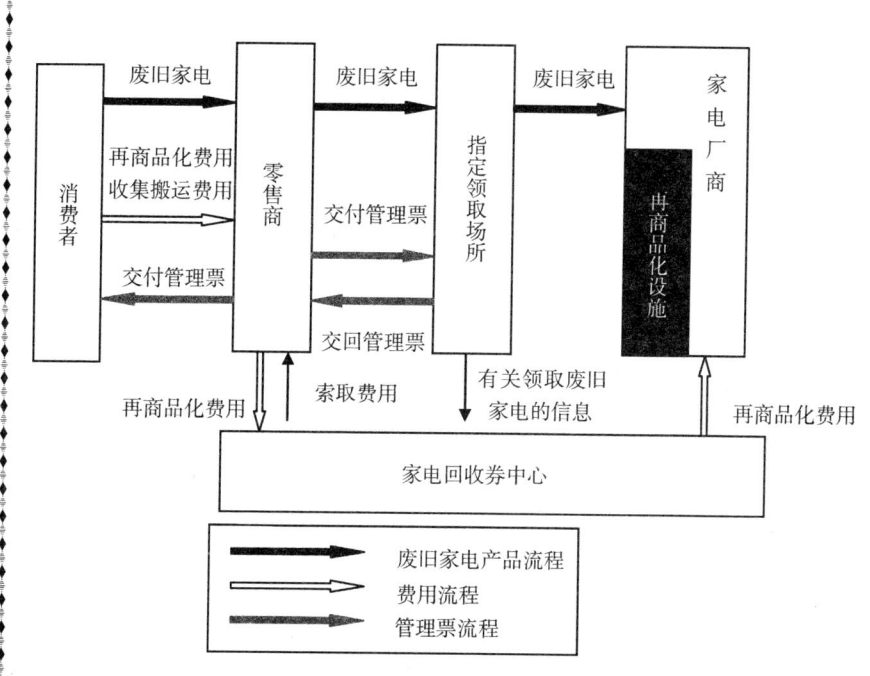

图 2 废旧家电管理票作业程序

资料来源：山谷修作（2002）。

以下的罚款或同时科以数种刑罚；当出现非法弃置"产业废弃物"时，还会对与行为人有雇用关系的法人处以 1 亿日元以下的罚款，对与行为人有雇用关系的个人处以 1000 万日元以下的罚款。

（5）促使企业重视技术创新。2001 年 4 月《家电再生利用法》实施后，全国 40 多所家电再商品化设施通过采用新的处理设备、重视人工拆解、积累处理技巧、实际论证和实验等方式以提高再商品化率。手工分解以后，依次是粉碎、风力、磁力、涡电流等多种人机配合的筛选流程，根据各种材质的物理特性来将它们分离。家电被粉碎后，碎片中的铜、铁、铝等不同的金属和多种塑料需要筛选析出。通过磁力设备，企业首先将铁与铜、铝等金属分离，然后根据比重不同的原理，采用振动的办法分离铜和铝。塑料可被放入液体中，利用它们不同的比重，分离出不同类型的塑料。回收冰箱和空调则首先需要抽取出氟利昂气体，以防止泄漏到大气中破坏臭氧层。使用机械对家电进行破碎后分选并回收金属，通过金属及玻璃的资源化利用使家电的再商品化率很快超出了法定再商品化率。2002 年的资源化利用率分别为空调 78%、电视 75%、冰箱61%、洗衣机60%，推行金属及玻璃的资源化技术已经成熟。日本松下电器公司还开发出一种废旧家电处理金属回收新技术，能将废旧家电中的树脂等有机物转化成无害气体，从而提炼回收被有机物覆盖的金属材料。

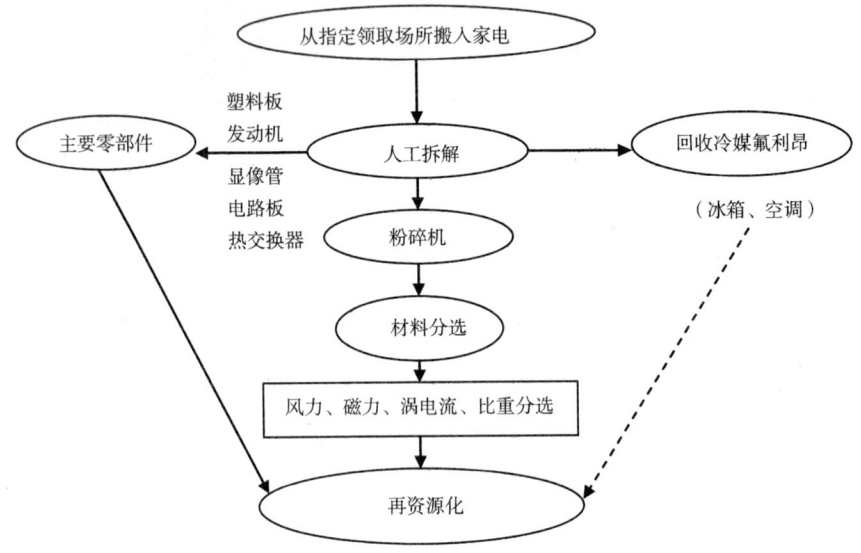

图3　家电再商品化设施的处理工序

资料来源：山谷修作（2002）。

三、废旧家电回收利用新制度实施的绩效与问题

在采用新的废旧家电回收制度以后，日本废旧家电的回收效率明显提高。《家电再生利用法》明确了消费者、零售商、制造商的责任和义务，适合日本流通体系的任务分担，并选择合适的家电品种（适合商业习惯的投送商品、市町村难以再商品化的四种类型），做到对四种家电领取数量的把握。再商品化指家电厂商从废旧家电中取出零部件和原材料后再次将其作为家电产品的零部件和原材料使用或者家电厂商从废旧家电中取出零部件和原材料后，有偿或无偿转让给使用者再次作为零部件、原材料使用。《家电再生利用法》规定，消费者必须将以上四种废弃家电交给零售商、零售商再将其交给制造业者、制造业者对其进行再商品化并保证再商品化率达到基准值以上。2001年实施的《家电再生利用法》规定，再商品化率分别为：空调60%以上、电视55%以上、

冰箱（2004年补充了冰柜）和洗衣机50%以上。2008年底，日本修订《家电再生利用法》，其中新规定的再商品化率是：空调70%、CRT电视55%、平板电视（LCD、PDP）50%、冰箱和冰柜60%、洗衣机和干衣机65%。

事实上，2001年废旧家电的领取台数为855万台，2006年达到1161.4万台，是2001年的1.4倍；2001年的再商品化重量为211000吨，2005年达到344843吨，增加了1.6倍。从2001年与2006年的再商品化率看，空调从78%到86%（1.10倍），电视机从73%到77%（1.05倍），冰箱从59%到71%（1.20倍），洗衣机从56%到79%（1.41倍），都明显超出法定要求。另据最新统计数据，根据《家电再生利用法》规定的回收范围，2010年电视、冰箱、空调、洗衣机四类废旧家电约2770万台，同比2009年增加47.4%，创下历史最高纪录。

表2　2006年四种废旧家电再商品化实施状况

	空调	电视	冰箱	洗衣机
指定领取场所：领取台数（万台）	182.8	412.7	271.6	294.3
再商品化等处理台数（万台）	183.5	409.4	270.9	295.1
再商品化等处理重量（吨）	77655.0	117849.0	157106.0	94652.0
再商品化重量（吨）	66791.0	91092.0	112106.0	*74854.0
再商品化率（%）	86.0	77.0	71.0	79.0

注：冰箱包括冷冻箱。空调和洗衣机的处理台数比领取台数多，原因不详。再商品化处理台数及再商品化处理重量为2006年必须实施再商品化的废家电总台数和总重量。

资料来源：村田德治（2008）。

不仅如此，废旧家电的回收，还通过大量有用金属和材料的提取，为日本节约了大量的资源（见表3）。尤其是在国际大宗资源性产品价格不断走高之际，废旧家电回收产业的效益越来越高，更多企业热衷于参与废旧家电的再商品化进程。从废弃物处理和回收方面来看，废旧家电的冷媒氟利昂回收量从2001年的603吨到2005年的1433吨，上升了2.4倍。从2004年开始义务回收的绝热氟利昂的回收量在2005年达到607吨。

表3 废旧家电零部件及材料的资源回收状况

单位：吨

类型	空调	电视	冰箱、冰柜	洗衣机
铁	23910	11620	67042	39857
铜	5031	4456	1722	1050
铝	2023	85	268	544
非铁、铁等的混合物	30275	892	20312	14018
显像管的玻璃	—	52394	—	—
其他有价物	5552	21645	22762	19385
总重量	66791	91092	112106	74854

注："其他有价物"指塑料等。
资料来源：村田德治（2008）。

家电产品协会在2006年7月进行的中央环境审议会和产业构造审议会的联合会议报告中指出，获得以上成果的原因"是基于日本实际情况制定了切实可行的规划"。

值得注意的是，随着《家电再生利用法》的实施，越来越多的企业越来越把回收中获得的信息反馈到生产环节，日益加强家电的生态设计。为减少废旧家电再利用成本，在设计和制造新家电时就考虑到日后如何易于拆解、回收再利用，已经成为家电生产厂家的一项重要课题。不少企业重视生态友好产品设计（Design for Environment，DFE），以促进制造环节质的创新。一些厂商甚至让制造车间的设计人员到废旧家电的拆解再利用环节体验，以加强制造环节的生态设计。松下电器把强化生态友好的产品设计作为"提高产品制造能力"的机会，从2005年4月开始把"拆解、资源化课题的把握"作为"3R生态项目"来推进，完成了100种产品的资源化实证实验，积累了不同产品的资源化相关技术、数据和技巧。再商品化机构METEC也与松下电器积极配合，从资源化现场适时发送信息和提出建设性意见。这种把家电产品生命周期末端与源头有机联系起来的思路和做法，为探索生态友好的产品设计提供了有效途径。

不过，但凡新的制度实施，总有不尽完善之处。比如，消费者由于不愿支付处理费用，导致违法丢弃事件的增加。据经产省及环境省的报告称，法律颁布前的2000年，四种废旧家电的违法弃置相对较少，但在法律颁布后，违法弃置现象明显增加（见表4）。

表4　四种废旧家电非法弃置数量

	空调	电视机	冰箱	洗衣机	四种合计
2000年	4123	11777	5892	4362	26154
2001年	16786	65441	27445	22481	132153
2002年	17899	82935	35739	29154	165727
2003年	17138	88331	38006	31505	174980
2004年	15786	86640	38638	31263	172327
2005年	10501	82702	34755	27421	155379

资料来源：日报（2007）。

又比如，制造厂商既从消费者那里获得支付的处理费用，又将废旧家电经过简单维修以二手货形式出口到发展中国家，获得可观的经济效益，却未达到资源再利用的结果。另外，家电回收费用设置过高也引起消费者的不满。按照《家电再生利用法》，废旧家电的第二次运输（家电回收场所到再商品化场所之间的运输）和再商品化费用由家电厂商设定，但必须是消费者能够接受的数额。由于日本的家电厂商在资源化市场处于垄断地位，各厂商在协议的基础上设定了同一资源化费用，使得再商品化和第二次运输费用居高不下；由于废旧家电回收中存在大量商业利益，一些缺乏资质没有获得商业许可的企业也参与回收流程，导致商业竞争秩序的混乱；由于人口分布与再处理设施分布的不平衡，导致了一些处理设施利用率高而另一些处理设施利用不够的不平衡性问题。

针对上述现象，日本也采取了一些具体措施加以应对。比如，针对非法弃置问题，为了做到防患于未然并及早发现，北九州市政部门采取了一系列措施。一是在废家电容易被弃置的林道、海岸、砂土处理场等地方设置巡逻车，不光是工作日还包括夜间以及休息日，防止非法弃置行为的发生并及时撤除非法弃置物；二是在市内废家电容易被弃置的7个地方设置监视器并设置广告牌公示监视范围以达到抑制非法弃置的效果，同时非法弃置者被拍摄后将告知警察进行严厉处置；三是从2000年起导入非法弃置通报员制度，了解废弃物处理和环境保护的市民被任命为通报员，发现非法弃置报告给环境中心。如果非法弃置发生在私有土地、无法确定非法弃置者时，还将追究土地所有者及管理者的责任。另外，政府也督促企业履行废旧家电再生处理的说明责任，期望明确消费者支付的费用如何有效利用到再生处理当中。学者还提出各种方策，比如对二手家电的出口实行限制措施，要求产品从制造后一定年数以内不得出口；加强对家电产品统计情报的收集以及提高日本国内对废旧家电的跟踪能力；实行押金制以提高废旧家电的回收率等，以期进一步修改并完善现行的《家电再生利用法》。其他诸多问题，政府都在加紧法律制定与政策优化，以期通过加强管理取得更好的资源再利用效果。

参考文献

［1］中村崇，原田幸明.レアメタルの代替材料とリサイクル.シーエムシー出版，2008.

［2］中村崇.ここが聞きたい：『都市鉱山』発掘 規制緩和を.読売新聞，2010－04－10（33）.

［3］細田衛士.資源循環社会のリスクとプレミアム.慶応義塾大学出版会，2009.

［4］細田衛士.資源循環型社会制度設計と政策展望.慶応義塾大学出版会，2008.

［5］山谷修作.循環型社会の公共政策.中央経済社，2002.

［6］日報.家電リサイクル法の5年間と見直しの焦点.月刊廃棄物，東京：日報出版，2007，33（3）.

［7］村田徳治.家電リサイクル法と資源回収.月刊廃棄物，東京：日報出版，2008，34（4）.

［8］大和田秀二.資源循環に関する一考察—電子基板中のレアメタルを例として—.生活と環境，2009，54（6）.

［9］安部雅人，等.家電リサイクル法がもたらしたビジネス変化・社会変化—家電リサイクルにおける資源循環—.http：//www.ecogp.env.kitakyu－u.ac.jp/research.

［10］田崎智宏.家電リサイクル法の実態効力の評価.国立環境研究所研究報告：2006（191）.

［11］尾崎健人，等.家電リサイクル法によるリサイクル技術の変遷.http：//ecogp.env.kitakyu－u.ac.jp.

［12］武智敦朗.廃棄家電はどこへゆく.http：//www.ecogp.env.kitakyu－u.ac.jp.

［13］山口歩.日本におけるリサイクル技術の現状と課題.立命館産業社会論集，2000，36（1）.

［14］木戸智志.家電リサイクル法の行方.http：//www.2.hannan－u.ac.jp/－ida/2002sotsuron/kido.pdf.

［15］高田憲親，多賀健二，上山大治郎.手解体による高効率家電リサイクル技術.東芝レビュー，東京：オーム社，2004，59（1）.

［16］飯塚敦，等.家電リサイクル年次報告（2006年度版）.財団法人家電

製品協会,2007.

　　[17] 桜井林太郎. 金埋蔵量16%相当が国内に. 朝日新聞,2011-01-22(e6).

　　[18] 池田勝敏. 立ち向かう技術③銅リサイクル. 日刊工業新聞,2011-01-19(33).

　　[19] 竹本恵. 廃棄物保管し将来資源化. 日経産業新聞,2010-07-29(19).

第八章 中国城市的环境污染与可持续性发展

城市与乡村依人口的集聚程度不同而相对存在。与地域分散、居住分散的乡村来说，城市集中了众多的人口及各类生产要素，从而拥有了强大的集散功能。在人口、资本等生产要素流动和重组的过程中，规模经济与集聚经济效应使城市能够产生比乡村高得多的生产效率。因而，经济发展的历史性演变在空间上就表现为城市经济比农村经济的竞争能力更强，导致城市化水平的不断提高。改革开放以来，中国的城镇化水平不断提高。尽管城镇化的概念包括了城市和小城镇，但无论是从人口集中还是经济贡献来说，小城镇的容纳能力与市场竞争力都比不上城市。作为吸纳人口和生产要素的集中地，城市以较小的土地面积集中了越来越多的人口，产生了越来越大的经济贡献。因而，加强城镇环境污染的治理至关重要。

第一节 城市化与城市的环境污染

历史上的城市多是在大江大河流域产生的，中国的黄河、埃及的尼罗河、伊拉克的底格里斯—幼发拉底河、印度与巴基斯坦的印度河，都既是古代人类文明的发源地，也是各所在国家或区域城市的摇篮。随着人口的增加和产业的专业化发展，城市扩张对空间的要求也进一步增长。大城市和特大城市都要求有较大的腹地范围，以便为城市的发展提供资源和人口，同时也使城市能够辐射和服务更大范围；城市的扩大要有四通八达的交通网络，以便为能源、资源输入城市和产品从城市输出创造宽松的环境；相当多的城市需要依托天然良港，在全球化背景下使城市生产的产品能够便捷地输送到世界各地；城市的发展还需要人尽其才和物畅其流，这也对城市中人的管理与物流的管理提出新的要求。在人与自然的关系上，城市的发展与运转需要好的环境，城市在扩张过程中又产生了一系列的环境问题，诸如城市拥挤和交通阻塞、城市市容卫生、城市的供水与排水、城市土地资源与水资源保障、城市绿化和公共空间等一系列问题。尤其是在城市化过程中，城市扩张造成的环境污染问题更应引起重视。

首先，城市扩张会产生各种类型的环境污染。在早期的工业化中，许多城市都遭受过严重的污染。芒福德在《城市的文化》一书中曾对城市工业带来的污染状况进行了仔细的划分。当时，城市的主要燃料是煤炭，煤炭燃烧产生大量的煤灰，同时也产生了大量的污水。对这样的城市，芒福德称为"焦炭城市"。今天的城市是集聚了各类产业和各类生活方式的人口集中地，尽管人们可以削减污染，但是在现实中没有一个城市能够摆脱污染而存在。在城市化中，各类环境污染形式如大气污染、水污染、固体废弃物污染、噪声污染、土壤污染、光污染、电磁污染等污染形式都以不同方式存在。大气污染、水污染、固体废弃物排放和噪声污染是城市的主要污染来源。其中，工业发展会产生大量的大气污染、水污染和土壤污染，城市的工业生产、建筑、餐饮、日常生活都会产生大量的固体废弃物污染；城市交通运输、机器运转、建筑和娱乐活动会产生大量的噪声污染；装修和建筑会产生光污染；城市密集的无线电广播、电视信号发射、微波通信等，都会产生电磁污染。可以看出，环境污染是城市化如影随形的产物。

其次，处于不同发展水平的城市的环境污染水平表现不同。根据世界银行的资料，发达国家的城市的大气状况要远远好于发展中国家。在20世纪80年代早期，曼谷、北京、新德里、德黑兰等城市的大气悬浮颗粒物的浓度每年有200多天超过世界卫生组织规定的标准。在20世纪80年代中后期，以每立方米的悬浮颗粒物重量衡量，低收入国家城市的浓度达到300微克以上，而中等收入国家城市的浓度为200微克以下；高收入国家城市的浓度为100微克以下。城市二氧化硫的排放也有同样趋势。在20世纪80年代中后期，以每立方米含有的二氧化硫重量衡量，低收入国家城市的平均水平也在80微克左右，而中等收入国家城市的平均水平在50微克左右，高收入国家的城市的这一数值在30微克左右（世界银行，1992）。在20世纪80年代后期，全世界有1/5的人口置身于不安全的大气污染浓度中，主要位于发展中国家。2005年4月，世界银行发布的另一个报告指出，在东亚地区城市化快速推进的同时，这一区域的城市遭遇到日益严峻的饮用水供给和空气污染的威胁，该地区有1/4的城市居民无法获得洁净水，半数以上的人无法拥有基本的卫生设施。这充分显示出，城市的发展水平不同，污染物的排放与城市环境的治理水平会有较大的差距。各方面提供的信息显示，在一国范围内，也还存在着污染严重的城市和受污染严重影响的人口。即使是在发达国家，城市居民在面对污染的影响方面还是有明显差异的。大阪市是日本著名的工业城市，曾创造出制造业每平方米面积出口额日本第一的成绩（相当于东京都的1.6倍，相当于全国平均值的51倍），但是出现的环境污染问题在日本也首屈一指。尽管大阪的工商业十分发达，但由于绿地少，大气污染和水污染问题严重，高收入者还是纷纷从大阪撤走，使发达的工商业区伴随之以低收入者居住区。据统计，一个1986年建于大阪市的大型上市公司的2334名高级管理人员中，居住于大阪市的仅有157人，占总人数的6.7%。

再次，城市化的过程还存在着损害自然环境的变化趋势。城市化既可以看做农村人口向城市的过程，也可以看做城市生产方式与生活方式向农村扩散的过程。城市人口的增加，伴随着城市范围与规模的扩大，造成城市功能向外的延伸。城市化不仅会变更土地用途，也会削减自然环境的范围，并可通过各类污染损害自然环境。在图8-1中，日本学者沼田真勾画出在城市化过程中，因为污染、鸟类减少、光化学烟雾、不透水层增加、地下水位下降等影响造成的树木枯死过程。事实上，在城市污染中，降尘对农作物也有一定影响，硫化物在以酸雨的形式降落后，危害农作物及森林的生长；氮氧化物也会抑制植物的生长，还会使柑橘等果树落叶和落果。如果对城市污染不加限制，将会造成生活在城市范围的居民周边的生态环境恶化，对城市的可持续发展造成负面影响。

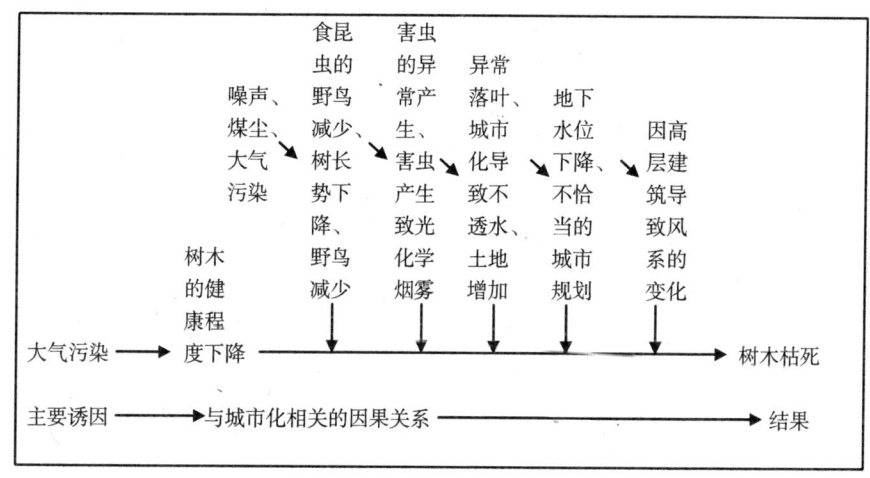

图8-1 城市树木的枯死过程

资料来源：沼田真. 城市生态学. 岩波新书，1987：213.

最后，城市环境污染会对居民的身体健康造成严重损害。城市的各类环境污染都是有害的。比如，0.5~5μm的飘尘可以直接到达肺细胞而沉积，并通过进入血液抵达身体许多部位，累积成疾。降尘不易进入人体，但一般在上呼吸道滞留，对皮肤、眼部有刺激作用；硫化物对呼吸器官和眼睛黏膜有刺激作用，吸入高浓度二氧化硫可引起喉头水肿和支气管炎；长期在低浓度二氧化硫状态下生活，可引起慢性结膜炎、鼻炎、咽炎及支气管炎等，能引起支气管哮喘。硫化物还对建筑材料及钢材表面产生强烈腐蚀作用，使铜的表面变绿,纺织品及纸张发脆,皮革变质,油漆变色。氮氧化物会导致慢性支气管炎、神经衰弱等,甚至导致肺部纤维化。氟及其化合物会对上呼吸道黏膜有强烈刺激和腐蚀作用,严重时出现鼻黏膜溃疡甚至鼻中隔穿孔,高浓度的氟会引起支气管炎、肺炎及肺水肿。氯化物会刺激眼黏膜,引起上呼吸道疾病、肺炎及肺水肿。据权威人士的粗略估计,如果不利于健康的悬浮颗粒物浓度标准降低到世界卫生组织认为安全的平均水平,对发展中国家而言,每年可以避免30万~50万人的过早死亡。这个数字相当于这些国家城市地区置身于过量颗粒物浓度环境的人口总数的2%~5%。另外,根据世界资源协会(WRI)的统计,在发展中国家,5岁以下儿童的死亡率中80%是由于空气污染而产生的肺部疾病所致,城市居民所患的呼吸道疾病中20%~30%应归因于空气污染。2004年联合国环境署曾发表报告指出,大气污染使孕妇早产和居民患呼吸道疾病的可能性增加了60%。

第二节 中国城市环境污染治理的具体实践

需要指出的是,近年来,从中央到地方都采取了一定的积极措施,加大了对城市环境污染的治理力度。具体包括:①重视城市燃料的替代,采用不排烟尘的城市燃气取代煤,使城市烟尘排放明显减少。2001~2006年,城市燃气普及率从59.7%上升到79.1%,升高的趋势十分明显,个别年份曲线向下是因为统计口径的变化。到2010年,全国城市燃气普及率已经上升到92%。②增建了数量较多的污水处理厂,加大了对污水的处理力度。城市污水处理率由2001年的36.4%上升到2006年的55.6%,升高近20个百分点(见图8-2)。数据显示,2007年,全国城镇生活污水处理率只有49.1%,但是到2010年,城镇生活污水处理率上升到72.9%。③城市垃圾回收与分拣体系正在建设中,各地都重视对居民区生活垃圾的收集,甚至建立起回收与循环利用体系。④引导工业向园区集中。在中国的大中小城市都建立起了数量庞大的工业园区和工业小区,政府采取引导的方式促使企业向园区搬迁、集中,达到产业集聚和污染集中治理的目的,过去分散建设、处处冒烟的状况现在很少见到。⑤城市对环保的投入也大幅度的增长。随着城市经济实力的增强,许多城市日益重视对环保的投入,包括对燃气、集中供热、排水、园林绿化、城市市容卫生等方面的环境保护基础设施投资明显上升。2001年,全国城市环境基础设施投资595.7亿元,到2010年上升到4224.2亿元。⑥城市从政策和法规上日益重视环境保护,促进环境保护的新机制正在形成之中。在许多城市,都推进了环境保护一票否决制,在建设项目动工前,都能执行环境保护"三同时"制度,并加强了环评的力度,环境影响评价与约束的分量持续加重。⑦采取了越来越严格的环境标准。无论是在国家产业政策上，还是在污染控制政策上，都重视了环境准入标准的建立，增强环境保护标准的约束力度。⑧市民的环境保护意识逐步提高。在许多不合理的工程建设过程中，市民都可以提出不同意见，直至否决一些有严重污染和安全隐患的工程。2006年，针对某台资企业要在厦门建设对二甲苯（PX）化工项目，市民举行了一定规模的抗议活动，在征得环评专家与社会各界的意见后，政府最后改变了初衷。

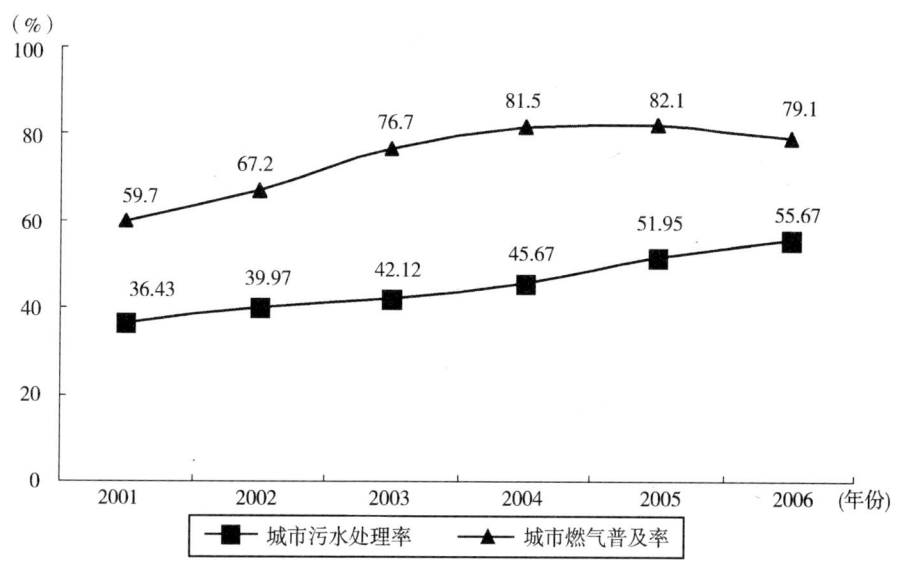

图 8-2　2001 年以来中国城市污水处理率和燃气普及率变化趋势

正是基于许多城市政府与社会各界的努力，不少城市的环境有了较大的改善。2000年，中国设区城市空气质量达到国家二级标准的比例只有36.5%，原计划到2005年这一比例提高到50%，但最后达到54%。2010年，除了兰州等少数几个城市外，全国主要城市二级以上天数的比例普遍超过80%。2006年11月，世界银行在对中国120个城市进行调查后指出，那些工业发达、对投资商具有吸引力的沿海城市，环境污染控制也做得较好。在工业废弃物的处理方面，一些沿海城市的处理率高达95%以上。

但是，应该指出的是，在环境污染的治理上，城市之间还存在着较大的不平衡性。由图8-3可见，2010年中国各省份城市生活污水处理率和城市垃圾无害化处理率的数值差别较大。总体上看，北京、天津、上海、江苏、浙江、山东等沿海省份的城市污水处理率和城市垃圾无害化处理率都相对较高，而吉林、黑龙江、海南、甘肃、青海等省份的市污水处理率和城市垃圾无害化处理率都相对偏低；另一些省份如辽宁、安徽、湖北等地的城市，表现为城市生活污水处理率较高而城市垃圾无害化处理率偏低，而福建、江西、湖南、广西、四川、贵州等省份的城市，则表现为城市生活垃圾无害化处理率较高而城市生活污水处理率偏低。总体上看，发达地区城市的两项治污指标好于不发达地区。不过也有少数例外，比如广东的两项城市治污指标都低于或者接近全国平均指标；云南省的两项指标不仅高于全国平均水平也都高于广东省水平。

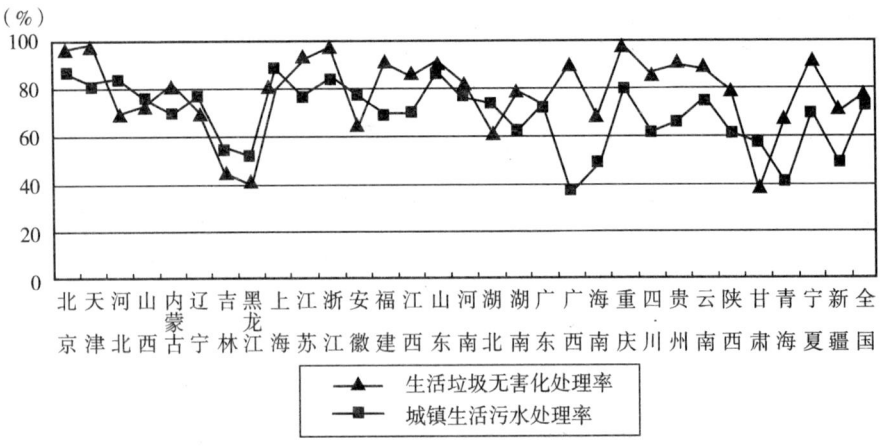

图8-3 2010年全国各省份城市污水处理率和生活垃圾无害化处理率

第三节 中国城市环境污染的形势与判断

一、从总量上看，中国城市的环境污染形势十分严峻

根据近年来的统计与监测数据进行判断，全国城市环境污染形势十分严峻。据《国家环境保护"十一五"规划》反映，还是有46%的省份城市空气质量达不到二级标准。与此同时，一些大中城市灰霾天数还有所增加。另据有关资料，在2004年监测的342个城市中，空气质量为Ⅲ级的城市有141个，占41.2%，劣于Ⅲ级的城市有69个，占20.2%，多达70%的城市人口暴露在未达标空气中。其中，北方城市、大型城市、特大型城市、产煤区的环境污染尤其严重。2006年，在监测空气质量的559个城市中，还有37.6%的城市空气质量未能达标。2006年11月21日，国家环保总局公布2006年上半年及第三季度中国环境质量以及主要污染物排放状况。监测情况显示，兰

州、大同、临汾、乌鲁木齐、北京等11个重点城市出现污染天数比例超过1/3,约有1500万居民的身体和心理健康受到影响。城市的酸雨状况没有减轻。曾有统计显示,部分城市逢雨即酸,湖南的常德、江西的德兴、浙江的丽水、安吉、开化的酸雨概率高达100%。据统计,重点城市共出现空气污染3277次,平均污染天数占16%。90%的城市出现过轻微污染,58%的城市出现过轻度污染,19%的城市出现过中度污染,12%的城市出现过中度重污染,18%的城市出现过重度污染。

在水污染方面,30%的重点城市饮用水源地水质达不到Ⅲ类标准,流经城市90%的河段受到不同程度的污染。有50个城市的水环境功能区水质达标率低于50%。一些城市周围的湖泊像太湖、巢湖、滇池多次出现大面积藻类污染。一些城市的内湖,像武汉的东湖、杭州的西湖、南京的玄武湖、济南的大明湖,湖水水质都为劣Ⅴ类,总氮或者总磷污染严重。

在固体废物污染及垃圾处置方面,各地城市的状况也难谈得上乐观。北京市年产垃圾500万吨,散布在城郊50平方米以上的各类新旧垃圾填埋场有4000余座,全国许多城市周围也都形成堆积如山的垃圾堆放场所,形成垃圾包围城市的态势。

在对污染的治理方面,根据2004年对500个城市的统计结果,全国城市生活污水处理率平均仅为32.33%,约40%城市的生活污水集中处理率为零;全国城市生活垃圾无害化处理率平均为57.76%,约30%城市的生活垃圾无害化处理率为零,全国危险废弃物集中处理率(特指医疗垃圾集中处理率)平均为60.44%,有30%城市的危险废弃物集中处理率为零。近年来,尽管城市生活污水处理率和垃圾无害化处理率等指标出现上升趋势,但是大城市治污指标较好,中小城市的指标相对较差。

二、从结构上看,中国城市的污染水平之间各有不同

总体上看,由于城市燃气化改造、城市生活水平提高等因素,城市的污染结构发生了较大的变化,突出表现为煤烟型污染下降、尾气污染上升;工业污染相对下降,生活污染相对上升;市区的污染相对下降,边缘的污染相对上升等趋势。结构性的变化还在很大程度上通过各地城市污染物排放之间的差异表现出来。研究发现,城市之间的污染物排放有以下特点:①工业污染物的排放量存在很大差异。以31个直辖市、省会城市极大值与极小值的比较来看,2006年,以工业废水衡量,位列第一位的重庆市的工业废水排放量为86496万吨,而排名末位的拉萨市的排放量只有566万吨,前者为后者的152.8倍;以工业二氧化硫的排放量衡量,排名第一位的重庆的排放量为711537吨,而排名末位的海口市的排放量为175吨,前者为后者的4066倍;以工业固体废弃物产生量来衡量,排名第一位的上海市的产生量为2063万

吨，而排名末位的海口市的产生量只有 3 万吨，前者为后者的 687.7 倍。②各个城市的污染排放重点存在较大差异。北方的城市废气排放相对突出，南方的城市废水排放相对突出，固体废物的排放多与城市的人口存在较大的相关性。而发展程度也会影响到废弃物的排放，并形成一些集中连片的城市群。以工业废水的排放来说，京津石（家庄）、沪（上海）宁（南京）杭（州）、穗（广州）邕（南宁）、郑（州）（武）汉，都是相对集中的排放区域；在二氧化硫的排放上，津石（家庄）、沪宁杭、穗（广州）邕（南宁）、郑（州）（武）汉、成（都）渝（重庆）贵（阳）昆（明）等，都是相对集中的排放城市；在工业固体废物排放上，京津石（家庄）太（原）、沪（上海）宁（南京）济（南）、渝（重庆）昆（明）的程度相对偏高。③各个省会城市在省区内污染排放的影响程度有较大差别。省会城市工业污染物排放量占全省污染排放总量的比重，反应省区污染结构及省会城市的污染影响力。以工业废水排放来看，省会城市工业废水排放超过全省 20% 比重的有：杭州（38.35%）、武汉（26.95%）、成都（26.26）、贵阳（32%）、拉萨（71%）、西安（38.5%）、兰州（25.67%）、西宁（58.31%）、银川（30.37%）、乌鲁木齐（25.85%），除了杭州、武汉外，其余都在西部地区；在工业二氧化硫排放中，省会城市污染排放超过全省 15% 比重的有：石家庄（15.83%）、长春（15.69%）、福州（22.76%）、武汉（20.27%）、贵阳（18.05%）、昆明（22.65%）、拉萨（43.5%）、兰州（15.91%）、西宁（60.16%）和乌鲁木齐（27.92%），也以西部地区的省会城市居多。④省会城市在粉尘、烟尘等方面的差别也比较明显。在目前环境统计中，对城市的环境统计还相对薄弱。在大气污染统计中，除了二氧化硫外，城市的污染物排放还反映出城市的经济效率和经济损害。这里，我们计算了 2006 年中国直辖市与省会城市的污染强度与污染密度（见表 8-1）。其中，城市的污染强度反映了单位地区生产总值排放的污染物数量，反映城市的经济效率，单位生产总值排放的污染物越低，说明经济效率越高；城市的污染密度是通过污染物与人口之间的比例关系计算的，反映的是单位数量的人口承载的污染物数量。污染密度越小，对人口的损害越少，医疗卫生成本越低。计算发现，工业废水排放强度较大的城市有石家庄、南京、杭州、南宁、重庆、成都、西安、西宁、银川等城市，这些省会城市和直辖市的在全国的范围相对分散，但以西部居多，重化学工业和轻纺工业等加工类工业在城市中有一定地位；工业二氧化硫排放强度较大的城市有石家庄、太原、呼和浩特、重庆、贵阳、兰州、乌鲁木齐等城市，冶炼、采掘等原料产业在城市中有一定影响，西部地区的数量也相对较多；工业固体废物产生强度较大的城市有太原、贵阳、昆明、西宁、重庆等城市，冶炼等原料工业的影响较大。从污染密度来看，在工业废水排放中，杭州一马当先，是污染密度最高的城市，南京、上海、天津、石家庄、广州、重庆、成都、银川等城市污染密度也明显偏高；在工业二氧化硫排放中，新疆、呼和浩特、贵阳等西部城市污染密度明显位居前列，但上海、南京、杭州、天津、石家庄、太原和重庆、昆明、西宁等城市的污染密度也相对较高；在工业固体排放中，太原市的污染密度明显超前，但是昆明、南京、贵阳、重庆、呼和浩特等城市的污染密度也相对较高。总体上看，无论是从工业废水、二氧化硫还是工业固体废物排放的强度和密度上看，西部地区在全国的排名都相对靠前，说明西部地区产业的效率相对较低，单位生产总值产出的污染物较多；西部地区的环境污染影响较大，较少的人口承载了相对较多的污染物排放。

表8-1 2006年中国直辖市与省会城市的污染强度与污染密度

城市	工业废水排放强度（万吨/亿元）	工业二氧化硫排放强度（吨/亿元）	工业固体废物产生强度（万吨/亿元）	工业废水排放密度（万吨/万人）	工业二氧化硫排放密度（吨/万人）	工业固体废物产生密度（万吨/万人）
北京	1.29	11.91	0.17	8.49	78.26	1.13
天津	5.27	53.28	0.30	24.21	244.76	1.36
石家庄	11.93	103.56	0.44	25.74	223.28	0.95
太原	3.44	124.79	2.09	9.99	362.45	6.08
呼和浩特	2.05	134.58	0.39	8.56	560.79	1.62
沈阳	3.04	27.78	0.24	10.90	99.44	0.87
长春	2.31	30.28	0.17	5.45	71.35	0.41
哈尔滨	1.90	29.01	0.59	4.06	61.99	1.26
上海	4.66	36.11	0.20	35.33	273.63	1.51
南京	15.57	42.31	0.46	71.14	239.91	2.10
杭州	22.24	35.21	0.16	114.92	181.97	0.82
合肥	5.12	25.34	0.18	11.71	57.90	0.40
福州	3.38	61.00	0.13	9.04	162.92	0.34
南昌	8.39	27.70	0.13	20.52	67.76	0.32
济南	2.26	35.62	0.46	8.21	129.08	0.60
郑州	6.52	76.63	0.39	18.96	222.97	1.13
武汉	9.48	51.17	0.37	29.99	161.87	1.16
长沙	2.26	26.87	0.06	6.45	76.61	0.18
广州	3.37	69.35	0.10	26.87	163.95	0.83

续表

城市	工业废水排放强度（万吨/亿元）	工业二氧化硫排放强度（吨/亿元）	工业固体废物产生强度（万吨/亿元）	工业废水排放密度（万吨/万人）	工业二氧化硫排放密度（吨/万人）	工业固体废物产生密度（万吨/万人）
南宁	19.08	75.81	0.33	24.70	98.16	0.42
海口	1.79	0.50	0.01	3.54	0.99	0.02
重庆	24.77	203.79	0.51	27.04	222.42	1.81
成都	11.05	44.04	0.23	27.57	109.83	0.56
贵阳	7.39	311.32	1.15	12.55	528.70	1.95
昆明	4.22	85.54	1.18	9.92	200.92	2.78
西安	10.58	65.98	0.11	20.70	129.14	0.21
兰州	6.66	115.36	0.40	13.55	234.58	0.82
西宁	14.84	258.5	0.59	19.62	341.77	0.77
银川	16.76	48.58	0.25	38.75	112.34	0.59
乌鲁木齐	8.12	183.04	0.44	26.31	592.88	1.44

资料来源：根据《中国环境统计年鉴》（2007）、《中国统计年鉴》（2007）相关表格计算整理。

三、从功能上看，中国城市承载可持续发展的能力偏弱

城市是集中人和承载人的生产与生活空间。具有可持续发展能力的城市会以人为主体，以自然做依托，以经济活动为基础，能够使人拥有好的居住环境与生活质量。芒福德在《城市发展史：起源、演变与前景》一书中指出："在区域范围内保持一个绿化环境，这对城市文化来说极其重要，一旦这个环境被破坏、被消灭，那么城市也随之衰退，因为这两者的关系是共存共荣的。"故而，要"创造性地利用景观，使城市环境变得自然而适于居住"。因而，城市的绿化程度应该是衡量城市是否具有可持续发展能力的一个组成部分。不仅如此，绿地还可以吸收污染物排放，减轻污染对于环境和健康的影响。以城市建成区绿地率衡量，2006年全国超过35%的城市有北京（42.39%）、上海（35.39%）、江苏（37.62%）等少数发达省市，而低于25%的省份有黑龙江（24.84%）、重庆（21.75%）、云南（24.29%）、西藏（20.62%）、甘肃（17.56%）、青海（24.50%）、宁夏（24.67%）等，主要集中在西部地区。以城市建成区绿化覆盖率衡量，2006年，全国各地高于37%的省市有北京（44%）、天津（37%）、上海（37.33%）、江苏（41.72%）、山东（37.45%）、湖北（37.11%）、广东（37.96%）和海南（38.86%），而低于30%的省份有内蒙古（26.58%）、黑龙江（28.67%）、

重庆（23.45%）、贵州（29.41%）、云南（25.83%）、西藏（21.41%）、甘肃（28.59%）、青海（26.72%）、宁夏（28.98%）和新疆（29.97%），大部分集中在西部地区。除此之外，全社会对环境保护的意识、参与程度，也都反映城市可持续发展的能力。表8-2列举了由中国环境文化研究会对全国直辖市与省会城市9011名普通居民进行调查，得出2007年民生环保指数（见表8-2）。数据反映，全国31个主要城市在公众的环保意识、环保行为和环保满意度等方面的表现都相对较低。其中，在环保意识方面，排名前五的有乌鲁木齐、南京、北京、上海、西安，排在后五位的有哈尔滨、广州、沈阳、长沙和长春；在环保行为方面，排名前五的有北京、乌鲁木齐、西安、南京、上海，而排在后五位的有重庆、成都、西宁、兰州、银川，都位于西部地区；在环保满意度方面，排在前五位的有拉萨、沈阳、杭州、重庆、银川，排在后五位的有合肥、武汉、北京、济南和兰州。

表8-2 2007年民生环保指数城市排名

城市	环保意识	排名	环保行为	排名	环保满意度	排名
全国平均	42.1		36.6		44.7	
北京	54.8	3	45.3	1	40.3	29
天津	42.6	11	36.8	9	41.8	26
石家庄	38.9	25	35.7	18	42.0	25
太原	42.3	12	36.7	10	43.8	19
呼和浩特	41.1	13	36.4	11	45.0	13
沈阳	34.1	29	36.0	14	52.6	2
长春	31.9	31	34.7	21	48.5	6
哈尔滨	38.3	27	33.9	25	42.3	23
上海	49.7	4	40.9	5	46.3	11
南京	55.2	2	44.2	4	42.1	24
杭州	40.2	18	34.5	23	50.1	3
合肥	43.8	7	34.8	20	41.5	27
福州	40.7	14	36.1	13	44.4	17
南昌	40.4	17	35.9	15	44.7	14
济南	40.5	16	34.0	24	40.0	30
郑州	40.1	19	34.6	22	44.3	16
武汉	43.0	9	35.9	16	41.0	28
长沙	33.3	30	36.2	12	48.2	7

续表

城市	环保意识	排名	环保行为	排名	环保满意度	排名
广州	35.9	28	35.2	19	47.1	8
南宁	44.3	6	39.5	6	44.6	15
海口	42.9	10	39.4	7	47.0	9
重庆	39.1	24	33.8	27	49.4	4
成都	39.3	22	33.3	28	45.6	12
贵阳	40.5	15	38.2	8	46.3	10
昆明	43.1	8	35.8	17	44.2	18
拉萨	39.5	20	33.9	26	53.3	1
西安	48.5	5	44.9	3	43.4	20
兰州	38.5	26	30.0	30	38.5	31
西宁	39.4	21	32.9	29	42.5	21
银川	39.3	23	29.4	31	48.7	5
乌鲁木齐	55.4	1	45.2	2	42.4	22

资料来源：刘树铎：《环境质量急剧下降 严重影响公众衣食住行》，《中国经济时报》2008年1月8日。

四、从国际上看，中国城市的环境污染重于世界平均水平

根据世界银行等机构提供的数据，在全球污染最重的20个城市中，有16个城市位于中国。世界污染最严重的20个城市，中国占16个，其中前十位中，中国占七个。中国二氧化硫排放量世界第一，碳排放量世界第二，4亿城市人口呼吸不到新鲜空气，1/3的城市污染非常严重。世界卫生组织称，2004年，只有31%的中国城市大气环境质量满足世界卫生组织的标准。2003年，58%的中国城市居民暴露在颗粒物浓度高于100微克的环境中，是美国年平均水平的2倍。只有1%的中国城市居民生活在颗粒物浓度低于每立方米40微克的城市中，而世界卫生组织的指引上限是每立方米20微克。

根据1996年颁布的环境空气质量标准（GB 3095—1996），国家对环境空气质量划分为三级：自然保护区、风景名胜区等其他需要特殊保护的地区执行一级标准；城镇规划中确定的居住区、商业交通居民混合区、文化区、一般工业区和农村区域执行二级标准；特定工业区执行三级标准。这里，我们把二级作为省会城市和直辖市适宜于生活与工作的标准。根据规定，二级标准的要求是可吸入颗粒物年平均0.1毫克/立方米，二氧化硫年平均0.06毫克/立方米，二氧化氮为0.04毫克/立方米。以可吸入颗粒物（PM 10）衡量，2010年北京、沈阳、哈尔滨、南京、合肥、济南、郑州、武汉、重庆、

成都、西安、兰州、西宁、乌鲁木齐14个城市都在不同程度上超标；以二氧化硫衡量，太原、乌鲁木齐2个城市不同程度超标；以二氧化氮衡量，北京、天津、石家庄、长春、哈尔滨、上海、南京、杭州、南昌、郑州、武汉、长沙、广州、成都、昆明、西安、兰州、乌鲁木齐18个城市不同程度超标。另外，以空气质量达到二级以上天数来衡量，低于300天的城市有北京、武汉、兰州、乌鲁木齐4个城市，主要集中在北方地区。

表8-3　2010年中国主要城市的空气质量指标

单位：毫克/立方米

城市	可吸入颗粒物（PM10）	二氧化硫（SO_2）	二氧化氮（NO_2）	空气质量达到二级以上天数（天）	空气质量二级以上天数比重（%）
北京	0.121	0.032	0.057	286	78.4
天津	0.096	0.054	0.045	308	84.4
石家庄	0.098	0.054	0.041	319	87.4
太原	0.089	0.068	0.020	304	83.3
呼和浩特	0.068	0.046	0.034	349	95.6
沈阳	0.101	0.058	0.035	329	90.1
长春	0.089	0.030	0.044	341	93.4
哈尔滨	0.101	0.045	0.048	313	85.8
上海	0.079	0.029	0.050	336	92.1
南京	0.114	0.036	0.046	302	82.7
杭州	0.098	0.034	0.056	314	86.0
合肥	0.115	0.020	0.030	310	84.9
福州	0.073	0.009	0.032	351	96.2
南昌	0.087	0.055	0.042	343	94.0
济南	0.117	0.045	0.027	308	84.4
郑州	0.111	0.053	0.046	318	87.1
武汉	0.108	0.041	0.057	284	77.8
长沙	0.083	0.040	0.046	338	92.6
广州	0.069	0.033	0.053	357	97.8
南宁	0.069	0.028	0.030	349	95.6
海口	0.040	0.007	0.015	365	100.0
重庆	0.102	0.048	0.039	311	85.2
成都	0.104	0.031	0.051	316	86.6

续表

城市	可吸入颗粒物（PM10）	二氧化硫（SO$_2$）	二氧化氮（NO$_2$）	空气质量达到二级以上天数（天）	空气质量二级以上天数比重（%）
贵阳	0.075	0.057	0.027	343	94.0
昆明	0.072	0.040	0.046	365	100.0
拉萨	0.048	0.007	0.021	361	98.9
西安	0.126	0.043	0.045	304	83.3
兰州	0.155	0.057	0.048	223	61.1
西宁	0.124	0.039	0.026	312	85.5
银川	0.093	0.039	0.026	332	91.0
乌鲁木齐	0.133	0.089	0.067	266	72.9

资料来源：《中国环境统计年鉴》(2011)。

总体上看，中国城市的空气污染水平相对较高，而北方城市超过南方城市，一些不发达地区的城市和南方降雨条件较好的城市如拉萨、海口、福州、贵阳等地的大气环境质量相对较好。

五、从影响上看，中国城市环境污染造成的损害十分严重

空气污染会导致人类患上比较严重的疾病，这在世界上许多国家已经得到规律性的研究。最近20多年的许多研究显示（见表8-4），黑烟、TSP、一氧化碳、PM10等大气污染形式都可以造成心血管性疾病发病率的上升，进而导致死亡率的提升。

表8-4 对不同时间序列空气污染与心血管病死亡率之间研究的总结

时间序列的研究	地理空间	污染物	致命效应
Wichmann (1985)	联邦德国 1985	二氧化硫, TSP	烟雾期间死亡率上升了8%，心脑血管病死亡率上升了6%
Schwartz (1990)	伦敦 1958~1972	黑烟, 二氧化硫	对各种成因死亡率加以推断
Katsouyanni (1990)	雅典 1975~1982	二氧化硫, 黑烟	污染期间较高的呼吸道疾病和心脑血管病（CVS）死亡率
Kinney (1991)	洛杉矶县 1970~1979	颗粒物、一氧化碳和二氧化氮	与日常的心脑血管病（CVS）死亡率有很强的相关性

续表

时间序列的研究	地理空间	污染物	致命效应
Schwartz（1992）	费城 1970~1979	二氧化硫，TSP	二氧化硫上升100微克，死亡率上升5%，TSP上升100微克，死亡率上升7%，心血管病上升10%
Pope（1992）	犹他州 1985~1989	PM10	PM10上升100微克，死亡率上升16%
Dockery（1992）	圣路易斯 1985~1986	PM10	PM10上升100微克，死亡率上升16%
Dockery（1993）	6个美国城市	微细颗粒 硫酸盐	城市的污染水平与死亡率相关
Schwartz（1994）	多元分析	TSP	RR死亡率=TSP上升100微克，死亡率为1.06%
Anderson（1996）	伦敦，1987~1992	黑烟，二氧化硫 臭氧	黑烟上升7~19微克/立方米，日死亡率上升2.5%，二氧化硫效应显著 臭氧上升7~36ppb，心脑血管病死亡率上升3.6%
Verhoeff（1996）	Amsterdam, 1986~1992	黑烟 PM10 二氧化硫与一氧化碳 臭氧层	黑烟上升100微克/立方米，死亡率上升1.19% PM10上升100微克，RR死亡率上升1.06% 无固定联系 与死亡率正相关
Katsouyanni（1997）	12个欧洲城市 1991~1994（APHEA）	PM10 二氧化硫	PM1050微克/立方米，死亡率上升2% 二氧化硫50微克/立方米，死亡率上升3%
Borja-Aburto（1997）	墨西哥城 1990~1992	TSP	TSP上升100微克/立方米，增加死亡率6%
Ponka（1998）	Helsinki 1987~1993	PM10 臭氧层 二氧化氮	PM10上升10微克/立方米，心脑血管病死亡率增加4.1% 臭氧上升20微克/立方米，心脑血管病（CVS）死亡率增加9.9% 会与PM10和臭氧产生叠加效应
Ostro（1999）	Bangkok 1992~1995	PM10	PM10每上升10微克/立方米，心脑血管病（CVS）死亡率上升2%

续表

时间序列的研究	地理空间	污染物	致命效应
Samet (2000)	20个美国城市 1987~1994	PM10 (二氧化硫，一氧化碳和臭氧层二氧化氮)	PM10每上升10微克/立方米，呼吸系统疾病/心脑血管病（CVS）死亡率上升0.68% 弱相关
Roemer (2001)	阿姆斯特丹 1987~1998	黑烟 二氧化氮	黑烟上升100微克/立方米，RR死亡率为1.38% NO_2上升100微克/立方米，RR死亡率为1.10%
Kwon (2001)	首尔 1994~1998	PM10 二氧化硫	PM10 IQR上升，死亡率为1.014%； COIQR在CCF方面升高2.5%~4.1%，RR死亡率为1.020%
Katsouyanni (2001)	29个欧洲城市 APHEA2	PM10	PM10每上升10微克/立方米，呼吸系统疾病/心脑血管病（CVS）死亡率上升0.6% 在高浓度的二氧化氮或者冷气候下，对老年人致病产生效应

资料来源：Helen C. Routledge 和 Jon G. Ayres。

世界卫生组织的一份报告显示，在中国11个特大城市中，每年因大气粉尘造成的死亡人数多达50万，40万人患上慢性支气管炎。2007年，世界银行在《中国环境污染损失》一书指出，空气污染尤其是大城市的空气污染是导致肺癌等疾病上升的主要原因。钟南山院士指出，慢性阻塞肺疾病（COPD）是中国人的主要杀手，慢性支气管炎、肺气肿都分别是COPD的两种类型。在中国，COPD的患病率为8.2%。也就是说，全国有3285万人患有这类疾病，每年有160万人死亡，"50岁以上广州人的肺都是黑的"。另外，中国城市目前有2000万以上哮喘患者，但只有不足5%的哮喘患者接受过规范化的治疗。导致慢性阻塞肺疾病发生的，在很大程度上源于大气污染，"汽车尾气中的氮氧化物、臭氧和一氧化碳都会引起哮喘的发生"。

据2007年8月2日《21世纪经济报道》的信息，卫生部的一份调查数据显示，最近30年来，全国的癌症发病率呈现上升趋势，城市癌症发病率从20世纪70年代的0.0918%上升到2003年的0.1246%，上升了近30%。全国每4~5个死亡者中就有一个癌症患者。目前，中国每年癌症的新发病例为220万人，因癌症死亡人数为160万，而导致癌症不断上升的原因，除了大量吸烟外，来自城市工业与汽车尾气的污染是重要的原因。刘健在对辽宁六个城市沈阳、鞍山、本溪、丹东、辽阳、盘锦的调研显示，住房距离交通干线的位置越近，持续咳嗽的发生率会越高；氮氧化物浓度每增加32微克/立方米，哮喘的危险度就增加23%。复旦大学对上海市民的调研发现，飘尘、二氧化硫、二氧化氮等大气污染物每增加10微克，受调查的上海市民的总死亡率（不包括意外死亡和伤害）随之分别上升0.30%、1.0%和1.1%。

第四节 中国城市严重污染的成因分析

相对而言，中国城市的环境问题比许多国家都突出，在形成上主要有以下若干方面的原因：

（1）人口与经济的双高速增长机制导致城市环境面临较大的压力。2007年，中国的人均生产总值只有2400美元左右，还是一个典型的不发达国家。在不发达国家实现经济增长，需要把资源配置在相对高效的地区，而城市更有规模经济也更具有产出效率。2006年，全国地级及以上城市土地面积占全国的6.4%，总人口占全国的28%，但是实现的生产总值占全国的62.7%，固定资产投资占全国的55.7%，财政收入占全国地方财政收入的59.3%，工业总产值占全国的66.8%。随着市场化的推进，将会有更多的资本、技术等生产要素向城市集中，城市经济规模的扩大，将会带来对原料的更多需求，同时也会产生较多数量的废物排放。另外，中国的城市化还在进一步推进。2007年，全国的城镇化比重达到45%。但比较而言，中国的城镇化率还低于世界平均水平。加尔布雷思（John Kenneth Galbraith）估计，2000~2100年，生活在城市中的人口占全球人口的比重将由47%增加到80%~90%。根据目前的趋势，中国的城镇化比重极有可能在2020年达到55%以上水平，2030年达到62%左右，在2050年突破70%的水平，2100年达到75%~80%的稳定水平。在城镇化吸引和农村有限土地挤压的双重作用力下，城镇化比重提高的趋势将不可避免。在越来越多的人口移到城镇后，其对就业、上学、购买、居住等行为都会衍生出大量的物质需求，加大全社会的资源与要素向城镇流入的趋势，也相应产生大量的废弃物排放，从而对环境管理构成新的压力。

（2）城市环境治理适应不了产业结构快速变化的需求。城市容纳了越来越多的人口、产业和投资，而整个工业处于重型化的趋势中，化工、钢铁、有色金属等产业都是重化学工业化的组成部分，又是环境污染的主要来源，同时，这些产业发展对电力等能源工业提出新的需求，导致城市周围电力工业乃至能源基地煤炭工业的迅速发展，而煤炭、火电工业都污染严重。这样，城市重化学工业产业规模的扩张，也导致污染物排放的规模化扩张。

（3）一些城市政府回避治理责任。在产业发展过程中，环境污染通常或多或少都会存在，但是，好的政府一定会加强管理，要么在污染产生前通过准入制度限制污染，要么在污染发生后积极治理污染。但是，在中国的一些城市里，还存在污水处理厂拖延建设或者建设后不有效运行的现象。污染物在得不到有效处理时，会顺势扩散，把环境污染的风险加给无辜的城市居民和城市河流下游的民众。2008年7月，国家环境保护部通报，由于江西鹰潭、海南三亚、广西河池、云南玉溪四市的城市污水处理厂建设严重滞后、长期处于低负荷运行或者无故不运行，决定自公告之日起到城市污水处理厂整改完成以前，暂停上述四个城市新增化学需氧量的环评审批。可见，尽管环境保护部已经建立，但是在城市层面，有利于污染控制有效发挥作用的政策和机制还有待完善。

（4）城市布局的不合理加大了环境治理的难度，并造成污染的扩散。中国的许多城市在建设布局过程中缺乏内部的功能分工，一些污染型企业长期盘踞在城市的居民区周围，在城市整体扩大中，污染企业依然占据最好的区段，但却产生最有害和最具扩散性的污染物，从而对城市的环境造成极大的破坏。比如，抚顺和本溪的钢铁企业都曾经占据城市的大片区域，但其产生的烟尘和粉尘又都是两个城市各自污染物的主要来源。又比如，全国大约有近70%的化学工业多是临江临河建设，许多化学工业具有较高的耗水性，原料和产品往往又依赖于水运，但是如果没有好的环保标准加以约束，很可能发生少数企业污染整条江的现象。几年前，吉林化工厂生产车间爆炸，环保措施没有跟上，造成松花江流域的严重污染，教训十分深刻。除了历史上的布局以外，目前一些城市正在进行"退二进三、退城进郊"活动，将工业向外迁移，但是如果只是平行移动，没有带来技术改造和升级，将会造成污染的平面移动，损害城市外围民众的利益。还有，在许多城市建立起的各类园区都强调产业集中，但是企业在园区建设中，一些企业圈占过多的土地，并过度强调企业之间的绿化带建设，造成外部集中、内部分散、土地利用效率不高的问题，增大了环境集中治理的难度和成本。

（5）规划方式与生活方式造成新的污染形态取代老的污染形态。由于人口与经济规模的扩大，许多城市都强调拉开城市建设框架，修建大马路、大广场、大桥梁来提高城市的通行能力。由于城市在空间上的扩展，工业区、商业区与生活区在更大程度上分离，人员空间往来的在途时间拉长，造成交通运输工具尾气排放量的增加。与此同时，在收入水平不断提高的情况下，私人汽车的拥有量也不断增加。2006年底，全国的私人汽车保有量达到2295万辆。鉴于中国汽车的尾气排放标准还相对较低，汽车尾气带来的污染比较严重。在欧洲的研究表明，城市空气中的有害气体主要是挥发性有机碳（VOC）和多芳环烃（PAH），汽车尾气排放是PAH的主要来源，占35%。对儿童来说，汽车尾气中的一氧化碳和丁二烯，都是致癌的化学成分。汽车尾气经阳光照射，还会产生严重的光化学烟雾，对环境产生进一步的破坏性。在城市工业迁出入园和私人汽车数量增多的情况下，城市的污染结构正在发生改变，汽车尾气污染对城市的影响正在增大。由于汽车数量的增加，滋生出一系列经济、环境与社会问题（见表8-5）。

表8-5　城市中与汽车相关的问题

环境方面	经济方面	社会方面
光化学烟雾 有毒气体排放 高温室气体排放 失去森林和乡村的土地 额外硬地表造成更加严重的暴雨雨水问题 交通问题——噪声、邻里被道路切断	事故与污染成本 道路拥挤成本 新扩张的郊区高昂的基础设施成本 农业生产用地的丧失 因为铺设柏油马路而丧失城市土地 肥胖症和其他健康影响	汽油的脆弱 失去街道生活和社区 失去公共安全 没有汽车的人或残疾者的出行问题 公路愤怒（驾驶者因不满抢道或前面的车而引起的愤怒）

资料来源：世界观察研究所（2007）。

（6）自然禀赋不利于中国城市的污染治理。中国是世界上人口最多的国家，同等土地面积上的中国人是美国人的3倍多，是俄罗斯的20余倍，人的发展对资源的要求与环境的压力相对较大。城市化中遭遇到的许多环境污染问题，都与人的规模庞大造成的需求扩大有关。同时，中国又是一个矿产资源相对贫乏、一些关键性矿产资源严重不足的国家，由于石油不足，中国在工业化与城市化过程中不得不更多地依赖煤炭发电，空气污染随之而来。在空间上，中国虽然地域面积广大，但是有相当部分是难以利用的高原和沙漠，城市化和可以城市化的地区相对有限而且集中，其外围的环境空间都不利于污染物的治理。北方面临的是沙漠或者沙化土地，在地面裸露多风的季节，沙尘进入城市与城市的污染物相混合，造成了更加严重的复合性污染，加大了污染治理的难度；在水污染方面，北方的降雨较少，河流流量较小，有限的城市污染混入河流，也会酿成一江污水。南方的丘陵地形，也不利于污染物释放出去，如遇到潮湿、低压的天气状态，城市的大气污染更难以扩散，从而在上升冷却后以酸雨的形式下降，形成从城市中来到城市中去的污染回流态势，恶化了自然环境。在西部地区，因为降雨偏少，人们珍视水资源，城市的绿地面积相对较少，从而不能有效地吸收污染物排放，对人的健康损害因而加重。

第五节 从可持续发展角度加强城市环境污染治理

国际城市规划界和经济学界早就对城市发展中的污染问题给予了充分重视。近年来,伴随着生态学、环境科学、应用经济学的发展,城市建设中如何尽可能地避免和减少环境污染已经引起高度关注,并产生了一系列有价值的成果,值得我们借鉴。

1987年,在可持续性发展的概念推出并被全球接受后不久,城市规划学界就提出可持续性城市(Sustainable City)的概念,并提出了城市的可持续性开发和设计(Sustainable Urban Development or Design)的新课题。与此相对应,生态学研究者提出了生态城市(Ecocity)的概念。20世纪90年代,美国的西雅图市政府就提出了"可持续性西雅图"的思想。近年来,新城市主义(New Urbanism)呼吁在城市设计过程中通过参与式规划恢复城市中心的地位;而精明增长(Smart Growth)论者则强调对城市增长进行管理改革以推动形成宜居城市(Livable City)。1996年世界卫生日时,世界卫生组织(WHO)提出创建健康城市(Healthy City)的概念。世界卫生组织认为,健康并非仅仅意味着不生病,健康是包括身体、精神和对社会适应良好状态的总称,健康意味着对自己、对周围的环境和对自己居住的城市感觉良好。该组织还为此颁布了健康城市的十大标准:清洁且安全;提供安全食物、水和能源,以及高效的废弃物处理;通过多样化、强有力和具有创新性的经济,满足所有居民对食物、用水、住房、收入、安全和工作的需求;拥有强大且相互支持的社区,其中的不同组织为促进健康而协作共事;使城市居民参与制定涉及其生活并影响其健康和幸福的政策;提供促进居民之间交流与合作的娱乐与休闲活动;尊重历史并尊重居民之间多样化的文化遗产和个性;把卫生视为制定公共政策不可或缺的组成部分,并给予公民采纳符合更健康生活行为方式的权利;为改善卫生服务的可获得性和质量而不懈努力;使生活在其中的人民活得更健康长寿,并更少受到疾病的困扰。在借鉴各国学者研究的基础上,应该把城市规划、城市设计、城市管理与城市可持续发展思想结合起来,立足于建设具有绿色、环保与可持续性的现代化城市。

(1) 要形成可持续性城市设计的理念,以可持续发展为原则指导城市规划与城市建设。近年来,一些城市规划与设计专家提出,要在可持续城市设计中重视社会、经济与环境因素,并且在程序、方法、机制等方面将可持续发展的理念融入(见图8-4)。要结合中国自然的特点,在城市规划中增加环境治理的内容,在城市建设中充分考虑环境专家与市民的意见,在城市管理中强化环境的约束。可持续性城市一定是既有活力和竞争力的城市,也是环境良好适合于人居住的城市,城市活力与竞争力需要政府与企业家去设计和投入,城市宜居则需要考虑专家与市民的感受。

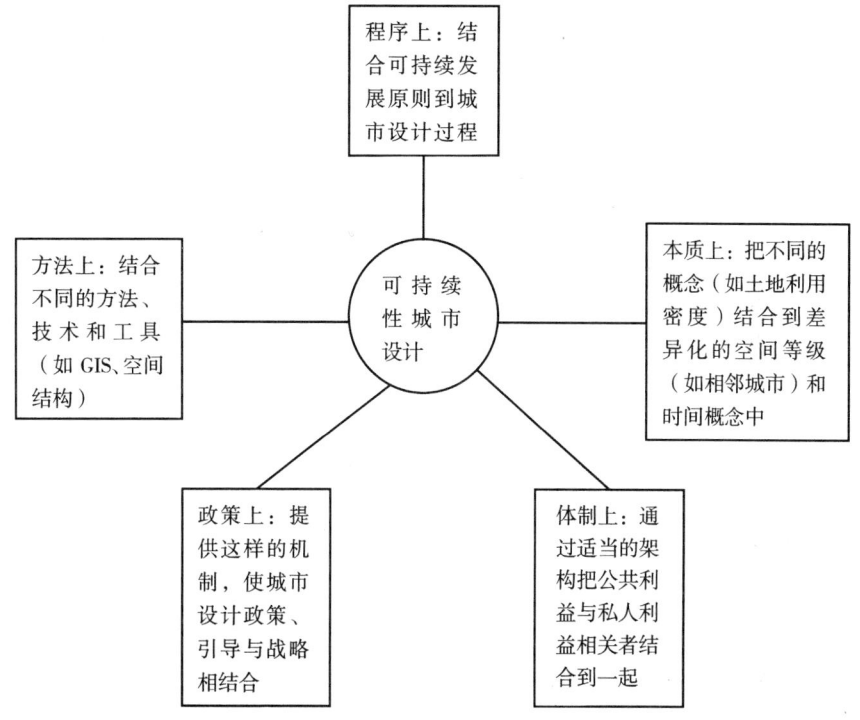

图 8-4 结合可持续性城市设计的城市规划概念

(2) 要重视建设紧凑型城市 (Compact City)。建设超过人口需求、占地面积绝大部分的城市,不仅会浪费大量宝贵的土地资源,还会拉长城市不同功能区之间的距离,导致交通运输工具的增加和污染物排放的扩大。因而,要注重设计紧凑型社区与建筑,充分减少闲置空间;尽量利用城区现有的设施;发展可步行的社区,注重多开发高层建筑;减少大户型面积的住宅以节约土地;配套减少好社区的公共设施与服务设施,减少市民的交通运输需求。

(3) 严格环境准入标准,加强环境质量监管。2006 年世界银行的调查显示,城市的投资环境与环境保护程度成正比。这就启示我们的城市领导人,加大城市的环境保护力度,切实提高城市的环境质量,是改善城市投资环境的重要组成部分。在城市产业建设前,应加强环境准入审核或核准,提高产业的环境质量;在运转过程中,可以通过完善绿色税制方式,提高各类污染企业的运行成本。甚至不排除采用行政手段,对污染严重的企业关停并转;

同时，要采取引导、鼓励的方式，促使企业建设能够脱硫、脱硝、除尘等方面的设备，通过技术创新实现节能减排。

（4）加强环境改善方面的城乡一体化与城市内部一体化合作。中国的城市污染问题在一定程度上与农村问题相关，改善农村的环境有助于城市污染的解决。比如，在北方地区，通过进一步恢复植被、减少裸露地的面积，会减少灰尘进入城市，对城市的污染减轻有积极帮助。南方的城市周围如果能够密植林木，便可以吸收城市污染，减少污染造成的损失。城市内部在功能分区时，如果能够将工业区与居民区做适当区隔，并且在其间建立防护林带，对于抑制城市尤其是城市工业对居民的影响会有重要意义。

第五，更加注重发展公共交通，适度限制私人汽车。目前，中国城市平均公交分担率不足10%，而欧洲、日本、南美一些大城市达到40%～60%。要通过政策和法律手段，鼓励发展公共交通，对私人汽车加以制度性限制，通过征收拥挤税等方式，提高私人汽车的运行成本，通过减少汽车数量来减少汽车尾气排放。

第六，改革环境管理体制，提高城市政府的环境责任。要加强社会各界对城市环境的监督，强化环境政绩考核，增强城市政府的责任意识，扩大市民对环境管理与决策的参与。

参考文献

[1] 世界银行.1992年世界发展报告.北京：中国财政经济出版社，1992.

[2] 宫本宪一.环境经济学.朴玉，译.北京：生活·读书·新知三联书店，2004.

[3] 程晶.城市化进程中拉美城市环保的经验及教训.世界历史，2007（6）.

[4] 中国环境与发展国际合作委员会.中国环境与发展的战略转型.北京：中国环境科学出版社，2007.

[5] 钱京京.城市宜居性与可持续发展.世界环境，2007（5）.

[6] 世界观察研究所.2007年世界报告——我们城市的未来.北京：中国环境科学出版社，2007.

[7] 武亚军.转型、绿色税制与可持续发展.中国地质大学学报，2008（1）.

[8] Helen C. Routledge and Jon G. Ayres. Cardiovascular Effect of Particles In Jon Ayres Robert Maynard Roy Richards: Air Pollution and Health Imperial College.

[9] Richard Register. Ecocities New Society Publishers, 2006.

[10] A. Abdulgader & Y. Aina. Sustainable Cities: an Integrated Strategy for Sustainable Urban Design in A. G. Kungolos C. A. Brebbia & E. Beriatos. Sustainable Development and Planning (Volume 1) WIT Press, 2005.

专题报告 8
以永定河综合治理开发推动北京西南地区持续发展

永定河是华北地区重要的河流，流经晋、蒙、冀、京、津五省市，全长 680 公里，其中在京河段长 170 公里，占 1/4，与北京市的形成与发展历程息息相关，被誉为北京的母亲河。永定河流经房山、门头沟、石景山、丰台、大兴五区，连接起西南五区，与五区的经济社会发展产生了千丝万缕的联系。综合治理开发永定河，对于振兴京西南地区经济，推动京西南地区的可持续发展具有重要意义。

一、永定河综合治理开发是西南五区共同的主题

永定河承载着人文北京的历史传统，背负着绿色北京的当代使命，需要科技北京设计未来的合理利用途径。综合治理开发好永定河，在北京尤其是西南五区的科学发展中具有独特地位。

（1）北京市城市功能充分实现的需要。经国务院批准的《北京市城市规划》确定北京的城市性质为国家首都、国际城市、历史名城、宜居城市。永定河流域存在大量的历史文化遗迹，卢沟晓月是北京著名的八景之一。但是在永定河断流以后，卢沟晓月减损了原有的历史意义与价值。在永定河部分区域存在污染、部分河段存在扬尘的情况下，河流两岸的宜居性也受到影响。好的河流管理能够提升城市品位。世界上许多具有河流的首都，都是因为河流的科学开发和综合治理，使城市功能得到充分发挥，为首都增色不少，并带来环保、旅游、文化、居住等方面发展的多重效益。综合治理开发好永定河，对改善和提升北京城市功能与作用有特殊作用。

（2）促进西南五区进一步发展的需要。蜿蜒的永定河流经西南五区，滋润着京西南的一方土地，也养育着西南地区的万千民众。鉴于京西南地区的相当部分维持为生态涵养区，超过 15 度以上坡地占京西南地区的 30%以上，可以利用的土地不多。河流经过的沟谷地区，越往下游，人口密度越大，其利用价值也越重要。科学的河流管理能够促进区域发展。积极利用好永定河，综合治理开发永定河，可以创造河尽其用、区因河兴的条件，形成永定河与西南五区"总相宜"和互补发展的局面。

(3) 构筑共同发展新机制的需要。西南五区以永定河串联在一起,上下游之间存在着唇齿相依的关系,要构筑一荣俱荣的相互依存关系,促进整个流域的协调发展。任何一个河段开发的不协调,都会造成整个流域开发的不和谐;任何一个发展决策中的重大失误,都有可能损害全流域的可持续发展。因而,在开发治理中加强西南五区的集体协调机制,构筑共同发展的行动与规则,创造西南地区双赢、多赢的现实基础,促进西南地区经济社会等方面的携手发展。

(4) 促进经济、社会、生态持续发展的需要。在一个经济发达、人口相对密集的城市内,水资源的高效利用是维持流域持续发展的核心内容之一。在水资源短缺的状态下,流域内生态用水、生活用水、景观用水、经济用水之间会不时存在冲突,而这恰恰能够体现流域高效管理与低效管理之间的差距。高效管理能够统筹考虑流域内部的经济、社会与生态需要,兼及近期与中远期、上游与下游的发展需要。更好地利用永定河河水资源,有助于实现多重发展目标。

二、永定河流域开发治理中存在的突出问题与矛盾

永定河存在的"无定"与"永定"的矛盾,早在历史上已经解决;而当代的永定河流域,则主要存在着河与非河及落后与发达两类矛盾。解决好这两类矛盾,是实现永定河流域综合治理开发的关键。

从前一类矛盾看,永定河北京段多年存在着非河化的问题。

(1) 永定河的河道多年来水资源严重短缺。历史时期永定河曾经出现水草丰美、风光绮丽的景象,但因为上游截流等原因,目前永定河已演化为季节性河流,断流成为一种经常性现象。一方面,官厅水库上游修建了两百多座水库,使得入境水量不断减少,加剧了永定河的用水矛盾;另一方面,由于工程措施,三家店以上来水被引入市区,导致三家店以下70公里河道断流常态化。水资源短缺是永定河最突出的发展矛盾。根据2007年北京市水资源公报,永定河当年的地表水资源总量只有0.64亿立方米,低于蓟运河(0.93亿立方米)、潮白河(3.09亿立方米)、北运河(2.15亿立方米)、大清河(0.79亿立方米),为北京市地表水资源最少的河流。有关方面的资料,近10年来三家店拦河闸以下河道干涸天数平均达到300天以上,永定河的正常集流、汇流和流动已经受到影响,周边地下水位不断下降,降雨不再形成蓄满产流而变成超渗产流,河流的正常功能不能有效发挥。

(2) 存在河流污染问题。据北京市环境统计部门公布的最新数据,

永定河的达标河段从2005年的21.4%提高到2007年的不足40%，进而提高到2008年的73.8%。尽管达标河段的比重有一定幅度的提高，但原设想的到2008年达到饮用水源地标准的目标没有实现。在永定河流域，各个区域都有一定的中小企业，部分工业污染和生活污染未经污水处理厂处理而流向低洼处，最终进入河道。由于河流流量有限，局部区域的污染汇集加剧了河流污染，对于把永定河转化为继密云水库以后北京的第二水源地有负面影响。除此之外，其他类型的污染也影响到河流水质。据有关媒体披露，在丰台区永定河西岸，有多达近千亩的垃圾无人治理。如果河流管理不能跟上，流域污染会限制河流功能的发挥。

（3）河流中存在着一定范围的沙滩。多年来，永定河上游携带的泥沙进入河道，在流量减少与河流切割下，形成了一定的沙滩堆积。各类沿河采砂取石的行为，不仅破坏了河道的稳定性，也使沙丘进一步松散化。在冬春季节干旱多风的气候下，永定河河床的细沙成为北京沙尘的源头之一。

从后一类矛盾看，永定河流域是北京的不发达地区。北京市的基本发展格局是"北强南弱、东重西轻"，北京西南与其他区域相比有不小的发展差距。根据有关资料，2007年西南五区常住人口占北京市的26.79%，但实现的生产总值只占全市的12.7%。2008年，北京市人均生产总值为63029元，但门头沟区人均生产总值只有24667元，房山、石景山、丰台、大兴人均生产总值也都低于全市平均水平。从城乡居民收入来看，门头沟、大兴、石景山、丰台等区域城镇居民人均可支配收入都低于全市平均水平，只有丰台农村居民人均纯收入略高于全市平均水平（见表1）。尤其是，按照建设生态涵养区的要求，京西南地区将关闭一些小煤矿等类污染型企业，除了造成劳动力就业的新压力外，也影响一部分农村居民收入。

表1 2008年北京市与西南部分区域一些经济指标比较

	人均地区生产总值（元）	城镇居民人均可支配收入（元）	农民人均纯收入（元）
北京市	63029	24725	10747
门头沟	24667	21613	10282
大兴	—	20707	10103
丰台	29110	23006	11584
石景山	—	23800	—

资料来源：2008年北京市及相关区统计公报。

三、永定河综合开发治理的总体思路

要以科学发展总揽永定河综合开发治理的大局，按照"有水则清，无水则绿"的原则，坚持破解影响永定河流域治理开发的主要矛盾，变干裸之河为绿色之河、有污之河为生态之河、乱采之河为安定之河、失范之河为造福之河，通过永定河流域的综合治理开发，使永定河成为生态健康、特色明显、良性运转、高效管理、富有生机与活力的河流，实现永定河流域全面、协调、可持续地发展，以此促进北京西南五区的科学发展。

在推动永定河流域的综合开发治理上，应该以四个结合统领综合治理开发的方向：一是把综合治理与综合开发结合起来。单纯的治理与单纯的开发都不符合永定河流域综合开发治理的要求。前者会导致大量的投入得不到应有的回报，大量的投资沉淀下来，没有带来更多增值与就业，体现不出现持续发展的含义；而后者可能顾及眼前利益损害长远利益，顾及经济利益损害生态利益，也不符合科学发展的本意。必须按照现代河流治理开发的规律，兼顾治理与开发两个方面，把治理与开发有机结合起来。二是把政府责任与市场机制结合起来。在河流治理开发方面，必须发挥政府的主导性作用。经济发展中出现的负外部性问题，往往需要政府来加以纠正。要发挥政府在组织、规范河流开发的积极作用，通过多重渠道，增加对河道开发治理的投入。但河流的治理不是单纯的投入问题，有效率的治理需要市场机制发挥作用。应发挥市场引导治理开发资源配置的主体作用，有效利用竞争机制与激励机制，创造条件吸收企业参与到治理开发过程中来。三是把重点突破与协调互动结合起来。要因地制宜，趋利避害，根据不同区段的形势，在开发治理上各有侧重。有些同志指出，在永定河的治理方向上，应坚持保护上游、治理中游、改善下游的思路，就是把中游作为重点。在流域开发治理方向上，是保护还是开发、是采取工程措施还是生物措施、是防洪还是防旱、是分水还是治污、是节流还是开源的措施，在不同河段应有所偏重；但是，在上下游之间、河流的治理与周边地区的发展方面，还应该强调在突出重点的同时协调互动，兼顾各方利益，实现参与者整体利益最大化。四是把流域的发展与人的发展结合起来。永定河的治理开发要造福于民，是北京西南乃至整个北京发展中的大事。好的治理方案能够兼顾流域的发展与人的发展，实现治理一水造福一方的目标。在防洪、除污和河流沿岸发展的关系上，应使河流发挥其应有的效益，促进两岸

相关产业的发展,增加就业机会,提升居民收入水平,为西南五区的民众谋利益。

四、永定河流域综合开发治理的主要任务

根据对永定河流域开发治理思路的认识,我们把永定河流域综合开发治理的主要任务简化为:聚人、聚绿、聚三产;去污、去沙、去无序。

"聚人",是指在永定河流域的治理开发中,应该有效地发展主要城镇与市区,把分散在山区的人口逐渐向大的城镇与市区迁移,使中上游的人口逐渐向下游汇集。传统的河流已经经历了从天然河流、自然河流到人工河流的变化,人类活动对河流的影响与作用越来越大。而河流也影响到人类的经济与社会文化生活,改变了人的行为与生活习惯。减少上游山区的人口,可以缓解河流上游的生态压力,促进永定河流域的生态修复;将人口向城镇和市区集中,可以发挥城镇的集聚功能,减少新农村建设不必要的分散花费,并寓新农村建设于城镇化进程之中,更加有效地利用城镇的基础设施与公共服务设施,更多地吸收人口与劳动力进入城镇,以便开展培训和发展多样化的产业,提高被迁移者的收入水平。只有更多人口进入城镇,才能在提高人的素质的基础上形成河流与人和谐发展的格局,使河流服务于人的价值得到发挥,也使更多的人参与到维护河流价值的利益博弈之中,进一步提高河流的整体功能。

"聚绿",就是要在河流治理与开发中,充分重视加强生态环境建设。人文山水就是要把山水与人融合在一起,在山重水复柳暗花明的基础上形成人杰地灵的格局。既要建设山清水秀的生态美景,又要维护青山绿水为人所用。西南五区有山有水,要加强上游的生态建设,在深山区,应该重视建设封山育林,营造水土保持和水源涵养林,提高林草植被,在浅山近山区,应该重视加强规模化经济林、特色蔬菜基地建设,在保持良好生态环境的同时增加经济效益。在下游,可以种植一些适生的草灌木如中药材,扩大植被覆盖度,提高河道的利用效率。聚绿的目的是强化流域的生态功能,使河流两岸宜居、宜游、宜用、宜乐的功能进一步增大。

"聚三产",就是充分利用永定河的水资源与水环境,进行保护性开发,在保护的基础上积极发展第三产业。永定河两边除了瓜果等特殊经济作物以外,大部分农产品的生产已经缺乏比较优势,单位土地面积生产出来的农产品投入成本较高,缺乏市场竞争力,应该限制发展。而

一般加工工业又容易带来严重的污染，提高河流的保护成本。北京市的产业发展方向突出高端制造业与高端服务业，发展一般加工工业也不符合首都的城市发展定位。只有发展第三产业，才能既产生较好的经济效益，同时又不带来严重的污染，与首都的城市发展方向与功能定位相吻合。目前永定河沿线只有一些零星的农家乐餐厅，第三产业开发利用程度较低。应该结合永定河流域的自然特点，在保障行洪安全与维护生态环境的前提下，选择适当的区位，合理发展房地产业、旅游业、餐饮、文化娱乐业、水上运动等产业和垂钓、观赏、休闲、摄影等相关产业，把河流的保护性利用融于经济开发之中，对河流资源加以商业性利用。

"去污"，就是要降低乃至去除河流污染。按照北京市的发展规划，要将永定河作为北京市的水源地来建设。而带有污染性的河流，不符合水源地的建设要求。因而，加强永定河的环境治理，是永定河综合治理开发的重要内容。必须加强对永定河的环境保护，严格准入标准，加强各类排污口的堵漏工作，制止各类企业将污染性固体、液体排入永定河河道之中。结合国家的扩大内需政策，积极优化产业结构，加大对永定河周边传统产业的调整淘汰力度。永定河流域的污水处理厂，应该实行更加严格的排放标准；改革农业的耕作与施肥方式，减少面源污染进入河流，避免加剧水体的富营养化过程；加强对规模化畜禽养殖场的管理，实行达标治理与污染物质资源化处理；清除河道中被污染的淤泥，加速污染物在水中的扩散、稀释与降解，保持河道的清洁。

"去沙"，就是进一步减少河道两边的沙源。这不仅有利于河道生态环境的维护，也有利于北京城市大气环境的改善。一是减沙。加强河滩地植被的覆盖率，在不影响行洪的条件下，扩大灌木、草地面积，减少沙地裸露范围。二是压沙。可以采取以土覆盖的方式压制沙层，并在其上植树种草。三是束沙。缩小河道尺度，减少过水断面，束减沙源扩展范围。同时，要保留一定的湿地范围，加强河道环境改善，维护河流生态功能。在河道治理中，要严格制止企业和个人在河道偷挖砂石的行为。城市建设中在河道中必要的取用沙石，应该采取集体申报、规范开发范围与数量的方式进行，以不影响河道的下泄和边堤的稳定为前提。

"去无序"，就是要建立治理开发的规则与秩序，使永定河的治理开发有章可循。目前，永定河的治理开发还有明显的无序化特征。在上下游之间、各个区域内部，都缺乏治理开发关系的协调，有利可图的项目大家都上，无利可图的项目大家都不愿意干，上游排污下游治理、有人放水有人挖少等格局还存在。而在各个河段，不同职能部门各行其是的状况也广泛存在，导致河流的综合治理开发秩序混乱，没有形成治理开发的合力，虽然近年来投入不少，但经济效益与生态效益还不能令人满意。应该加强上下游之间在开发治理方面的合作，整顿开发治理秩序，形成全流域开发治理的共同规范和共同行动。

为实现以上目标，需要把解决永定河的水资源利用作为重要内容，适度恢复河流的基本功能，永定河的可开发利用程度与水平以水资源的供给水平为限制条件，缺乏水资源供给，永定河的开发利用程度和水平必定会受到限制。但从水资源的供求形势看，永定河面临水资源供给有限的瓶颈约束，全流域恢复河流功能不大可行，不过可在部分区段恢复河流功能。一是强化上游分水。要加强上下游之间关系的协调，适度增加上游分水流量，照顾下游的经济利益与生态利益。二是充分利用雨洪资源。北京旱涝分明，雨季集中，是北方的缺水城市，同时又是雨季易于产生洪涝灾害的城市。6~9月降雨丰沛但是储水能力较弱，其余时段降水较少旱象突出。充分利用北京降雨季节集中的特点，用好雨洪资源，有限制、有保护地修建人工湖，化害为利，减少水资源的无效浪费，发挥湖泊调蓄丰枯的作用，雨季蓄水防洪防涝，旱季放水抗旱，使河湖资源相得益彰、互相补充。三是适度补充永定河周边的地下水源。四是将南水北调的水资源作为备用资源，在酷旱季节用于补充永定河河水的不足。在开源的同时，也要注意节流。采取经济杠杆的方式，促进永定河沿线的企业与居民减少取用永定河河水。还可以以中水替代使用永定河河水，提高水的使用效率。西南五区企业众多，生产经营中会产生大量中水，这些中水不宜直接导入永定河，可用做市容环卫、洗车甚至做园林绿化用水，以替代使用永定河河水。

五、采取有效措施促进永定河流域的综合治理开发

根据以上分析，在永定河流域的综合治理与开发上，应该采取以下积极措施：

（1）切实制定好永定河流域的开发治理规划。各行其是的治理开发现象之所以存在，是因为缺乏一个统一的规划加以约束。制定好流域的综合开发治理规划，是进行流域治理与管理的关键。鉴于水资源是永定河开发治理的重要约束条件，应该根据不同的水资源保障水平提出不同的治理开发目标。但在北方地区水资源供给有限而蒸发量又很大的背景下，不宜提出过高过大的治理开发目标。要综合分析流域不同河段范围自然条件与周边的社会经济条件、基础设施、可进入性等特点，制定

永定河流域综合开发治理的评价标准、治理开发目标与任务、治理开发方向与重点、功能分区、管理制度与措施等，以有效集成与整合流域的开发治理资源，实现科学治理与科学开发。

（2）充分利用好国家扩大内需的政策。自 2008 年 10 月以来，中央政府采取了一系列扩大内需的政策，以应对全球金融危机出现后的复杂局势。这些政策应对得当，取得了明显的经济效益与社会效益，使中国能够在全球经济下滑的背景下保持适度的经济增长。在中央政府扩大内需的政策中，基础设施建设和环境保护都是重点内容。永定河的开发治理符合国家扩大内需政策的政策方向，应寻求永定河综合治理开发与国家扩大内需政策的结合点，积极争取国家政策支持。

（3）积极利用好北京市统筹城乡和区域发展的政策。近年来，北京市调整财政投入方向，重视加强城乡一体化的投入。在奥运会后，为应付国际金融危机的冲击，又加强对新城区的建设力度。永定河流域规划有部分新城区，也有大片农村，开发建设符合北京市的政策支持条件。应整合北京市的政策资源，充分利用好北京市生态建设、基础设施建设、新农村建设和新城区建设的政策，促进永定河的治理及西南五区的发展，并提高政策资源的利用效果。

（4）集约利用各种内外资源，提高对永定河开发治理的投入效率。应借鉴世界各国开发的经验，把政府资金与民间资本结合起来，划分民间资本进入的领域与范围，促进共同治理；还可借用世界银行与外部的各类公益性资金，把开发治理与对外开放结合起来，作为对政府和民间资本的补充，提高投入产出效率；还可考虑聘请国际有经验的管理与规划人才，进入永定河治理开发领域，使国外资本、国外技术、国外人才能够为永定河的开发与治理服务。

（5）促进永定河流域产业的调整升级。要按照北京市经济社会发展规划的要求，加快沿河区域的产业结构调整与升级，促进产业结构的不断优化；突出发展低能耗、高效率的高新技术产业、先进制造业以及无污染的商务、旅游、物流、金融等服务业，加强产业协调与功能配合，加强产业配套，积极发展特色优势产业，提高西南五区的产业竞争力；重视重点园区的产业发展，加强高新技术产业园区、农业专业化园区和各类商业园区的综合性开发，通过完善产业链、壮大产业集群的方式，提高产业开发利用效果；要把产业发展与增加就业结合起来，积极创造就业机会，做好大学生的就业、农民的转岗就业工作，在流域治理开发的过程中维护社会稳定与社会和谐。

(6) 出台永定河流域综合治理开发的地方性法规。在规划制定的基础上，出台地方性法规，规范各类管理者与开发治理参与者的行为。要明确各方参与者与管理者的权利与责任，合理界定各类机构的管理范畴，协调治理与开发、上游与下游等方面的法律关系，加强上下游之间的联合执法协作。

(7) 加强对永定河综合治理开发的监测与社会监督工作。应加强对永定河流域治理开发的监测工作，建立水环境、水资源总量与开发治理的信息简报、通报制度，提高河流开发管理的透明度，实现信息资源的共享，促进开发治理信息的传播与交流。同时，要充分发挥舆论监督的功能，开放新闻舆论监督，提高民众对开发治理的关注度，以社会舆论约束破坏开发治理的行为。

第九章 构筑绿色交通体系 促进生态城市建设

2010年9月17日，受小雨、周末还有中秋节等因素影响，北京市晚高峰时期道路严重堵塞，全市堵塞道路140条，超过年初因大雪造成90余条路段拥堵的记录。大量的车辆聚集成钢铁长龙，无法疏导，城市因而"血脉不畅"，运行效率大为降低。另据北京市交通发展研究中心提供的数据，北京市区交通拥堵时间已经从2008年10月的3小时45分钟延长到12月的5小时，交通拥堵不断加重。首都北京因之增添了一个新名称："首堵"。其实，不只是北京，全国许多城市都出现了拥挤不堪的趋势。在行路难、多歧路、路不通的情况下，城市交通向何处去就成为诸多城市政府必须回答的重大命题。

第一节 汽车拥堵考验政府智慧

国际大城市数据显示，人均GDP与人均机动车保有量之间存在正相关关系，城市拥堵是一个带有普遍意义的规律。因而，在城市经济发展中，人均收入的增加需要导致购买代步工具成为必然需求。有研究发现，人均GDP达到1000美元，机动车开始进入家庭；人均GDP超过3000美元，机动车加速进入家庭。从一些国际大城市发展历程看，因为收入增长呈现不同国家间的波浪式变化，城市小汽车增长高峰期也有错位式、波浪式变化规律。20世纪30年代，纽约人口总量达到700万，小汽车保有量为25万辆，城市交通十分拥堵；20世纪60年代，伦敦的机动车达到300万辆，高峰时期运营速度只有10公里/小时左右；其后，东京战后恢复经济景气，机动车保有量从1950年的6万辆增长到1969年的200万辆，1979年的300万辆，1991年的400万辆，交通拥堵问题日益突出；韩国在实现"汉江奇迹"后，首尔的机动车数量快速增长，1995年达到200万辆，导致交通拥堵，令人民苦不堪言。

但在中国一些特大城市，汽车拥堵现象之所以发生和加剧，主要原因在于汽车总量增长快于城市道路的增长。根据有关数据，1997年北京机动车数量突破 100 万辆大关,2003 年 8 月,北京机动车保有量突破 200 万辆,2007 年 7 月,北京市机动车保有量突破 300 万辆,到 2010 年 9 月 6 日,机动车保有量突破 450 万辆,估计到 2011 年上半年,机动车保有量将突破 500 万辆。根据有关方面的计算,北京市机动车数量从 300 万辆增加到 400 万辆,只用了 2 年零 7 个月的时间,而东京却用了 12 年。可见,北京的机动车数量增长有短期内爆发式急剧拉升的趋势。但是,城市道路由于城市骨架相对固定、古都风貌保护、军队及机关大院空间阻隔等原因而难以较快增长。2001～2009 年,北京市道路面积年均增长 2%～3%,但是车辆年均增长速度在 11.4%。在路、车比例失调的情况下,道路拥堵状况难以避免。

汽车拥堵如此严重,除了汽车总量增长过快外,与汽车和道路的分布结构也有很大关系。①机动车行驶主要集中在主城区范围。以北京市来说,机动车数量的 80% 集中在六环范围内,中心城区小汽车的出行比例在 30% 以上。但世界上许多国家大城市的发展规律都是城市外围广大空间是小汽车集中行驶区域。越到城市中心区,汽车的拥有量与使用量越低。美国被喻为"汽车轮子上的国家",一般三口之家拥有两辆汽车,但纽约市大约 50% 的家庭没有小汽车,曼哈顿这一比例更高。这种城市小汽车自内向外的分布倒排导致机动车行驶的密度倒排。中国的情况恰恰相反,越是城市中心区,汽车的拥有与行驶密度越高。北京市主城区小汽车的出行比例在 30% 以上,城市交通高峰时段小汽车进出主城区的比例很高,加大了交通拥堵程度;但伦敦、东京等城市高峰期进入中心区的公交比例高达 80%。②公共交通承运比例偏低。尽管近年来北京市实行公交优先战略,公交出行比例已经由 2007 年的 34.5% 增至 2009 年的 38.9%,但是与国外发达国家城市核心区公共交通分担率 60%～80% 的比率相比还是有较大差距。与此相联系的是,主城区的公共交通基础设施远远满足不了需要。数据显示,北京市五环路以内的轨道交通线网密度只有 0.23 公里/平方公里,即使继续现有的建设速度,按照规划,到 2015 年运营里程达到 0.561 公里/平方公里,但与伦敦、东京等大城市轨道交通线网密度 1～2 公里/平方公里的标准依然相差甚远。③机动车利用不当问题比较突出。根据有关方面提供的资料,北京市私人小汽车的年均行驶里程达到 1.5 万公里,是伦敦的 1.5 倍,东京的 2 倍多。另有调查发现,北京小汽车每次出行在 5 公里以内距离的比例占 40%,但这一距离通常更适合于自行车出行。由于过于依赖汽车和对自行车道的挤占,北京的自行车出行比例已经由 1986 年的 62.7% 下降到 2009 年的 18.1%。④缺乏应对具体措施。以往城市交通的基本经验是,在机动车快速增长过程中,扩大道路面积,增加车辆通过空间。但是,这一办法的可行性越来越趋于下降。

机动车的过度发展和利用,不仅使交通拥挤问题愈演愈烈,也带来一系列其他负面的外部效应。其中,由于机动车带来的资源供给与环境污染问题日益突出。近年来,中国能源需求不断增长,石油进口规模持续扩大,解决能源安全供应的矛盾逐渐突出,其中因为汽车增长导致石油需求增长的原因非常突出,能源数量的迅速上升应该引起充分重视。同时,机动车发展占用道路的矛盾也日益突出。根据有关方面提供的数据,在承担相同出行任务的情况下,小汽车每人公里占用的道路资源相当于公共电、汽车的6倍。在环境污染方面,近年来各地城市都采取了一系列诸如退二进三的政策,成功地将工业转入远离主城区的工业园区,并花费较大气力进行工业污染的治理,工业污染对城市环境的影响有所下降,而机动车大量增加引起的环境污染数值明显上升,成为城市污染的主要来源之一。根据有关方面的资料,公共电汽车、轨道交通和小汽车能源消耗和二氧化碳排放的比例分别为1:1.9:3.5和1:2:5.6。在小汽车数量不断增长的情况下,因为小汽车带来的污染问题也越来越突出。

可见,考验政府的不仅有交通拥堵,还有因同一问题派生出来的资源利用、节能减排和环境治理等诸多问题。

第二节 无节制的汽车社会不具持续性

1994年,著名经济学家樊纲与著名社会学家郑也夫为要不要发展汽车这一问题在大众媒体作公开的学术争论。郑也夫在8月9日的《光明日报》上撰文《轿车文明批判》,从各类负面作用出发,明确反对轿车进入家庭;同年11月,樊纲从文明的魅力、发展的极限、人性的悖论、落后的悲哀等角度谈轿车文明,认为发展小汽车是一个趋势。恰巧,两个学者都守住自己的专业领域,各执己见,分别从经济价值与社会价值判断发展小汽车之优劣,据理力争,反映了学术观点鲜明而坚守的一面。现在看来,两个学者的观点都大有可取之处,但也都有些许不足。而目前的汽车发展也部分印证了两位学者各自的结论。对于大国来说,发展汽车产业符合市场规律也符合产业演变规律,近两年中国经济之所以能够快速走出低谷,汽车拉动经济增长的作用功不可没。2009年,中国汽车销售数量超过1300万辆,对抵御国际金融危机的冲击做出了明显贡献。显然,樊纲的观点有其合理之处。但城市因为汽车的过度增加带来运行效率低下、污染严重等问题,也说明郑也夫的观点不无道理。以笔者个人的浅见,这恰恰反映了在资源与环境约束下,面对许多经济社会发展新问题时遭遇的两难困境。从工业发展角度看,发展汽车工业无可厚非,理所应当,对于促进就业、增加税收、提高国家产业竞争力有重大意义;从交通运输管理角度看,城市过度机动车化的负面影响不容忽视,应该加以管理。只有管理好汽车运行甚至约束和控制好汽车运行,才能有效疏导交通。放任市场解决交通问题的办法,只能使矛盾越积越多;采取车多修路、路多增车的方式如同蒸馒头时面多加水、水多加面的做法一样,最终一定"爆盆",交通方式最终会瘫痪。在中国这样一个人多地少且大多数城市建设框架相对固定成型的国情下,无节制的汽车社会不具备可持续性。应该说,作为消费者,个人追求独立、快捷的交通方式无可非议,但作为一种代步工具,如果人人都追求小汽车消费从而构建汽车社会,则会出现欲速则不达的结果。因而,必须采取改弦更张的办法,强化政府对交通市场的管理,积极推动政府对汽车消费行为的科学干预与合理引导,最终建立起以绿色交通体系和绿色出行政策诱导交通需求的调控格局,符合政府与市场的关系定位,也符合中国建立现代市场经济制度的基本需要。这一规律的基本要点是,既注重发挥市场对汽车资源配置的作用,同时加强政府的科学干预。政府的干预方向是,在保障个人自主选择交通出行方式的基础上,提高小汽车的运行成本、保障公共交通的优先地位,引导社会大众以公共交通工具、自行车交通、步行等方式替代小汽车交通,以资源节约型、环境友好型的绿色交通出行方式促进城市交通效率的提高。

事实上,从国际上看,在机动车数量增长过快、城市空间结构固定化而开辟车道空间有限的情况下,人们处理交通问题的思路与模式也在发生变化。20世纪40~50年代,政策管理的方向主要是加强交通基础设施建设,尤其是强调道路建设;20世纪60~70年代,政策管理的强调重点转向发展轨道交通;20世纪70~80年代,政府政策强调需求管理,包括重视交通收费、总量管制、停车管理和机动车限行等。绿色交通运输方式是指绿色化的交通运输方式或者贯彻了生态理念的交通运输方式。1994年,加拿大人Chris Bradshaw提出绿色交通体系(Green Transportation Hierarchy)的概念。其主要论点是,按照绿色交通工具的优先级,依次为步行、自行车、公共运输工具、共乘车、单人自驾车。按照这一认识,能最大化地承担运输职能的同时减轻对环境破坏作用的交通运输协同组合,追求城市交通的通达、有序、快速、安全、舒适、低能耗、低污染的交通运输模式,符合绿色交通运输体系的理念。从交通方式来看,绿色交通体系包括步行交通、自行车交通、常规公共交通和轨道交通。从交通工具上看,绿色交通工具包括各种低污染车辆、电气化交通工具和无能耗无污染型自助式交通运输方式等。

现代城市由于居住区与工作区域的分离以及不同功能区域人口之间的往来需要,对交通运输载运产生现实需求。但除了步行和自行车交通外,其余交通运输方式都需要依赖外在的能源供给,并且或多或少会产生一定的污染,难免带有负外部性。而在人口规模较大和人口密度较大的城市,交通运输本身还会带来拥堵问题,会滋生另一种社会成本。政府进行城市管理时必须考虑既提高效率，又减少社会成本。而能够把社会成本内部化和使城市以最小的社会成本承担尽可能高的运输效率的方式，是绿色交通运输体系应该承担的使命，也是城市由工业文明向生态文明转型的客观要求。

与传统的交通运输方式比较，绿色交通体系提倡更节能的运输方式。大量分析表明，采用不同的交通运输工具，在同样的距离载运同样的人数和货物，能耗差距很大。比如，用飞机运输每吨货物所耗能源，相当于轮船运输的49倍；波音747飞机两分钟时间起飞的能耗，相当于240万个割草机运行20分钟。一些研究发现，城市小汽车的平均能耗是公交汽车的将近2倍，比标准轻轨和有轨电车高3.7倍，密集能耗比一般城市电气火车高6.6倍。国内的一些实证分析也显示，城市交通运输方式不同，产生的能源消耗有较大的差异性。如果小汽车的能耗是10升汽油的话，公共汽车的人均油耗则为0.54升，电车的人均能耗为0.34~0.4升，地铁可以折合为0.5升。小汽车的人均百公里能耗是公共汽车和地铁的18~20倍，是电车的25倍。可见，城市交通出行更多地采用公共交通方式，有利于节约能源。

与传统的交通运输方式相比较，绿色交通运输体系的另一个优势在于能够大幅度减少污染。通常认为，传统的燃油性交通运输方式会带来明显的环境污染。以泰国曼谷来说，20世纪90年代在对悬浮物长达261天的监测中发现，有138天也就是53%的天数超标。其中的污染物来源：40%的污染来自柴油车排出，40%的污染物来源于道路扬尘，20%的污染物由企业排出。而泰国卫生部门的一项调查也发现，曼谷市民中每4个人中就有一名呼吸器官病患者。这些患者中，80%~90%的病因来自大气污染，其中一多半来自机动车污染。在印度，汽车污染占到城市空气污染的65%以上。北京市环保局的一项研究也表明，北京市主要污染物可吸入颗粒物总量的23.3%来自机动车尾气排放，氮氧化物、一氧化碳、氮氢化合物中超过50%来源于汽车尾气。根据联合国政府间气候变化专门委员会2007年发布的《第四次评估报告》（IPCC AR4），2004年，全世界交通运输业排放了63亿吨温室气体，占世界温室气体排放总量的23%，其中，3/4来自道路运输的排放。如果能够采用绿色交通运输方式，可以大大减少温室气体的排放数量。数据显示，如果每辆汽车每月停驶一天，北京市机动车排放污染物的总量一年可减少4.4万吨。另外，在不同交通运输方式之间，尾气排放效率也存在着较大的区别。在同等载运能力的环境影响方面，快速轨道交通优于公共汽车，而公共汽车交通优于私人小汽车（见表9-1）。采用绿色化的公共交通运输方式，可在不降低运输能力的情况下，较大幅度地减少环境污染和减少温室气体排放。

表9-1　不同车辆排放废气量的比较

单位：克/百人·千米

交通工具	碳氢化合物	一氧化碳	氮氧化物
快速轨道	0.2	1	30
公共汽车	12	189	95
私人小汽车	130	934	128

资料来源：李江、傅晓光、李作敏：《现代道路交通管理》，北京：人民交通出版社，2000年版。

与传统的交通运输方式相比，绿色交通运输方式的优点还在于能够减少交通拥堵，提高运输效率，使城市的经济功能与社会功能得到很大提升。在实践中人们发现，即便是在公共交通运输体系内部，选择轨道交通还是道路交通在节约运输成本、提高速度、节省时间、减少事故等方面也存在较大差距。资料显示，城市轨道交通的事故损失成本大大低于道路交通，其噪声和空气污染等环境方面的损失仅为道路交通方式的6%~10%；城市轨道交通方式还因速度快不易造成交通拥堵，使得旅客消耗的旅行时间不到乘用公共汽车的40%。此外，轨道交通方式的人公里能耗为道路交通方式的15%~40%，占地却仅为道路交通方式的1/3左右。还有研究报告指出，高速城际铁路与八车道高速公路相比，占地比约为1:2；同等运量的能源消耗量仅为公共汽车的3/5、小汽车的1/6，而且安全性大为提高。另有资料显示，高速铁路和高速公路投资相当，但高速铁路基础设施建成后，如运营得当在10~15年就可收回投入，而高速公路往往要15~20年才能收回投入；高速铁路一般使用年限为100年，纽约、伦敦轨道交通已经正常运行百年，高速公路一般使用年限为20年，且绝大多数高速公路的实际寿命远远达不到设计年限。可见，在公共交通内部，相对道路交通而言，采取轨道交通运输方式既可以提高运输效率，还不会造成交通拥挤，更能够充分体现绿色交通的理念。

绿色交通运输方式与传统交通运输方式的根本差别在政策上表现得最为明显。传统的交通运输方式崇尚个人选择和自由放任的城市经济，居民如何出行取决于个人的消费偏好，个人和家庭可根据收入状况、个人爱好等因素选择适合自己的交通方式，并据此认为，个人选择最优也一定会达到社会最优。但许多发达国家城市交通体系的运行结果显示，个人最优的选择却未必会达到全社会最优。在西方一些国家，由于汽车成为居民普遍化的交通运输工具，结果城市漫无边际地向外延伸，城市交通的社会成本不断提高，城市生态环境恶化，城市的可持续发展受到严重影响。在这种情况下，人们认识到，以石油产品为支撑的"轮子上的国家"和"轮子上的城市"的发展都具有不可持续性。通过政策手段调节、引导交通消费方式的转变符合城市发展的现实需要。不少国家的城市都采取绿色交通运输政策，对居民的交通需求加以引导。

第三节 绿色交通体系比传统交通体系更符合现代城市文明的要求

所谓生态城市，通常是指综合运用各类经济、社会、技术手段，能够实现人地生态系统良性运转以及人与自然、人与经济、人与社会可持续和谐发展的城市。从定义上看，生态城市建设既然包括经济、社会等方面发展的生态化，也就不能缺少交通运输体系建设生态化的内容。也就是说，在建设生态城市过程中，必须坚持以资源环境承载能力为基础，以资源节约型、环境友好型社会建设为目标，走生产发展、生活富裕、生态良好的文明发展之路，构筑体现人与自然、人与经济和人与社会协调发展的可持续交通运输系统。而这种高度契合于生态城市的绿色交通体系，是推进生态城市建设、实现城市科学发展的重要内容。

（1）构筑绿色交通体系符合致力于推进科学发展的国情。城市的科学发展需要统筹人与自然的发展，建设能够协调人与自然关系的生态文明，使自然环境与资源能支撑经济与社会发展，而自然环境与资源也能够在经济发展与社会和谐中得到培育。中国是一个人均矿产资源短缺的国家，石油资源尤其贫乏，对国际市场上的石油存在很强的依赖性。2008年，全国石油及石油制品的进口数量高达2亿多吨，进口依存度高达52%。如果对城市交通运输方式采取自由放任的政策，必然进一步加大对石油的需求，导致生产与消费两个领域争夺石油及油制品的矛盾激化。而一旦居民形成对小汽车交通的依赖心理，改变这类消费倾向的难度也将加大。可见，如果不采用绿色交通运输方式而放任居民的消费行为，城市消耗石油产品的比重会进一步提升，规模会进一步扩大，导致石油的进口继续增大，对于全国经济的可持续性发展造成冲击。

（2）构筑绿色交通体系是建设资源节约型、环境友好型城市的需要。鉴于目前中国人口总数已超过13亿，人口、资源、环境发展的矛盾不断加剧，社会各界对人与自然关系的认识不断深化，突破资源与环境约束的技术水平不断拓展，建设符合资源节约型、环境友好型要求的生态城市的重要性在提高、紧迫性在加大、科学性在增强。传统的交通运输方式不仅消耗大量的石油资源、土地资源和公共空间，而且带来污染、交通拥挤等一系列负外部性问题，不符合两型社会建设的需要。而构筑绿色交通体系，则可以兼顾资源节约型、环境友好型社会建设两个方面的要求：可以减少机动车对道路资源的占用，缓解城市交通拥堵，使城市的总体出行时间减少；可以减少交通运输对能源、停车场等设施的需求、建设和维护费用，减少直接交通运输费用和油耗，降低城市运营成本和节约能源；可以减少小汽车使用所排放的空气污染物，有助于实现生态城市环境管理的目标；可以实现大量城市居民共享公共交通工具的目标，缩小人与人之间的心理差距，促进社会和谐。

（3）构筑绿色交通体系是推动城市发展方式转变的需要。党的十七大报告提出，应"基本形成节约能源资源和保护生态环境的产业结构、增长方式、消费方式"，这就要求从传统的物质经济向现代的绿色经济转型，从工业文明向生态文明转型，从较多消耗资源和明显污染环境的传统产业体系向资源节约型、环境友好型的现代产业体系转型，从低水平、粗放型、不可持续性发展向高水平、集约型、可持续性发展转型。这就要求通过绿色生产与绿色消费的方式的转型来实现发展方式的转变。采取绿色交通体系的模式，可以大幅度提高城市运转效率。比如，采用绿色交通体系，可以引导交通运输工具绿色化生产，促进减少外部能源消耗的公共交通工具和不消耗、少消耗外部能源的私人交通工具的发展，形成相对科学的生产结构，促进绿色制造和绿色设计；还有利于形成合理适度的绿色消费模式，减少国家、城市与家庭不必要的开支和资源不必要的浪费，在"染绿"城市交通运输方式中促进消费方式的转变。因而，从生产和消费两个方面推动城市绿色交通体系建设，并形成配合绿色交通体系建设的绿色财税、法律、价格、管理等政策，构筑起符合绿色交通体系的激励约束机制，并在功能上体现污染减排、资源循环利用和生态培育的特性，将会提升全国各地城市的生态竞争力。

（4）构筑绿色交通体系是建设宜居城市的需要。随着经济增长与居民收入水平的改善，城市人口将进一步增加，城市居民对温馨、宜人的居住空间的要求也越来越高。2008年，中国的城镇化水平为45.7%，到2020年，城镇化水平有可能提高到55%左右，2040年提高到70%以上。随着城市人口密度的加大，城市的绿色空间与发达国家的城市之间的差距会更加明显。通过构筑绿色交通运输体系，可以减少用车空间，替代性地扩大绿色生态空间，在怡眼、怡身、怡心、怡性的绿色环境建设中展示宜居城市的生态功能、居住功能与交通功能，满足民众对安全、便利、舒适、健康的生活环境的需求，提升城市居民的生活品质。

从全球范围看，构筑绿色交通体系已经成为各国城市的共同趋势。美国当选总统奥巴马上任伊始，就极力主张发展新能源汽车，以图彻底改变美国汽车业的生产方式与城市居民生活方式。而在世界许多国家的城市中，都不遗余力地推动绿色交通体系建设。比如，巴西的库里提巴是一座有名的生态城市。城市规划的设计者把低收入人群的住宅建在离工作、购物和娱乐设施较近的区位；学校、诊所和商店建在近郊以便行程最短，公交车可以提供高效、可靠、舒适、快捷的运输服务，为城市3/4的往返人员使用，骑自行车的人可以使用设计良好、分道行驶的自行车道。由于良好的运输系统设计，每年还可以节省大量的燃料。

美国是世界上能源消耗量最大的国家，大量石油及油制品被用于小汽车消费，但是近年来也开始注重绿色交通体系建设。2006年，美国威斯康星州的Green Bay市市长Schmitt提出了一系列鼓励绿色交通的口号，号召市民采取更加绿色环保的交通运输方式。比如，通过实施步行上学（上班）日（Walk to School/Work Day）、停车日（Leave Your Car At Home Day）、骑车上班周（Bike to Work Week）等活动，鼓励市民采取绿色出行的交通方式。

自行车是零能耗且符合节能环保概念的出行方式，在中国汽车大举进入城市家庭之际，在欧洲一些国家，自行车仍是人们出行的主要交通运输方式之一。荷兰人口1600万，但拥有1700万辆自行车，依靠自行车和走路换乘轨道交通的比例分别达到35%～40%和25%。

值得注意的是，在西方许多发达国家，越来越重视带有绿色化特征的轨道交通体系建设，以促进城市的可持续性发展。日本的新干线、法国的TGV、德国的ICE、英国的APT及意大利的TAV等，都被用于城际交通往来。在日本东京，轨道交通系统每天运送旅客2000多万人次，承担了东京全部客运量的86%。在早高峰时的市中心区，有91%的人乘坐轨道交通工具，而乘坐小汽车的仅为6%。在南美，哥伦比亚的波哥大市提供了快速公交系统（Transmillenio），可以满足该市70%通勤者的需求。

世界上也有许多国家都采取措施，对于私人小汽车的交通运输方式采取行政和经济手段加以限制。从2003年7月开始，英国的伦敦对于进入中心商业区（Central Business District）的每辆小汽车开征拥堵费；新加坡也实行特殊区域许可证计划（ALS）限制汽车进入中心商业区；法国的巴黎则征收较重的停车费（Heavy Parking Charges）以限制私人交通运输工具，并鼓励使用公共交通运输系统。

相对来说，处于人均收入只有3000多美元的中国，绿色交通体系建设相对滞后。中国现在的公交分担率相对较低，即使是一些大城市和特大城市，公交分担率还不到30%。但在一些发达国家，公交分担率高达40%～60%；自行车原本是中国城市的大众化交通工具，但是随着其他交通工具的大规模发展，各地城市的自行车使用空间被大幅度压缩。与此同时，拥有私家车已经成为一种日益广泛化的消费趋势。有数据显示，目前中国的交通能耗占全社会总能耗的20%。如不对交通运输的能源消耗加以控制，未来该行业的能耗比重将上升到30%，超过工业能耗。在中国政府对国际社会郑重承诺减少温室气体排放的情况下，减少城市交通运输能耗，着眼于建设低碳城市，会有助于实现政府的减排目标。

第四节 以绿色交通政策促进生态城市建设

中国人历来注意出行，也在实践中形成了一系列令人赞叹的出行观，留下许多与出行相关的精辟论述。诸如，千里之行，始于足下；察其言，观其行；讷于言，敏于行；行成于思毁于随。在一个开放、流动并且日渐繁荣的现代社会，行在中国的城市生活中具有无可替代的地位。世界上一些发达国家从20世纪40年代开始进入汽车社会，到21世纪转向绿色交通，其间花费了半个世纪的时间进行探索；中国在过去的10年中实现了向汽车社会的转化，在未来10年有必要实现向绿色交通体系的转化。中国有必要也应该用更短的时间，缩小与世界发达国家的城市在出行方式方面的差距。在中国城市人口不断增加、城市范围不断扩展、经济活动不断向城市集中的趋势保持不变的情况下，未来中国节能减排和发展低碳经济的重点无疑会以城市为主。近年来，国家有关部委也已经明确了建设生态城市的政策内涵，要求建设绿色、洁净、环保型城市。在现代城市对交通运输的需求日益扩大而全社会倡导发展低碳经济的情况下，积极构筑绿色交通体系，一定会有助于推动生态城市建设，促进各地区人与自然的协调发展。

中国的城市建设正处在重要的转折时期。一方面，随着城市化的快速推进，将会有越来越多的人口生活在城市，意味着未来城市的消费方式将成为社会的主流趋势；而随着整个经济增长中弥补消费引导生产不足缺陷的政策长期实施，要求在未来的扩大内需政策中更加注重刺激城镇居民的消费，将对城市节约型的交通消费方式构成巨大的挑战。另一方面，随着全球石油资源进入开采峰值后逐步减少开采带来石油价格的大幅度上涨和土地资源及环境成本上涨，越来越多的人会认识到，放任市场是带有较大的经济与生态风险的，必须对传统的交通运输模式加以节制和替代，才能实现城镇的可持续性发展。在这两个方面的对比与力量博弈中，前一方面要求推进市场化进程，促进市场在交通运输资源配置中发挥主导作用；后一方面要求加强政府调控，对市场带来的负外部性与非经济性进行干预，以实现政府建设两型社会的经济目标与社会目标。从中国城市科学发展的角度看，应该把市场与政府两个方面的积极作用结合起来，实行有指导、有管理的科学调控的市场经济模式，以绿色交通政策促进生态城市建设。

(1) 加强绿色交通规划与设计。在城市规划中充分体现绿色交通思想，加强绿色交通规划，注重绿色交通目标、方向与措施的设计，尽可能扩大绿色交通的空间和适度压缩非绿色交通的空间，更好地配置绿色交通线路、绿色交通标志、绿色照明、绿色交通管制设施，激励约束机制；在城市规划中注意更好地配置人行道、自行车道、公交车道和机动车道，尤其是要注重维护自行车与行人的路权；各类居住组团必须有相当的人口密度与规模，使民众乘用大众运输工具体现规模效益；在社区内部，应该重视人行道及自行车道的设计；在公共场所和建筑物周围，注意设置自行车存放点；住宅区、工作区及零售商店尽可能地配置在交通系统沿线，以方便行人进出和减少交通距离。另外，各类研究发现，植被资源的有效配置也有利于绿色交通体系建设。比如，树木净化空气的能力远远高于草坪。数据显示，一亩树木每年吸收的二氧化碳和释放的氧气，是同样面积草坪的2.8倍和3.1倍；一公顷树木每年的吸尘量为670吨，而同样面积草坪的吸尘量仅为树木的1/3。因此，在绿色交通线路规划中应该尽可能配置一定的林木绿化空间，可以吸收污染、减缓驾驶疲劳和改善城市生态环境。

（2）采用分类调控的方式引导交通运输市场。实行差异化奖惩性措施，鼓励使用低排放的交通工具。在车辆购置和使用税费的征收上，对大排量汽车、普通型车辆、小排量汽车实行差异化的政策。对于小排量汽车，国家目前已经实施了购置税减免的优惠政策。根据国家汽车产业调整振兴规划，从2009年1月20日起，购买1.6升及以下的小排量汽车可减按5%征收车辆购置税，但这一政策还可以深入到车位、停车等费用的优惠上。对于大排量汽车，目前还缺乏相应的政策限制。可采取更明确的政策措施，提高使用大排量汽车的运营成本，在购置税、停车费等方面与普通汽车相区别，以限制大排量汽车的使用。同时，有必要引导普通市民采用健康的出行方式，减少驾驶机动车出行，更多采用公共交通工具、骑自行车、步行等出行方式，并在政策上引导更多的城市居民多采用小排量汽车和公共交通工具代步，使绿色交通政策通过差别化的乘用成本体现出来。

（3）实施公交优先的政策。在私人交通与公共交通模式的选择上，应该更加鼓励使用大众化的交通运输工具。目前，不少城市采取扩大对公交、地铁等运输方式财政补贴的模式，支持公共交通运输的发展。虽然城市财政支出增加，但是城市运转效率明显提高。应优先规划建设快速轨道和公交车专用道、枢纽站和始发站，建设以公交为主导的多元化城市交通系统，依托快速轨道交通、大容量快速公交（BRT）、双层公交、常规快速公交线等方式，面向早晚高峰阶段的上班族，提供快速公共交通通勤系统的运行效率。尤其是，道路系统必须以公共交通而非小汽车为导向加以规划，应以大众运输系统为主要构架设计城市道路系统，城市的高速公路、主要干道、次要干道和地区街道，注重设计公交专用车道并扩大公共交通车道范围，提高公共交通的通行速度。

（4）对新能源汽车的发展予以补偿，鼓励新能源汽车参与国内外城市交通市场的竞争。目前，全球各国都看好在新能源汽车的前景，汽车能源逐渐由石化燃料向可再生、低二氧化碳排放的能源形式转型的趋势不可避免，电动车的发展已演变成一场全球性的争夺未来汽车产业制高点的竞争。中国在新能源汽车发展方面并不落后。要通过所得税减免、进口税收优惠等政策，支持企业加大对新能源汽车的投入和技术改造的力度，促进新能源汽车发展。同时还有必要通过降低汽车消费者税等各种税费政策，引导新能源汽车的消费。尤其是应鼓励新能源公交车辆的使用，使绿色交通运输效率最大化。

（5）用经济和管制手段调节交通流量。诺贝尔奖获得者纽约经济学家威廉·维克瑞最先提出拥堵收费的概念，就是对小汽车在高峰拥堵时段的城市道路、桥梁、隧道和停车场采取收取额外费用的措施。这一政策在许多国家应用并得到成功。伦敦是对城市主要商业区实施交通拥挤收费的城市。实施收费后，交通拥堵减少了约30%；收费区域内工作日的小汽车行驶速度提高了10%～20%；氮氧化物、可吸入颗粒物的排放量减少了13%～15%，公交运行速度也大为提高。北京市在奥运会举办期间实施机动车单双号管制的政策，明显地提高了城市交通效率，改善了城市环境质量。适度采取特殊时间特殊区段的收费模式管理交通流量，是生态城市建设的必要手段，可以在一些特大型城市加以推广。

（6）促使各级政府部门在绿色交通体系建设中发挥带头与示范作用。农工党中央曾经在《从能源安全和环境保护角度制定中国汽车产业政策》的党派提案中建议，制定适合中国国情的汽车消费政策，以引导大众的汽车消费，并建议各级政府应带头使用经济型低排放车。目前看来，这一建议依然具有生命力。建立绿色交通体系，应该从党政官员做起。要求全社会实践的交通运输理念，也应该通过政府部门的示范和带头作用体现出来。建议政府部门在制定与实施城市绿色交通体系建设方面率先垂范，为全社会树立典范作用。

（7）把绿色交通纳入生态城市的考核指标体系。在中国现在的生态城市建设的衡量标准中，主要包括经济发展、生态环境保护、社会进步的内容，具体指标包括城乡居民人均年收入、环保产业比重、森林覆盖率、受保护区域占国土面积比重、退化土地恢复率、物种保护指数、主要河流年水消耗量、地下水超采率、主要污染物排放强度、降水pH值年均值与酸雨频率、空气环境质量、水环境质量、集中式饮用水源水质达标率、城市污水集中处理率、工业用水重复率、噪声环境质量、城镇人均公共绿地面积、环保投资占GDP比重、城市化水平、采暖地区集中供热普及率、基尼系数等，但是缺乏绿色交通的内容。这说明，目前的生态城市建设指标设计存在不足之处。建议把以传统能源为动力的私人汽车分担率作为重要指标列入生态城市建设的指标体系中，以衡量城市交通运输体系的生态功能。私人汽车分担率越高，则说明城市距离生态城市的距离越远。这就可以促进城市政府把降低搞耗能私人汽车分担率作为任务之一，并督促城市政府提高在推动绿色交通体系建设方面的施政政绩。

（8）完善城市绿色交通的规章制度。要通过制定和出台政策，完善法规、价格、收费、制裁等政策，规范城市绿色交通的激励约束机制，促使社会各阶层关注绿色交通体系建设，促进绿色交通体系建设变成一个全社会自觉自愿的行动。比如，可以实行鼓励性政策，促进民间资金投向公共交通，在竞争机制的引导下，发挥市场对公共交通资源的优化配置作用，提高公共交通的运行效率。

参考文献

[1]〔美〕世界观察研究所.2007年世界报告：我们城市的未来.全球环境研究所，译.北京：中国环境科学出版社，2007.

[2]刘墨非.政协委员呼吁北京市民绿色出行.北京观察，2009（7）.

[3]日本环境会议.亚洲环境情况报告：第1卷.周北海，张坤民，等译.北京：中国环境科学出版社，2005.

[4]王元丰.应对气候变化 开展绿色出行.北京观察，2009（7）.

[5]李江，傅晓光，李作敏.现代道路交通管理.北京：人民交通出版社，2000.

[6] Kiran B., Chhikar Mamata. Pandua Mcean. Raghunathan (eds): Understanding Environment. Sage Publications, 2004.

专题报告9
以政策扶持促进新能源汽车产业扩张

2010年上半年，在各项政策的支持下，全国汽车销售延续了2009年的走势，继续保持一定增幅，对于促进上半年经济较快增长起到了重要作用。尤其是6月初，财政部、科技部、工业和信息化部、国家发展和改革委员会联合出台《关于开展私人购买新能源汽车补贴试点的通知》的政策，引起外界普遍关注。通过对新能源汽车销售提供一定的财政补贴，一定会促使新能源汽车的快速发展。相应地，新能源汽车的发展也会改变中国汽车的生产结构与消费结构。

一、补贴性政策将有效刺激市场需求

应对全球扑朔迷离的经济形势，中央政府的政策着眼点立足于扩大内需和促进结构调整。除了通过正确的经济政策抑制非理性资产泡沫、防范通货膨胀、打击投机型购房行为外，也采取激励性政策措施促进战略性新兴产业成长。这种差异性政策取向的信号就是，要在抑制物价不合理上涨的同时保障经济平稳增长。2009 年，中国以销售 1300 多万辆汽车稳居全球第一的成绩，为保增长做出了重要贡献。2010 年经济增长目标的实现，仍需要汽车工业引领增长。在许多国家把下一个产业竞争的重点放在新能源汽车方面，而中国的经济增长还离不开对汽车产业的路径依赖时，在汽车销售旺盛时期以补贴性政策启动新能源汽车市场，对于扩大汽车市场需求和调整优化汽车工业结构都极为有益。

这一政策明确规定，在上海、长春、深圳、杭州、合肥 5 个城市启动私人购买新能源汽车补贴试点工作。中央财政对试点城市私人购买、登记注册和使用的插电式混合动力乘用车和纯电动乘用车给予一次性补贴。补贴标准根据动力电池组能量确定，对满足支持条件的新能源汽车，按 3000 元/千瓦时给予补贴。插电式混合动力乘用车每辆最高补贴 5 万元，纯电动乘用车每辆最高补贴 6 万元。补贴资金拨付给汽车生产企业，按其扣除补贴后的价格将新能源汽车销售给私人用户或租赁企业。试点期内，每家企业销售的插电式混合动力和纯电动乘用车分别达到 5 万辆的规模后，中央财政将适当降低补贴标准。

相对于传统的汽油汽车来说，新能源汽车因为结构性原因增加了电池等功能，成本相对较高。与传统汽车比较，目前混合动力汽车成本高出 30%～40%，纯电动汽车成本高出 40%～50%，燃料电池汽车成本高出 100%。显然，在同等条件下，新能源汽车并不具备价格竞争优势。但是，由于新能源汽车具有减少尾气污染和碳排放的特点，比传统能源汽车更符合资源节约型、环境友好型社会的建设要求。对于新能源汽车减少负外部性的发展方向，给予一定的补贴与扶持合情合理，毕竟许多减排性的投入也来源于财政资金。当然，也有一些学者提出，这种补偿应该借由征税的形式由使用传统能源汽车的消费者补偿给使用新能源汽车的消费者，而不作为汽车消费者的普罗大众不应该承担相应的补偿责任，其实也有一定的理论依据。不过，笔者从汽车行业专家那里了解到的信息是，原本国外一些老牌汽车厂商有在 2011～2012 年布局生产新能源汽车的规划。政府在短期内利用国内汽车销售利好势头采取财政性激励政策，当然有尽快从速布局以促进本土车尽快形成新能源汽车生产能力的考虑。

根据中国高铁建设的经验，先刺激市场需求扩大产业规模，而后在产业扩张中促进技术创新，是一条可行的提升产业竞争力之路。由于纯电动汽车中电池组件等产品占用较多成本，在规模化的市场需求没有形成之前，纯电动汽车与普通汽车相比缺乏明显的价格优势。因而，通过政府补贴的办法先行削减纯电动汽车的价格竞争劣势，激发市场的购买活力、扩大市场规模，然后在规模扩大与竞争加剧中引导和促进新能源汽车的技术创新，有助于在一个潜力巨大的市场中培育战略性新兴产业，促进中国新能源汽车在全球竞争中后来居上。

二、进一步完善配套政策

发展新能源汽车关系到国家汽车产业竞争能力的提高，也攸关各地未来汽车产业的竞争地位。在任期政绩目标制的背景下，地方政府存在着做大经济规模的冲动。尤其是在国家扩大内需政策的推动下，无论是财政还是银行部门都主动积极地寻求对大项目提供资金支持，而地方的规划部门也积极搜寻罗列新的投资项目，新能源汽车无论是从投资规模还是市场前景看都符合地方扩张经济的现实要求。实际上，近年来不少省市地方政府多方支持企业的电动或者混合动力汽车项目，推动企业在即将到来的新能源汽车竞争中占据有利地位，这种产业化前的竞争态势已经导致新能源汽车领域的技术创新不断涌现。不久前，笔者在随北京市政协科技委员会对在北京大兴采育开发区进行调研时发现，北汽新能源汽车公司经过几年探索，已在整车匹配技术、电驱动技术和控制系统技术三大领域一定程度上掌握核心技术，以此为基础，公司引进电机、电池和辅助系统，为规模化产业扩张做好了技术准备，立足于在短期内成为具有新能源汽车改装、生产资质及具备新能源整车研发、生产、销售能力的企业。

但是，应该说，目前出台的政策还有不尽完善之处。比如，从试点城市看，虽然北京在新能源汽车方面已经有一定进展，政府部门也做了一定准备，消费者对购买新能源汽车存在一定期待，但北京却还不是新能源汽车的试点城市。与此类似的还有重庆，重庆长安汽车在纯电动汽车和插电式混合动力汽车的研发方面也取得了重要进展。因而，希望在出台细则的时候考虑区域之间的平衡和相关区域新能源汽车的发展基础。中央政府的政策支持也应该为北汽新能源汽车公司、重庆长安汽车有限公司这样的企业打开市场扩张之门。

配套性的政策支持除了来自中央政府以外，也涉及地方政府的政策支持。试点城市应该加强充、换电基础设施建设，作为城市基础设施建设的重要内容，以便为新能源汽车的发展提供便捷、安全的充电条件；相关区域政府还应该削减对新能源汽车的各类限行及限制性措施，以便诱导消费者使用节能环保型新能源汽车的购买需求；把新能源汽车扩展到出租行业与公务用车范围，形成一定的刚性购买需求，进一步扩展市场空间。与上述政策相关的，应对示范运营的出租车公司给予一定的税费优惠，给予新能源出租车取得运营牌照以一定的减免费优惠；尽快出台充电站、充电桩、充电接口的国家标准，以便于新能源汽车充电过程标准化、规范化；建设配套性的零部件基地，建立新能源汽车快捷、高效、完整的产业链。

从全国来看，还需要设置一定的技术准入门槛，在鼓励企业进入新能源汽车领域的同时防止一哄而起、低水平重复建设的现象发生。对于汽车企业来说，既要看到在政府政策引导下巨大的市场需求，也应该看到这一行业技术含量高、初始投资规模大、未来竞争激烈的因素，在选择进入市场时一定要做好可行性研究工作。

三、技术创新决定竞争地位

多年来，中国一直把新能源汽车作为科技创新支持的重要领域。据相关方面提供的材料，中国科技计划累计投入近20亿元，分别组织实施了"电动汽车重大科技专项"和"节能与新能源汽车重大项目"，确立了"三纵三横"的研发布局。所谓"三纵"是指燃料电池汽车、混合动力汽车、纯电动汽车三种整车技术；"三横"则是指多能源动力总成系统、驱动电机、动力电池三种关键技术。应该说，整车技术与其中的关键技术在新能源汽车中所处的地位是不同的，"三纵三横"只是一个习惯的说法，显示技术创新对于新能源汽车的发展具有重要影响。

有关方面提供的数据显示，中国基本掌握了新能源汽车技术，建立了节能与新能源汽车的动力技术平台，形成了比较完整的关键零部件体系，开发出一批节能与新能源汽车的产品，实现了小批量的整车生产能力。其中，在混合动力汽车方面，中国在系统集成、可靠性、节油性能等方面进步显著，依据不同混合度方案，实际路况运行节油10%～40%，混合动力整车产品开始小批量进入市场；在纯电动汽车方面，中国处于国际先进水平，使用大容量锂离子动力蓄电池的纯电动客车曾经在奥运中心区规模应用。纯电动轿车具有成本优势，已开始小批量出口欧美，国内市场需求也在不断加大；在燃料电池汽车方面，中国的整车集成技术、动力平台的成熟性、整车的可靠性有了新的提高，无故障间隔里程与国外同步达到3000公里，并取得了"新一代整车控制器"、"两挡变速器"、"氢电系统安全性碰撞"等一批原创性研究成果。

但是，应该看到中国新能源汽车发展的明显短板：一是电动汽车关键零部件的产业链尚未形成，零部件的生产能力与技术水平无疑会影响到整车质量与规模；二是中国目前的动力电池在性能和成本方面离整车要求还有很大差距，如何研制出成本低、重量小、持续能力强、使用寿命长的电池，已经成为破解新能源汽车难题的关键，但在磷酸铁锂电池、锂离子电池配方权等技术研发方面，国外的研究者拥有技术专利；三是中国在混合动力整车共性技术包括高效内燃机、先进变速箱、轻量化技术和机电耦合技术方面还有待突破，混合动力整车的核心集成能力、动力系统优化和匹配技术也有待提高。可以说，中国在新能源汽车生产的技术方面有强有弱，很不平衡。

总体上看，中国在新能源汽车的技术创新方面与欧美日等主要汽车先行国家有一定差距。不过，从中国过去的汽车工业发展经验看，放开市场会有助于在竞争中促进汽车行业的技术创新。在传统能源汽车生产历程中，中国曾经通过改变定点生产的格局和强化市场竞争，企业实现了技术创新能力的不断改进与提高，并在竞争和规模化生产中降低价格使消费者受益。在新能源汽车生产方面，放开市场不仅会促进技术创新，还会促进城市环境改善。根据联合国开发计划署发布的数据，预计到2020年，在城市地区汽车数量将比1995年增长1.2亿～1.5亿辆，未来数十年汽车数量的增长将加剧目前十分严重的城市空气污染。既然新能源汽车是公认的汽车产业发展方向，有明显的节能减排效果，通过放开市场和用财政资金弥补新能源汽车价格竞争不力的方式，有助于在一个新的价格起点上形成有效率的竞争格局。而竞争是促进技术创新的有效手段。

在新能源汽车的技术创新与产业化发展方面，应该明确政府与市场的关系。政府应考虑尽快明确中国新能源汽车发展的国家战略和技术路线，针对新能源汽车的关键技术，要尽快建立统一的国家标准，对于市场起到规范、指导、示范的作用，避免新能源汽车产品无序发展；同时，要鼓励企业之间的合理竞争与分工合作关系。要鼓励企业与企业之间、企业与科研机构之间建立战略联盟，形成关键技术联合攻关和收益共享的制度与规则，在合作创新与开放创新中提高国内企业在新能源汽车方面的创新能力。当然，国家也应该有相应的配套政策，对于那些能够破解关键技术瓶颈的企业以让度市场份额的奖励，促使企业在产业化过程中不仅有扩张生产能力的冲动，而且有推动技术创新的冲动。

值得注意的是，目前欧美的一些企业已经把发展新能源汽车的关注点放在氢能上，因为传统能源的数量毕竟有限，而且难免产生污染，欧美国家新能源利用方面着力突破的是氢能技术,而解决的途径是新材料。据有关资料,目前,德国已经投入了14亿欧元,着手启动氢和燃料电池的全球计划;美国在镍金属氢电池的技术开发方面也取得一定突破。诺贝尔奖获得者斯莫利指出,未来能源利用方向是从水中提取氢,而不是依赖于化石能源,科学家可以开发纳米管制造的燃料电池或者使用纳米结构的太阳能转换面板。这类技术一旦取得突破,就可以把氢变成一种实用、清洁、可持续利用的能源。如果氢能利用取得巨大突破,新能源汽车的概念将会发生彻底改变,世界交通动力驱动形式也会发生颠覆性革命。

所以,国内的政府部门、产业界、大专院校、科研机构、行业协会都应该积极跟踪世界新能源技术创新方面的最新进展,要知道,弯道赶超是需要核心竞争力支持的,而作为以技术创新为主体的核心竞争力是可变的,弯道赶超能力的塑造要适应全球技术变化和市场需求变化的现实。

第十章 中国农村生态环境演变趋势与建设思路

农业、农村、农民问题,是近年来党中央、国务院经济政策关心的重点问题。众所周知,改革开放以来中国经济取得了巨大成就,经济总量跃居世界第二位,人均国内生产总值已经超过5000美元。但中国经济发展成就的取得,与农业的基础支撑作用分不开,与农村对各类发展成本的承受分不开,与广大农民包括农民工的付出和贡献分不开。在全面建设小康社会的过程中,必须按照党中央、国务院的战略部署,逐步解决好"三农"问题。而加强农村生态环境建设,对于贯彻落实科学发展观,推动农村经济社会全面发展,全面解决"三农"问题都具有十分重要的意义。

近年来,国家每年都出台关于农村发展的相关文件,对农村经济社会发展进行科学的政策引导,最近更是加大对农村环境建设的支持力度。"村容整洁"是社会主义新农村建设的五项目标之一,2008年的"中央一号文件"突出强调了村庄环境和人居环境治理。在"十二五"规划中,更进一步明确了要推动农村环境治理的新要求,"加强农村基础设施建设和公共服务,推进农村环境综合整治"。这表明,在强农惠农加快社会主义新农村建设中,环境治理具有其独特地位。

第一节 中国农村发展的环境基础

就像城市与农村的分别一样,农村环境是一个与城市环境相对照的概念,因而是整个国家环境的组成部分。除了少数岛国和城市型国家以外,就大部分国家尤其是发展中国家来说,农村环境所占的地域空间大于城市环境,而且农村环境对国家的重要性也不亚于城市环境。一方面,农村的土地为城市乃至整个国家提供赖以生存和发展的物质基础。在世界各国,农村的生态环境孕育了农业基础,无农不稳,农业尽管在各国经济中所占比重下降,但是其满足人们日常生活必需品的重要性并没有下降。另一方面,农村的环境质量直接关系到农业的产出水平与产出质量,而农产品的生产结构、产品特质也会影响下游的加工工业和城乡居民的消费。而农村的环境的好坏,自然直接影响农村居民的日常生活。

对于中国这样的发展大国来说,农村环境的生存意义与生产意义尤其显著。首先,中国是一个在世界上首屈一指的13亿人口的大国,如此庞大的人口数量不可能依赖世界上其他国家提供粮食与副食产品的供应来满足,基本自给是中国农业发展的基本需要。其次,中国以较小的土地面积养活了较多的人口,农村单位耕地面积承载的赡养水平远远高于全球平均水平。过去一种以讹传讹的说法是,"中国以占世界7%的耕地养活了占世界20%以上的人口",这一说辞曾被用以说明中国农业的高产出效率。问题在于,7%的耕地面积比重是一个错误的引用。根据《中国农村统计年鉴》(2005)提供的数据做计算,中国的国土面积960万平方公里,占世界的7.1%,而2001年中国的耕地面积为12708万公顷,占全球耕地总面积(140405万公顷)的9.05%。当然,尽管如此,能够以9.05%的耕地养活占世界20%的人口,也无损于中国农业的高产出效率。由此也可看出,减少同样面积的耕地,在中国受食物供给影响的人口相当于全球平均水平的1倍以上。最后,中国是一个优质土地不多的国家,存在着弱土地环境、强集约经营的现象。中国的国土面积虽然巨大,但是高原、沙漠、冰川、高山一类不适合于居民生存的区域范围较大;虽然存在沿海大片的平原地区,但也还有大面积的水土流失地区和干旱半干旱地区;中国农村生产面对的水资源分配不均,多水区域与缺水区域并存;中国农村还面临着经常性的旱涝、虫灾等灾害。所以,与许多欧洲、拉美国家的耕地相比,中国的土地质量相对低下,许多耕作制度是在坡地、沙地、丘陵区域进行的,而类似的土地在许多发达国家和土地资源丰富的国家是不做耕种考虑的。因而,中国农业的环境基础相对较差。与土地资源禀赋优势明显的国家相比,在这样的环境基础上建立起满足城乡居民需求的现代农业,需要付出更多的投入,需要用集约经营来弥补土地供给的不足。

从20世纪后期开始,中国的农村环境还处在一个全新的发展背景下,就是不断推进市场化、工业化与城市化。从市场化方面看,中国的改革开放是以市场化为标志的,市场化促使农民家庭与土地的结合,农民的播种、施肥、灌溉、收获、出售等行为都越来越带有自主性,农民的流动、迁移、就业、建房等决策都由自己独立做出,从而使农村经济社会发展中整齐划一的格局发生变化,经济中的多样性、差别性越来越明显,这种制度性变化从根本上影响到农村环境的变化。从工业化方面看,农村发展受工业化的深刻影响。除了农村是工业品的重要消费区域以外,农村工业也发展成为整个经济中一支活跃的力量。在资本与要素推动工业化的同时,工业化也推动了农村环境的变化。从城市化方面看,由于城市逐步放宽对农村人口准入的限制,在农村人口向城市转移的同时,是城市的休闲、旅游、度假的经济活动向农村延伸、城市地域规模扩大向农村的扩展、城市居民收入水平提高对农产品多样化的需求等。在这种城乡更加紧密的经济联系变化中,也影响到农村生态环境的变化。

第二节 自然生态环境存在改善趋势

近年来,党中央、国务院十分重视农村环境治理工作。2000年以来,国家先后出台了退耕还林、天然林保护、退牧还草等一系列政策,以西部大开发中的生态建设为契机,推动西部地区的可持续发展。随后,又将生态环境保护的政策延续到中部崛起和东北振兴等政策领域,有力地推动了更大国土范围内农村生态环境的改善。与此同时,各相关部委也出台了一系列政策,加强农村的生态建设。2002年,国家环保总局与建设部联合发文,出台了《小城镇环境规划导则》,提出加强小城镇的环境规划,从而将环境规划的范围从城市向农村延伸。其后,国家环保总局又推出建设全国环境优美乡镇的倡议,再次强调农村的环境保护问题。水利部、国家林业局、农业部等与"三农"相关部委,也都从各自专业领域出台了一系列有利于促进生态环境改善的政策。2007年,国务院转发了原国家环保总局等8个部门《关于加强农村环境保护工作的意见》,2008年,国务院召开全国农村环境保护工作电视电话会议,提出新时期农村环境保护工作的指导思想、目标、重点工作和政策措施,2009年3月,国务院办公厅转发了环境保护部、财政部、发改委等部门《关于实行"以奖促治"加快解决突出的农村环境问题实施方案的通知》。

统计显示,中国农村的自然生态环境已经出现了一定的改善趋势。环保投入不断扩大、环境综合整治取得进展、生态示范取得成效、环保基础工作得到加强。一些统计数据也显示,中国农村在节水灌溉、除涝、水土流失治理等方面都取得了突出成效。根据有关统计资料,2010年中国森林覆盖率已经达到20.36%,森林面积增加到19545.22万公顷。通过天然林保护、退耕还林、"三北"防护林建设和自然保护区建设,环绕农村的生态环境得到很大改善(见表10-1)。

表10-1 2000年以来围绕农村的一些环境指标变化状况

单位:万公顷

	2000年	2005年	2009年	2010年
节水灌溉面积	1638.9	2133.8	2575.5	2731.4
除涝面积	2098.9	2134.0	2158.4	2169.2

续表

	2000 年	2005 年	2009 年	2010 年
水土流失治理面积	8096.0	9465.0	10454.0	10680.0
当年造林面积	510.5	364.8	626.2	591.0
自然保护区面积	9821.0	14995.0		14944.1

资料来源：笔者根据《中国统计年鉴》相关年份计算整理。

与此同时，由于重视在经济发展过程中提高农民的生活水平，尤其是实行新农村建设以来，农民的家庭生活环境得到了很大改善。截至2005年，由于自来水建设，全国农村累计受益人口占农村总人口的61.32%，手压机井、雨水收集的范围也有所扩大。同年，全国农村累计卫生厕所普及率达55.31%，累计粪便无害化处理率达59.46%（见图10-1）。另有统计显示，2005年，全国沼气池产气总量达到72.9亿立方米，太阳能热水器达到3205.6万平方米，太阳房达到1514万平方米，太阳灶达68.6万台。这些进展，对于农村节约资源与能源，减少林草采伐和保护生态环境起到了积极作用。

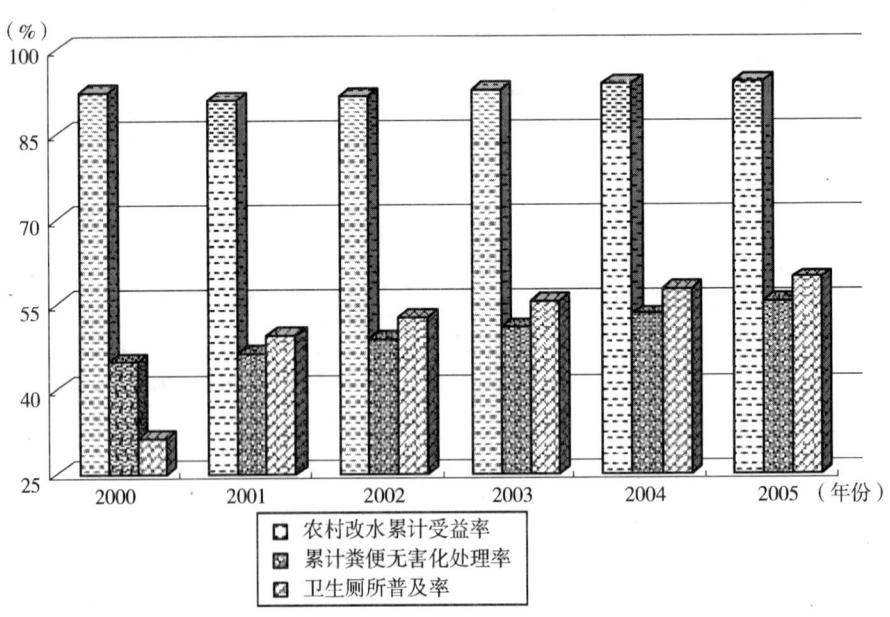

图10-1 2000年以来农村环境卫生变化趋势

资料来源：《中国环境统计年鉴》（2006）。

第三节 人工生态环境明显恶化

这里，我们将自然生态环境与人工生态环境稍作区分。所谓自然生态环境是指受人类经济活动影响相对较少的环境，未经人类干扰的天然森林、草原、湖泊等，都属于原始生态环境，而由人工种植的林木在自然生长过程中受人类影响较少，也属于自然生态环境。但耕地、村庄、产业等与人类日常生产与生活相关的区域，则主要属于人工生态环境区域。与自然生态环境的改善相比较，人工生态环境出现相反的变化趋势。也就是说，农村人工生态环境状况在不断恶化。

一、农业生产本身造成的环境恶化

近年来，国家实行了反哺农业的政策，农产品产量出现新的增长。但是，围绕着农业生产，也出现了有害环境的倾向：一是采取竭泽而渔的生产方式，对环境造成较大的破坏。在传统的农业区域，由于城乡居民居住用地、工业用地、交通用地的增加，耕地面积明显减少。另外，由于过度施用化肥而忽视农家肥的施用、大水漫灌的灌溉方式而忽视养分的保留，导致许多传统的农业区域土壤有机质含量下降。而在草原地区，则存在草原过牧、沙化土地开荒等现象，导致荒漠化现象加重。表10-2显示，1984~2004年，内蒙古呼伦贝尔大草原一个达斡尔族民族乡牲畜头数的增长变化趋势。在一个不长的时间段里，该乡牲畜头数净增长6倍以上。牲畜头数的增加，对草原的承载压力也相应增大。近些年来，在内蒙古、甘肃、青海等一些草原地区，程度不同地存在着过牧现象，出现草原退化、沙化等环境恶化趋势。二是过度施用化肥，造成土地质量下降。比如，大幅度增加化肥施用数量，造成土壤板结；化肥施用结构不合理，造成土壤结构破坏，土壤肥力下降；化肥大量施用得不到吸收，随灌溉、降雨而流失，造成地表与地下水的污染，致使水库、湖泊等类水体出现富营养化现象。三是大量施用农药造成一定的污染。在施用过程中，随雨水或灌溉水向水体转移；在喷洒过程中，大气中残留的农药也会进入雨水和空气，随雾滴和粉尘微粒传播扩散；施药工具和器械的清洗与除尘，也会造成污染物进入大气、土壤或地下水。据有关专家的研究，在农药施用过程中，只有10%~20%的农药附着在农作物上，而80%~90%则流失在土壤、水体、空气中，并因灌溉和降水产生的淋溶作用而污染地下水。

表10-2 内蒙古呼伦贝尔鄂温克旗巴彦塔拉达斡尔民族乡牲畜头数增长状况

年份	牲畜头数
1984	5169
2003	39026
2004	37875

资料来源：该乡文史馆资料。

统计表明，从2000年至今，全国化肥、农药的施用量出现大幅度增长。2010年与2000年相比，化肥施用量增长了34.1%，农药施用量也大幅度增长（见表10-3）。化肥与农药的施用不仅存在总量问题，而且存在突出的结构性问题。据统计，在全国农药使用中，高毒农药占70%；化肥施用量达4412万吨，其中氮肥施用量高达2200万吨左右，有机肥施用量仅占肥料施用总量的25%。目前，中国农用化肥单位面积平均施用量达到434.3公斤/公顷，是安全上限的1.93倍。在一些发达省份，单位耕地面积上的化肥与农药施用量更高。据原浙江省的资料，浙江省农业生产中施用化肥平均达到了443公斤/公顷，嘉兴、衢州两市分别高达593.81公斤/公顷和534.15公斤/公顷，大大超过发达国家设置的225公斤/公顷的安全上限；农药平均施用量13.4公斤/公顷，远远超过了7.5公斤/公顷的全国平均水平。化肥与农药施用量的不断扩大，造成农业的环境质量下降。由此而来的农业生产中出现的环境质量问题带有两重特性：一方面，粮食、蔬菜、水果的污染，通过生态链条传递，影响到最终消费者的健康，也影响到农副产品的对外出口，降低了中国农副产品的国际竞争力。2002年对16个省会城市蔬菜批发市场的监测表明，农药总检出率为20%~60%，总超标率为20%~45%，远远超出发达国家的相应检出率（苏杨，2006）。根据2010年发布的第一次全国污染源普查结果，中国种植业的地膜残留量达到12.1万吨，地膜回收率达到80.3%，但是依然有大量的地膜残留物留在土壤中。大量残留在土壤里的农膜，在15~20厘米土层形成不易透水、透气的难耕作层。问题还在于，这些地膜没办法降解。有人研究了其寿命后得出结论说，大概要七代人140多年还不能完全降解。另据有关方面的数据，中国的农药也有60%~70%残留在土壤中。另一方面，大量的农药、化肥没有产生应有的促进增产的作用，反而出现了大量无效投入，无助于农作物的生长，导致害虫抗药性的增强，也降低了农药与化肥的使用效率。第一次全国污染源普查结果显示，农业源主要污染物化学需氧量、总氮和总磷分别达到了1324.09万吨、270.46万吨和28.47万吨，分别占到全国排放量的43.7%、57.2%和67.3%。

表 10-3 2000 年以来全国化肥与农药施用量变化趋势

	2000 年	2005 年	2007 年	2009 年	2010 年
化肥施用量（万吨）	4146.4	4766.2	5107.8	5404.4	5561.7
农药施用量（万吨）	128.0	146.0	162.3	超 170	超过 170

资料来源：《中国统计年鉴》(2005)、《中国环境统计年鉴》(2008)。

除了种植业以外，畜牧业发展带来的环境污染也十分突出。近些年来，农区畜牧业的发展速度惊人，许多个体养殖户建设起规模化的养殖场，饲养家畜家禽成为致富的重要渠道。家畜家禽本身也产生大量的废弃物，这些废弃物没有正常的处理渠道，对环境的污染十分严重。据调查，喂一头猪的污物排放量相当于 10 个人的污物排放量，养一头牛的污物排放量相当于 35 个人的污物排放量，一只鸡或一只鸭的污物排放量相当于 3 个人的污物排放量。目前，全国每年畜禽粪便排放总量达 25 亿吨以上，不少养殖场缺乏具体的环境治理措施，把废弃物直接堆放在外面，污染空气，滋生病虫害，影响周围居民的正常生活。第一次全国污染源普查公报显示，中国畜禽养殖业主要水污染物排放量：化学需氧量 1268.26 万吨，总氮 102.48 万吨，总磷 16.04 万吨，铜 2397.23 吨，锌 4756.94 吨。畜禽养殖业粪便产生量 2.43 亿吨，尿液产生量 1.63 亿吨。大量未经无害化处理的排泄物还直接流入沟渠、河流和湖泊，造成沿河流域人畜用水困难。根据第一次全国污染源普查资料，畜禽养殖业排放的化学需氧量约占农业源排放总量的 96%，氨氮排放量约占农业源氨氮排放总量的 44%。

二、农村生活方式不当造成的生态破坏

居民日常生活会产生诸如垃圾一类的生活废弃物，农村也不例外。事实上，近年来，农村因生活废弃物大量增加引起的生态问题也很突出。这些生活废弃物如果得不到很好处理，也容易造成一定的生态破坏并严重影响村容整洁。比如，大量的生活废水得不到无害化处理，导致污水横流，增加了污染；一些垃圾得不到及时的处理，形成村庄周边低洼地带的垃圾堆积，并滋生蚊蝇；对秸秆不加处理而简单焚烧，导致空气污染。一些专家对太湖流域农村生活垃圾的产生状况的调查研究显示，当地农村每人每天生活垃圾产生量大约为 0.255kg，大约是周边城市的 1/3（刘永德等，2005）。但另有一些学者对数个省份农村垃圾产生量进行了调研（王俊起等，2004），其抽样调查数据却相对较高（见表 10-4）。据国家环保总局的估计，全国农村每年产生生活污水 80 多亿吨，生活垃圾约 1.2 亿吨，大部分得不到有效处理（国家环保总局，2006）。另据有关学者的调研（姚军，2006），2004 年成都市年产垃圾 208 万吨，通过焚烧和无害化填埋处理的生活垃圾达到 133 万吨，无害

化处理率达到63%，而郊区生活垃圾的无害化处理率只能达到18%；每年产生各类农作物秸秆约6.5亿吨，但40%以上农作物秸秆未被有效利用。建设部2005年对9省74个村的105项调查显示，40%的村庄没有集中供水，60%的村庄没有排水沟渠和污水处理设施，90%的村庄没有任何消防设施，90%的垃圾随处丢放。

表10-4　不同地区每人每天垃圾产生量

地区	人口数（人）	垃圾量（千克）	每人日平均垃圾量（千克）
河南1	2402	5155	0.930
河南2	3131	5993	1.070
上海1	150	150	1.000
上海2	165	280	1.700
浙江	1256	1500	1.190
北京	150	150~300	1.500~3.000
青海1	200	40	0.200
青海2	200	300	1.500
山东	780	1151	1.475

资料来源：王俊起等（2004）。

三、农村安全用水的保障程度较低

尽管国家日益重视农村用水条件的改善，但农村用水安全还存在许多漏洞。加之城市与农村人口分布密度不一、在政策上的影响程度有差别，在安全用水的建设上重城市、轻农村，先城市、后农村现象的存在，导致农村安全用水设施的建设落后，也因此出现缺水、水质污染、水中有害物质增加、水型地方病存在、一些地方因水质量问题导致恶质疾病流行等现象，降低了用水的安全保障程度。目前，约有3.2亿农村人口饮水不安全，其中1.9亿人的饮用水有害物质含量超标，6300多万人饮用高含氟水，3800多万人饮用苦咸水，饮水含氟量大于2毫克/升的人口约占病区总人口的40%。饮水不安全甚至包括浅水井和水窖，这类取水水源地的环境卫生问题也比较突出。有关部门曾对234个农村供水站的饮用水卫生监测表明，其细菌指标合格率仅为8.81%。对京、津、唐地区69个乡镇地下水和饮用水取样分析表明，硝酸盐含量超过饮用水标准的占一半以上。在污水处理方面，成都市6县4市的污水年排放量已经超过5000万立方米，但污水处理设施的年处理量不到5%，大量生活污水直接排入河流。江苏苏南地区的农民对农村河流污染有描述：20世纪70年代"淘米洗菜"，80年代"可以灌溉"，90年代"垃圾覆盖"，21世纪"生态破坏"。

四、农村工业发展中的污染问题比较突出

从20世纪80年代中期以后，各地乡镇企业异军突起，在推动农村发展方面发挥了重大作用。但是乡镇工业发展中产生的污染问题也十分突出。一是农村乡镇工业的结构发生了很大变化，一些有实力的乡镇企业开始重视化工、钢铁、造纸、有色冶金、水泥等资本密集型产业的发展，但此类产业又是典型的高污染类产业；二是企业布局分散而缺乏统一规划，乡镇企业群体无序建设、污染源点多面广；三是普遍的设备简陋与工艺落后，而环境治理的相关设施没有跟上。以上诸多因素引起废水、废气、废渣"三废"超标排放，增大了环境治理的难度。浙江的数据显示，该省乡镇工业废水化学需氧量、粉尘和固体废物的排放量占全省工业污染物排放总量的比重分别为63.6%、87.3%和65.8%（张鸿铭，2004）。

五、城市污染向农村延伸和扩散

当前中国经济要素在城乡之间流动的突出趋向是：农村剩余劳动力向城市流动和集中，而城市工业与废弃物向农村扩散。这种双向流动既推动城市经济的繁荣，促进城市规模的不断扩张；又造成农村生态环境恶化，导致农村可持续发展的能力降低。在城市的生产要素向外扩散中，有三种形式造成农村的生态环境损害：①城市工业在退城进郊的过程中逐步将生产基地向农村扩散，以腾出工业用地用以商业、住宅、交通等更有利可图的方向，将工业企业逐步外迁。但是，工业企业在迁移中未作相应的设备更新、技术改造等，造成污染源由城市向农村的平行移动。②城市大量的生活垃圾得不到处理，逐渐将垃圾堆放地向农村延伸，形成一些大城市周边垃圾包围村庄的现象。数据显示，全国因固体废弃物堆存而被占用和毁损的农田面积已超过200万亩。③城市生产与生活中产生的大量废水得不到处理，直接排放，造成河流污染。而农民的引污灌溉，造成二次污染，使污染范围从城市的工业、服务业领域向农村扩散。中国污灌面积由1978年的约4000平方公里增加到2003年的30000平方公里，约占全国总灌溉面积的10%。据农工党合肥市委员会2005年6月的调研，该市包河区饮用苦咸水及污染水人数为33485人，根据包河区疾病防控中心对部分饮用水抽样检测结果表明：21项指标中，有色、浑浊度、臭味、总硬度、氯化物、溶解性总固体、硝酸盐、耗氧量、细菌量9项指标不合格，主要分布在沿河湖圩区及城郊结合部。

第四节 农村人工生态环境恶化的成因分析

农村生态环境恶化造成的影响与损失是十分严重的。农村生态环境的恶化尤其是污染性破坏，对各相关地区经济、社会、居民生活及与当地产业关联区域的居民生活产生负面影响。比如，由于农药的非正常性使用，中国每年因农药中毒的人数占世界同类事故中毒人数的50%（陈亚萍等，2002），2001年，浙江省共发生群体性食物中毒118起，中毒人数达2600多人，部分属于农产品遭污染所引起；由于农产品、蔬菜、水果残留的农药等含量偏高，导致一些出口产品在检测严格的发达国家受阻；由于农药、化肥施用失当，导致全国受污染的耕地约有1.5亿亩，占耕地总面积的1/10以上；由于食用受污染的食物或饮用受污染的水，中国农村人口中与环境污染密切相关的恶性肿瘤死亡率逐步上升，从1988年的0.0952‰上升到2000年的0.1126‰，甚至在一些地方出现了"癌症村"的现象。江苏苏北某镇近年曾经发生水污染的严重事件——由于企业废水排放，造成5个行政村、15个村民小组水稻受灾面积达到1500余亩，表现为水稻苗无分蘖，无次生根、呈葱管状；靠近化工厂的几个村民小组的240多亩的水稻、蔬菜等被化工厂排放出的废气烧伤、烧死。

根据以上分析，中国农村生态环境的变化出现了两种截然不同的变化趋势：既有生态环境改善的趋势，也有生态环境恶化的问题。生态环境改善的趋势表现为自然生态环境的改善尤其是林草覆盖的增加，是一种广泛地域的面状变化；而生态恶化表现为人工生态环境的恶化，尤其是城镇等居民点密集区域出现环境污染加大的趋势，也带有广大地域范围污染程度面状扩大的趋势。尤其是，村镇和城市的污染产生的废水、废气，对河流、林木等自然生态环境造成较大破坏，影响了这些自然环境与自然生态系统功能的正常发挥。因而，总体比较而言，尽管中国农村的生态环境出现两个不同方向的变化，但是环境改善的方向相对脆弱，还不足以对整个农村生态环境的好转产生稳定性的影响，而环境恶化的趋势则在进一步增强，对于广大农村居民的身心健康与生活安全产生直接威胁。整体上看，中国农村的生态环境以环境恶化为主导趋势。特别应予提到的是，不少发达地区本身的自然环境与自然生态条件就没有明显改善，人口、产业的密度不断增大，而生态环境又有所恶化，成为全国环境恶化的主要承载区域。农村环境恶化是中国环境局部改善、整体恶化的重要特征之一，也是中国环境恶化中易于被忽略的部分，研究这一现象的成因与背景，并在推进新农村建设中关注环境建设，是政府环境政策的应有之义。笔者认为，造成这种现象的主要成因有以下四个方面：

一、污染主体的自主性增强而约束性弱化造成的博弈力量不对称

经济改革的过程是建立市场秩序和还原市场主体独立性的过程。改革的目标，是为了发挥市场引导资源配置主体经济行为的基础性作用。多年来，农村的市场化改革直接促进了企业与个人自由度的提高，农民家庭、乡村企业都有了投入、生产、购买、出售、流动、迁徙等的决策自由。在农业与生活的污染中，亿万家庭的自主式、分散化、随机性决策是农业生产的基本模式，购买与施用化肥、农药的行为完全市场化。尽管这些行为导致严重的污染，但政府很难一对一地对农民的个体行为加以干预和调节。同样，由于只有利益的扩张而缺乏规则的严格约束，广大分散的企业存在追求私人利益而忽视社会成本的强烈意愿。在农村，数量众多的企业处于规模较小和积累微薄的状态，既缺乏采用符合环境需求设备与技术的激励机制，社会也缺乏对污染者的约束机制，企业追求私人利益最大化的强烈冲动得以放大，也存在不顾社会成本的机会主义倾向。而且，越是经济快速增长的时候，各类产业的生产能力扩张越快，环境污染加大的趋势越是突出，也越应该引起人们的重视。

二、技术供给不足与环境管理缺位造成环境系统运行缺乏有效引导

对环境的管理可以从投入端和产出端两个方向进行。从投入方面看，如果涉农技术能够有效利用，环境污染会大为缓解。但中国基层农村技术供给一直薄弱，随着市场化改革的进行，农村经济与城市经济的强弱对比进一步强化，原有的农业技术推广机构进一步萎缩，大量的科技人员流失。其结果是，对农民施用化肥、农药的技术指导缺乏，农民的经济行为越来越依赖于相互传授与信息交流，科学种植的能力有所下降。根据中国科学院南京土壤研究所在宜兴市的试点，科学施用化肥、农药等生产投入品，可以减少进入水体、土壤和大气的污染物排放。试验表明，在滴灌施肥降低氮肥用量2/3的情况下，仍可提高作物产量30%，同时地下水硝态氮含量下降60%（朱兆良，2005）。但是，在技术推广能力大幅度下降的情况下，这种合理化的技术成果缺乏应有的推广应用。如果能够把握好产出端口，加强对农村生产与生活过程中的环境监管，则也会有效地防范环境的恶化。然而，国家在农村环境管理方面存在严重缺陷，农村环境管理能力没有建立起来，农村环境恶化现象缺乏体制上、政策上的有效制约。

三、弱势的农村与强势的城镇在影响环境决策上影响程度上存在反差

长期以来，国家的环境资源配置在城乡之间存在着较大的差别：围绕环境治理的大量技术、资本与劳动力资源被投入到城市，大量的治理污染的项目设置在城市，政府的环境管理机构设置在城市，涉及环境纠纷、仲裁等方面的机构也主要设在城市，围绕城市环境治理的政策法规相对配套，都有利于城市环境的改善与治理。各级党政机关大都建立于城市核心区段，感受到城市环境的日常变化，也有通过政策来进一步改善城市生态环境的积极性。加上城市居民的人口密度高、文化水平高、环境意识强，对各地环境决策的影响较大，也使环境管理的重心易于倾向于城市。比较而言，城市在环境治理方面的强势局面正是农村所欠缺的，农村在环境投入、政策法规、管理机构等方面都难以形成对政府环境管理方面行政资源配置的影响力，在国家城乡环境建设中的地位不断被弱化。

四、农民群体环境意识的淡薄与地方政府政绩意识的强化

农村环境恶化的直接受害者是广大农民，如果农民具有清醒的环境观念与意识，能够形成一致性的团体精神，也能够避免污染者受益而无辜者承受社会成本的格局。但是，许多农民存在着"搭便车"式的从众心理，抗击污染的民众防线亦没有完全建立，使得环境污染者损害环境的行为有恃无恐，迟迟得不到应有的惩罚。与此相对应的是，许多地方政府出于扩大政绩的考虑，更多地注意为投资者创造宽松的环境，以吸引更多的外来资本，在环境保护方面的应对本来就缺乏力度，而农村环境又是地方政府关心较少的范围，致使一些污染型项目向农村扩散，甚至一些地方招商引资在地域方向上也有区别，就是将污染较小的项目放在城市，对于污染较大的项目进入农村则睁一只眼闭一只眼，放任自流。

第五节 以改革创新加强农村生态环境建设

党的十七大报告对科学发展观做了十分全面、系统、准确的理论阐述。其中，在谈到必须坚持全面协调可持续发展时，报告指出："坚持生产发展、生活富裕、生态良好的文明发展道路，建设资源节约型、环境友好型社会，实现速度和结构质量效益相统一、经济发展与人口资源环境相协调，使人民在良好生态环境中生产生活，实现经济社会永续发展。"这些表述，对于农

村生态环境建设具有高度的指导意义。我们认为,加强农村生态环境建设,是贯彻落实科学发展观,推动农村经济又好又快发展的现实需要。

(1) 加强农村生态环境建设,是转变农村发展方式的需要。在《中共中央关于推进农村改革发展若干重大问题的决定》中,明确提出,"把农村建设成为广大农民的美好家园,必须切实改善农民生产生活条件","不断改善农村卫生条件和人居环境"。为改善农村的生态环境,迫切需要加快构筑农村新型产业体系,大力发展现代农业、特色产业、现代服务业,不断优化与提升农村经济结构,促进农村产业由主要依靠增加物质资源消耗向主要依靠科技进步、劳动者素质提高、管理创新转变。

(2) 加强农村生态环境建设,是统筹农村经济社会发展的需要。由于中央对农村的支持政策以及农村生产要素流动性加快,农村经济取得了前所未有的发展。但因为生态矛盾触发了社会矛盾,导致不同利益主体之间的冲突加剧。从科学发展观的角度出发,既要尊重各类行为主体的发展意愿,又要使其行为符合社会大众的生态安全需求。加强农村生态环境建设,需要缓解企业与农民、地方政府与农民之间的矛盾与冲突,促进不同行为主体之间的和谐相处,推动在广大农村建设和谐社会。

(3) 加强农村生态环境建设,是统筹城乡发展的需要。作为一个处于工业化、城镇化、市场化、国际化进程中的发展中国家,中国的城镇化比重还较低、农村人口占绝大多数。2010年,全国城镇化比重超过50%,还有6亿多乡村人口。占全国人口大多数的农村居民拥有一个更好的生态环境,关系到全民幸福指数的提高。目前,中国城乡居民的收入差距还维持在3∶1以上的水平,如果农村居民再享受不到更好的环境,城乡之间的失衡就更显得突出。从以工支农、以城带乡的角度,需要推动农村生态建设,促进城乡之间在生态建设方面的协调发展与一体化发展。

(4) 加强农村生态环境建设,是统筹人与自然发展的需要。人与自然之间存在相互依存又相互制衡的关系。如果人类注重培育自然环境,自然界就会提供多样化的生态服务功能;而当人类掠夺自然、破坏自然,自然界不仅不会提供生态服务,还会对人类的行为加以惩罚。从因果关系上看,惩罚自然就是惩罚人类自身。中国农村的生态环境基础并不好,沙漠、高山、高原面积大,降水等资源分布又极不均衡,一旦广大农村的生态环境被破坏,进行恢复的成本会很高。加强农村生态环境建设,可以形成人与自然之间的良性互动关系。

(5) 加强农村生态环境建设,是以人为本,实现全面、协调、可持续发展的需要。加强农村生态建设,是对人的生存权、发展权、健康权的尊重,需要在察民情、听民意、聚民智的基础上把政府推动科学发展的愿望与广大农民的生态需求结合起来。把生态建设作为农村发展中的重要内容之一,毫不动摇地改善环境，实现全面发展；注重短期利益与长期利益、局部利益与整体利益的关系，实现协调发展；在满足当代农村居民需求的同时，为子孙后代创造一个更好的生存环境，实现可持续发展。

可见，以科学发展观为指导加强农村生态环境建设，符合党中央国务院对农村改革与发展的强烈愿望，符合新农村建设的总体要求，符合建设和谐社会的战略部署，符合广大农民的根本利益。在党中央、国务院一再强调建设资源节约型、环境友好型社会的背景下，从新农村建设的政策高度出发，切实加强农村生态环境建设迫在眉睫。根据以上对中国农村环境变化趋势的分析，农村生态环境的建设应从以下几个方面着手加强：

（1）在扩大内需的过程中高度重视农村生态环境建设。2007年10月，在全球金融危机愈演愈烈之际，党中央、国务院果断出手，采取了扩大内需的十大政策措施，以减弱全球金融危机对中国经济的冲击，其中一个重要部署突出节能减排和加强生态环境建设。在由温家宝总理所做的2009年《政府工作报告》中也明确提出，要"毫不松懈地加强节能减排和生态环保工作"，"推进农村环境综合整治"。各级地方政府应切实重视加强农村生态环境建设，把改善农村生态环境放在更加突出的地位。在考虑区域经济社会发展规划时，应将农村环境建设作为其中的重要内容；在发展农村工业、农林牧渔等产业时，应该重视产业发展的环境影响；在新农村建设的部署、村镇建设规划、基础设施建设工程等方面，都应该更加突出农村环境治理的内容。

（2）强化政府在农村环境治理中的责任。国内外经验表明，环境的恶化是与政府责任的缺失相辅相成的。农村地域面积广阔，基层环境管理机构力量薄弱是农村环境恶化的成因之一。从长期看，应该加强基层环保机构的建设，进一步增强环保执法能力；要鼓励企业采用先进设备、工艺、技术来限污减污，并且给予一定的财政税收优惠；严格市场准入制度，对于不符合环境标准的产业或者企业，采取限制乃至禁止准入的政策；对于不符合环保要求经治理后仍不能达标排放的，应该促使其退出市场。

（3）加强农村地区产业发展的环境管理。在农业上，应通过公司加农户等形式，促使农业领域的龙头企业对农民的施肥、喷洒农药进行技术辅导，提高化肥与农药的施用效率；在工业上，要通过合理规划，引导新增企业逐步按照园区化的形式向一定区域集中，对污染排放物进行集中治理。要制止城市污染物向农村扩散的趋势，限制污染型企业由城市搬迁到农村，对于达不到环境标准意欲向农村扩散的工业企业，也应该实行严格的环境准入制度；对农村生活垃圾，也要逐步采用分类回收、焚烧、填埋等形式予以处理。应科学规划、合理布局养殖业的发展，所有规模化畜禽养殖场都要建设污染治理设施，开展畜禽养殖污染防治示范工程建设，推广养殖模式和养殖小区污染集中治理模式，努力减少农业面源污染。

（4）依靠科技进步推进农村生态环境建设。在农业生产上，应该积极研究当地的土壤结构与化肥施用比例，对以往氮肥施用较多的土壤适当增加磷、钾肥或者复合肥的施用比例，对以往常规化肥施用较多的土壤增加微肥施用比例，减少化肥的无效施用。农药施用也要进行技术培训，根据气候、作物种类等需要，确定喷洒的药物品种、数量与时机，并大力推广使用高效、低毒、低残留农药；要加大作物秸秆再利用技术的推广力度，建立秸秆粉碎还田、秸秆气化综合利用、秸秆青储氨化示范区，减少化肥的施用；在工业生产上，应该加大技术改造力度，提高单位资源投入的产出效率。城市工业向农村转移过程中，必须进行必要的环境评价；对于达不到环境标准的企业，必须提出更新设备、采用先进实用技术等原则要求，促使在城市的污染企业在向农村转移中，达到"净化"环境的标准。

（5）加强农村环境监测。中国农村是环境统计十分薄弱的地方，许多污染数据缺失，使得对农村的环境状况评价和环境管理难以开展。要增加网点、设备、人员，提高环境监测水平。尤其是，要加强城乡结合部、交通干线沿线、乡镇企业发达地区、人口稠密地区的环境监测，为政府的环境治理提供决策依据。此外，还应大力提高广大农民的环境意识。要增加广大村民的环境知识，强化群众的环境法律意识，使更多的民众能够自觉行动起来，通过法律手段保护其赖以生存和发展的绿色家园，维护新农村建设的生态基础。这既符合新农村建设的方向，也有助于自下而上地加强环境监督与治理。

（6）发挥社会大众在农村生态环境建设方面的积极作用。有专家对浙江省农村环境状况的问卷调查发现（马秀娟等，2005），95%的居民表示愿意配合垃圾的分类收集，76%的居民愿意收集可回收利用的垃圾，67%的居民愿意收集有毒有害的垃圾。另外，近年来，由农民兴讼上告污染企业的现象也越来越多，说明农民的环境保护意识正在觉醒，农民对生活环境的关注程度在不断增加。充分利用好农村居民建设美好家园的民意，发挥农民在生态建设的主体作用，鼓励农民对生态秩序的维护与监督，也是农村生态环境建设的重要内容。

参考文献

[1] 胡锦涛. 高举中国特色社会主义伟大旗帜　为夺取全面建设小康社会新胜利而奋斗：在中国共产党第十七次全国代表大会上的报告. 2007.

[2] 温家宝. 政府工作报告. 2011.

[3] 陈宗兴. 切实加强村镇建设　推动全面建设小康社会进程. 经济研究参考, 2005 (70).

[4] 陈亚萍, 张晓利. 浅谈中小城镇和农村的污水处理. 杨凌职业技术学院学报, 2002, 1 (2).

[5] 国家环保总局. 全国生态保护"十一五"规划. 2006.

[6] 国家环保总局. 全国农村小康环保行动计划. 2006.

[7] 刘永德,何晶晶,邵立明. 太湖流域农村生活垃圾产生特征及影响因素. 农业环境科学学报, 2005, 24 (3).

[8] 马秀娟,陈郁. 农村生活垃圾资源化利用的分类收集设想. 能源与环境, 2005 (1).

[9] 农工党合肥市委. 关于加强农村环境污染治理情况的调研报告. 2006.

[10] 苏杨. 中国农村环境污染调查. 经济参考报, 2006-01-18.

[11] 苏杨. 警惕农村环境污染:新农村建设中一个不容忽视的问题. 经济要参, 2006 (34).

[12] 王俊起,王友斌,李筱翠,薛金荣,张艳红. 乡镇生活垃圾与生活污水处理现状. 中国卫生工程学, 2004, 3 (4).

[13] 姚军. 从循环经济角度讨论农村生活污染治理. 农村经济, 2006 (2).

[14] 周民良,王效科. 经济发展过程中中国农村的环境保护. 国土开发与整治, 1995 (3).

专题报告10
农村生活污水处理技术与政策选择

"十一五"规划提出了建设社会主义新农村的重大历史任务,并明确了"生产发展、生活宽裕、乡风文明、村容整洁、管理民主"的建设目标。其中,村容整洁不仅包括村庄建设有序,还包括绿化、美化、净化环境的内容。农村生活污水不仅已成为农村水源地潜在的安全隐患,危害人类的身体健康,同时也会加剧淡水资源的危机,使耕地灌溉得不到有效保障,造成粮食减产,危害农民的生存发展。因此,加强农村生活污水的收集、处理与资源化设施建设,避免因生活污水直接排放而引起农村水体、土壤和农产品的污染,确保农村水源安全和农民身体健康,是新农村建设中加强基础设施建设、推进村庄整治工作的重要内容,也是农村人居环境改善需要解决的迫切问题。

一、农村生活污水排放问题值得关注

根据《国家农村小康环保行动计划》提供的数据,全国农村每年产生生活污水80多亿吨,2005年全国农村人口总量达到7.45亿,相当于每人年排放10吨以上。但各地提供的数据差异很大,有关报道指出,四川省农村每年产生的生活污水即达13.8亿吨。全国还有3亿多名农民没有饮用上安全卫生水,无害化卫生厕所普及率仅为31%,多数农村无污水处理系统,生活污水直接排放,生活垃圾很少进行规范化地收集、清运和处理。有人这样形容中国农村人居环境现状:如果把全国的村庄合并为10个村的话,4个村没有自来水;3个村在猪圈或厕所旁打了一口井,供人们饮用;10个村庄都把脏水往外泼;9个村庄还在使用传统旱厕;9个村庄仍然随便找个地方把垃圾填埋了;4个村庄下雨出不来;5个村庄夜里进不去。

中国农村生活污水有以下特征:①面广、分散。无论是靠近城镇还是偏僻山村,全国各地农村都存在生活污水排放现象,由于村庄分散的地理分布特征造成污水分散,难以收集。②来源多。农村生活污水除了来自人粪便、厨房产生的污水外,还有家庭清洁、生活垃圾堆放渗滤而产生的污水。据中国科学院南京地理与湖泊所的专家推算,太湖洗衣废水占生活污水的21.6%,巢湖、滇池相对较低,大约为17.9%。③增长快。随着农村收入增长与群众生活水平的提高,以及农村生活方式的改变,农村生活污水数量也会快速增长。④处理率极低。根据建设部2005年《村庄人居环境现状与问题》调查报告,对中国具有代表性的9个省43个县74个村庄的入村入户调查结果表明:目前中国96%的村庄没有排水渠道和污水处理系统,生产生活污水随意排放。另据浙江省丽水市的农村面源污染情况调研,每年全市人粪尿产生总量约180万吨,人粪尿使用总量约132万吨,使用率约为73.7%,其中还田总量约121万吨,还田率约为67.8%。人粪尿经化粪池的处理量约为23.03万吨,处理率仅为12.9%。

农村生活污水缺乏处理的排放,造成严重的生态环境问题,乃至对经济发展造成严重影响。一方面,农村生活污水具有较大的流动性,生活污水得不到处理,一定会流到地势低洼的河流、湖泊、池塘等平面水体中,严重污染各类水源;另一方面,生活污水也是疾病传染扩散的源头。生活污水处理不力,容易造成部分地区传染病、地方病和人畜共患疾病的发生与流行。2003年10月,浙江省丽水市水利等部门对9县(市、区)乡镇水厂、村水厂(供水站)和未通自来水的农民家庭现状用水水质情况进行抽样检测,63个水样结果中大肠杆菌、浑浊度等四项主要指标超标的占72%。水源地水质不高的状况与农村生活污水未经处理直接排放有直接的因果关系。

二、国外在农村生活污水处理方面的技术路线

市场经济发达国家一向十分重视提供公共政策服务和扭转市场失灵,因而在农村生活污水处理方面也做了许多有益的探索。从理论上讲,生活污水处理最高的目标是实现循环经济的思想:要实现资源消耗减量化(Reduce)、产品价值再利用(Reuse)、废弃物质再循环(Recycle)的"3R"目标,尽可能控制资源的耗用,最大限度地减少废弃物排放,更有效率地利用各类产品。在水资源的利用上要实现从"供水—用水—排水"的单向线性水资源代谢系统向"供水—用水—排水—污水回用"的闭环式水资源循环系统过渡。从技术上讲,国外发达国家在生活污水处理方面也积累了一系列经验,其中,工艺简单、处理效果有保证、运行维护简便的分散型污水处理系统(Decentralized Sanitation and Reuse,DESAR)是一种具有最佳综合效益的选择。DESAR包含污水处理和资源化利用双重意义,它不单指小规模污水处理系统,而是建立在"水资源按用途分类并重复利用,维护最小能量消耗"的基础上,强调分质就地处理和尽可能回收营养物而形成的一种概念。

根据发达国家在分散生活污水处理方面的经验,以下一些技术性探索值得学习与借鉴。

(一)澳大利亚"FILTER"污水处理及再利用系统

西方一些国家认为生活污水不是毫无意义的废水,而是可利用的资源,是可以用来灌溉的。澳大利亚科学家和工业研究组织(CSIRO)的专家近几年提出一种"FILTER"污水处理系统,它将过滤、土地处理与暗管排水结合起来,上端通生活污水,中间培植土层与作物,土层下方置入暗管。用生活污水进行灌溉作物,灌溉后的水经过土地渗滤处理后,流入地下暗管,再通过暗管将废水汇集与泵出。这种系统既可以满足作物对水分与养分的需求,也可以降低污水中的氮、磷、钾含量,使污水达到排放标准,避免将污水直接排入河流湖泊中,导致富营养化的结果,其实质是利用污水灌溉达到污水处理的目的。实验表明,该系统能实现有效的污染物去除和污水减量的双重目标,97%~99%的磷通过土壤及作物的吸收而被除去,总氮的去除率为82%~86%,生物耗氧量的去除率为93%,化学耗氧量的去除率为75%~86%。

(二) 土壤毛管渗滤技术

地下土壤渗滤就是将污水投配到土壤表面具有一定构造的渗滤沟中,污水在沟内通过毛细浸润作用经具有良好扩散性能的特殊土壤缓慢地向周围土壤浸润、渗透和扩散,污染物通过土壤的物理、化学、微生物的降解作用和植物的吸收和利用得到处理和净化。美国、日本、澳大利亚、以色列、俄罗斯和西欧等国一直十分重视地下土壤渗滤系统的研究和应用,并在工艺流程、净化方法、构筑设施等方面做到了定型化和系列化,并编制了相应的技术规范。地下土壤渗滤处理系统对悬浮物、有机物、氨氮总磷和大肠杆菌的去除率均较高,一般可达70%~90%。Itayama 等以厌氧滤池作为预处理系统,使两级土壤渗滤沟系统的总氮去除率达到80%以上,有机物、总磷的去除率在90%以上。该系统基建投资少、运行费用低和维护简便,整个系统在地下,不会散发臭味,污水的储存、输送等过程均在地下进行,在冬季仍能保持一定温度,保证较稳定的处理性能,而且便于污水的回收利用。因此,该技术对于水资源供需矛盾日益紧张、生活污水对环境污染日趋严重的广大农村,具有很强的技术和经济优势。

(三) 人工湿地污水处理系统

湿地污水处理系统是一种应用比较广泛的利用低洼湿地(沼泽地)处理污水的方法,实质上也是一种土地——植物系统,在欧洲、北美、澳大利亚和新西兰等国家得到广泛应用。一般由预处理、布水系统,植物处理床和排水系统组成,采用的植物包括芦苇、香蒲、灯心草、大麻等沼生植物。农村生活污水通过污水管道,进入湿地污水处理系统,利用系统内各种植物、动物、微生物和土壤的共同作用,逐级过滤和吸收污水中的有机质,最终使处理后的污水达到达标排放的要求。其缺点是需要大量土地,并要解决土壤和水中的充分供氧问题及受气温和植物生长季节的影响等。

(四) 生物膜处理技术

生物膜法是分散生活污水处理主要应用的一种人工处理技术,国外对生物膜的理论研究和实际应用已有几十年历史,主要包括厌氧生物膜和好氧生物膜技术两种,厌氧或好氧微生物附着在特定的载体表面,形成生物膜来吸附、分解污水中的污染物,达到降解目的。生物膜法所需要的设备简单，能源消耗低，成本和维护费用低，处理效率高。反应器一般由填料（载体）、布水装置和排水系统三部分组成，采用的填料有无机类（陶粒、矿渣、活性炭等）和有机类（PVC、PP、塑料、纤维等）。新型的生物膜反应器和固定化微生物技术也得到了广泛的研究。

（五）稳定塘处理技术

稳定塘污水处理系统主要利用菌藻的共同作用处理废水中的有机污染物，具有基建投资和运转费用低、维护和维修简单、便于操作、能有效去除污水中的有机物和病原体、无须污泥处理等优点。美国、德国、法国分别有各类塘上万座、3000 座和 2000 座。美国的 Oswald 提出并发展了高效藻类塘，对传统稳定塘进行改进，最大限度地利用了藻类产生的氧气，充分利用菌藻共生关系，对污染物进行处理。

（六）一体化集成装置处理技术

发展集预处理、二级处理及深度处理于一体的中小型污水处理一体化装置，已经成为国内外污水分散处理发展的一种趋势。日本对小型污水净化装置的研究比较早，主要采用厌氧—好氧—二沉池组合工艺，降解有机物的同时，兼具好氧硝化和缺氧反硝化的脱氮功能，其出水 BOD_5 <20 毫克/升、TN<20 毫克/升。欧洲许多国家也开发了以 SBR、移动床生物膜反应器、生物转盘、滴滤池技术为主，并结合化学除磷的集成的小型污水处理装置，如 Uponor、BioTrap 和 Biovac 等。近年来，日本研究者将膜技术应用于生活污水的分散处理，先采用厌氧滤池、预过滤和曝气格栅等工艺去除污水中的悬浮物，再以膜组件为核心处理单元，利用间歇曝气和硝化液回流达到脱氮的目的。膜分离净化槽通过膜组件的抽吸作用将处理后的废水排除，出水不受反应池内污泥沉降性能的影响，可达到对废水中的生化需氧量和氮进行深度处理的效果。

三、中国在农村生活污水处理方面的探索

中国从 20 世纪 80 年代开始生活污水分散处理技术的开发、研制，许多形式各异的无动力或微动力的低能耗型一体化分散污水处理装置得到应用，但目前该分散技术的使用率还较低，还存在许多问题。一方面，生物处理效率较低，尤其表现在氮磷去除率很低。氮磷污染是导致水体富营养化的主要原因，如果在此技术方面不能取得突破，这类技术的应用前景必然会受到限制。另一方面，目前实施的分散污水处理只是

初步实现了分散污水的收集、处理和排放,远远没有实现分散处理真正的目的——再利用,即将处理后的水就地进行回用,实现污水资源化。鉴于农村生活污水的问题日益严重,迫切需要采取积极的措施。近年来,随着地方经济实力的增强,尤其是发达省份在经济发展到一定阶段以后,逐步认识到农村生活污水处理问题的重要性,并开始采用一些实用、合理、低能耗和低运行费用的技术来处理污水。一些人口密集的欠发达地区也认识到,如果不就农村生活污水采取措施,会触发农村医疗、经济等方面的系列性问题,甚至造成传染病的产生与扩散。因而,政府部门也提高了对农村生活污水处理问题的重视程度。

(一) 厌氧沼气池处理技术

在中国农村生活污水处理的实践中,最通用、节俭、能够体现环境效益与社会效益结合的生活污水处理方式是厌氧沼气池,它将污水处理与其合理利用有机结合,实现了污水的资源化。生活污水中大部分有机物经厌氧发酵后产生沼气,发酵后的污水被去除了大部分有机物,达到净化目的。产生的沼气可以作为浴室和家庭用炊能源,厌氧发酵处理后的污水可用做浇灌用水和观赏用水。在农村有大量可以成为沼气利用的原材料:农作物秸秆和人畜粪便等。研究表明,农作物秸秆通过沼气发酵可以使其能量利用效率比直接燃烧提高 4~5 倍;沼液、沼渣作饲料可以使其营养物质和能量的利用率增加 20%;通过厌氧发酵过的粪便(沼液、沼渣),碳、磷、钾的营养成分没有损失,且转化为可直接利用的活性态养分,农田施用沼肥,可替代部分化肥。沼气池工艺简单,成本低(一户需费用 1000 元左右),运行费用基本为零,适合于农民家庭采用。而且,结合农村改厨、改厕、改圈,可将猪舍污水和生活污水在沼气池中进行厌氧发酵后作为农田肥料,沼液经管网收集后,集中净化,出水水质达到国家标准后排放。

沼气池处理技术已在中国一些地方得到了有效推广和使用,浙江省全省已有 352 个村实施了生活污水净化沼气工程,累计建成生活污水净化沼气池 83.3 万立方米,年可处理生活污水 8170 万吨,形成年产沼气 4295 万立方米的能力,年可替代标准煤近 3 万吨。四川省结合新农村建设,开展"乡村清洁工程",以户或联户为单元,建设沼气池和生活污水厌氧净化池,有效解决人畜粪便、生活污水、垃圾污染农村环境难题,实现了家园清洁和村容整洁。

（二）稳定塘处理技术

在中国，特别是在缺水干旱的地区，稳定塘是实施污水资源化利用的有效方法，所以近年来成为中国着力推广的一项技术。与传统的二级生物处理技术相比，高效藻类塘具有很多独特的性质，对于土地资源相对丰富，但技术水平相对落后的农村地区来说，是一种较具推广价值的污水处理技术。李旭东等采用高效藻类塘系统处理太湖地区农村生活污水，整个试验过程中 DCOD 的平均去除率为 70% 以上，氨氮的平均去除率高达 93%，磷的平均去除率为 55%；陈鹏用高效藻类塘处理城市生活污水，取得了稳定的处理效果：化学需氧量平均去除率为 75%，BOD 去除率为 60% 左右，氨氮平均去除率高达 91.6%，凯氏氮平均去除率为 75%，总磷平均去除率为 50% 左右。

（三）人工湿地处理技术

人工湿地一般由人工基质（多为碎石）和生长在其上的水生植物组成，是一种独特的"土壤—植物—微生物"生态系统。目前，北京、深圳等城市都采用了这一技术处理生活污水，奥林匹克公园也采用了这一技术治理生活污水；云南省澄江县抚仙湖边的马料河湿地工程于 2003 年 10 月建成运行，每天可净化污水 4 万多立方米，净化后的水质优于地表水三类标准。有关专家的研究表明，在进水中污染物浓度较低的条件下，人工湿地对 BOD_5 的去除率可达 85% ~ 95%，对化学需氧量的去除率可达 80% 以上，对磷的去除率可达 90%，对氮的去除率可达 60%。

（四）土壤渗滤技术

地下土壤渗滤法在中国日益受到重视。中国科学院沈阳应用生态所"八五"、"九五"期间的研究表明，在中国北方寒冷地区利用地下土壤渗滤法处理生活污水是可行的，且出水能够作为中水回用；1992 年北京市环境保护科学研究院应用地下土壤毛管渗滤法处理生活污水，对污水净化效果和绿地利用进行了研究；清华大学在 2000 年的国家科技部重大专项中，首先在农村地区推广应用地下土壤渗滤系统，取得了良好效果，该系统对生活污水中的有机物和氮、磷等具有较高去除率和稳定性，CODcr 去除率 > 80%，BOD_5 去除率 > 90%，NH_3-N 去除率 > 90%，TP 去除率 > 98%。

除此之外，浙江、广东、天津、江苏等地还分别在无动力、地埋式厌氧处理系统、雨污分离管网输送集中处理和生物投菌治理污水等技术方式应用方面进行了探索与尝试，也都取得了一定的进展。

四、加快农村生活污水处理的政策途径

保护好农村水环境是保障农业生产发展、创建优美乡村的基础。开展农村生活污水治理工作是改变农村生活污水无序排放现状、改善农民生活条件、建设社会主义新农村的需要。中国有60多万个行政村、250多万个自然村，居住生活着2亿多户农户，由于各地情况千差万别，农村生活污水处理不能实行"一刀切"的政策，必须要因地制宜、分类指导，提出符合各地实际的生活污水处理方式与措施。

（一）把农村生活污水的处理作为新农村建设的重要内容

要充分利用国家新农村建设的良好政策环境，加强各地农村生活污水的处理工作。基于农村生活污水污染产生的多方面原因，要结合新农村建设中改厕、改厨、改栏的工作，配套建设污水处理设施。要在相关政策法规的制定、监督管理的配合和农村水污染综合治理技术支撑体系的建立等方面综合采取措施，加强污染源控制，推进污水处理设施建设和有效运转，以实现农村水环境的改善。

（二）因地制宜地确定各地处理生活污水的技术路线

基于中国农村普遍欠发达的现状，各地农村的经济社会发展水平、区域特点、自然地理条件和环境目标不尽相同，绝大部分农村应采用经济有效、简便易行、节约资源、工艺可靠并能够与当地自然环境高度融合的污水处理技术，因地制宜地使生活污水排放与处理无害化和资源化。在一些村庄分布密集、经济发展水平较好的农村地区，高效强化的微动力生态处理集成技术与设备具有极大的技术经济优越性；其他集中供水的广大农村地区，则可根据其社会经济发展状况和水环境保护目标要求，通过改造农村的河道、水塘、湿地，构建适度强化的无动力复合生态处理集成模式，这些集成技术和设备因其低成本、高效率、无动力或微动力等显著特点，具有在集中供水条件下处理农村生活污水的潜在优势。

(三) 继续加强农村生活污水处理技术的研究

由于中国农村面广人多，生活污水处理技术具有长期的效益与广大的市场，必须动员大专院校和科研机构加强相关技术的研究。针对当前处理技术存在的主要问题，研究和开发新型的三低一高（低能耗、低投资、低成本和高效率）的分散型污水资源化处理技术，并提高污水处理深度，增加脱氮除磷的功能以控制水体富营养化。

(四) 多方筹集生活污水处理设施建设与运营的资金

农村生活污水处理带有较强的公益性特点，而且需要一定规模的资金投入，单靠农民自身投入有一定困难。要结合新农村建设的实践，采取国家扶持、地方补助、农民支持、企业参与等方式，广泛筹集资金，形成多元化投入、多渠道动员的参与机制，使生活污水处理工程能够顺利付诸实施和运转。

(五) 加强对农村生活污水处理建设的规划

要在汲取和借鉴国外先进技术基础上，有效结合厌氧、好氧生物人工处理技术与自然净化系统，规划与各地农村的经济水平、区域特点、自然条件、环境目标相适应的生活污水处理工艺和行之有效的运行管理模式；生活污水治理应与当地的经济结构调整相结合，发展绿色、无公害的产业与产品，在生态治污的过程中有效开发利用动植物资源，实现水的良性循环、水资源的可持续利用与促进动植物的繁育成长。

(六) 规范市场准入标准，限制劣质设备进入市场

目前，中国小型污水处理装置的市场竞争非常激烈，存在典型的恶性竞争现象，而且设计不规范，缺乏统一的技术要求和设计标准，对运行管理缺乏考虑，为将来的运行管理带来了很大的风险和隐患。应该结合中国国情，参照国外经验，提出针对分散性污水处理的技术标准、设计规则与操作规范，使工程设计标准化和运营管理规范化，促进新成果的市场化和产业化的发展。加强工程监督管理，提高处理设施的建设质量和运行质量，确保处理后的污水能达标排放。

参考文献

[1] 国家环保总局. 国家农村小康环保行动计划改革. 2006.

[2] 邓万祥, 邹霖兰. 田园家园水源全都清洁生态生产生活全部改善：四川

"乡村清洁工程"见闻（三）．农民日报，2006-06-23．

[3] 高锡芸．关于富营养化与洗涤剂禁（限）磷的思考．环境保护，1997 (6)：43-46．

[4] 丽水市农村生活污水治理现状及对策措施．丽水市政府门户网站，2006-08-11．

[5] 马忠玉，蒋洪强．中国水循环经济若干理论问题及其发展对策．中国地质大学学报，2006，6 (3)．

[6] P. 伦斯，G. 泽曼，G. 莱廷格．分散式污水处理和再利用：概念、系统和实施（第一版）．王晓昌，彭党聪，黄廷林，译．北京：化学工业出版社，环境科学与工程出版中心，2004．

[7] 苏东辉，郑正，王勇，罗兴章，吴文继．农村生活污水处理技术探讨．环境科学与技术，2005，28 (1)．

[8] 刘雨，赵庆良，郑兴灿．生物膜法污水处理技术．北京：中国建筑工业出版社，2000．

[9] 嵇哲，金华．生活污水净化沼气工程改变农村生活环境．浙商网，2006-05-24．

[10] 李旭东，周琪，黄翔峰，池金萍，何少林，陈广．高效藻类塘系统处理太湖地区农村生活污水．水处理技术，2006，32 (6)．

[11] 陈鹏．高速率藻类塘处理城市污水的研究．上海：同济大学硕士学位论文，2001．

[12] 沈耀良，杨铨大．新型废水处理技术——人工湿地．污染防治技术，1996，9 (1/2)．

[13] 杨丽萍，田宁宁，褚富春．土壤毛细管渗滤污水净化绿地利用研究．城市环境与城市生态，1999，12 (3)．

[14] 张建，黄霞，刘超翔，施汉昌，胡洪营，钱易．地下渗滤处理村镇生活污水的中试．环境科学，2002，23 (6)．

[15] 朱根华，万钱江．小型生活污水厌氧处理装置的构造与特性．中国给水排水，2003，19 (8)．

[16] 许劲．小型污水处理装置的应用与发展．重庆环境科学，2001，23 (4)．

[17] Van Cuyk S., Siegrist R., Logan A., Masson S., Fischer E., Figueroa L.. Hydraulic and Purification Behaviors and Their Interaction During Wastewater Treatment in Soil Infiltration Systems. Water Research, 2001, 35 (4).

[18] Itayama T., Saitou T., Mizuochi M., Norio I., Inamori Y.. Development of the Distributed and Separated Domestic Wastewater Treatment System. Proceeding of International symposium on Sustainable Sanitation, Nanjing, China, 2003.

[19] Gomez E., Casellas C., Picot B., Bontoux J.. Ammonia Elimination Processes in Stabilization and High-rate Algae Pond Systems. Water Science and Technology, 1995, 31 (12).

[20] Sankai T., Ding G. J., Emori N.. Treatment of Domestic Wastewater Mixed With Crushed Garbage and Garbage Washing Water by Advanced Gappei – shori Johkaso. Water Science and Technology, 1997, 36 (12).

[21] Hellstrom D., Jonsson L.. Evaluation of Small Wastewater Treatment Systems. Water Science and Technology, 2003, 48 (11/12).

[22] Sun T. H., He Y. W., Ou Z. Q., Li P. J., Chang S. J., Qi B., Ma X. J., Qi E. S., Zhang H. R., Ren L. P., Yang G. F.. Treatment of Domestic Wastewater by an Underground Capillary Seepage System. Ecological Engineering, 1998 (11).

第十一章 贫困、环境与可持续发展

贫困与发展之间的关系一直是经济学关注的热点问题。20世纪50年代以后，以和平发展时期全球南北差距的扩大为标志，贫困地区与贫穷国家的发展问题引起了人们强烈的关注，并产生了一门新的学科——发展经济学。但是，发展经济学在解决现实不发达国家或者地区问题中取得的进展并不突出。原因可能是多方面的，其中一个重要方面就是对贫困生成的环境变量缺乏考虑。直到最近，才有一些发展经济学著作将环境问题作为研究发展的内容之一，这种方向无疑是正确的。无论从理论还是从政策角度看，把环境作为基本因素与变量，都是分析贫困地区与贫困国家发展的初始条件。

第一节 贫困是一种状态也是一种环境

贫困首先是一种经济状态。迄今为止，对贫困的衡量存在着多种方式。有从人均收入来衡量，有从健康水平加以衡量，有从营养保障程度来衡量，还有从最低20%的组别加以衡量。世界银行在评估贫困问题时曾经指出，贫困不仅仅是物质上的匮乏和较低的健康和教育程度，贫困还包括多方面的内容。比如，无法对影响自己生活的决策施加影响，受到政府机构的粗暴对待，以及由于社会障碍和准则形成的障碍等。贫困还包括人们面对外部不利冲击、自然灾害、疾病和个人暴力时的脆弱性。不过，在诸多对贫困加以衡量的方式中，以人均收入作为衡量贫困的标准最为常用。通常的方法是，根据特定区域物价、营养水平、支出购买状况等，设置一个贫困线，在贫困线以下的个人或者家庭被确定为贫困人口或者贫困家庭。从世界各国的发展水平与发展趋势看，贫困国家的分布相对集中，但是动态变化程度较大。以日均生活费用低于1美元的贫困人口数量看，1987～1998年，东亚和太平洋地区的贫苦人口从4.175亿人减少到2.783亿人，欧洲与中亚国家从110万人增加到2400万人，中东与北非从930万人减少到550万人，拉丁美洲从6370万人增加到7820万人，南亚从4.744亿人增加到5.22亿人，撒哈拉以南非洲从2.172亿人增加到2.909亿人。这显示，全球贫困人口主要集中分布在东亚、南亚与撒哈拉以南的非洲，但从趋势上看，东亚和太平洋地区的贫困人口在减少,而贫困人口的重心日益倾向于南亚和撒哈拉以南的非洲。

环境因为人类活动的存在而具有意义。人与环境之间的关系是世界发展与合作体系中的核心问题之一。不同发展阶段人类面临的经济结构与经济问题的不同,经济发展的环境基础不同,在国际分工中的地位不同,决定了经济发展对环境的影响不同,也使得各国各地区的环境问题表现有所差别。世界银行区分了发展中国家与发达国家两类不同的环境问题:发展中国家面临的最紧迫的环境问题是,有害健康的饮用水、卫生设施的不完善、土壤侵蚀、炉火造成的室内烟尘与室外烟尘。而与此相对应,发达国家出现的环境问题是,二氧化碳的排放,同温层臭氧的减少,光化学烟雾、酸雨以及城市的有毒废料。因而,世界银行建议发达国家帮助发展中国家解决其环境问题,其正当理由有:一是发展中国家需要获得污染较少的技术,并吸收工业国环境政策方面的经验和教训;二是发展中国家的环境政策所产生的某些效益(如保护森林与生物的多样性)有利于富国的经济增长;三是发展中国家面临的某些潜在问题,尤其是全球变暖和臭氧减少问题,产生于富国的高消费水平;四是越来越多的有力证据表明了减轻贫困与环境目标之间的关系,为减轻贫困与控制污染的增长提供了支持;五是发展中国家享有维持收入增长的能力取决于工业国的经济政策。

从发展中国家与发达国家面临的不同环境问题即可以看出,贫困是一种状态,也是一种环境。就世界范围来看,发达国家未必产生于富足的环境基础,但是贫穷国家几乎都有位于相对较差的生态环境的背景。发展经济学家托达罗曾经指出:"从整体上看,当今第三世界国家所拥有的自然资源要少于目前发达国家开始它们现代增长时所拥有的资源。"土地退化、资源破坏、植被与动物减少在贫穷的发展中国家表现得更为突出。而北美、欧洲、澳洲等地区的环境供给条件较好,良好的资源、平坦的土地、适宜的气候,都足以支撑这些发达区域的发展;另外,贫困人口得不到能够满足健康需求的环境服务。据世界银行估计,世界人口中目前仍有17%,即11亿人生活在贫困中,其占有的财富不足全球总量的0.3%,另一项联合国的研究显示,全世界大约有8.31亿人长期营养不良,11.9亿人没有安全饮水,27.4亿人缺乏基本医疗卫生设施,5~14岁的童工人数高达2.5亿人。2000年,发展中国家中,每10个人就有2个人不能获得安全饮用水,5个人没有足够的卫生设施,9个人的污水无法处理。

第二节 环境约束下的贫困形态

多年来,中国在促进减贫方面的成果为世人瞩目。按照世界银行的估计,

1987~1998年，中国日均生活费用低于1美元的人口从3.034亿人减少到2.132亿人。在东亚和太平洋地区净减少的1.392亿贫困人口中，中国减少了0.902亿贫困人口，占东亚及太平洋地区贫困人口数量减少的64.8%。据世界银行估计，在2001年以后的3年时间，中国的贫困率从16%降到了10%。世界银行的另一项研究显示，在2001年以后的两年中，尽管中国经济增长迅猛，但10%最贫困中国人的收入实际上下降了2.5%。据有关资料，按照中国的衡量口径，以2000年确定的人均年收入625元的最低贫困线为标准，农村地区至少还有2820万人没有解决温饱问题；若以865元的低收入线为标准，农村贫困人口高达9000万人。

贫困是通过经济发展水平反映出来的。以2004年全国582个贫困县与全国平均水平相比较，贫困地区发展具有以下特征：城市化水平低、工业化水平低、农村劳动力转移水平较低、地方财政收入薄弱（见表11-1）。

表11-1　2004年全国重点贫困县与全国平均经济水平差距

	582个重点贫困县	全国
乡村人口占总人口的百分比（%）	88.03	58.24
农林牧渔劳动力占乡村从业人员比重（%）	70.72	44.06
第二产业增加值/第一产业增加值	1.13	3.53
人均地方财政预算收入（元）	151.12	2018.76

资料来源：笔者根据《中国县（市）社会经济统计年鉴》（2005）、《中国统计年鉴》（2006）相关表格计算整理。

贫困地区通常还带有自然条件恶劣、经济发展水平低、基础设施落后、社会文化不发达、人口增长速度较快等特点。但是，衡量贫困简明与直观的标准是收入。贫困地区之所以贫困，与其外在环境存在很大关系。各国的证据表明，贫困地区往往远离城市和沿海地区。中国的贫困地区主要分布在黄土高原、大兴安岭经燕山、太行山、武陵山至苗岭的东北——西南向山地、东部山地丘陵区、西南喀斯特地区、青藏高原地区与蒙新干旱地区等范围，大都是自然环境恶劣区域。李周等人将中国划分了南方与北方两个生态环境敏感带，前者大体沿400毫米等雨量线及向外延伸的过渡带，后者分布于南方的丘陵地区与高原山区。经过统计分析，生态敏感地区与贫困县之间存在着一定相关关系。

一般来说，贫困与环境之间是存在相关关系的，贫困受环境影响，而贫困也影响到环境的变化。但是通常人们会注意经济富饶地区与经济贫困地区，很少关注环境富饶地区与环境贫困地区。实际上，世界上"最贫困的人口生活在世界上恢复能力最低、环境破坏最严重的地区"。从中国经济贫困与生态环境之间的关系看，经济贫困与环境贫困具有一定的匹配性，甚至可以说，恶劣环境还可能导致多种类型的贫困经济状态出现。根据我们对各地的考察，至少可以将中国受生态环境影响下的贫困类型划分为以下几种：

（1）自然屏障下的分散经济。经济效率与竞争力通常产生于集聚。在同等条件下，能够汇集较大范围的商品、要素的地区，可以在区域之间的竞争中脱颖而出，取得比其他地区率先发展的业绩。但是，广大贫困地区地形复杂、资源与要素的流动与组织受制于自然环境的障碍，经济腹地较小，各类生产要素严重分散，难以实现有效的经济集聚，从而降低了经济的整体效率。

（2）封闭条件下的自给经济。自然环境的恶劣，尤其是地形条件的限制，使得贫困地区处于相对封闭的经济运行状态。一方面，环境恶劣使得内外联系与沟通十分不便，物质流、信息流传递困难，内外联系沟通与组织生产和运输的时滞较长，区域内部的生产活动很难根据外部市场变化进行快速的适应性调整，导致区域经济与外部市场的经济联系相对薄弱。另一方面，经济活动的扩大与产业的升级要求高水平的分工。但在贫困地区恶劣的环境背景下，区域内与区域外的产业分工的交易成本过高，贫困地区密集度高的交换与分工主要在区域内进行，导致产业过于单一或者专业化分工的效率较低，区域经济的自给性较为突出。

（3）环境支持基础单薄的脆弱经济。脆弱经济通常来源于两个方面：①自然基础脆弱导致经济基础薄弱。②结构单一导致经济基础脆弱。一方面，贫困地区的自然环境差异较大，地形变化很大、气候条件恶劣，旱涝、水土流失、风沙等各种自然灾害频繁，因而自然资源与自然条件的供给基础脆弱，农产品产量低而不稳，靠天吃饭的特征明显；另一方面，由于环境条件的限制，贫困地区的产业结构单一，产业发展过度依赖于种植业或者采掘业，初级产品产值在整个经济中所占比重较大，在农产品需求与价格弹性较小的情况下，农业拉动农民收入增长能力有限，而且受自然因素影响带有很大的不稳定性。采矿业因为其资源赋存的有限性，带动区域经济实现可持续增长的难度也较大。

（4）现代经济要素短缺条件下的传统经济。传统经济与现代经济的区别在于经济要素的来源、集聚、组织与扩散的方式有很大差别，从而使产出效率完全不同。按照从城市到农村、从发达地区到边远地区的空间分布，现代技术与生产要素存在着密集度递减分布规律。越是贫困地区，现代设备、现代技术、受到过良好教育的专业技术人员所占比例越小，横向的信息沟通与扩散越为困难，现代科技要素也越难以有效汇集。其结果是，先进生产力传播与扩展速度缓慢，经济活动一定程度依赖于经验积累和纵向代与代之间的口传心授，传统经济在整个经济中居于主导地位。

但是，环境背景的不同，导致经济要素的分散、流动与集聚程度存在较大的差异，经济贫困状况与脱贫的速度也会有很大的差别。比如，同是贫困地区，地形平坦的草原地区相比于高差较大的山区来说，自然屏障更低，要素流动的阻碍作用较小，同时又因资源赋存状况要好，也更容易摆脱贫困；降雨丰富地区的居民因为环境支持能力相对较强，在摆脱贫困格局方面比水资源短缺的沙漠边缘地区相对容易；靠近发达地区与大中城市的贫困地区，因为更容易吸引现代要素进入和开放，比西部偏远的贫困地区摆脱贫困更容易。比如，广东的粤北、浙江的丽水原来都是典型的不发达地区，但是广东、浙江经济的蓬勃发展，促进了企业投资、劳动力转移的速度，促进了这些地区经济的发展。与此形成对照的是，美国的印第安人虽然生活在一个全球经济最庞大与繁荣的国家，而且政府为印第安人保留了较好的森林等财富，但是由于与外界封闭而且缺乏有竞争力的产业支持，印第安人的经济远远落后于全美的经济发展水平：保留地印第安人的平均失业率比美国的总失业率高4倍，平均家庭收入是全国水平的70%，所有印第安人中有近1/3生活在贫困状态中。

第三节 贫困与环境的相关关系分析

以往人们对贫困的认识主要是建立在贫困与资本之间的关系之上的。其中，以纳克斯等人提出的贫困的恶性循环理论最为著名。贫困的恶性循环理论是1953年Ragnar Nurkse在《不发达国家的资本形成》一书中提出的。这一理论认为资本匮乏是阻碍发展中国家发展的关键因素，并从供给和需求两个循环圈描述了贫困生成与延续的规律性。从供给方面看，一国或者地区经济不发达表现为人均收入低，收入低意味着人们会把大部分收入用于消费，而很少用于储蓄，从而导致了储蓄能力低，而低储蓄能力意味着资本形成不足。资本形成不足又会导致生产规模难以扩大，劳动生产率难以提高，低生产率造成低产出，低产出又造成低收入，形成了一个低收入—低资本形成—低收入在供给端演化的"恶性循环"；从需求方面看，一国或者地区人均收入水平低下意味着低购买力，低购买力导致投资引诱不足，投资引诱不足又会造成资本形成不足，低资本形成使生产规模难以扩大，生产率低下，低生产率带来低产出和低收入，这样也形成一个低收入—低资本形成—低收入在需求端的"恶性循环"。

如果我们把这一理论加以延伸，便容易得出贫困与环境之间的恶性循环理论。基于我们前文中已经分析了环境对贫困的影响与制约，实际上也说明了环境与贫困之间具有一定的循环关系。从供给层面看，贫困意味着生产规模小，而生产规模小意味着资源、劳动力、资本、技术资源组合的有效供给与组合能力较低,要素供给与组合能力低受制于环境因素的约束;而环境因素制约了有效的产业分工,产业分工程度低导致产业规模小,从而在供给端形成低投入—紧环境约束—低投入的恶性循环关系;从需求层面看,贫困意味着低收入水平,而低收入水平意味着低消费能力,消费能力低表明消费倾向与消费偏好受制于环境约束,环境约束导致消费规模与消费层次较低,投资引诱不足的现象也存在,最后引起低水平的产业规模与产出水平。这样,会在需求端形成低消费—环境约束—低消费的恶性循环关系。

贫困的恶性循环理论面世以后,引起学者的广泛讨论。直到最近,经济学家也还未就此达成一致意见。比如,Peter Bauer 便否定贫困的恶性循环理论的存在,并指出:"所有的发达国家都是始于不发达。假如恶性循环理论是正确的话,那么人类还将停留在石器时代。"Bauer 争辩的前半句是正确的,但似乎不足以否定贫困的恶性循环理论。这是因为,贫困的恶性循环理论与所有其他理论一样,都有一定的假设条件作支撑。比如,在科技进步、制度变迁、资源约束等条件既定的状况下,贫穷具有恶性循环的特点。但发达国家的崛起在很大程度上与技术进步、制度创新和资源供给甚至与经济掠夺等现象联系在一起,显然不符合贫困的恶性循环理论的既定条件。Nurkse 提出贫困的恶性循环理论时,发达国家与发展中国家之间的差异已经判若霄壤,Nurkse 不会不注意到这种差别,其所指的贫困当然更多的是发展中国家而已。事实上,从与富裕国家相比较的贫困国家或者与一国富裕地区相比较的贫困地区来看,贫困恶性循环理论有其合理性。今天世界各国之间的贫富分化与许多国家内部的贫富分化就是以往贫富悬殊状态的延续。中国在 20 世纪后期以来的经济增长,正是立足于制度变迁的结果,也说明贫困的恶性循环理论的成立是有条件的,一旦制度、技术等约束条件发生突破,贫困的恶性循环便会终结。但是,在同一制度或者同一技术变动条件下,环境优劣对经济的影响是长期的。中国国内贫困地区与贫困现象得以延续,说明贫困恶性循环理论有其存在的空间。

在我们看来,贫困的恶性循环理论或者贫困——环境恶性循环理论都是基于问题导向提出的,主要着眼于在发达与不发达的对比中发现制约不发达的障碍因素。在环境、政策、制度等原有因素没有重大变化或中止的状况下,贫困与富裕的分野将长期存在,突破贫困的恶性循环比较困难。但是从发展导向角度看,既不能因为存在贫困的恶性循环关系就不去努力改善贫困地区的发展状态,因为追求公平、和谐与平等是社会进步的客观需要;也不能因为反贫困存在环境约束就放弃突破贫困的恶性循环的努力。尤其是,在技术进步的条件下,摆脱环境约束的方式会越来越多。正因为如此,全社会应对贫困与环境之间的关系予以更多关注。从发展导向的角度,可以将贫困与环境之间的关系划分成发展与不发展、环境改善与不改善的不同形态,由此推断贫困与环境之间存在着四种类型的变化互动关系（见表11-2）。

表11-2　贫困与环境之间的变化类型

第Ⅰ类 环境恶化、经济恶化 　环境与经济关系的恶性循环 　典型情况：由于人口过度增长、水资源锐减等资源枯竭、天灾人祸等	第Ⅱ类 环境改善、经济恶化 　外力援助或者要素流动带来生态环境改善 　典型情况：还林还草耕地减少，林草产品未形成有效产出；人口与劳动力流失
第Ⅲ类 环境恶化、经济改善 　不可持续的经济增长 　典型情况：掠夺式开荒、开采矿产品，而不顾及环境的改善	第Ⅳ类 环境改善、经济改善 　可持续的经济增长 　典型情况：发展无污染、无损环境的手工业、旅游产业、发展循环经济等

（1）环境恶化，经济恶化。世界环境委员会1987年对撒哈拉以南地区有极具说服力的论述："没有任何一个地区更悲惨地承受着这种由贫困引致的环境退化的恶性循环的痛苦，而环境退化又导致了进一步的贫困。"这里，世界环境委员会给出了贫困与环境之间关系的一种极端状况，就是贫困与环境之间的恶性循环关系。这种状况的发生通常由以下原因引起：人口过度增长超过环境的许可范围、资源枯竭、天灾人祸等现象的发生。这一模式的典型特征是，经济增长状况恶化，生态环境受到破坏。

（2）环境改善，经济恶化。就是减少经济要素的投入，而增加对环境要素的投入，造成经济增长趋势发生改变，但是环境状况则明显趋好。至少有两种状况会出现经济恶化与环境改善的趋势：一种状况是由外力援助下的环境改善工程。比如，由国家实施的退耕还林、退牧还草等工程，都对不发达地区的环境改善有积极作用，但是短期内可能会带来经济收入的下降。只有在国家的援助份额超过土地利用方式改变带来的利益损失时，农牧民调整结构的积极性才会大大增强。另一种状况是由于劳动力与人口流出，导致更大程度的规模不经济和集聚效应的降低。但是，在人口与劳动力流出的同时，对土地的压力也相应减轻，出现生态环境的相对好转。

（3）环境恶化，经济改善。就是更多地增加对生产要素的投入，但是在经济总量扩张的同时，却带来了环境恶化的效果。或者说，经济增长是以环境的恶化为代价的。这种状况带有不可持续性，因为贫困地区的环境本身就很脆弱，一旦遭到破坏，恢复起来更难。在中国贫困地区的发展过程中，曾经多次出现毁林、毁草开荒等现象，造成生态环境的破坏；在一些煤炭、有色金属蕴藏丰富地区，由于开采，生成了大量的废水、废渣，甚至污染了农田与河流,并沿着生物链传递毒素,侵蚀民众的身心健康。

(4) 环境改善与经济改善同时发生。在这种状况下,经济与环境协调发展或者说经济与环境之间保持良性循环的关系,经济发展与环境改善相得益彰,经济发展得益于环境改善,经济发展有助于改善环境。一般来说,这种状况下,当地的环境与资源为产业发展提供了好的基础,而产业发展又偏重于无污染或者对环境无损坏的类型,如旅游业、手工业等产业,并注意发展循环经济,形成经济增长与环境之间的良好互动关系。

在以上四种类型中,从取舍性角度看和以发展的可持续性来衡量,路径选择的优劣顺序依次是:第Ⅳ类>第Ⅱ类>第Ⅲ类>第Ⅰ类。其中,第Ⅳ类是最应该选择的模式,第Ⅰ类为最不应该选择的模式,第Ⅱ类、第Ⅲ类介于其间。第Ⅱ类通常依赖于政府的支持,侧重于环境改善的政策目标;第Ⅲ类注重于市场导向,侧重于经济增长的目标。第Ⅱ类如果缺乏持久性的外力支持,或者人口与劳动力流动方向出现逆转,则有可能向第Ⅲ类甚至向第Ⅰ类的方向转变;而第Ⅲ类如果不附加必要的环境约束,则最终可能会向第Ⅰ类方向转变。但是,如果在第Ⅱ类或者第Ⅲ类发展模式中增加有利于增长的成分或者有利于环境改善的约束,则第Ⅱ类、第Ⅲ类模式也都有可能向第Ⅳ类模式转变。

实现第Ⅳ类模式符合政府与社会期待目标,体现走可持续发展之路的基本要求。这种类型的发展模式具有4个特征:①具有较强的经济增长速度。这是实现脱贫的必由之路,也是贫困地区发展的障碍最多的地方。但是,假如贫困地区的经济增长小于全国平均增长速度,则贫困地区愈来愈贫的格局将不可避免。②具有弱增长甚至弱减少的人口变化规律。如果人口增长过快,新增人口一定会吞噬经济增长的业绩,拉低平均收入水平;但是,人口的急速下降,可能也会对经济造成一定的负面影响。③具有递增性的环境改善速度。在可能的条件下改善贫困地区的环境状态,修复恶劣的生态环境,使环境尽量适合于人居,将有利于改善贫困地区人与自然的关系,促进社会和谐与经济发展。④具有合理的产业结构演进方向。贫困地区的产业结构演变,应该既能为经济增长提供产业基础支持,提高居民的收入水平并创造更多的就业机会;同时又符合绿色、清洁、环保的基本要求,能够促进生态环境的改善。但是,贫困地区之所以贫困,往往正因为其处于第Ⅰ类发展模式下,由于经济基础落后,很难实现自主性的快速增长;而由于其环境恶劣,也制约了经济增长,因而也缺乏改善环境所必需的最低规模性投资。尽管一步到位地抵达第Ⅳ类发展模式具有很大的难度,但是这一方向应该为贫困地区确立发展思路与战略所追求。如果贫困地区的政府能够充分认识到区域发展的规律性,准确分析与认识区域的资源、产业、环境等特点,充分利用国家的政策,来形成推动第Ⅱ类模式的环境改善的目标;同时又利用市场机制,引导资本推动第Ⅲ类模式的经济增长。则经过一番不懈努力,有可能逼近乃至实现第Ⅳ类模式的发展。

第四节 走可持续发展之路

前文指出,贫困地区的不发达,有其经济与环境方面的双重障碍。障碍越多,逾越障碍的成本就越高,依赖自主努力实现多重目标的难度就越大。所幸的是,经过多年的努力,中国已经有了推动贫困地区可持续发展的良好氛围。一方面,各级政府已经充分认识到推动贫困地区发展的重要性。尤其是中央政府实施的西部大开发、东北老工业基地改造、中部崛起的政策,对于贫困地区的可持续发展起到了积极的推进作用。政策中涉及的退耕还林工程、水土流失与沙漠化治理工程等,都会积极改善贫困地区的生态环境;政策中涉及的增值税转型、基础设施建设、特色产业发展、新农村建设等内容,也会促进贫困地区的经济发展与结构优化;国家近年来实施的计划生育奖励制度,还有助于限制人口的过快增长。另一方面,各地经济的快速增长为贫困地区的发展创造了好的市场基础。由于制造业的增长,对于原料的需求增加,为资源丰富的贫困地区摆脱贫困提供了好的条件;由于城乡居民收入的增长,到风景名胜地区旅游的需求也明显提高,贫困地区的山川美景对旅游者的吸引力大增;由于大城市和沿海地区生产成本的上升,驱使一些企业将生产线向资源成本与劳动力成本都较低的贫困地区转移。如果政策操作更加合理,贫困地区实现可持续发展的条件已经具备。

从政府政策利用的途径上看,贫困地区需要充分利用好国家的援助性政策。中央政府的援助性政策带有整体性、全局性、组合性的成分,涉及经济发展、基础设施建设、教育、医疗卫生、生态环境改善、新农村建设的许多方面,需要贫困地区用好用活中央的援助政策。过去常有一靠政策、二靠科学的说法,听来没有问题,现在看来问题不少。这种说法的一个缺点就是将政策与科学割裂开来,并在实际应用中导致科学与政策分家。结果是贫困地区实施的许多政策没有得到科学的实施,或者在实施中没有科学的监督,结果使大量的投入没有产生应有的扶贫效率。另外,科技对贫困地区的支持往往脱离于政策援助之外,变成完全市场化的产物,科技扶持的公益性、援助性、普及性没有体现出来。当务之急,要实现政策科学化,保障政策的透明运作、管理规范、责任明确、监督完善,使政府政策能够在推动贫困地区可持续发展方面发挥长期推动力的作用。要看到,许多贫困地区既缺乏资源基础,同时生态环境恶劣,国家对这些区域的援助也将是长期的,必须建立一个科学有效监管的制度,使中央政府的政策能够真正为贫困地区的居民所分享,使民众成为援助政策实施的受益者。

从市场化的角度看,贫困地区应该创造良好的投资环境,积极吸引各类投资者进入,创造更多的财富与更多的就业机会。但是,必须用环境、资源可持续利用的标准要求投资者,引入污染型企业,短期内创造了财富,长期损害了经济发展的生态基础。同时,应该在基础设施与信息传播方式改善的基础上,鼓励贫困地区本地的企业和居民调整产业结构。在发展农副产业的同时,发展林牧渔等产业,并发展轻型、无污染的制造业和旅游等服务业,并规范化地建设好各类产业园区,以有效利用土地资源,并发挥企业集中、集聚的作用。在交通条件改善的同时,要积极输出劳动力,鼓励当地的青壮年劳动力到大中型城市和沿海地区寻求新的就业机会。

参考文献

[1] 杰拉尔德·M. 梅尔,詹姆斯·E. 劳赫. 经济发展的前沿问题. 上海:上海人民出版社,2004.

[2] 世界银行. 与贫困做斗争:世界银行 2000~2001 年发展报告. 北京:中国财政经济出版社,2001.

[3] 世界银行. 发展与环境:1992 年世界发展报告. 北京:中国财政经济出版社,1992.

[4] 迈克尔·P. 托达罗. 经济发展与第三世界. 北京:中国经济出版社,1992.

[5] 严浩. 资产建设:加拿大新型扶贫思路的启示. 中加论坛论文,2006.

[6] 世界银行. 让服务惠及穷人:2004 年世界发展报告. 北京:中国财政经济出版社,2004.

[7] 周民良. 反贫困与中国的可持续性发展中国软科学,1999 (3).

[8] 李周,孙若梅. 中国生态敏感带与贫困县的相关性研究//李周,黄正夫. 农村发展与环境. 北京:中国环境科学出版社,1998.

[9] 戴维·皮尔斯,杰瑞米·沃福德. 世界无末日. 北京:中国环境科学出版社,1996.

[10] 史迪夫·H. 汉科,巴涅·道德勒. 部落所有制:土著美国人经济发展的祸害//詹姆斯·A. 道,史迪夫·H. 汉科,阿兰·A. 瓦尔特斯. 发展经济学的革命. 上海:上海三联书店,上海人民出版社,2004.

[11] 彼特·鲍尔. 对现实的忽视//詹姆斯·A. 道,史迪夫·H. 汉科,阿兰·A. 瓦尔特斯. 发展经济学的革命. 上海:上海三联书店,上海人民出版社,2004.

专题报告 11
加快建设西部高水平的战略资源开发基地
——以攀枝花为例

促进西部地区特色产业发展,是实施西部大开发的重要内容。西部地区的特色产业,多是依赖于西部地区特有资源开发形成,具有一定的市场竞争力。推动特色产业发展,能够把西部开发与西部发展结合起来;把西部地区的资源利用与西部为全国做贡献结合起来;把强省强区与富民结合起来,理所当然是西部大开发的政策支持重点。

尽管资源开发在西部地区具有重要意义,但在西部地区,特色产业开发所依赖的资源并不具有普遍性。此处以四川省攀枝花市为例,说明对于那些资源富集程度高、资源蕴藏量大、资源开发前景广阔的资源密集区,应该着眼于建设高水平的战略资源开发基地,以集约开发资源,提高开发效率,实现资源开发对城市经济的带动作用,促进西部地区全面、协调、可持续地发展。

一、西部地区是国家重要的战略资源富集区

根据《中国统计年鉴》(2008)相关数据分析,西部地区的矿产资源在国家主要矿产资源总量中占有重要位置。在其表中列的16种能源、金属和非金属矿产资源中,西部地区多达11种矿产资源占全国的比重超过50%(见表1)。其中,天然气、铬矿、原生钛铁矿所占的比重超过80%。因而,从未来国内矿产资源开发利用角度看,开发重心向西部地区的转移不可避免。

西部地区的矿产资源之所以在国家未来的矿产战略中占据重要地位,其主要原因在于:一是西部地区资源距离主要加工区域距离较远,资源开发的过程按照经济利益的趋向由近而远地进行,西部地区的运距较长,使得沿海地区、东北地区和中部地区的资源开发通常先于西部进行,但在其他地区的矿产资源开发大幅度减少时,西部地区矿产资源的重要性必然上升。二是西部地区经济发展水平低,人才相对稀缺,资源勘探的程度较低,西部地区资源发现的年代相对较近。甚至还有大量的勘探盲区,因为发现晚导致开发时间晚。三是西部地区的地域面积广大,蕴藏资源的数量相对较多也符合客观规律。西部地区的土地面积占全国的70%以上,蕴藏的资源数量也相应较多。四是西部地区地质构

造与地质环境复杂,经历的地质活动历史久远,地质断裂带与沉积区交互分布,有助于不同时期、不同特性的矿产资源形成,矿产资源蕴藏数量相应较多。五是一些矿产资源的蕴藏环境复杂,西部地区多山、多沙漠,交通可达性低,甚至一些区域缺乏水资源等外在条件的支持,导致开发成本高,开发难度大,使得开发水平低于全国平均水平。

表1 2007年西部地区矿产资源基础储量及占全国的比重

矿产资源类型	西部地区	全国	西部地区占全国比重(%)
石油(万吨)	81204.91	283253.77	28.67
天然气(亿立方米)	26081.49	32123.63	81.19
煤炭(亿吨)	1650.61	3261.26	50.61
铁矿(矿石,亿吨)	65.26	223.64	29.18
锰矿(矿石,万吨)	14126.63	22443.72	62.94
铬矿(矿石,万吨)	570.53	582.22	97.99
矾矿(万吨)	989.12	1309.43	75.54
原生钛铁矿(万吨)	22035.37	22541.9	97.75
铜矿(铜,万吨)	1152.13	2932.11	39.29
铅矿(铅,万吨)	899.89	1345.88	66.86
锌矿(锌,万吨)	3274.82	4250.26	77.05
铝土矿(矿石,万吨)	41022.94	75072.71	54.64
菱镁矿(矿石,万吨)	229.70	193160.96	0.12
硫铁矿(矿石,万吨)	99041.88	179411.29	55.20
磷矿(矿石,亿吨)	19.14	36.73	52.11
高岭土(矿石,万吨)	19503.55	65261.87	29.89

资料来源:笔者根据《中国统计年鉴》(2008)相关表格计算整理。

在国家经济规模不断扩大的过程中,对矿产资源的需求规模也相应扩大。这就可能导致其他地区矿产资源的加速开发,同时,对西部地区的矿产资源开发的需求也会日益增大。如何更好地开发利用好西部地区的矿产资源,无论对维持全国的可持续发展还是促进西部地区的增长都具有重要意义。

二、应注重建立战略资源开发基地

无论是在理论界还是在政策管理上,目前还缺乏为各方普遍接受的战略资源开发基地的定义。李文彦教授曾经提出资源型工业基地的概念,并以拥有丰富的自然资源,特别是在某一两个关键矿种分布集中、地域组合与开采技术条件好,外部条件(尤其是水资源与交通)有利的情况下,具有开发利用当地资源形成支柱工业部门甚至工业中心从而建设资源型工业基地的可能。原国家计委宏观经济研究院课题组在研究资源型城市时,提出了判断资源型城市的四项定量标准:①采掘业产值占工业总产值的比重在10%以上。②采掘业产值规模,县级市超过1亿元,地级市超过2亿元。③采掘业从业人员占全部从业人员的比重在5%以上。④采掘业从业人员规模,县级市1万人,地级市2万人。并以上述四项标准为基础,在全国划分了118个资源型城市,其中,西部地区的资源型城市占30%。

表2　中国西部资源型城市的分布情况

省　份	个数	资源型城市	省　份	个数	资源型城市
内蒙古	9	乌海、赤峰、满洲里、牙克石、东胜、锡林浩特、霍林郭勒、根河、阿尔山	陕西	2	铜川、韩城
广　西	2	凭祥、合山	甘肃	3	白银、金川、玉门
四　川	5	攀枝花、广元、华蓥、达川、绵竹	宁夏	1	石嘴山
贵　州	2	六盘水、福泉	新疆	5	克拉玛依、哈密、阿勒泰、库尔勒、阜康
云　南	4	东川、个旧、开远、宣威	小计	33	

资料来源:国家计委宏观经济研究院课题组:《中国资源型城市的界定与分类》,《宏观经济研究》2002年第11期.

在"十一五"规划前期的工作中,为促进西部地区的资源开发,国家发改委、国务院西部办曾经根据一些标准,划分了若干西部地区的能源与矿业基地(见表3)。

表3　西部地区的能源、矿业基地类型及其分布

产业种类	基地类型	分布范围
重要能源及化工基地	煤炭生产及煤电一体化基地	陕西、宁夏、内蒙古、贵州、云南、新疆、甘肃
	大型水电基地	金沙江、雅砻江、澜沧江、黄河上游、红水河、乌江
	大型石油、天然气开采及加工基地	新疆、川渝、陕甘宁、青海、内蒙古、广西沿海
	煤化工基地	陕西、内蒙古、宁夏、贵州
	可再生能源基地	新疆、内蒙古、宁夏、甘肃、新疆生产建设兵团、西藏的风能、太阳能，广西、云南、四川、重庆、贵州的生物质能，西藏的地热发电等
	国家石油储备基地	甘肃
优势矿产资源开采及加工基地	有色金属综合开发利用	云南、新疆铜；广西、贵州、重庆、内蒙古铝；云南铅、锌；四川钒、钛；陕西钼；甘肃镍；青海钠、镁、锂；宁夏钽、铌、铍
	稀土开发、研究和生产	内蒙古、四川、甘肃
	钾肥	青海柴达木、新疆罗布泊
	磷复肥	云南、贵州
	钢铁	包钢、攀钢、酒钢、柳钢、昆钢、八一钢厂、水钢等

资料来源：国家发展和改革委员会、国务院西部地区开发领导小组办公室：《西部大开发"十一五"规划》。

对战略资源开发基地的判断标准是一个可以在学术上讨论的问题。但采用原国家计委课题组的标准，可能会在现实中产生一定的歧义。这是因为其标准中有一项是以采掘业产值规模确定的。在现实生活中，由于矿产品的价格波动较大，采掘业的产值规模也会在不同年份变化较大。仅以这一标准衡量，就有可能造成某些资源型城市适应期限可能较短的状况。受价格波动的影响，一个城市有可能在某年成为资源型城市，而在后一年又退出资源型城市的行列。而若要避免这一状况发生同时又坚持绝对值标准，就需要对绝对值标准不断进行调整。而进行这样的调整，又降低了资源基地指标的科学性。

第十一章 贫困、环境与可持续发展

对比表2和表3，可以看出，这两张表中都没有西藏，显示西藏的资源开发并没有形成规模，所以没有列入表2和表3，但是西藏的铬矿储量占全国的近39%，具有一定的开发利用价值，因为交通运输等因素，西藏在近期还很难成为国家的战略资源基地。重庆本身作为加工为主的城市，很难再以资源型城市的形式出现，但是并不妨碍重庆在铝产品、天然气、生物质能等生产上具有一定的市场影响力，但重庆主要是一个以加工工业为主的城市，将其划入西部能源、矿业基地的范围相对牵强。青海在水电、钾肥、钠镁锂等生产方面具有一定优势，格尔木市已经逐渐成为柴达木盆地资源开发的中心，有依托资源开发加快城市发展的巨大潜力，但格尔木却并没有进入资源型城市的行列，这显然是一个重大的错漏。

我们提出自己对战略资源开发基地的判断标准：①资源储藏数量大，足以支撑起矿业城市的发展规模。②较大规模的资源开发可以维持10年以上。③资源开发的外在环境和配套条件较好。④产业形态中采掘业所占比重较大，采掘业占工业总产值的比重在10%以上。⑤从事资源开发性产业劳动力所占比重较高，采掘业从业人员占全部从业人员的比重在5%以上。⑥资源产业具有较强的区域影响力和带动力。围绕着资源开发，可以促进当地在交通运输、加工制造业、餐饮业、建筑业、金融业等多样化的产业上的发展。

从以上标准观察，位于四川南部的攀枝花具有战略资源开发基地的条件。①资源优势明显，可以支撑攀枝花市的发展。攀西大裂谷有"资源聚宝盆"之称谓，全市共发现矿产76种，探明储量的矿产39种，得到开发利用的矿产45种。全市发现矿产地490余处，其中特大型、大型矿床46个，中型矿床30个，小型矿床52处。攀枝花拥有得天独厚的钒钛磁铁矿资源，钒钛磁铁矿探明储量近73.37亿吨，其中保有储量66.9亿吨，伴生于钒钛磁铁矿中的钒储量1037.59万吨，约占全国的61%；钛储量4.24亿吨，约占全国的75%。且具有种类多、储量大、埋藏浅、区位集中、伴生矿多、组合条件好等优势，资源开发配套条件优越，有利于综合开发。多年来，矿产资源开发一直对攀枝花城市的发展起着支撑作用。②资源具有较长时期的开发能力。尽管已经开发了近半个世纪，但是，以现有的开发规模，维持今后数十年较大规模的开发不成问题。③资源开发的外在条件与环境较好。雅砻江流域、金沙江流域等资源供给十分便捷，水能资源理论蕴藏量达700万千瓦以上，2007年装机容量约350万千瓦，周边地区煤炭资源储量有数百亿吨（包括六盘水），其中攀枝花的煤炭保有储量为3亿多吨。攀西裂谷成矿中伴生有多种重金属、轻金属、半金属、非金属矿。如铜、铝、铅、锌、石灰石、白云石、黏土矿、稀土矿、大理石矿、硫铁矿、盐矿、磷矿等，作为钒钛产业发展所需的原材料、配套材料种类繁多。④矿产资源开发对当地的产业发展贡献巨大。根据攀枝花市2008年统计公报，在2008年攀枝花市427.61亿元的地区生产总值中，第一、第二、第三次产业增加值占比分别为4.52:73.32：22.16，是一个第二产业占绝对优势的城市。由于建筑业所占比重不大，这意味着攀枝花市是一个典型的工业城市。而在711.17亿元的规模以上的工业总产值中，钢铁、钒钛、能源、化工所占的比重分别为54.83%、6.38%、22.40%和5.21%，也就是说，包括黑色金属冶炼和有色金属冶炼在内的冶金工业占规模以上工业产值的比重在60%以上。除此之外，攀枝花市矿产资源开发产业的从业劳动力较多，矿产资源开发的影响与带动作用较大。攀钢的钒钛产品在国内外市场上有着相当大的影响力，钒制品的国内市场占有率达57%以上，钒精矿销量居全国第一位。

建设西部地区战略资源开发基地，对推进西部大开发和实现西部经济发展具有重要意义。首先，能够突出重点、有的放矢地推动资源的有序开发。西部地区占全国国土面积的70%，拥有的资源种类广泛、数量庞大，选择一部分重点区域建立战略资源开发基地，有助于提高资源开发强度，以规模化的投入满足国家经济建设对资源开发的需要，提高矿产开发效率；其次，可以把资源开发与城市发展结合起来，集中建设区域性中心城市。西部地区的城镇化水平总体不高，2007年，除了内蒙古与重庆市外，西部地区的城镇化水平都低于全国平均水平。建设战略资源开发基地，可以把资源开发与城市发展结合起来，促进城乡一体化，推动更多的农村劳动力进城，提高城镇化水平，增加资源开发基地对区域经济的辐射和影响。再次，可以推动特色经济发展与产业的优化升级。国家实行的西部大开发战略，需要推动西部地区特色优势产业发展。以资源开发和深加工为基础，促进产业的集群化发展和产业链条的延伸，会带动相关产业和配套产业的发展，放大特色优势产业的扩散效应，提高特色优势产业的市场竞争力。同时，重视战略资源开发基地的建设，可以促进技术创新与新技术应用，提高资源开发的技术含量，优化资源开发模式和提高资源利用效率，促进产业升级。最后，推动建立战略资源基地，将有助于优化城市发展方向，促进城市由传统、单一的资源开发结构向构筑多样化产业结构的模式转变，推动城市加快接续产业发展，以便实现在资源开发完成后的产业顺利转型，形成城市抵御矿竭城衰的有效安全网。

三、建设高水平战略资源开发基地的问题与思路

确立战略资源开发基地的标准，只是能够限定西部地区资源开发基地的范围，确定了以"谁"为基础的开发问题。但是，是否能够成为高水平的战略资源开发基地，则是确定"如何"开发的问题。战略资源开发基地的建设，当然有高低水平的差距。高水平的战略资源开发基地，当然是相对于低水平的战略资源开发基地而言的。前者能够体现资源开发的有效性、协调性与持续性。按照我们的理解，高水平战略资源开发基地至少包括以下内容：资源得到充分开发利用，很少出现资源浪费现象；资源开发与城市发展形成互补性结合，互相依赖和互相支持；资源开发秩序良好，形成规范化的资源开采与加工利用制度；资源开发建立在可持续发展的基础之上，资源开发并不产生严重的环境污染。

以上述标准观之，攀枝花市虽然具有战略资源开发基地的特征，但是还远远达不到高水平的战略资源开发基地的要求。

首先，攀枝花的资源开发利用效率还不够高。目前，攀钢的炼铁工序、连铸工序、轨梁工序、热轧与冷轧工序等方面都达到国内领先水平，还拥有独创的领先世界的 V_2O_3 生产技术和钒钛合金生产技术。但是，鉴于攀枝花的钒钛磁铁矿属晚期岩浆分异型矿床，属多金属致密共生矿，铁平均品位低，钒平均品位仅 0.26%，钛平均品位仅 10.66%，对各类矿产品冶炼提取的技术还没有过关。比如，分离出钛精矿的钙镁含量高，用氯化法生产钛白粉还存在较大的技术障碍；钒钛直接还原工业技术也还未取得关键性突破；从高钒渣中提取二氧化钛的技术距国际化水平也有很大差距；在二氧化钒薄膜、钒催化剂、钛基金属陶瓷、钛白粉生产领域的关键技术研究上仍未取得重大进展和突破。

其次，资源开发对城市尽管起到支持作用，但是产业之间、产业与城市之间的关系还需要进一步理顺。比如，一方面，攀枝花的钒钛产业直接或间接受制于钢铁工业的规模大小，无论是钢铁铁水提钒，还是选矿尾矿的钛精矿回收，都依赖于矿山铁矿开采、冶炼加工的规模，这都限制了钒钛产业的发展。另一方面，攀枝花是一个重要的钢铁基地，但是其城市的配套产业发展不够，资源优势互补整合不足、产业集群分工衔接程度较差。城市发展对产业的支撑还不够。根据有关资料，铁路、公路的运输能力缺口就达 2000 万吨以上。以现有的铁路、公路交通运

输能力，难以支撑高水平的战略资源开发基地的运输要求。与此相对应的是，尽管大型企业为城市发展做出了巨大的贡献，但是也带来了一系列环境污染等方面的负外部效应。企业规模大，经济影响大，大企业管理与城市管理的衔接还不够，致使城市持续发展的一些矛盾迟迟得不到解决。

  再次，资源开发秩序还不够健全。比如，攀枝花市在资源开发方面还存在着企业规模化、集约化程度低，资源就地转化能力弱，加工能力小、产品产量小、资源开发布局分散、存在着开发高度重复、高度浪费的现象。此外，精深加工能力弱，开采回收率低，综合利用率小，资源损耗量大等情况也较为突出，一些资源开发产业的现有规模与其丰富的资源条件和全国经济的快速增长对资源性产品的需求不相适应。

  最后，资源开发带来的环境保护的问题比较突出。由于钢铁、有色金属冶炼、化工在城市产业发展中占据主导地位，加上对环境保护重视不够，攀枝花一度被国家环保总局列为全国十大污染城市之一。从2005年到2008年的4年中，攀钢新建环保设施投入资金达15亿元，治理项目达85个。有关方面预计，到2009年底，攀钢所在的弄弄坪片区的空气质量会得到根本性改善。近5年，西区片区共淘汰落后产能、关闭落后生产企业22家，完成限期治理项目80个，共征收入库排污费1523.3万元。但是，由于冶炼工艺和治理措施等方面的原因，环境污染问题还将在今后一段时期存在。比如，提钒炼钒过程中会排放大量有毒有害废水、废气，废气中含有氯化氢、二氧化硫、硫酸，废水中含有六价铬、镉、砷等一类污染物。用硫酸法生产钛白粉，每生产1吨钛白粉约消耗50%的钛铁矿2.55吨、98%的硫酸4.15吨，产生大量的硫酸亚铁和废硫酸。受环保技术、循环利用、回收技术及企业治理成本等方面的限制，环境治理的难度不小。

  建设高水平的战略资源开发基地，符合科学发展观的要求，是资源富集地区转变资源开发方式，变资源开发由数量扩张向质量提升，提高资源开发效率，实现资源开发与城市发展同舟共济、相互协调的现实需要。从可持续发展的角度出发，建立高水平的战略资源开发基地，要求选择资源节约型、质量效益型、科技先导型的发展模式，从以往的国家投资转向多元化投资；从粗放经营转向集约经营；从简单地源头开发转向精致化管理；改变过去那种优势资源即优势经济、依靠输出原料或初级制成品做大做强产业经济与城市经济的发展理念，破解目前影响资源集约性开发和有效利用、产生资源开发与城市发展不协调、引起资源开发秩序不合理、导致资源开发出现环境严重污染等问题的体制、机制、技术、政策等方面的障碍性因素，正确处理好资源的开发、利用、保护、管理四者之间的关系，走开发与节约并重、保护与利用共存，资源与环境协调、城市与产业和谐的发展之路。

四、建设西部高水平战略资源开发基地的关键

建设西部高水平的战略资源开发基地，有几个重要的关键点需要把握：

（1）科学界定战略资源开发基地的范畴。并不是只要有矿产资源蕴藏，就可以作为战略性资源基地。要对西部地区的资源开发基地按其对中国工业化和经济发展的意义、资源的蕴藏量和可采时限、资源的开采难度、资源的含量与加工利用程度、资源开发区域的可进入性等进行全面评估，科学确立有限的战略资源开发基地类型与分布。除了水电以外，对于其他资源的开发来说，应尽量使资源开发基地与资源型城市的概念取得一致。在此基础上，加强政府管理与政策协调，把战略资源开发基地作为推动西部地区特色产业发展、促进西部地区城镇化与工业化的重要内容。中央政府与西部地区相关省市政府都应该重视战略资源开发基地的作用，在政府政策范围内对于战略资源开发基地以应有的支持。

（2）突出技术创新。在西部地区建设高水平战略资源开发基地的一个关键性因素，是技术创新能力较弱，导致资源开发或者资源加工利用的效率不高。尤其是对于一些具有伴生或者混生的大型黑色金属基地、有色金属基地或者盐矿基地，开发利用技术的先进程度就能决定开发利用效率。而许多此类矿床仅仅在中国西部独特的地质条件下生成，国际上并无先进技术与先进开发经验可以借鉴。这就需要资源开发基地具有国际视野，加强对矿产资源开发利用关键技术的研究，建立具有国际水准的研发机构，面向全球进行开发的重大课题招标，大力吸引国内外的优秀研发人员，提高有突出贡献的科技人才的奖励力度，通过物质奖励和精神奖励的结合，增强研发人员技术创新的主动性和积极性，力图取得技术的重大创新性突破，以高水平的技术创新支持高水平战略资源开发基地建设。

（3）下大力气规范市场秩序，严格市场准入。应根据资源赋存状况，实行矿山开采准入制度和生产企业准入制度，加强资源开发资质的认定。同时，适度控制资源开发强度。加强优势矿种的保护和综合利用

开发，根据市场需求和资源开发进度，科学、合理、适时配置资源，让资源在最优开发时期有序开发利用。与此同时，应严格依法治矿，规范开采秩序，规范探矿权市场和采矿权市场，矿业权出让，依法管理和保护矿产资源与地质环境，使资源开发利用建立在法制化、规范化、科学化的轨道上。

（4）加强政府政策的引导作用。开征资源税，对于补偿地方因为资源开发的损失具有积极意义。按照中央政府的改革安排，将在2009年推进资源税改革。合理的资源税有利于减少资源开采外部性所带来的市场失灵，促使企业更加注重资源的集约性开发，提高企业的开发成本。资源税过低导致资源性省份没有从资源输出中获得应有的利益，最终导致在生态保护等省内公共产品投入上极为欠缺，资源富集地区周边民众得不到应有的补偿，经济社会利益严重受损。而发达省份在享受低价资源的好处上，节约了资本投入，同时不经受资源开发带来的环境问题，这显然不当地拉大了地区差距，同时为西部地区带来了资源开发的负效应。鉴于目前资源产品价格涨跌幅度较大，建议实行按价计征的方式，增加对资源开采区域的补偿力度，加强资源税征收监管与合理使用，使资源税能够有效补偿资源开发中的利益受损者。

（5）加强推进循环经济。按照建设资源节约型、环境友好型社会的要求，加强矿产资源的综合开发利用。应遵循减量化、再利用、资源化的原则，大力发展生态工业、循环经济和绿色制造，加强工业"三废"的利用和共伴生矿产资源的回收利用，减缓耗竭性资源的消耗速度。同时，要提高环境保护意识，严格企业达标排放，大力实施工业废水废气治理、尾矿治理、废酸治理、煤气回收利用项目。

（6）深化体制改革，解决好企业与企业和政府与企业的关系。既要深化国有大中型企业改革，以主辅分离方式为企业减负。同时，也应规范市场秩序，增强市场竞争。对于达到准入标准的民营企业，应该一视同仁，欢迎其发挥在体制上、机制上的优势进入资源开发领域。应加强园区的科学管理，促进资源开发产业与后续的加工型产业和配套产业的发展，推动产业集群发展。另外，要规范政府与企业之间的关系。政府应该做市场秩序的维护者，规范市场秩序的仲裁者，加强基础设施建设，提供满足市场需求的公共产品，但是不能过度干预正常的开发秩序。而企业除了要遵守市场秩序与规则外，也要承担应尽的社会责任，作为社会的一员得益于社会支持，并要适度回报于社会。

（7）加强基础设施建设，解决战略性资源开发基地设施的不足。

比如，针对攀枝花的资源开发，应该尽快建成攀西、攀昆高速公路，积极推进成昆铁路复线、昭通—攀枝花—丽江铁路建设，提升攀枝花市的运输能力。同时，建议国家调整西电东送战略，实施部分电力的西电落地和西电西用，保障战略资源开发基地的用电需求。

参考文献

［1］国家发展和改革委员会，国务院西部地区开发领导小组办公室．西部大开发"十一五"规划．2007．

［2］攀枝花市2008年国民经济与社会发展统计公报．攀枝花日报，2009-02-19．

［3］李文彦．中国的地区工业体系问题．地理研究，1986（5）．

［4］国家计委宏观经济研究院课题组．中国资源型城市的界定与分类．宏观经济研究，2002（11）．

第十二章 沿海地区的工业化与环境污染治理

在发展中国家，经济增长中最鲜明的两大特点：一是增长往往是由一些部门发动的，表现为一些部门的增长明显快过其他部门，这些部门在经济增长中的推动力将不断增强；二是增长在一些地区表现得更为突出，就是这种增长是在一些地区表现得更迅速，而在一些地区的增长表现得相对温和。观察中国改革开放以来的经济增长变化，具有独特含义需要着重加以解释的现象就是，中国的工业增长部门是轮动的，热点是不断变化的：从早期的轻纺工业，到家电工业，到电子工业，以及到本次增长中突出的重化学化工业，增长的发动显示市场需求的变化是频繁而积极的，但是增长发动的区域却是相对单一的，就是沿海地区一直统率着工业增长的势头。除了个别年份以外，沿海地区的工业增长远快于全国平均增长速度。

可以设想，假如工业增长的部门发动和地区发动在一个区域重合，并且在一个长的时间段里维持这种规律性不变的话，一定会对这一区域的生态环境造成较大的压力；假如各个地区的起始环境状况接近，各个地区在处理环境问题上的政策及做法没有大的差别性的话，生态环境压力最大的地区一定是生态环境矛盾最突出的地区，突出的外部环境问题会演变成生态系统内部的问题，经济增长中出现的外部不经济问题会通过医疗费用支出增加、农副产品、水产品产量减少、用水成本上升等而成为突出的显性经济问题，从而使环境问题放大为急迫的社会问题和需要付出代价的经济问题。

沿海地区的环境问题，需要像工业化一样受到重视。

第一节 率先实现现代化与生态环境支撑

在以往的各类正式文件中，都有沿海地区率先实现现代化的表述。沿海各个省市对率先实现现代化也一度十分热心，不少地方政府都提出率先实现现代化的时间表，表达了加快发展的强烈愿望。但是，在实现现代化的过程中，沿海地区不仅需要经济上的补短，而且也需要生态上的补短。

一、现代化的基本含义

现代化的概念，英格尔斯在谈论人的现代性分析时指出，"现代化的定义是一种个人发挥作用的模式，一种以某种方式行动的倾向。"他还从分析性、主题性、行为性上考察了现代人具备的24个方面的素质，指出了现代人的基本倾向。国内的现代化研究多偏重于对整个国家和地区现代化的研究，而对个人及个人行为现代化的关注较少。按照罗荣渠的定义，现代化是指"从历史的角度来透视，广义而言，现代化作为一个世界性的历史过程是指人类社会从工业革命以来所经历的一场急剧变革"。有人认为，广义的现代化是指人类从工场手工业向大机器生产过渡以来的连续的社会历史演进过程。还有人认为，现代化是指落后国家或地区赶超发达国家社会发展水平的过程。

1960年，在日本的箱根，召集了一次"国际现代化会议"。会上广泛讨论了涉及国家现代化的有关问题，并且提及了全球在现代化进程中所积累的经验和教训。在这个箱根会议上，提出了八项标准，作为衡量和比较现代化进程中的水平和阶段。这八项标准是：①人口比较高度地集中于城市，整个社会越来越以城市为中心。②使用非生物能源的程度比较高，商品流通广泛，服务设施增加。③社会成员在广大的空间内相互作用，广泛参与经济和政治事务。④村社和代代相传的社会群体普遍解体，导致个人有更大的社会流动性，个人在社会的行为具有更广泛和多种不同的范围。⑤全面推广文化知识及随之而来的个人对其周围环境传播的世俗的和越来越科学化的倾向。⑥广大和深入的大众交流网络。⑦政府、商业、工业等大规模社会机构的存在及这些机构中日益增多的官僚组织。⑧在一个大的民众团体控制下，各大民众团体加强统一，这些单位之间的相互作用日益增加。

到了20世纪70年代，美国社会学家英克尔斯在前人已经研究的基础上提出了他对现代化度量的十项标准：①人均国民生产总值3000美元以上。②农业产值占国民生产总值比例低于12%~15%。③服务业产值占国民生产总值的比例在45%以上。④非农业劳动力占总劳动力的比重在70%以上。⑤识字人口的比例在80%以上。⑥大学入学率在10%~15%以上。⑦每名医生服务人数在1000人以下。⑧平均寿命在70岁以上。⑨城市人口占总人口的比例在50%以上。⑩人口自然增长率在1%以下。

在国内，中国科学院现代化研究中心、国家统计局、中国社会科学院等单位都做过现代化方面的研究。其中，何传启等人做过现代化的对比研究，陈佳贵、黄群慧等人对中国工业现代化做过深入研究，国家统计局与中国社会科学院朱庆芳等人做过全面建设小康社会研究。在此过程中，学者也提出了第一次现代化与第二次现代化的概念。所谓第一次现代化的内涵是从农业社会向工业社会转变，特点包括：城市化、福利化、流动化、专业化、理性化、机械化、电气化、自动化、技术化、标准化、公平性、普及初等义务教育、大众传播等。第二次社会现代化的内涵是从工业社会向知识社会转变，特点包括：知识化、信息化、郊区化、城乡平衡、绿色化、生态化、自然化、创新化、国际化、多样化、休闲化、个性化、妇女儿童权益、普及高等教育、终身学习等。在研究中，不少人采用英克尔斯的方法对中国的现代化水平进行衡量，但英克尔斯指标所规定的标准显然与当代的实际情况不符，其中一些绝对指标形成的背景已经发生了较大改变。例如，英克尔斯设定的人均GDP指标为1970年的3000美元，而中国在2008年就超过3000美元，不过2008年的3000美元与1970年的3000美元不可同日而语。横向对比当我们用英克尔斯指标去评价中国目前现代化实现程度时，有研究者发现，全国已达76.3%的水平，但当同时用目前中国与中等发达国家的精确对比时，中国仅是中等发达国家平均水平的40.4%，二者相差35个百分点以上。

二、沿海地区有条件率先实现现代化

在2000年以后，全国各地出现了一股现代化热。比如，广东省在2000年提出了自己的现代化标准，并规划在2010年实现现代化。这些指标是，人均GDP达到5000美元；第三产业的增加值占GDP的比重达50%；高新技术产品产值占工业总产值的比重达到20%；城市化水平达到60%；信息化综合指数达到60%；平均预期寿命75岁；适龄青年高等教育入学率达到20%；社会保险综合参保率达到95%；环境综合指标达到90分；城市居民人均公共绿地面积达到10平方米以上。

中国科学院现代化研究中心近年来一直研究了全国各地区的现代化实现程度。其结论是，2007年中国内地31个省份中有17个省份已经完成或基本实现第一次现代化。其中，上海和北京（10个指标达到标准）已经完成第一次现代化；其他15个地区基本实现第一次现代化：天津、浙江、广东和江苏有8个指标达标，辽宁、吉林、内蒙古和黑龙江有7个指标达标，福建、山东、重庆、湖北、山西、河北和陕西有6个指标达标。这17个省份中，有9个位于沿海地区，沿海除了海南省以外，其余省份都已经完成或者基本实现第一次现代化。

应该说，沿海地区具有率先实现现代化的良好基础。以人均GDP衡量，2007年沿海地区10个省份中，北京、天津、河北、上海、江苏、浙江、福建、山东、广东、海南分别达到7654美元、6065美元、2614美元、8728美元、4462美元、4920美元、3407美元、3657美元、4360美元、1916美元。按照英格尔斯的标准，除了河北、海南外，基本上都在3000美元以上。但是如果按照1970年的美元折算到现在，恐怕能够达到现代化水平的区域寥寥无几。不过，鉴于沿海地区人均GDP水平普遍高于全国平均水平，沿海地区最有可能整体上按照英格尔斯的标准先行达到人均 GDP 的现代化。从城镇化比重看，2007 年全国城镇化水平达到 50% 以上的省份中，除了东北三省和内蒙古外，其余省份包括北京、天津、上海、江苏、浙江、广东都位于沿海地区。沿海地区只有河北、福建、山东与海南的城镇化比重低于 50%，但城镇化比重低于全国平均水平的只有河北。从产业结构看，第一产业增加值比重少于 10% 而第三产业增加值比重大于 45% 的省份有：北京、上海两个城市，沿海地区第一产业增加值的比重只有福建和海南大于 10%，但是其他省份第二产业增加值的比重多在 50% 以上，还处在工业化进程中；相对地，第三产业还不够发达。从上述几个指标看，沿海地区总体上与现代化水平还有一定距离。

国家统计局运用一系列指标衡量中国各地区全面建设小康社会的进程，发现到 2008 年全国全面建设小康社会的总体进程由 2007 年的 72.7% 上升至 2008 年的 74.6%，距离实现全面小康的目标还有相当大的差距，而区域之间的差距又十分明显。沿海地区全面建设小康社会的总体进程达到 83.5%，东北地区为 77.6%，中部地区为 72.4%，西部地区只有 66.3%。

三、沿海的现代化需要包括生态现代化

应该说，国内不少机构对现代化和全面小康的研究是有成效的。但是，以往研究的不足之处也显而易见。比如，在指标体系中缺乏对物价上涨的考核，对于环境污染的影响也评估不足，存在着只算增量、不算减量的明显弊端。何传启、陈佳贵、朱庆芳等人在研究现代化的同时注意到生态环境问题，也都把环境因素纳入现代化的研究指标体系之中，值得充分肯定。中国现代化战略研究课题组在《中国现代化报告 2007》研究中，运用人均二氧化碳排放、生活废水处理率、森林覆盖率、有机农业比例、安全饮用水比例、可再生能源比例、长寿人口比例等 30 个指标研究后发现，2004 年中国生态现代化水平指数为 42 分，在 118 个国家中排第 100 位，中国处于生态现代化的起步期。

事实上，在国际学术界，关于生态现代化（Ecological Modernization）和环境现代化（Environmental Modernization）的研究已经进行了数十年。生态现代化最早出现在欧洲，是 20 世纪 80 年代早期由西欧的一些学者，主要是德国、荷兰和英国的学者提出的，Martin Jänicke, Volker von Prittwitz, Udo Simonis, Klaus Zimmermann, Gert Spaargaren, Maarten Hajer, Arthur P. J. Mol, Albert Weale, Maurie Cohen 和 Joseph Murphy 等人在研究生态现代化方面都有先驱性的贡献。生态现代化概念的提出，要求全社会既要关注经济增长，也要促进经济增长中的环境再调适（Environmental Readaptation）。环境现代化的概念与生态现代化的概念相接近，在一些提出环境现代化的学者看来，传

统的基于市场基础的管理模式存在一些突出问题，比如，不能解决全球变暖问题、不能一致性地做出环境决策、不能充分把信息融入环境管理之中，存在着明显的管理缺陷。

在研究中，提出生态现代化的学者们认为，人们不仅要关注劳动生产率（Labour Productivity）和资本生产率（Capital Productivity），也要关注环境生产率（Environmental Productivity）。生态现代化过程不仅包括减少资源消耗和污染物的排放，也包括工业的新陈代谢，在人与自然的共同演进中，通过人的更积极主动的努力，增加能源和资源效率、促进环境管理和可持续性的供应链管理、使用清洁技术和替代危险物品的利用、加强改善环境的产品设计等，尤其是加强环境创新或者生态创新，可以提升生态现代化水平，增强环境承载能力。而在研究环境现代化的学者认为，环境现代化应该形成面向未来的环境决策。美国PPI环境中心的主任Jan Mazurek就提出，应该重现发掘环境保护机构（EPA）的功能、在保持行政管理体系和标准的同时推进各地区解决各地管辖范围环境问题方面的分散化决策、使用更充分的信息提升环境管理能力、改善基于市场为基础的环境管理效率以面对全球问题。

现代化是一个国家或地区经济社会发展的全面转型，沿海地区的现代化应该是全面的现代化。只有经济的率先现代化而没有生态的率先现代化，不能说明率先现代化的目标已经实现。因而，沿海地区的现代化，应该包括生态现代化。加快推进沿海地区实现生态现代化，是实现沿海地区全面建设小康社会和率先实现现代化的客观要求，应该引起各地政府的充分重视。

第二节 沿海地区的环境污染及其表现

沿海地区经济发达，各项指标在国内排名遥遥领先。但是，环境污染问题同样突出，环境污染在各个省区都不容忽视，环境污染表现为海陆空全方位的污染。

一、无论整体污染还是局部污染都在国内处于领先水平

从数量上看，无论是工业废气、工业废水还是工业固体废弃物排放，沿海地区的污染一直高于东北、中部与西部地区的污染，像沿海地区的经济表现一样，沿海地区的污染表现也居于领先水平。2007年，沿海地区的工业废水排放量占全国比重的49.74%，高于东北7.02%，高于中部20.74%，高于西部22.49%；工业废气排放占全国比重的43.25%，高于东北9.52%%，高于中部20.30%，高于西部26.93%；工业固体废弃物排放占全国比重的31.46%，高于东北12.29%，高于中部25.99%，也高于西部30.26%。从三

类主要污染来看，沿海地区都处于主导地位。问题在于，沿海地区的人口占全国的36.54%，土地面积只占全国比重的9.5%，单位土地面积和单位数量的人口承受的环境污染压力比全国任何地方都大。从各类主要污染物的省际分布看，河北、江苏、浙江、广东、山东等沿海省份的污染物也在全国居于领先地位。

二、各类污染自南向北都有加重的趋势

从沿海地区南端的海南岛，到北方的河北，整个沿海区域的污染问题都日益突出。过去，公众都把海南岛作为重要旅游区，但是随着海南省加快工业化一系列举措的推开，工业项目不断增多，海南省的环境形势也日益紧张。从广东、福建、浙江、江苏到北方的河北、山东，各个地区都面对着越来越棘手的环境问题。尤其是，自2000年以来新一轮的重化学工业化进程，使得原本重化学工业基础较好的北方地区的环境污染问题更加突出，而北方地区的降雨较少，自然环境的稀释能力弱，使得环境污染造成的损害更大。以河北省来说，在县域特色工业发展中，各类制浆造纸、电镀、印染、土法炼焦、水泥、制革、炼油等行业发展迅速，由于设备简陋、技术落后、规模较小，治理难度较大，造成企业星罗棋布分布的同时，使污染源也星罗棋布地分布，经济发展与环境污染的矛盾比较突出。甚至连北京的环境状况也不乐观。在北京2万多家工业企业中，排放污水的企业约有5000家。而目前除了对33家国控和147家市控废水排放重点源单位的监控情况较好以外，其他排污企业由于数量多、位置分散、客观上监管难度比较大，成为执法的薄弱环节。根据北京市市人大常委会执法检查组的报告，北京水污染排放总量远大于水环境容量，河湖水质尚未得到根本好转。在2008年监测的全市共计82条2020公里长的有水河流中，四类、五类和劣五类水质河道长度占到监测总长度的44.1%。

三、环境污染自海向陆都有表现

陆地污染的情况不断通过媒体曝光，这是因为人们主要居住在陆地，在信息通畅的情况下，陆地上的环境污染变化可以被感知。但是，海洋污染却缺乏同样的信息反馈条件。事实上，近年来，除了2010年比重略低外，每年自陆地直接入海的污水量占全国工业废水排放量的5%以上（见图12-1），污染物排放量相对较高。分海域看，渤海、东海的污染问题比较突出，严重污染海域所占比重较大，清洁海域比重不高，污染对水生生物的生存造成严重影响，而黄海与南海的污染影响相对较小，适合于水生生物的生存和发展（见表12-1）。事实上，生物学和环境学的研究都发现，在海水受到污染的情况下，一些对自然环境要求严格的稀缺生物出现了减少趋势。根据有关报

告,近年来山东沿海的渤海湾南部、莱州湾、胶州湾污染情况较为严重,使海水富营养化加剧,导致赤潮现象频繁发生,近岸水域贝类体内存在汞、砷、铅、镉、六价铬、DDT 等污染物超标现象。在水质下降时,还出现生物群落结构改变、生物种类减少、产卵场退化等现象。国家 I 类保护动物长吻虫过去分布在山东青岛及附近海域,现在已经很难看到。

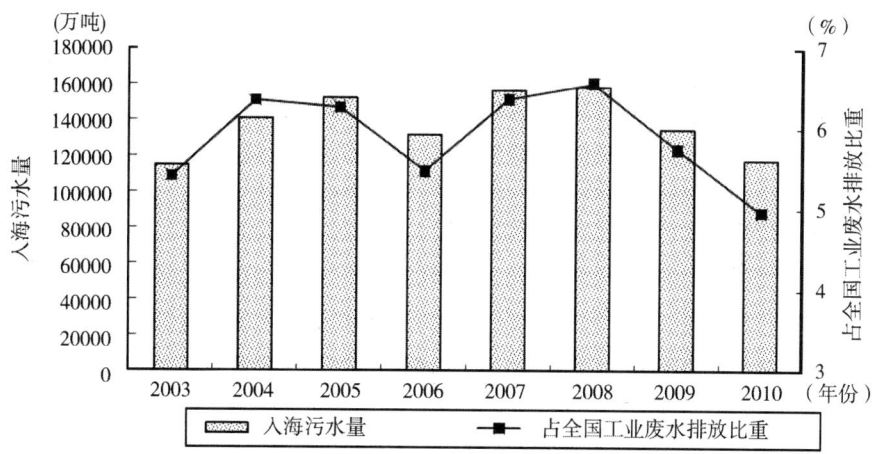

图 12-1 2003~2010 年沿海地区工业废水直接入海量
与其占工业废水排放总量的比重

表 12-1 2007 年全国近岸海域海水水质评价结果

单位:万平方公里

海区	测站数量	较清洁海域面积及比重	轻度污染海域面积及比重	中度污染海域面积及比重	严重污染海域面积及比重
全国	483	2.91 (27.48%)	3.13 (29.56%)	1.59 (15.01%)	2.96 (27.95%)
渤海	113	0.47 (23.38%)	0.45 (22.39%)	0.49 (24.38%)	0.60 (29.85%)
黄海	118	0.45 (19.31%)	1.24 (53.22%)	0.34 (14.59%)	0.30 (12.88%)
东海	125	0.76 (18.63%)	1.08 (26.47%)	0.55 (13.48%)	1.69 (41.42%)
南海	127	1.23 (56.68%)	0.36 (16.59%)	0.21 (9.68%)	0.37 (17.05%)

资料来源:根据《中国环境统计年鉴》(2008) 计算。

四、污染加重的趋势在空间层面呈阶梯式分布

大气污染、水污染由于介质密度的不同,分别出现向下或者向上的不同走向,从而导致环境污染在空间上的分层型。而沿海地区污染特性的一个突出表现,就是在空间各个层次都有明显加重的趋势。无论是处于高空

的大气污染，平面的水污染还是处于地面以下的土壤污染，都难以给予好评。

从大气污染看，据有关课题组的研究，广东白云山大气中DDT含量长期居高不下，2005年5月24~26日的大气中DDTs浓度为近4000pg/m^3，广州市区内的中山大学采样站更高达11000pg/m^3，而在欧洲和北美国家最多也不过几百pg/m^3。值得一提的是，尽管珠江三角洲的空气污染状况在沿海地区不是最严重的，但是来自珠江三角洲的大气污染还是对香港的环境造成了一定的影响。香港的工业基本上在20世纪末转移到珠江三角洲，本地对交通车辆进行严格控制，但是香港的大气污染仍然比较严重。绿色和平组织曾经进行了为期9天的监控发现，大多数时间内，诸如可吸入悬浮颗粒等污染物指标都超过了国际标准的200%。有人指出，随着广东经济的持续发展，过去几年香港的总体空气污染状况已恶化。

从水污染看，水污染问题已经造成严重的健康问题，加重了社会矛盾与冲突。苏、锡、常地区曾是全国乡镇企业发展的典型，20世纪80年代引起广泛重视，但是水环境污染也在工业化推进中日益加重。从20世纪后期到21世纪初期，长江三角洲水污染的形势变得十分严峻。比如，由于钱塘江流域内的一些化工厂、皮革厂、染料厂等大规模向江内排污，钱塘江水污染十分严重，经常出现氨氮超标现象。苏州市的江、河、湖水质有50%以上超过地表水劣五类标准，取水口已被迫从城内的胥江搬到了太湖和阳澄湖。但太湖流域面积3.7万平方公里，占全国水流域的0.38%，各种污水排放量高达32亿吨/年，占全国的10%。太湖近年来一再发生藻类事件，影响到水生动物的生存和用水安全。2007年太湖的劣五类水质所占的比重高达64.3%。在长江三角洲，一些企业临江建设，就为向长江排泄工业废水。京津冀地区的水环境形势也不容乐观。海河是中国污染最严重的河流之一，2007年海河的劣五类水质占河长比重64.8%，严重影响到河流沿岸的用水安全。不仅如此，地下水的安全形势也难以令人满意。根据有关方面提供的资料，目前在北京、天津、河北等地的地下水已经化验出100多种污染物，其中不少是"致癌、致畸和致突变"物质。仅海河流域水质劣于国家地下水质量Ⅲ类标准的水体面积就多达7万平方公里左右，主要超标项目有硬度、三氮、铬、酚、砷、汞、氰、氟、细菌和大肠菌群等。

从土壤污染看，土壤污染比较突出，需要引起充分重视。近年来，科技工作者已经注意到土壤污染的问题。在长江三角洲地区，已经测出16种多环芳烃类物质，100多种多氯联苯，还有10余种其他毒性更强的持久性有机污染物。长三角的土壤污染除了来自农药污染外，个别地区土壤出现持久性有机污染物和有毒重金属污染。根据有关方面的分析，在东南地区，汞、砷、铜、锌等元素的超标面积占污染总面积的45.5%。有资料报道，华南地区有的城市有50%的农地遭受镉、砷、汞等有毒重金属和石油类的污染。长江三角洲地区有的城市有万亩连片农田受镉、铅、砷、铜、锌等多种重金属污染，致使10%的土壤基本丧失生产力。① 京津冀地区的土壤污染也引起了学者的重视。河北省地质调查院在冀东沿海地区的浅层土壤中发现了450平方公里的镉富集带。富集区内Cd含量平均值0.76毫克/千克，最大值7.65毫克/千克，镉富集区域与当地的水稻田范围极为吻合。进一步的分析表明，镉富集源于人为活动（张秀芝等，2006）。另据有关方面的资料，在珠江河口周边约1万平方公里范围内，土壤高氟异常区为5263平方公里，高镉异常区逾6000平方公里，受人为污染导致土壤中有毒有害重金属元素异常地高，镉、汞、砷、铜、铅、镍、铬等8种元素污染面积达5500平方公里，其中仅汞污染便达1257平方公里，污染深度达40厘米。

五、不少地区的环境污染超过环境容量甚至严重损害居民身体健康

根据中国环境规划研究院2007年的报告，2004年江苏省一些沿江城市的环境核定容量与污染物的现状排放容量之间存在较大差距，环境污染水平超过环境容量，表现为环境形势十分严峻（见表12-2）。比如，化学需氧量、氨氮的现状排放量超出核定量的50%以上，而二氧化硫的现状排放量高于核定量的1倍。2004~2007年，江苏省的环境污染又出现了一定幅度的增长，工业废水排放没有明显减少，工业废气排放增长了76.75%，工业固体废弃物产生量增长了106.98%，表明环境污染问题进一步恶化。太湖频频爆发蓝藻只是问题的典型表现。2002年，香港浸会大学教授黄铭宏发表了一份研究报告，指出以广州、香港为代表的珠江三角洲地区，母乳中DDT的含量严重超标。邓熙等人（2004）对1991~1998年广州市饮用水中硝酸盐亚硝酸盐含量与癌症死亡率之间的关系进行的相关分析显示，广州市区居民癌症死亡率递增很可能与饮用水源中硝酸盐亚硝酸盐含量的增加有关。还有报道说，以2002年香港的空气污染水平，估计导致香港一年有800人过早死亡，8000人入院治疗，经济损失达17亿港元。另据海南省疾病控制中心2002年10月17日~2003年4月14日对8所学校1万多名儿童进行的血铅分析结果，铅中毒的比例高达49.28%。国际消除铅中毒联盟专家告诫说，如果中国不进行儿童铅中毒的防治，20年以后中国人平均智力比美国人低20%。

---

① 《土壤污染是中国农产品不安全的源头》，中国食品产业网，http://www.cqaqs.gov.cn，2006年11月28日。

表 12-2 江苏沿江城市的环境污染与环境容量的对比

单位：万吨/年

沿江地市	水环境容量				二氧化硫环境容量	
	化学需氧量核定值	现状排放值	氨氮核定值	现状排放值	二氧化硫核定值（万吨/年）	现状排放值（万吨/年）
南京	7.34	14.08	0.57	0.97	6.9	14.4
苏州	4.01	7.39	0.31	0.45	6.9	13.3
南通	4.3	6.48	0.33	0.48	7.4	17.6
无锡	8.16	11.19	0.63	1.17	7.3	6.3
常州	5.03	7.25	0.4	0.71	5.8	23.5
扬州	3.98	4.40	0.32	0.47	7.0	8.1
镇江	2.26	4.95	0.18	0.28	4.6	7.7
泰州	4.62	4.59	0.36	0.41	不含泰州	不含泰州
合计	39.70	60.34	3.10	4.94	45.9	90.9

资料来源：徐毅等（2007）。

总体上看，中国沿海地区的环境污染形势比较严峻，与经济发展形成明显反差。高增长伴随着高污染的状况屡见不鲜，经济增长上行、环境质量下行的状况成为经济社会发展中的突出问题。

第三节 沿海地区污染治理的 SWOT 分析

SWOT 分析法最早由哈佛大学商学院安索夫教授于 1956 年提出来进行企业战略研究，目前已广泛应用于区域经济发展研究和区域发展规划领域中。沿海地区的污染治理也是一项具有长期性战略性的任务，涉及多方参与主体，可以类比经济发展战略进行 SWOT 的研究。本书利用 SWOT 分析法对沿海地区环境污染治理的优势（Strength）、劣势（Weak）、机遇（Opportunity）、挑战（Threat）做系统分析。

一、环境污染治理的优势（Strength）

首先，沿海地区有意愿也有能力加大污染治理的力度。改革开放以来，沿海地区作为率先改革开发的区域，依托外资企业、民营企业和深化对国有企业的改革，经济实力大大增强，地方政府有能力扩大对污染治理的投入，这与沿海各地建设生态省、生态市的目标相一致。在中央政府强调科学发展观为指导，把统筹人与自然的关系作为衡量科学发展的重要内容，要求实行树立正确的政绩观的背景下，沿海地区重视环境污染治理和加大对污染治理的投入并不让人意外。数据显示，2007年，沿海地区的地方一般预算性收入占全国的64%以上，能够支撑对大规模污染治理的投资。

其次，环保部门的职能得到加强。近年来，随着国家对科学发展观的强调，政策层面上对污染治理的重视前所未有。而环境污染治理政策与法律法规逐步细化，有利于缓解地方政府在污染治理方面的压力。在环境保护部成立以后，环保部门的职责得以增强，沿海地区环境保护部门无论从人员配备、财力投入等方面都有明显提高，在地方政府管理中的地位有所提升。

再次，民众要求环境治理的呼声不断高涨。在沿海率先推动经济发展，城乡居民收入大幅度提高以后，民众已经普遍认识到，经济增长与生活幸福并不能直接画等号，金钱买不来健康，要求改善生态环境的愿望日益强烈。在沿海地区，多次发生民众将污染企业甚至地方政府告上法庭的现象，在不少法律纠纷的裁决中，民众都获得了官司的胜利。

最后，沿海地区进行污染治理的技术水平与人才储备优势明显。相对于东北、中部和西部地区，沿海地区环境治理的专业化公司较多，环保产业发展水平较高，科研院所与大专院校从事环境治理的科研人员众多，科研成果不断涌现，进行环境治理的经验丰富。

事实上，近些年来不少沿海省份在改善生态环境方面采取了不少积极性措施，尤其是在建设生态省、生态城市方面不遗余力。比如，厦门是一个能源和自然矿产资源相当贫乏的城市，但其政府将发展目标定位于滨海生态城市。按照循环经济的模式建立"自然资源—产品和用品—再生资源"的闭环式流程，同时积极促进产业结构调整，在不破坏生态平衡的前提下，大力发展高新技术产业，利用新技术改造传统产业，实行清洁化生产。从而在产业发展方向上突出三个特点：一是应用先进技术发展生态农业和都市园林；二是积极发展生态旅游业；三是促进环保产业等新兴产业发展。深圳市把生态城市建设与创新型城市建设结合起来，强调经济增长方式转变，大力发展高新技术产业，立足于创造洁净、清新、美观的生活与工作环境。城市建设不仅追求新颖独特，而且以环境审美的标准建设，显示新兴城市的特有风格。在生态城市发展的进程中，突出国土控制、规划调控、政策调节和生态控制机制。大连的生态城市建设坚持以人为本、生态优先、城乡协调发展、科技先行的原则。创新全民参与机制、政府投入机制以及非公有制开发机制，注重协调近期与长远、发展与保护的关系。尤其是，天津滨海新区和上海崇明岛东滩启动的"生态城"建设，是沿海地区"生态城"建设试验示范的突出代表。这两个项目建设均位于沿海发达地区，依托开发区雄厚的经济实力，立足于引进国际上先进生态管理理念和技术，投入大量建设资金，建设一座新城，是一种"先导性"和"概念性"的建设项目。中新"生态城"、东滩

"生态城"以及正在酝酿中的天津滨海新区"高科技生态城"均以循环经济为中心,将太阳能等清洁新能源应用到"生态城"中,汽车等交通工具被彻底改装或取代,人们必需的水和食物以及产生的垃圾都要经过环保技术的处理。位于崇明岛的上海东滩"生态城"甚至提出"全球首个实现零碳排放的城市",规划目标是在2010年世博会时能够入住5万人,真正建成后将成为一个容纳50万人口的"东方曼哈顿"。

二、环境污染治理的劣势(Weak)

数据显示,加入世界贸易组织后,沿海地区的环境污染是在经济规模扩大,对外出口加速增长的条件下发生的。从2001年到2010年,沿海地区出口规模迅速扩大,对外出口额占全国的比重也在上升(见图12-2)。沿海地区的钢铁产品、发电量、水泥、布匹等工业品产量都成倍增长(见表12-3)。在我们对一些地区进行调研中发现,一些政府官员和企业家持有这样的错误认识:环境污染是经济增长的副产品,甚至有些人认为不污染怎么实现经济增长,存在着以牺牲环境为代价实现经济增长的惯性。这样的看法显然是错误的。根据有关方面的资料显示,2001年浙江省农产品出口由于检测不合格而损失数亿美元。欧盟对中国茶叶的农药检测项目从原来的6种增加到62种,直接影响浙江省每年茶叶出口额670万美元。可见,如果没有好的生态环境做支撑,对外出口也会受到影响。但是,由于任期目标制的要求,政府官员有着强烈的经济目标追求;在约束不足和各地政绩追逐资本的情况下,对企业家在治理环境污染方面的要求与约束明显降低;整个社会制衡环境污染行为的动力还不足,相当多的民众还存在强烈的从众倾向与"搭便车"行为。

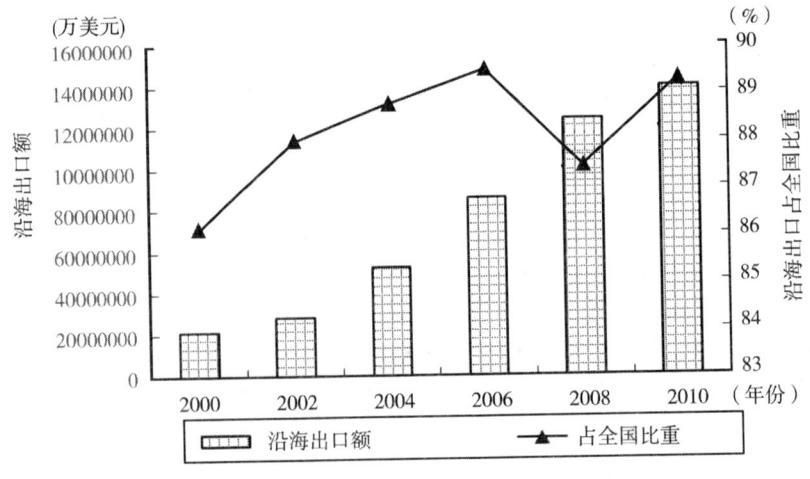

图12-2　2001~2010年沿海地区货物出口额及占全国比重

表 12-3 2001~2010 年沿海地区部分高能耗高污染类工业品产量及占全国比重

年份 项目	2001	2003	2005	2006	2007	2008	2010
粗钢（万吨）	7329.93	11525.91	19497.24	22942.99	26516.76	26730.15	34631.85
占全国比重（%）	48.34	51.84	55.20	54.74	54.19	55.16	54.35
生铁（万吨）	6467.24	9583.67	17046.73	20868.38	24728.15	25083.54	31278.63
占全国比重（%）	41.58	44.85	49.59	50.60	51.89	53.29	52.36
钢材（万吨）	8730.09	13623.31	21735.45	27625.07	33419.36	34594.99	47595.35
占全国比重（%）	54.33	56.51	57.55	58.91	59.09	59.15	59.29
发电量（千瓦小时）	6616.76	8675.65	11281.85	12839.29	14179.58	11614.33	19443.58
占全国比重（%）	44.68	45.41	45.12	44.80	43.21	42.15	41.46
水泥（万吨）	31877.55	44288.36	55136.98	62940.58	64856.28	62520.24	76027.30
占全国比重（%）	48.22	51.37	51.59	50.89	47.65	44.66	40.40
乙烯（万吨）	—	—	531.85	694.21	731.32	700.97	980.2
占全国比重（%）	—	—	70.39	73.81	71.15	70.70	68.96
布（亿米）	210.64	258.13	374.52	462.45	534.93	423.47	626.96
占全国比重（%）	71.49	73.02	77.32	77.26	79.22	59.64	78.37
机制纸及纸板（万吨）	2260.02	3220.93	4253.02	4731.71	5375.60	5766.68	6628.50
占全国比重（%）	59.84	66.42	68.54	68.95	68.98	68.73	67.41

资料来源：根据《中国统计年鉴》各相关年度数据计算。

三、环境污染治理的机遇（Opportunity）

首先，在环境污染治理上面临全球市场调整的机遇。全球经济减速使沿海地区的外需下降，导致一些高耗能高污染类产品的市场需求出现一定程度的降低。2009 年上半年，国内钢铁、水泥、造船行业的生产能力严重过剩，产品积压明显。在这种情况下，对相关行业进行落后生产能力的淘汰，不仅不会引起较大的社会震动与社会矛盾，而且会受到市场参与各方的欢迎，有利于行业的优胜劣汰和产业结构、企业结构与产品结构的调整，而且有利于促进企业的技术进步。

其次，政策调整的机遇，中央政府推出的十大产业振兴规划，主要着眼于扶持具有市场竞争力和符合新型工业化要求的企业，这些产业的发展会在增大经济总量的同时不增大环境污染水平，促使沿海地区经济增长强度的下降；在国际金融危机尚未走出前，中央政府把进行生态建设与环境保护的投入作为中央政府决策的重要内容。沿海地区污染总量大，污染密度高，如果进行环境污染治理方面的投入，环境污染投入带来的治理效果明显，加上沿海地区对环境治理项目的配套能力较强，如果能够抓住这一机遇加强环境建设，可以大大改善沿海地区的环境质量，为沿海地区未来的科学发展奠定良好的基础。

四、环境污染治理的威胁（Threat）

在重化学工业化进程还未结束的情况下，沿海各地的政府还存在着强烈的发展冲动，各地的建设项目中石油化工、医药类等类产业偏多且环境保护设施配套建设不力。这些项目一旦形成生产能力，将会对沿海地区的环境构成进一步的冲击，使环境治理的压力增大。在政绩竞争压力的情况下，沿海一些地方的政府还存在获取漂亮政绩答卷和模仿其他地区发展模式的动力，在严格的环境保护标准有损政绩实现时，会刻意追求政绩目标。在追求工业化而不计资源环境成本的情况下，沿海地区的自然生态系统将会被更多的人工生态系统所代替。工业区及与其相关的道路、港口、商场、货栈、居民区等围绕工业发展的人工建筑，会覆盖或者压缩原来的自然生态系统。在环境污染的胁迫下，自然生态系统一直处于污染物的日积月累过程中（苗鸿等，1999），在没有充分的时间缓冲和恢复的情况下，生态服务功能将得到极大削弱。

第四节　率先推进沿海地区可持续发展的思路

经济现代化水平高而生态现代化水平低的状况，不符合沿海地区持续发展的目标。一是这种高低搭配是一种不稳定的现代化模式。滞后形态现代化方式的存在，必然会使追求更均衡更合理现代化的民众产生不满情绪，对先行现代化形态的推进产生一定的阻碍作用，生态矛盾有可能冲击到社会大众，并会把人与自然的矛盾转变成为人与人的社会矛盾，影响到现代化的继续推进。二是这种高低搭配是一种不公平的现代化模式。可持续发展不仅包括这一代人的全面发展，而且也包括下一代人的可持续发展。但是由于沿海地区生态现代化水平低损害下一代居民的福利与健康，目前的这种模式不仅有损于这一代人的福利水平，也有损于下一代人的生存和发展环境。三是这种高低搭配是一种不和谐的现代化模式。现代化最好的模式体现为人人福利水平的改善，不以损害任何其他人的福利为代价。但是高的经济现代化水平搭配以低的生态现代化水平显示，这种企业追求利润而周围环境下降、少数人获益而大部分人的福利受损的状况，会带来社会严重的不和谐，加大社会差距，引发社会冲突，不容易形成推进现代化的合力。可见，现有的现代化模式是不可持续的，必须进行改弦更张式的改变。这就是，沿海地区要像重视经济增长一样重视污染治理，把污染治理放在与经济增长同等重要的地位，在全国污染大幅度治理上先行一步。

发挥优势、限制劣势、抓住机遇、规避威胁，是推动沿海地区科学发展的必由之路，应该在环境污染治理策略上加以体现（见表12-4）。首先是确定科学的战略方向。要顺应市场规律，压缩和淘汰落后产能；在政绩衡量与考核中，强化环保目标；在扩大内需中，重视对环境保护基础设施的投入；在解决环境保护矛盾与纠纷中，充分尊重社会大众的意愿；在发展思路形成中，切实转变政府管理模式，使政府部门与政府官员能够在科学发展观的指导下，出台更有利于环境保护的政策；还要通过技术创新提升工业化的质量，防范传统工业化形式的平面扩张；要注意各地在市场竞争中建立符合本地比较优势的产业结构，推动产业结构优化，鼓励沿海各个省市大力发展第三产业和高新技术产业，替代高能耗高污染的产业，在实现经济增长的同时促进生态环境的改善。政府应该在环境建设中起带头作用，建设绿色政府。

表12-4 SWOT下的沿海地区污染控制战略选择

发展战略＼内部因素＼影响因素	优势（S） S1 治理能力增强 S2 环保部门职能加强 S3 民众环保意识觉醒	劣势（W） W1 发展惯性 W2 观念落后
机遇（O） O1 市场调整机遇 O2 政策调整机遇	SO 积极发展战略：发挥优势，利用机遇 SO1 顺应市场规律，压缩落后产能 SO2 突出环保政绩目标实现 SO3 在扩大内需中补环保欠账 SO4 尊重民众的环保愿望	WO 主动扭转战略：利用机遇，扭转劣势 WO1 顺应市场要求转变政府管理模式 WO2 强化科学发展观的指导
威胁（T） T1 重化工化的蔓延 T2 政绩竞争中的模仿效应	ST 稳妥规避战略：发挥优势，规避威胁 ST1 规避工业化的数量扩大目标突出质量提升目标 ST2 发挥各自优势各展其长	WT 稳健防御战略：克服劣势，回避威胁 WT1 大力发展第三产业和高新技术产业 WT2 树立正确的政绩观

在沿海地区的污染治理中，既要重视全面推进海陆空、全行业的污染治理，也要重视加强对重点产业和重点区域的污染治理。在产业发展上，应该突出对钢铁、有色金属、化工、建材、造纸、纺织、电力等污染较重行业的集中治理；在区域发展上，要重视对主要工业密集区域的污染治理，强化京津冀、长三角和珠三角主要工业区的治污措施，加强对海河、太湖、长江、珠江、黄河下游入海口的污染治理，加强河流湖泊沿岸省市之间在环境污染治理方面的相互协调，明确各地政府在管理环境方面的责任。

参考文献

[1] 邓熙，林秋奇，顾继光. 广州市饮用水源中硝酸盐亚硝酸盐含量与癌症死亡率联系. 生态科学, 2004, 23 (1).

[2] 李延风. 闽江流域生态健康维护和生态修复探讨. 第五届中国生态健康论文集, 2009.

[3] 苗鸿，欧阳志云. 现代工业化进程对中国生态环境的胁迫作用. 北京：中国环境科学出版社, 1994.

[4] 张秀芝，王三民，李建华. 冀东沿海地区镉的富集程度及成因分析. 地球与环境, 2007 (4).

[5] 徐毅，吴悦颖，王金南，吴舜泽. 关于南京以下长江下游段的若干环境问题分析. 北京：中国环境科学出版社, 2007.

专题报告 12
北京市促进节能减排的产业政策研究

产业政策对于产业经济的发展具有积极引导、统筹规范、大力扶持或限制调控等重要作用。一般来讲，国家或省市地区的产业政策主要有：产业结构政策、产业技术政策、产业组织政策和产业布局政策四类。

产业结构政策，重点以社会各产业各种资源的优化配置为主导，制定影响产业发展和产业结构调整的导向与促进政策。产业结构政策的主旨是实现社会各产业的基础性资源优化配置，进而推进产业结构优化。产业结构政策包括：产业协调发展政策，积极扶持创新产业和具有市场前景的主导产业超前发展政策，保护和扶持国内幼稚产业发展政策等。

产业技术政策（即产业技术进步政策），以引导或促进产业技术进步为取向，推进先进技术与创新产品发展，限制和淘汰落后技术与产品。产业技术政策主要包括：技术开发和技术引进创新政策，新技术、新产品推广应用鼓励政策，落后技术与设备限制淘汰政策，扶植高新技术产业发展政策等。

产业组织政策，以产业内部各企业之间的各种资源优化配置为导向，制定影响和调控产业组织结构发展的导向政策。产业组织政策包括：促进规模经济、生产集中度提高的政策，中小企业发展、行业归并与集聚、企业兼并和集团化政策，反垄断政策和反过度竞争政策等。

产业布局政策，主要以较大区域范围内的产业布局与资源配置优化和各区域间的产业协调发展为取向，制定调整和控制产业布局的导向政策。产业布局政策包括：鼓励特定地区发展特定产业的政策，鼓励或限制特定地区不发展特定产业的政策，鼓励或不鼓励地区间产业转移政策，鼓励或不鼓励地域内产业集聚的政策等。

一、北京市节能减排基本情况分析

北京市节能减排工作已经取得阶段性成果。到2006年底，全市万元GDP能耗比上年同期下降5.25%，成为全国唯一完成国家节能目标的地区；万元GDP水耗同比下降11.9%；二氧化硫排放量下降7.9%；化学耗氧量下降5.2%。但是，北京市所需的资源与能源供需矛盾相当严重，环境污染压力也相当严峻，城市产业结构调整，经济发展方式转变的紧迫性日益加大，全市节能减排的任务依然很大。

（一）北京市能源和水消耗结构的基本情况

2006年全国万元GDP能耗为1.168吨标准煤，全国能耗最高的是宁夏，而北京的单位GDP能耗为全国最低，为0.76吨标准煤/万元，比2000年降低近40%（见图1）。

北京2006年万元GDP水耗为44.4立方米，比上年下降11.2%，与2000年相比下降了65%。在地区生产总值大幅度增长的同时，北京地区的用水量增长的速度相对较低，甚至下降，保证了水资源利用效率的大幅提高（见图2）。

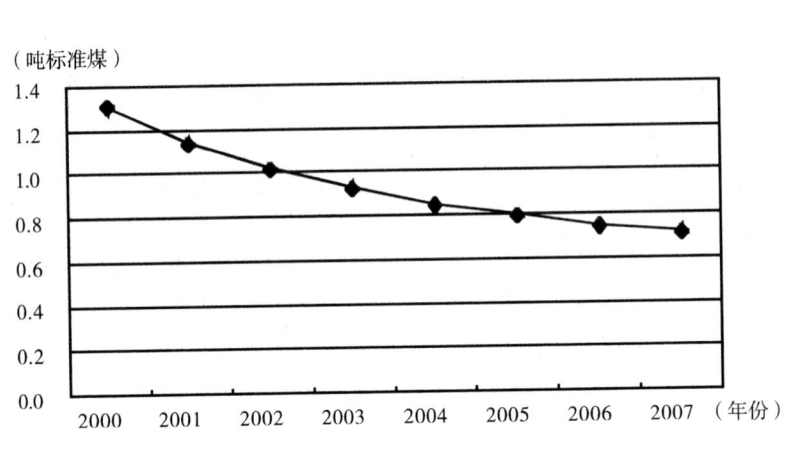

图1 2000年以来北京市万元能耗变化

资料来源:《北京统计年鉴》(2007)。

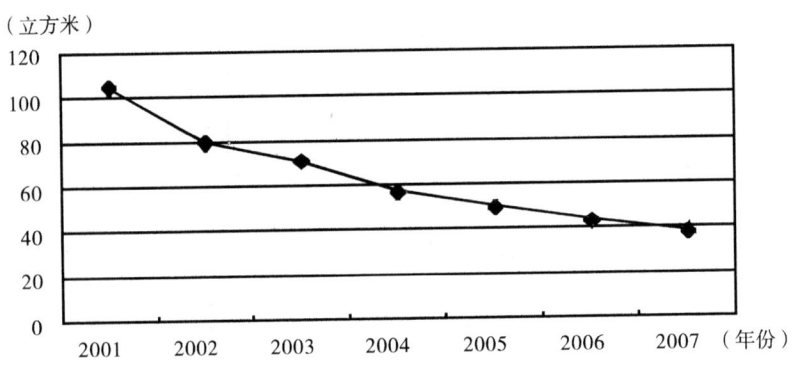

图2 北京市万元GDP水耗变化

资料来源:《北京统计年鉴》(2007)。

据2006年统计数据,北京市能源消费总量为5904.11万吨标准煤,万元GDP能耗为0.75吨标煤,按可比价计算,比上年同期下降5.25%,是全国唯一完成"十一五"国家规划中要求节能目标的地区。北京市能源消费结构主要以第二产业和第三产业为主,全市能源消费结构数据见表1。

表1　2006年北京市国民生产总值与能源消费结构

	生产总值		能源消费总量		万元GDP能耗
	亿元	%	万吨标准煤	%	吨标准煤/万元
全市总计	7870.30	100.00	5904.11	100.00	0.75
农林牧渔业	98.00	1.30	92.30	1.67	0.94
制造业	1821.90	23.10	2362.34	42.78	1.30
建筑业	369.60	4.70	102.72	1.86	0.28
服务业	5580.80	70.90	2129.25	38.56	0.38

资料来源：根据《北京统计年鉴》(2007)整理计算。

从表1中数据看出，北京市万元GDP能耗建筑业最低，为0.28；其次是服务业，为0.38；再次是农林牧渔业，为0.94；制造业最高，为1.30。服务业的万元GDP能耗约为制造业万元GDP能耗的1/3。这也就是节能减排在产业结构调整中产生的效应。从北京市的能源消耗结构实际看，农林牧渔业和制造业的万元GDP能耗水平都高出全市万元GDP能耗的平均水平，这些都是今后节能减排工作的主要方向。

（二）北京市主要生产行业的能源消耗结构情况

北京市现有37个工业行业（见表2），按工业增加值排序在前15位的行业占全部工业增加值的86.58%，这15个大工业行业是北京市产业经济发展的支柱，也是促进节能减排的重点。

表2　北京市工业行业的增加值排序（2006年）

序号	工业行业	工业增加值(万元)	比重(%)	序号	工业行业	工业增加值(万元)	比重(%)
1	通信设备计算机	3118819.82	17.92	8	电气机械及器材制造	570534.49	3.28
2	电力热力生产供应业	2408488.85	13.84	9	医药制造业	539131.08	3.10
3	黑色金属冶炼及压延	2270433.58	13.04	10	化学原料及化学制品	538569.53	3.09
4	交通运输设备制造业	1467670.28	8.43	11	非金属矿物制品业	506103.00	2.91
5	专用设备制造业	818995.81	4.70	12	石油化工炼焦加工业	469298.40	2.70
6	通用设备制造业	686830.91	3.95	13	食品制造业	415448.67	2.39
7	仪器仪表及文化用品	572408.99	3.29	14	饮料制造业	375944.37	2.16

续表

序号	工业行业	工业增加值(万元)	比重(%)	序号	工业行业	工业增加值(万元)	比重(%)
15	印刷业记录媒介复制	313126.09	1.80	27	家具制造业	88082.82	0.51
16	煤炭开采和洗选业	285456.82	1.64	28	水的生产和供应业	78408.07	0.45
17	金属制品业	269122.24	1.55	29	有色金属冶炼及压延	65029.93	0.37
18	纺织服装鞋帽制造业	256453.98	1.47	30	文教体育用品制造业	49549.30	0.28
19	燃气生产和供应业	191668.49	1.10	31	橡胶制品业	48374.28	0.28
20	纺织业	166165.66	0.95	32	黑色金属矿采选业	47395.07	0.27
21	农副食品加工业	145730.54	0.84	33	木材加工及竹、藤、棕草制品	18619.46	0.11
22	工艺品及其他制造业	127607.26	0.73	34	皮革毛皮羽毛（绒）	10331.17	0.06
23	塑料制品业	126169.82	0.72	35	非金属矿采选业	9995.34	0.06
24	烟草制造业	125935.49	0.72	36	化学纤维制造业	8666.02	0.05
25	造纸及纸制品业	120895.30	0.69	37	废弃资源回收加工业	8445.04	0.05
26	石油和天然气开采业	88519.02	0.51		合计	17408425	100.00

资料来源：《北京统计年鉴》（2007）。

在北京市的工业支柱产业中，能源消耗大户有：石油化工、炼焦及核燃料加工业（占12.75%）、黑色金属冶炼及压延加工业（占11.65%）、电力热力及水的生产和供应业（占9.76%）、非金属矿物制品业（占5.66%）、化学原料及化学制品制造业（占3.53%）、交通运输设备制造业（占1.20%）、通信设备计算机及其他等工业行业（占1.09%）；这些行业的能源消费占全市总量的比重均超过1%。因此，上述行业是北京市用能大户，也是北京市促进节能减排的重点行业（见表3）。

表3 北京市工业行业能源消费总量排序（2006年）

序号	工业行业	能源消费总量（万吨标准煤）	占全市能源消费总量（%）	序号	工业行业	能源消费总量（万吨标准煤）	占全市能源消费总量（%）
1	石油化工炼焦及核燃料加工业	704.16	12.75	18	纺织业	17.11	0.31
2	黑色金属冶炼及压延加工业	643.31	11.65	19	电气机械及器材制造业	16.3	0.30
3	电力热力及水的生产和供应业	538.71	9.76	20	造纸及纸制品业	14.83	0.27
4	非金属矿物制品业	312.51	5.66	21	水的生产和供应业	14.46	0.26
5	化学原料及化学制品制造业	194.82	3.53	22	橡胶制品业	13.08	0.24
6	交通运输设备制造业	66.51	1.20	23	工艺品及其他制造业	10.36	0.19
7	通信设备计算机	59.93	1.09	24	燃气生产和供应业	7.03	0.13
8	饮料制造业	43.17	0.78	25	仪器仪表及文化、办公用	6.72	0.12
9	通用设备制造业	35.98	0.65	26	家具制造业	6.57	0.12
10	食品制造业	34.34	0.62	27	有色金属冶炼及压延加工	6.38	0.12
11	专用设备制造业	32.72	0.59	28	木材加工及竹、藤、棕草制品	5.13	0.09
12	金属制品业	25.17	0.46	29	文教体育用品制造业	3.76	0.07
13	印刷业和记录媒介的复制	21.72	0.39	30	皮革毛皮羽绒及其制品业	2.23	0.04
14	农副食品加工业	21.62	0.39	31	化学纤维制造业	1.18	0.02
15	医药制造业	21.58	0.39	32	废弃资源回收加工业	1.12	0.02
16	塑料制品业	20.94	0.38	33	烟草制造业	1.1	0.02
17	纺织服装、鞋帽制造业	17.99	0.33		合计	2362.34	42.78

资料来源：《北京统计年鉴》（2007）。

从表2、表3的数据可以看出,电力供热、黑色金属冶炼及压延加工、交通运输设备制造、石油加工、水泥、通信设备及计算机制造等工业,既是北京市产业经济的支柱,也是节能减排的重点行业。例如电力工业,既是北京经济和社会发展的重要支柱,也是北京地区的能源消耗和污染物排放的"大户",其自身的能源消耗和污染排放问题日益突出,成为北京市节能减排的重点。

(三) 北京市环境质量状况

北京环境污染的严重程度最突出地表现在空气环境方面。2006年,北京市二氧化硫排放量为17.55万吨,烟粉尘排放量为7.97万吨,分别比上年下降7.9%和11.5%;全市废水排放总量10.5万吨,化学需氧量排放总量10.99万吨,比上年下降5.2%;工业固体废弃物排放量1355.76万吨,其中,综合利用1095.34万吨,处置632.31万吨,储存63.31万吨,排放0.1万吨,工业固体废物处置利用率达到96.46%。2006年北京空气质量达到二级和好于二级的天数达到241天,比上年增加7天,占全年总天数的66%。空气中的二氧化硫浓度2005年与1998年相比下降了58.45%,一氧化碳下降了40%,可吸入颗粒物下降了21%,二氧化氮下降了10.9%(见表4)。

表4 1996~2006年北京市环境质量演变表

年份 / 项目	1996	1997	1998	1999	2000	2001	2002	2003	2004	2005	2006
空气二级和好于二级天数所占比例(%)					48.40	50.70	55.60	61.40	62.50	64.10	66.00
二氧化硫排放量(万吨)	35.30		28.00	22.40	19.20			18.30		19.10	17.55
烟尘排放量(万吨)	24.50		16.00		10		8.10		7.10	5.76	4.96
工业固体废弃物排放量(亿吨)			32.30	152.00	35.00	33.00	20.00	17.00	9.93	9.91	0.12	0.13

续表

年份\项目	1996	1997	1998	1999	2000	2001	2002	2003	2004	2005	2006
废水排放总量（万吨）										10.10	10.50
污水处理率（%）	21.10	22.00	22.40	25.00	41.00	42.20	47.50	56.00		70.00	
垃圾无害化处理率（%）		38.50	45.80	55.80		85.10	86.00	91.30	93.80	95.20	
城市绿化覆盖率（%）		33.40	34.90	35.30	36.50	40.20	41.10	41.80	41.91	42.00	42.50
林木覆盖率（%）		38.30		42.00	43.00		45.50	47.50	49.50	50.50	51.00

资料来源：《北京统计年鉴》（2007）。

二、北京市促进节能减排产业政策建设现状

节能减排，既是中国经济发展的现实需要，也是中国建设资源节约型和环境友好型社会的基本国策。近年来，中国已陆续出台了一系列促进节能减排的政策。北京市在认真贯彻国家节能减排有关法律、政策、法规时，注重根据北京地区能源消费结构的实际情况，针对本市钢铁、火电、供热、石油化工等重点耗能和排污行业节能减排工作实际，采取一系列政策与措施，归纳起来可以细分为产业结构导向政策、产业技术进步政策、产业组织政策和产业布局政策。

（一）产业结构政策

根据北京地区经济发展和产业结构的具体情况，北京市制定了具体落实措施，发布了《北京市产业结构调整指导意见》和《北京市产业结构调整指导目录（2007年本）》，制定具体措施，合理引导投资方向，鼓励和支持发展先进生产能力，限制和淘汰落后生产能力，防止盲目投资和低水平重复建设，切实推进产业结构优化升级。

（二）产业技术政策

根据国家技术进步政策导向，北京市加快了发展和推广天然气、煤

气、电、太阳能、水煤浆等优质、清洁能源的步伐。1999年，制定了《北京市实施〈中华人民共和国节约能源法〉办法》，积极推行清洁燃料技术，发展和推广城市热电联产、集中供热、太阳能利用、可燃气体的回收利用，以及节能设备等通用节能技术。在市政府规划的禁止燃煤区内，加快改造燃煤设施使用清洁能源；在非禁止燃煤区内，推广洁净煤技术，提高煤炭利用效率。在市郊农村开发和推广沼气、太阳能、生物质能、地热能、风能、微水能等。在工业、交通、建筑等企业推广采用节能新技术、新工艺、新设备、新材料，逐步改造和淘汰耗能高的老技术和设备。在商业、服务业等行业，也普遍推广节能技术和设备。

2001年，北京颁布实施了《北京市建筑节能管理规定》。重点发展了新型节能建筑材料（禁用黏土实心砖），节能门窗，节能保温隔热和密闭技术，采暖供热系统温度调控和分户热量计量技术，建筑照明节能新技术和产品；太阳能、风能等可再生能源利用，热泵技术等。

1. 加大减排措施和污染治理力度

根据北京市2008年迎奥运要求，加快了首钢搬迁、汽车与燃油升级、汽车尾气治理等措施，并于2006年颁布了北京市《〈清洁生产审核暂行办法〉实施细则》，对国家《清洁生产审核暂行办法》在北京市的实施工作做了具体规定。

2. 推进循环经济技术政策

北京市在首钢迁建等大型企业和综合性项目建设中，大力推进循环经济发展，同时，针对北京市水资源短缺的实际，在污水治理、中水利用，雨水回收利用等方面，也积极倡导循环经济理念；在城市规划和产业园区发展中，也大力推动循环经济项目建设。

（三）产业组织政策

在《北京市产业结构调整指导意见》中，北京市提出要积极培育发展大型企业集团，鼓励企业走集团化发展道路，推动跨地区、跨行业、跨所有制的资产重组和资源整合，实现资产的优化组合和投资的多元化，打造一批拥有自主知识产权、品牌优势明显、产业链条较长、具有较强市场竞争能力的大公司和企业集团。调整和优化产业结构，支持中小企业专业化发展，重点发展资源节约、环境友好、生态保护型的中小企业。加大中小企业创业支持力度，鼓励和支持中小企业自主创新，加强服务和创业辅导，促进中小企业的优化发展；促进中小企业与大企业协调发展，促进形成分工协作、功能互补的企业集群。

(四) 产业布局政策

《北京市产业结构调整指导意见》提出，要全力打造六大高端功能区，重点建设若干专业集聚区，优化区域产业空间布局，有效疏解城市功能，促进城市功能与产业空间布局的耦合。重点发展六大高端产业功能区，形成若干各具特色、优势互补的专业集聚区。根据城市发展建设规划的总体部署，北京市颁布了《北京市推进污染扰民企业搬迁加快产业结构调整实施办法》（［1999］京经规划字200号），提出凡本市市区内不符合北京城市总体规划、污染扰民严重、难以就地治理的企业，要报请市政府批准实施搬迁。2007年7月，北京市工业促进局、北京市发展和改革委员会等8个部门制定了《北京市开发区开展生态工业园建设的意见（试行）》，对发展目标、建设原则、工作重点、推进方式、指导思想和生态工业园综合评价指标体系等做了明确规定，促进建立节约型工业发展模式，使开发区建设逐步走上资源节约、废物排放最小的生态工业发展道路。

(五) 主要政策工具

1. 财政政策

北京市财政设立了环保专项资金，重点用于支持环保技术创新、产品开发、成果转化等。1999年，《北京市关于促进环保产业发展的若干规定》指出，对凡在本市行政区域内从事环保产业生产经营活动的企业事业单位（指以防治污染、改善环境为目的的各种生产经营活动，包括环保设备产品生产与经营、资源综合利用含"三废"及再生资源回收综合利用、环境服务包括为环境保护提供技术、管理与工程设计和施工等服务），给予贷款贴息、投资入股、风险投资、投资担保等支持。

2. 税收政策

北京市出台了税收优惠政策。例如，1999年出台的《北京市关于促进环保产业发展的若干规定》指出，对外商投资的生产型新技术环保企业，经营期在10年以上的，从开始获利年度起的第一年和第二年，免征企业所得税；第三年至第五年，减半征收企业所得税。减半征收企业所得税的地方收入部分，可予以全部返还。环保企业和环保项目根据需要，按国家有关规定，可以对生产和科研设备实行加速折旧。环保企业进口设备，除国家规定不予免税的商品外，可免征关税和进口环节增值税等。北京市颁布的《北京市推进污染扰民企业搬迁加快产业结构调整实施办法》（[1999]京经规划字200号）规定，对土地所有者出让土地使用权，或土地使用者将土地使用权归还给土地所有者的行为，不征收营业税。污染扰民企业搬迁转让原厂址，经地方税务机关审批后，免征土地增值税。

3. 融资、收费政策

在金融政策方面，1999年出台了《北京市关于促进环保产业发展的若干规定》，对符合贷款条件的环保企业及环保项目，积极给予贷款支持；对符合条件的股份制环保企业，优先推荐境内外上市、发行股票和发行公司债券。

在税收政策方面，《北京市人民政府转发国务院关于加快墙体材料革新和推广节能建筑文件的通知》指出："凡使用实心黏土砖的工业与民用建筑，按不同情况征收'限制使用费'，作为建筑节能、墙体材料革新专项基金"。

表5 北京市贯彻国家节能减排政策情况

	国家	北京市
产业结构政策	国务院《促进产业结构调整暂行规定》	《北京市产业结构调整指导意见》和《北京市产业结构调整指导目录（2007年本）》
	《产业结构调整指导目录》	
产业技术政策	《中国节能技术政策大纲》	《北京市实施〈中华人民共和国节约能源法〉办法》
	《中华人民共和国清洁生产促进法》	
	《国家重点行业清洁生产技术导向目录》	
	《清洁生产审核暂行办法》	《〈清洁生产审核暂行办法〉实施细则》
	国务院《关于加快发展循环经济的若干意见》	
产业组织政策	国务院《促进产业结构调整暂行规定》	《北京市产业结构调整指导意见》
产业布局政策	国务院《促进产业结构调整暂行规定》	《北京市产业结构调整指导意见》
	国务院《关于加快发展循环经济的若干意见》	《北京市推进污染扰民企业搬迁加快产业结构调整实施办法》
		《北京市开发区开展生态工业园建设的意见（试行）》

表6 北京市促进节能减排主要政策工具

	法律法规	财政	价格	税收	金融	其他
产业结构政策						
产业技术政策	《节约能源法》、《清洁生产促进法》	清洁生产资金、中小企业发展基金		优惠	绿色贷款	
产业组织政策						
产业布局政策				北京对污染扰民企业搬迁营业税和土地增值税给予优惠		

三、北京市完善节能减排产业政策的背景、思路和重点

（一）北京市完善节能减排产业政策的背景

1. 经济发展进入以服务业为主导的新阶段

目前北京市产业结构以第三产业为主，其增加值比重占70.9%，第二产业占23.1%。而且，在服务业中，80%的份额是生产型服务业，20%是由于城市消费带来的生活性服务业。因此，北京经济发展进入以服务业为主导的新阶段，节能减排工作的重点也相应地由工业领域转移到服务业领域，逐步扩展到城市经济社会的方方面面，不仅有工业企业参与，还应扩大到农业、建筑业和服务业领域；不仅要有企业参与，还应有政府和广大社会公众的积极参与。

2. 工作方式以行政手段为主逐步进入以经济手段为主的新阶段

在市场经济体制下，对社会资源配置起基础性作用的是市场。一段时期以来，从中央到地方，推进节能减排工作主要通过行政干预手段，运用行政命令、规章制度等手段直接干预企业的生产经营活动，关停并转高耗能、高污染企业，随着这类企业的调整结束，特别是像北京这样

服务业经济已经占主导地位的国际化大都市,节能减排应更多地依靠体制、机制和技术安排推动节能减排工作向纵深方向发展。今后,节能减排工作应积极探索更多地运用经济和法律手段,明确向市场主体传递政策信息,实现"要我节能减排"向"我要节能减排"转变。

(二)北京市完善节能减排产业政策的基本思路

北京市完善节能减排产业政策的基本思路是:坚持开源与节流并重、节流优先的原则,把节约用水放在首位。在进一步推进产业结构调整的基础上,加快重点高耗能、高污染企业关停并转工作,加强农业、建筑业和服务业领域的技术节能减排的工作力度,推动节能减排从生产扩展到生活,从企业扩展到家庭,从厂区扩展到社区,实现从工业节能向全社会节能的扩展,完善产业导向政策和扶持政策,逐步建立起比较完善的促进节能减排的体制、机制,形成符合可持续发展要求的产业结构、发展模式和消费模式。

(三)北京市完善节能减排产业政策的重点

1. 产业结构调整政策

(1)加大产业结构调整的政策支持与导向力度。根据《北京市城市总体规划修编》和《北京市国民经济和社会发展第十一个五年规划纲要》要求,加大产业结构调整,以转变经济发展方式为主线,以发展高技术产业为主导,大力发展金融、物流、商务和会展等生产性服务业和文化创意产业,大力发展竞争力较强的高技术产业,适度发展技术水平较高的现代制造业,坚决限制和淘汰落后工艺与设备,积极引导产业集聚和向专业性功能性产业园区发展。

(2)加快高能耗高污染行业关停转产的政策引导力度。坚决退出不符合首都功能定位的产业,"十一五"期间首钢分阶段关停钢铁生产能力800万吨,2010年底石景山地区冶炼、热轧能力全部停产,完成北京化工二厂关停和有机化工厂等重点企业的搬迁调整。即使是搬迁的首钢也应完成好国资委提出的节能减排目标。

(3)大力改进北京地区主导产业的能源结构优化。大力推进结构性节能,通过调整电力产业结构,提高天然气发电、风电、太阳能发电、生物质发电等在电力产业中的比例,降低火电的比重,从而相应减少煤炭消耗,总体上实现节能减排。

(4)积极推进资源综合利用,大力扶持和培育再生资源新产业。

完善再生资源回收体系，基本建成覆盖全市、方便规范的再生资源回收利用体系。完善社区回收体系，每 1000～1500 户设置一个回收站点，对于废旧家电、生活垃圾和危险废物等，建立专用的回收渠道。推进社区回收网点和集散市场建设，探索建立市场化的再生资源回收体系。开展废纸、废塑料、废橡胶、废玻璃的规范回收；进一步完善电子废弃物回收网络，加强对电子废弃物回收企业的规范管理，利用现有再生资源回收网络，有偿回收居民废旧家电。

2. 加强产业技术进步的政策导向

目前，北京市重点工业企业、重点工业部门节能减排潜力非常大，应全力抓好它们的节能减排工作。北京市的电力供热、黑色冶金、汽车制造、石油加工、水泥、化工、通信设备及计算机制造等工业是北京市的用能大户，因此，推动这些工业行业的节能减排工作是北京市促进节能减排的重中之重，要力争到 2009 年末，其中石油石化、冶金、电力、交通运输、化工、煤炭、建材等重点行业的中央企业要确保完成单位增加值能耗降低 20%，主要污染物排放总量减少 10% 的目标。

（1）大力提高电力企业节能减排技术水平。电力行业是传统的高耗能行业，尤其是在发电侧，以火电为主的电力结构带来大量的煤炭消耗和污染物排放。目前，北京市五大燃煤电厂基本完成了脱硫、除尘和脱硝改造。今后一段时期，节能减排工作将以火电厂节能减排为核心，以降低火电厂煤耗、厂用电率和二氧化硫排放量为重点，大力构筑跨发电、电网、用电三大领域的资源节约机制，构筑发电侧、电网侧、客户侧的"全流程"节能链。北京发电企业应始终围绕降低供电煤耗、发展洁净煤技术和减排技术水平，减少二氧化硫排放；积极发展"替代发电"，即发电机组"以大代小"，优先发展大容量、高参数、高效率、高调节性等机组。电网企业应始终围绕全程节能的目标，做好节能调度、网损线损、输配电建设、设备技术改造以及用户节能，特别是大用户的节能工作。通过加强需求侧管理，推广变频调速等七种节能技术，建设"能效电厂"。率先完成国资委提出节能减排目标，即火力发电企业平均供电煤耗接近国际平均水平，供电煤耗比 2005 年降低 5.1%，二氧化硫排放量比 2005 年下降 27.8%；电网企业综合线损率平均下降 0.36 个百分点以上，接近国际平均水平。

（2）进一步提升石油化工企业节能减排技术层次。燕山石化既是北京市石油加工企业的龙头，又是耗能大户。燕山石化正在按照"优化一流装置，改造二流装置，淘汰三流装置"的总体思路，继续按每年的分解指标继续推进节能减排。预计到"十一五"末期,燕山石化乙烯装置能耗还将大幅降低,能耗水平将降至580公斤标准燃油/吨,达到国际水平。

(3) 积极推广节能减排新技术、新产品。大力促进节能科技成果的产业化,重点推广余热余压利用、凝结水回收、蓄冰制冷、热泵、热管、电机调速节能、工业燃煤锅炉节能、供热采暖节能、余热余压发电关键技术、利用水泥回转窑处置城市污水处理厂污泥关键技术、燃煤锅炉改造、区域热电联产、电机系统节能等一批已经成熟的节能技术和解决方案。结合奥运场馆建设,推进利用热回收技术回收空调系统排风中的废热、冷却水循环使用、膜处理污水等示范项目。

(4) 努力推动城市建筑节能技术进步。北京市尚有具备节能改造价值的住宅6300多万平方米和超过1亿平方米的公共建筑,这些建筑不但冬冷夏热,而且供热、空调、照明、通风能耗高。因此,北京市具有进行节能改造的价值和很大的节能潜力。

(5) 大力推进节水新技术。重点推广高效节水技术、节水器具,农田全面实现节水灌溉。完善新城污水处理厂及配套污水管网;对市区供管网进行重点更新改造,有效降低中心城区管网漏失率,将再生水作为重要的水资源加以利用,新建、改扩建多座中水厂;广泛采用透水地面、绿化渗蓄等措施,最大限度地滞蓄雨水;推进大型公建屋顶雨水集蓄利用。

(6) 努力改进和提升污染防治技术水平。加大机动车污染治理,严格执行机动车排放标准,淘汰老旧公交车、黄标车;继续开展与北京邻近的省、市合作,共同减少污染物排放,多渠道切实改善大气环境质量。

3. 积极推进产业布局优化

加快其他技术落后、污染严重企业或工艺的搬迁调整和治理改造。到"十一五"末期,除保留满足城市功能需要的基础性产业外,高能耗产业基本退出。

(1) 积极推进循环经济型产业园区建设。加快循环经济试点建设。"十一五"时期,选择1~2个区县、3~5个产业园区、100家重点企业,进行循环经济的试点工作。充分发挥试点单位"以点带线、以线促面"的作用,促进整个社会生产和消费方式的逐步转变,推动循环经济发展。2007年,确定并指导1~2个区县、2~3个园区、10~15家企业开展首批循环经济试点工作。

(2) 合理布局集中处理和建设全市污水系统，优化各种水资源利用。现有污水处理设施和中水管网主要集中于东部和南部，北部和西部较少，不利于中水大范围利用。需要在进一步调查研究和统筹规划的基础上，合理布局，集中处理，建设更加完善的全市污水系统，进一步搞好各种水资源的优化利用。

(3) 合理布局集中建设生活垃圾处理设施。新建、扩建生活垃圾处理设施，形成网络，提高处理能力，使城区、郊区生活垃圾无害化处理率分别达到99%和80%。制定规划，分步配套建设好各类生活垃圾处理设施，使全市的生活垃圾处理率达到100%。

四、政策与保障措施

（一）加强立法健全完善政策法规

在遵从和贯彻国家法律法规的基础上，要进一步加强节能减排立法工作，以保障节能减排工作：有法可依，执法有据，依法推进，健康发展。继续健全和完善环境法规。针对水污染、噪声、机动车尾气、白色垃圾等环境热点问题，制定具有区域特色并有较强操作性的地方性法规或政府规章。完善执法监测、监理机制。健全环境监测、监理部门的组织机构，明确其职责、任务、功能、执法程序及其应有的法律效力，使环境管理工作做到有法可依、有章可循。全面推行和落实执法责任制，加大执法力度。完善环境保护系统内部的监督制约机制，把环境保护工作全面纳入法制化轨道。加强执法监督和监察工作，做到有法必依、违法必究、执法必严。

（二）加大金融政策扶持力度

1. 给火电技术进步改造和可再生能源发电提供财政补贴或财政贴息

发电企业是北京的重要污染源，改造现有燃煤发电厂和推行可再生能源发电是主要出路。但是，目前洁净煤技术和可再生能源发电的电力成本较高，无法与常规火电成本竞争。例如，中国小水电的成本约为煤电的1.2倍，生物质发电成本约为煤电的1.5倍，风力发电成本为煤电的1.7倍，光伏发电成本为煤电的11~18倍。因此，在争取中央政策支持的同时，北京市应该对洁净煤发电和可再生能源发电等节能减排技术推广给予财政补贴和财政贴息优惠政策，以积极支持北京市电力工业的改造和发展。

2. 为节能型热水器、新光源电灯等新产品推广上市提供财政补贴

北京市地处中国北方高纬度地区，有300多万个家庭和1800多万人口，仅普通家庭的冬季采暖和日常洗浴，每年的用热能量消耗就十分巨大。北京市冬季的主要热能生产使用煤炭，要消耗煤炭必然产生污染问题。因此，大力鼓励和推广太阳能热水器、冷凝式燃气热水器等节能型热水器新产品，然而，冷凝式热水器比普通燃气热水器的热效率高15%~20%，而价格也要高20%~30%。每台冷凝式热水器与普通燃气热水器的差价为400~500元。就因为价格贵，目前冷凝式热水器的销售量仅占燃气热水器总销量的约15%。因此，北京市可参照国外经验，也推行政府节能补贴。

（三）推行节能减排特别项目与产品优惠税费政策

1. 积极推进可再生能源和清洁能源开发

积极鼓励可再生能源的开发，对企业开发建设可再生能源和清洁能源项目，例如，太阳能发电、生物质能发电、风能发电、工业废热回收以及垃圾焚烧发电等，给予投资贷款与融资支持、税收优惠与税收反补支持等优惠政策。

2. 为可再生能源和清洁能源生产企业提供减免税优惠待遇

对太阳能发电、生物质能发电、风能发电、工业废热回收及垃圾焚烧发电等项目和生产企业，应该在一段合理的时间内，将风力发电等清洁能源企业的上网的电价增值税，由8.5%税率调减为0，以积极鼓励和推动可再生能源和清洁能源的快速发展。

（四）实行节能减排价格调节政策

1. 落实国家峰谷差别化电价，实行低谷电价优惠政策

依照国家差别化电价政策，充分发挥价格杠杆作用，实行峰谷差别化电价。对高耗能企业进行甄别分类，严格执行加价幅度；对能效审查不合格项目一律不批准报装和用电，对政府宣布淘汰的企业停止供电。实行电网低谷电价优惠政策，引导电力客户优化用电方式，合理错避用电高峰。

2. 制定节约补贴和超定额加价的用水、用电、用能政策

按照国家政策，制定北京市用电高峰与低谷时的差别化电价，用热的阶梯式热能价格，以及用水的不同水质（新鲜水、消耗水、中水等）

价格，按照使用配额，计划使用，定额管理，严格推行累进加价收费制度。

（五）实行节能减排金融信贷优惠政策

出台"能效贷款"、"绿色信贷"优惠政策，利用金融手段，采取"能效贷款"、"绿色信贷"优惠，积极推进节能减排。

（六）实行节能减排问责制，建全节能减排奖惩制度

实行节能减排问责制，按照国家和地方制定的节能减排目标要求，由政府主管部门与企业、事业等责任单位，定期签订节能减排目标责任合同。并且要配套健全节能减排奖惩制度，严格执行节减有奖，超标惩罚的约定。

（七）加强执法监督检查力度

强化监督管理，充分发挥节能监察部门的监督检查职能，依法开展节能执法工作。强化环境监察体制与应急机制建设，加强对重点能源大户和重点污染源的日常监督检查工作，对重点监控污染源实行联网自动监控。

（八）探索建设可持续消费模式

抓紧建立和实行诸如"绿色产品"、"节能认证"、"绿色标签"、"野生动物产品标记"等行之有效的"环境标志"认证制度，实施大型的节能示范工程，引导消费行为，对节能成效比较显著的设备和产品推行政府采购。提升工业制成品环保质量，引导全社会的绿色消费行为。

第十三章　省会城市功能发挥与两型社会城市群建设

2007年12月，国家批准以武汉为中心的城市群和长株潭城市群两大城市群为资源节约型与环境友好型两型社会建设综合配套改革试验区，希望这两个综合配套改革试验区在全国发挥示范和带动作用。通过一年多的努力，两地两型社会城市群的建设都取得了良好的起步。根据一般城市群发展的规律和两型社会城市群建设的规律性，我们认为，要建设好两型社会城市群，必须充分发挥武汉与长沙两大省会城市的作用。

第一节　两型社会综合配套改革试验区体现了双重新型化的思路

近年来，武汉城市群和长株潭城市群的经济增长十分显著。根据湖北省的统计，2003年，武汉城市群GDP总量占全省的58.19%。2008年，武汉城市群GDP总量占全省的61.5%，地方财政收入占全省的54.24%，工业增加值占全省的63.78%，规模以上固定资产投资占全省的65.11%，外贸进出口占全省的82.79%。而根据湖南省的统计，2000年长株潭城市群在湖南省GDP中所占的比重只有30.8%，2006年提高到37.6%，2008年提高到40.9%，不到10年提高了10个百分点。2008年，长株潭地区城镇以上固定资产投资和社会消费品零售总额分别占全省的46.4%和42.8%。显然，武汉城市群和长株潭城市群在各省的经济影响力进一步增长。

在国家发展和改革委员会对两型社会的批复文件中，要求武汉城市群和长株潭城市群通过在重点领域和关键环节率先突破，尽快形成有利于能源资源节约和生态环境保护的体制机制，切实走出一条有别于传统模式的工业化、城市化发展新路。可以看出，走新型工业化、新型城镇化之路，是国家对两大城市群的基本要求。所谓走新型工业化之路，在党的十六大报告中已经做了清楚表述，就是科技含量高、经济效益好、资源消耗低、环境污染少、人力资源得到充分利用的全新工业发展模式。一方面，新型工业化模式以科技创新和人力资源充分利用来强调实现经济快速增长和社会和谐的目标；另一方面，新型工业化模式强调减少资源消耗与环境污染，实现经济社会发展与人口、资源、环境的协调发展。走新型城镇化模式，就是要突破传统的城镇化发展道路，在提升城镇化水平时不以过分消耗土地、水等资源为代价，不能陷入互相争资源、争发展空间乃至以邻为壑互不往来的发展模式，而是要立足于解决城市之间协调、联系、互补的发展矛盾，提高城市群的整体发展效率，走科学发展之路。

观察目前的发展现状，武汉与长株潭城市群都面对着比较突出的环境问题。根据有关方面的统计，2007年武汉城市群化学需氧量排放量35.62万吨，占湖北省的59.23%，二氧化硫排放量39.07万吨，占湖北省的55.21%。二氧化硫、化学需氧量等主要污染物人均排放量分别为13.08千克、11.92千克，高于湖北省（二氧化硫、化学需氧量人均排放量分别为12.42千克、10.55千克）平均水平。不仅如此，长江部分支流受到污染，汉江中下游水域多次发生"水华"，湖泊呈富营养化趋势，除长江、汉江干流尚余一定化学需氧量环境容量外，城市群其他河流环境容量基本无存；部分城市可吸入颗粒物超标严重，大气环境质量难以稳定达到二级标准。2006年，城市群每万元GDP能耗为1.73吨标准煤，高于全省1.46吨标准煤的平均标准，煤炭消耗量占全省能源消耗总量的64.5%。

长株潭城市群的环境状况大同小异。根据有关方面公布的数据，株洲、长沙、湘潭分别位居湖南省环境污染前几名。湖南省环保局公布的数据显示，2006~2007年，湘江流域40个省控水质监测断面，2006年超标断面为56%，2007年为50%。产业分析显示，湘江流域工业污染主要来自化工、有色、钢铁三大行业，这三大行业排放废水占长株潭三市废水排放总量的73%。株洲和湘潭两市化工、冶金等重污染行业产值占工业产值比重分别达到52%和63%，大部分污染严重的大型企业均为国家"一五"、"二五"时期建成。株洲清水塘、湘潭竹埠港是长株潭区域工业重镇，也是全国闻名的污染"重灾区"。长期以来，有色金属开采与冶炼加工一直是湖南发展经济的重要产业，并享有"有色金属之乡"的称号，湖南有十种常用有色金属产品产量居全国前三位，其中铅、锌、锑产量均居全国首位。但是，长期的掠夺式开采，使得伴生矿被当做废矿渣遗弃、当做废水随意排放，直接导致重金属严重污染。根据有关方面提供的数据，湖南全省有色金属矿平均开采回收率仅50%左右，伴生矿综合回收利用仅占25%。资源总回收率低于发达国家同行业20个百分点。造成的污染触目惊心。以2007年为例，湘江流域汞、镉、铅、砷的排放量就分别占到了全国排放量的54.5%、37%、6.0%和14.1%。株洲市城区的镉污染面积超过了一半，有些土壤的污染厚度超过了20厘米；其中超标5倍以上的也接近总面积的1/3。根据全国多目标区域地球调查结果，株洲市是中国已经发现的最严重的镉污染区①。

自国务院批准建立两型社会综合配套改革试验区以来，武汉城市群和长株潭城市群在两型社会建设方面出现一系列积极进展。除了两大城市群的经济总量与影响力有明显提高外，两大城市群内部的规划、环境治理和一体化发展方面也有突出成绩。2008年，武汉城市群和长株潭城市群分别完成了综合配套改革试验总体方案上报并得到国务院批准。在规划中，湖北省提出要重点推进资源节约、环境保护、科技、产业结构优化升级、统筹城乡发展和节约集约用地六个方面的体制机制创新，配套推进财税金融、对内对外开放和行政管理三个方面的体制机制创新。随着武汉阳逻长江大桥的建成通车，连通武汉城市群的7条城市高速出口公路基本建成，武汉与城市群内其他8个城市形成"一小时交通圈"。湖南省长株潭城市群建设速度更快。目前，长株潭通信已经实行同费，环境同治有所推进；并启动了以"两型社会"为主导的产业支撑工程、综合交通为先导的基础设施工程、湘江治理为重点的生态修复工程、城镇为节点的城乡统筹工程、创新为核心的示范区建设工程；着力推进区域布局、基础设施、产业发展、城乡建设、市场体系、社会发展六个一体化进程。

第二节 省会城市在城市群发展中的经济核心作用

在建设"两型社会"的两个城市群中，省会城市都具有十分重要的作用。表13-1和表13-2显示了两个省会城市在各自省份及城市群中的影响力。计算发现，武汉在湖北省经济中所占的比重相对偏大（34.95%），而长沙在湖南省经济总量中的影响相对偏小（26.9%）；但长沙在长株潭城市群中的经济影响较大（65.73%），而武汉在武汉城市群中的影响相对偏小（56.80%）。比较而言，湖北省的城市地理相对集中，主要城市分布于江汉平原，以长江为依托，自然地理环境对城市群的支撑性能好，可以形成以武汉为中心的众星捧月式城市群，江汉平原以外城镇的地理支持基础较弱。武汉所具有的交通枢纽地位和接纳各方资源与要素的能力，使得武汉在整个湖北省具有绝对强大的经济影响力；而长株潭城市群的支持依托长江支流湘江，流域对城市群的承载和支撑能力相对较弱，流域面积相对较小且不开阔，形成湖南城市大分散、小集中的格局，虽然长沙、株洲、湘潭城市的平均经济实力较强，但是集聚范围较小，长株潭城市群包含的城市数量少于武汉城市

---

① 欧阳洪亮、张瑞丹：《湘江重金属战争》，《财经》2009年第16期。

群,因而,长沙对湖南省的影响和带动力弱于武汉在湖北的地位,但长沙对城市群影响力大于武汉对城市群的影响力。数据显示,2008 年,长株潭城市群与武汉城市群相比,对各自省份的经济贡献有20%的差距。但是,武汉市与长沙市在各自省份经济贡献之间的差距却没有城市群之间的差距大。2008年,武汉市与长沙市在湖北省和湖南省经济总量中贡献的差距只有8个百分点。

表13-1 2008年湖北、湖南两省会城市在全省的经济影响力

	湖北城市群		湖南城市群	
	全省	武汉市	全省	长沙市
GDP(亿元)	11330.38	3960.08(34.95%)	11156.64	3000.98(26.90%)
人均GDP(元)	19867.00	47672.00(240.00%)	17521.00	45765(261.20%)
地方财政收入(亿元)	1338.04	376.91(28.17%)	1308.55	342.21(26.15%)
人口(万人)	5711.00	833.24(14.59%)	6845.20	658.56(9.62%)

注:省会城市栏括号中的数据为省会城市占全省的比重。
资料来源:根据《2008年湖北省国民经济与社会发展统计公报》、《2008年湖南省国民经济与社会发展统计公报》、《2008年武汉市国民经济与社会发展统计公报》、《2008年长沙市国民经济与社会发展统计公报》数据计算整理。

表13-2 2008年省会城市在武汉城市群与长株潭城市群中地位

各城市经济总量GDP(亿元)	省会城市占城市群经济总量的比重(%)
武汉(3960.08)、黄石(556.57)、鄂州(269.79)、孝感(593.06)、黄冈(600.75)、咸宁(359.19)、仙桃(233.50)、潜江(211.82)、天门(187.35)	56.80
长沙(3000.98)、株洲(909.5)、湘潭(654.76)	65.73

资料来源:根据《2008年武汉城市圈经济运行情况简析》、《2008年长沙市国民经济与社会发展统计公报》、《2008年株洲市国民经济与社会发展统计公报》、《2008年湘潭市国民经济与社会发展统计公报》有关数据计算整理。

多年来,由于省市在管理权限、发展着力点等方面的差距,武汉与长沙在各自省份的发展并没有得到充分重视。从湖北省来说,以往经济发展布局强调"四区一中心"。所谓"一中心"是指依托武汉作为全省的经济中心;四区是以黄石、鄂州为中心的鄂东,以襄樊、十堰为中心的鄂西北,以宜昌为中心的鄂西南和以沙市、荆门为中心的鄂中。这样的发展思路,把武汉与湖北其他城市的发展割裂开来,不利于武汉市城市功能的发挥与空间的开拓;

而在城乡关系上，以往的政策也强调"控制大城市规模，适度发展中等城市，积极发展小城市"，在湖北省表现为"有控制地发展大城市，有计划地发展中等城市，积极创造条件发展小城市和小集镇"。这类立足于控制大城市的城镇化政策，同样对武汉的发展起到限制作用。

长沙的情况也大同小异。虽然长株潭的概念提出已经有 1/4 世纪之久，湖南省在 21 世纪 90 年代初期还提出建立湘南改革过渡试验区和湖南省改革过渡区的概念，但一直未得到外界认可。在实际政策管理中，长株潭城市群被定位为综合开发区，与以岳阳为中心的洞庭湖经济区、以衡阳为中心的湘南经济区、娄（底）邵（阳）经济区和湘西经济区处于并驾齐驱的地位，没有显示出功能和政策方面的偏向。有关方面也还遵从控制大城市、促进区域经济合理布局和缩小区域差距的政策方向，对长沙作为湖南省会城市及长株潭核心城市的功能发挥也有一定的限制作用。

尽管受到许多限制，省会城市在市场化改革以来的作用却一直在加强。这显示，市场配置资源的作用与功能强于行政命令的干预。多年来，外商投资、民营企业投资、高新技术产业发展等都主要围绕着湖北与湖南的省会城市进行，企业总部向省会城市集中，资本、资源、劳动力等都向省会城市流动，省会城市在基础设施、教育、科研能力、管理水平等方面的优势也都得到进一步发挥，从而使省会城市的首位度得到进一步提升。从 2001 年到 2008 年，武汉市 GDP 占湖北省的比重由 28.9% 提高到 34.95%，提高了 6 个百分点；长沙市 GDP 占湖南省的比重由 18.28% 提高到 26.9%，提高了 8 个以上百分点，提高幅度较大。"两型社会"综合配套改革试验区获批以后，将会在政策上支持省会城市的作用与功能发挥，有助于省会城市增长潜力的进一步释放。

沿海地区的大都市连绵带如京津冀、长三角、珠三角，多有两个或者两个以上核心城市，如京津冀的北京与天津、长三角的上海、苏州、南京、杭州；珠三角的广州与深圳。城市带整体功能的释放需要更多地发挥多个核心城市的作用。而武汉城市群与长株潭城市群中的核心城市相对明确且单一，区域影响力相对较大。在城市群起步之初，发挥省会城市的集聚、服务与带动作用，有助于城市群经济总量扩张。在极化效果增强的基础上，经过一段时期的努力，在城市群的整体经济功能有很大提升时，可注重发挥省会城市的扩散与辐射作用，符合城市群的发展规律。所以，国家发改委的批复文件强调，要在重点领域与关键环节上取得突破。我们认为，这里的重点领域和关键环节也应该包括发挥好省会城市的作用。

第三节 在分工与合作中提升城市群的经济与环境功能

在实现经济增长的同时提高效率、节约资源和改善环境,是建设两型社会的应有之义。为考察武汉和长沙两市经济与资源环境之间的关系,我们采用2007年的数据,分析计算了武汉、长沙、北京、上海的经济与环境指标(如表13-3所示)。

表13-3 2007年武汉、长沙、北京、上海的一些经济与环境指标

指标	北京	上海	武汉	长沙
人均GDP(元)	58204	66367	37713	33711
城市空气中可吸入颗粒物(PM10)(毫克/立方米)	0.148	0.088	0.123	0.104
二氧化硫含量(毫克/立方米)	0.047	0.055	0.061	0.065
二氧化氮含量(毫克/立方米)	0.066	0.054	0.055	0.041
空气质量达到二级以上天数(天)	246	328	276	302
单位工业增加值产生的工业废水化学需氧量排放量(吨/万元)	3.22	6.38	21.24	6.22
单位工业增加值产生的工业废水氨氮排放量(吨/万元)	0.34	0.51	1.07	0.26
单位工业增加值产生的工业烟尘排放量(吨/万元)	10.00	7.62	34.15	43.68
单位工业增加值产生的工业粉尘排放量(吨/万元)	9.40	1.58	7.42	133.41
单位工业增加值产生的工业二氧化硫排放量(吨/万元)	40.38	68.81	103.07	64.20

资料来源:根据《中国统计年鉴》(2008)、《中国环境统计年鉴》(2008)及相关城市的统计公报计算整理。

由表13-3可见,北京、上海的经济发展水平明显高于武汉、长沙,为国内经济发展水平最高的城市;而武汉、长沙的经济发展基本上处于同一水平,为次一级高发展水平的城市,但是与北京、上海相比还有一定差距。但各个城市在环境污染方面的数据差距没像经济发展方面的数据差距悬殊。以城市空气中可吸入颗粒物、二氧化硫含量、二氧化氮含量来看,四个城市之间的差距不大。从可吸入颗粒物和空气质量达到二级以上天数来看,北京的城市大气环境甚至比其他几个城市略差。不过,这与北京位于降雨量较少

的北方地区、周边沙化土地多、风沙天气多等自然环境条件有关,而与能耗、物耗高与污染重等人为因素没有必然联系。如果以单位工业增加值所产生的污染排放量衡量,武汉在单位工业增加值产生的工业废水化学需氧量排放量、单位工业增加值产生的工业烟尘排放量、单位工业增加值产生的工业二氧化硫排放量三项指标的数值都相对偏高;长沙在单位工业增加值产生的工业烟尘排放量、单位工业增加值产生的工业粉尘排放量明显偏高,而北京与上海单位工业增加值产生的污染数值大都不高。可以认为,不仅北京、上海与武汉、长沙存在着经济发展水平的差距,也还存在着节能环保方面的差距。

这样的规律还可以顺序推论到武汉城市群与长株潭城市群的省会城市与其他成员城市之间。也就是说,省会城市不仅比城市群其他城市有更高的经济发展水平,也比其他城市在节能环保方面具有较高的水平。两个城市群的经济统计数据相对健全,经济规律可以通过各城市的统计公报中反映出来,而环境污染与能源的数据却残缺不全且统计口径不一,环境统计数据难以查证。我们做出这一判断的依据:一是省会城市更加注意维护城市的环境形象,环境管制水平较高;二是多年来重视大中型企业的发展,资源消耗高、环境污染重的五小企业在城市中受到限制和约束;三是产业结构调整和升级,使得经济产出中污染小和技术含量高的高新技术产业和第三产业在整个经济中所占比重较大,经济总量中污染企业所占比重较小;四是人口数量和人口密度较大,在同等污染水平下造成的环境影响和损害大于周边城市,维护好的环境可以减少医疗费用开支,符合政府的全面发展目标;五是省会城市的民众的环境保护意识、媒体的舆论监督水平要强于城市群其他城市。虽然缺乏相关数据支撑,但两大城市群中省会城市以外的其他成员城市以往屡屡爆发环境污染事件,而省会城市此类事件相对较少却是一个不争的事实。比如,以往在无统一监管和环保规划的情况下,湘江多次遭遇污染。2006年1月,由于水利施工不当原因导致株洲冶炼厂含镉废水排入湘江,长株潭三市河段金属镉浓度严重超标,湘潭、长沙两市水厂取水口水质受到污染。根据这样的判断,可以做出结论:从国家层面的核心城市——两大城市群省会城市——两大城市群其他城市的序列中,存在着经济产出密度越来越小,而环境污染与资源无效利用强度越来越大的梯度规律。也就是说,城市群的经济产出重心主要集中在省会城市,而环境污染和能源资源低效利用的重心集中分布在城市群其他城市。鉴于缺乏更多的环境统计数据,这一规律或许总体成立、个别例外。

根据上述规律,应该充分重视省会城市与城市群其他城市之间的分工与合作。

(1) 重视城市群内各个城市之间在经济发展与环境保护方面的合作可以实现共同利益最大化。湖北、湖南两个城市群各自处于同一流域范围,存在着一荣俱荣、一损俱损的唇齿相依关系。当一部分城市取得较好的发展业绩时，会产生一定的扩散与学习效应，促进整个城市群快速发展。而当一个城市产生严重污染事件时，也会损害存在上下游关系的其他城市的利益。因而，要重视经济社会发展与人口、资源、环境相协调，必须强调城市群内部的合作。

(2) 积极促进省会城市与城市群其他城市之间的双向互动。省会城市人口密度大，经济发展水平高，科技教育基础好，应加强产业结构的调整与升级，大力发展先进制造业、高新技术产业和高端服务业，把一般制造业尤其是零部件生产企业扩展到其他城市，限制高污染类产业的发展，提高省会城市服务于城市群其他城市的功能；城市群其他城市应该利用好省会城市在科技、金融、教育等方面的服务功能，促进生产要素的自由流动，还应做好两个承接：承接好省会城市的产业转移，承接好沿海地区的产业转移。湖南、湖北两省是长江中游重要的农产品生产基地，具有发展以农产品为原料的劳动密集型产业的巨大空间；城市群其他城市土地、劳动力成本相对较低，在发展劳动密集型产业方面有着省会城市所不具备的资源禀赋。

(3) 强化环境的一体化治理与环境保护方面的相互协作。目前，湖南省在长株潭三地已经建立起环境保护的联席会议机制与污染控制机制。根据有关方面公布的文件。按照联席会议机制，一旦发现湘江水质超标或异常，以及发生水污染事故等对水环境构成威胁时，由三市环保局组成联席会议联合启动环境应急预案，联合开展应急处置工作；建立加密监测联动机制。在应急状态下，增加对所辖区域内湘江干流及主要支流水质的监测频次，市级环境监测部门每周监测二次以上，县级环保监测部门每周监测一次以上，如发现水质超标或异常情况应立即相互通报。按照污染控制联动机制，在应急状态下，立即对重点水污染源实施停产限排或限产限排措施，削减污染物排放，减轻对湘江水质污染。与此同时，根据应急处置联动机制和信息共享机制的要求，一旦有发生流域性突发环境事件，三市环保部门应相互给予应急支援，及时沟通信息。另外，就城市群内部生产要素的流动与集中规律看，省会城市应重视产业高度化，而其他城市应高度重视资源节约和环境保护。也就是说，经济牵引能力促使先进生产要素向省会城市集聚，而环境保护矛盾与问题的重点向周边城市转移。

(4) 应该继续推动循环经济的发展，以循环经济促进两型社会建设。在这方面，武汉城市群取得了令人瞩目的进展。目前，武汉市的青山区以武钢、石化、青山热电厂等大型企业为依托，围绕三大企业的废水、废气和固体废弃物发展循环型环保产业，初步形成了冶金渣利用产业链，磁性材料产业链，粉煤灰利用产业链等多条循环经济产业链；黄石作为资源型老工业基地城市，积极探索循环经济增长模式，推进企业内部、企业与企业之间、行业与行业之间"三大资源循环圈"建设，加快实现粉煤灰、煤矸石、尾矿渣、冶金化工废渣和有机废水的综合利用；鄂州已初步建立起"资源—生产—产品—消费—废弃物再资源化"的清洁闭环经济流动模式，把资源综合利用、清洁生产的生态设计、生态消费和再生能源开发融为一体，依托鄂钢、鄂州电厂等骨干企业的余热和副产品，发展循环工业示范项目；孝感在盐磷化工、食品医药、纸制品等重点行业发展循环经济的企业试点，并依托孝感高新区、孝昌通讯电子产业园等重点园区推行清洁生产，建设生态工业园区；黄冈在建材、化工、冶金等资源消耗或废物产生量较大、污染严重的行业进行循环经济示范园区和示范企业的试点；咸宁对全市 37 家重点能耗企业进行跟踪督察，引导企业把污染防治由末端治理转向生产全过程控制；仙桃市针对高新技术产业园区内企业大力推行清洁生产，最大限度开展资源、能源的回收利用。长株潭城市群在循环经济方面也有一些突出的进展。应按照减量化、资源化、再利用的原则，进一步重视发展循环经济，使工业废弃物得到更有效地利用，切实改善两大城市群的环境，使建设两型社会的目标通过经济效益和生态效益两方面体现出来。

第四节 在扩大内需中充分发挥省会城市作用

从全球范围看，如果资源消耗与环境退化速度超过经济增长的速度，发展就不具有可持续性。因而，应该充分认识到两个城市群进行"两型社会"建设综合配套改革试点的重要意义。目前，湖北、湖南两省都提出了城市群环境保护的目标。湖北省提出，到 2012 年，将初步构建资源节约和环境友好的制度保障体系，单位生产总值能耗降低 23%，化学需氧量、二氧化硫排放量分别下降 10%、12%，水环境和城市空气质量、居住条件和生活环境明显改善，城市化率达到 55% 以上，城乡居民收入和生活质量显著提高，力争人均生产总值翻一番，努力使武汉城市群在科技发展、改革创新、扩大开放、保护环境和改善民生等方面走向中西部前列。力争 2020 年武汉城市群基本实现经济发展方式的转变、人口资源环境与经济社会协调发展，基本形成节约资源和保护环境的产业结构、增长方式、消费模式。湖南省提出，2010 年之前在长株潭建设一批循环经济企业和示范园区；发展资源回收和再利用业，构建循环经济产业链；推广循环经济相关技术，初步建成循环经济的绿色技术支持体系；建立循环经济指标体系以及政策法规保障体系。到 2010 年，全省规划目标要求环境质量总体保持稳定。其中，长株潭地区饮用水源水质达标率、空气环境质量优良率和区域环境噪声达标率分别比全省的目标高出 2 个百分点、1 个百分点和 10 个百分点。同时，作为约束性指标的四项主要污染物化学需氧量、二氧化硫、砷、镉全省分别平均削减10%、10%、25%、25%，而长株潭地区平均削减分别达到17.3%、18.3%、28.9%、28.3%，其他非约束性指标也均高于全省规划目标。2010~2020年，长株潭三市逐步步入经济良性循环发展、人民生活富裕、社会全面进步、生态环境良好的可持续发展道路，实现经济、社会与环境的协调发展，并成为中部乃至全国的循环经济和生态环保示范型城市群。值得指出的是，目前，中央政府正在实施一系列扩大内需的政策，以应付国际金融危机带来的挑战。其中，许多政策都能与"两型社会"建设结合起来。湖北、湖南两省在发展"两型社会"城市群的过程中，应该充分利用好中央政府的政策。尤其是，武汉和长沙两大省会城市，更要注意与国家保增长、调结构、扩内需的政策结合起来，进一步提升省会城市经济与生态功能，促进省会城市又好又快地发展。

（1）把经济增长作为省会城市的工作重点。省会城市在湖北、湖南两省经济中占据重要地位，应该保持投资、消费和对外出口关系的平衡，尽可能挖掘潜力，发挥对全省经济的带动作用。要积极落实好中央政府扩大投资的规划，实行结构性减税，增加对城镇低收入群众和农民的补贴，进一步改善民生，促进省会城市经济平稳较快发展。

（2）加快经济结构的战略性调整。在中央政府扩大内需的政策中，用了很大分量强调推进经济结构调整。一批产业调整振兴规划的出台，对于增强产业活力、提升全国产业竞争力将起积极作用。武汉、长沙在钢铁、汽车、电子信息等产业上具有一定优势，符合国家调整振兴产业规划的要求，应该积极争取国家产业振兴规划的支持，以进一步提升关联产业的市场竞争力。两大省会城市还应更好地落实国家推进技术创新的政策。支持产学研一体化发展，鼓励企业技术改造，支持企业应用新技术、新工艺、新设备、新材料，在适应市场变化中开发出适销对路的新产品。

（3）实行积极的城镇化政策。2008年，湖北省城镇化水平超过45%，但略低于全国平均水平（45.7%）；湖南省城镇化水平为42.15%，低于全国平均水平3个百分点以上。加快城镇化进程，将是两省工作的重点内容。2008年底的中央经济工作会议，提出加大力度发展城市群和城市带。要进一步推动湖北、湖南两省的城镇化水平，增强城市群的经济与社会影响力，必须加快人口和劳动力向城镇的转移，并强化省会城市的功能与作用。应以省会城市为重点推进两大城市群基础设施建设，吸收更多的劳动力进入省会城市，扩展就业范围，充分发挥省会城市服务业、劳动密集型产业、中小企业、非公有制经济在吸纳就业中的作用。

（4）抓紧制定两大城市群主体功能区规划。要从城市群的整体环境建设角度加强规划，实行大范围跨越城市群内各个城市的空间环境管制，按照优化开发区、重点开发区、限制开发区、禁止开发区的要求，着眼于建设符合可持续发展要求、能够体现资源节约型、环境友好型方向的城市群，加强城市群内部的功能分区，并制定相应的配套性政策，确定要素流动、集中、分散、管制的范围，保持经济与环境发展一致性与协调性。

（5）加强环境的一体化管理，实行城市群内部严格、一致性的环境准入制度。实行城市群内部严格、规范的环境准入制度，有利于形成城市群内部一体化发展的合力。来自城市群内部上风、上游的环境污染，会对下风、下游的城市群造成环境损害；来自城市群下风、下游的环境污染，会恶化社会对整个城市群发展的观感，降低整个城市群发展的凝聚力。要在一体化管理中加强相互监督、相互协调，提高整个城市群的环境管理能力。

（6）提高省会城市的环境服务能力。在国家拉动经济增长的4万亿元投资中，约有2100亿元用于节能减排和生态工程。应该利用好国家在节能减排和生态建设方面的政策，抓紧治理武汉东湖和湘江长沙段，保持省会城市蓝天碧水的良好生态。同时，省会城市应充分利用好国家扩大内需的政策，加强环境服务能力建设。尤其是在提高环境管理水平、改善环境服务质量、增强环境服务素质方面，省会城市要大有作为。省会城市在严格执行能耗和环保国家标准、加大节能技术和产品推广应用力度、加强资源综合利用、健全节能环保各项政策、完善节能减排指标体系、考核体系和监测体系等方面，都可以为城市群其他城市提供管理、政策、技术等方面的服务。

参考文献

[1] 国家统计局.2008年武汉城市圈经济运行情况简析.2009-02-05.
[2] 马洪，房维中.中国地区发展与产业政策.北京：中国财政经济出版社，1991.
[3] 德怀特·H.波金斯，等.发展经济学.北京：中国人民大学出版社，2005.

专题报告13
以循环经济推进昌江工业园区两型社会建设的思路

昌江黎族自治县是海南矿山资源基地、重工业基地，交通十分便利，铁路、国道、调整公路贯穿境内，距离深水码头25公里，水资源非常丰富，电力非常充足。20世纪50年代以来，有矿山开采、钢铁、水泥、化肥、火电、制糖、建材、农副产品加工等一批大中型工业企业相继落户。为了发挥优势,整合资源,使海南的工业群在区域上发展,2003年正式成立省级工业开发区,它同时享受国家西部大开发的优惠政策,2007年底被国家认定为第二批循环经济试点园区。

昌江矿产资源丰富,已发现的有铁、铜、钴、铅、金、锌、石灰岩、石英砂、花岗岩等;已开采的有铁矿、铜矿、铅锌矿、金矿和石灰岩等,其中铁矿石储量占全国铁矿石储量的71%。石碌铁矿总储量多,是亚洲蕴藏最大、品位最高的大型露天富铁矿,目前蕴藏达1.3亿吨。区内有丰富的石灰岩资源,已探明储量达9.5亿吨,平均含量达56%以上。石英砂资源储藏量达7000万吨、白云石1.7亿吨,除此之外,还有铜钴矿、铅锌矿、镁矿和天然橡胶等28种有开发价值的矿产资源。

2007年12月经国务院批准,昌江工业开发区成为国家级循环经济示范试点产业园区之一,并成为海南省唯一的国家级循环经济示范试点产业园区,规划面积35平方公里。工业园区发展规划分为三个组团,即叉河组团、国投组团、太坡组团。具体情况如下:汊河组团:以钢铁、冶炼、镁锭加工、锂电池生产、钛白粉加工、橡胶加工、造纸、石英砂加工及玻璃制造、废弃物料处理等产业为主。国投组团:以水泥生产、水泥制品、配重沙、轻钙、建材加工等产业为主。太坡组团:以农产品加工、高新技术、物流商住等产业为主。

一、指导思想与基本原则

(一)指导思想

全面树立和落实科学发展观,紧紧围绕实现经济增长方式的根本性转变,坚持开发与节约并重、把节约放在首位,以"减量化、再利用、资源化"为核心,以建设资源节约型、环境友好型园区为方向,以技术创新和制度创新为动力,构建政府推进、市场驱动、企业主体、社会参与的内生循环经济发展机制,使物质和能量在企业内部生产环节间、相关企业网络间以及整个园区内部循环流动,扭转重经济增长轻环境保护、先污染后治理、边治理边破坏的趋势,以尽可能小的资源消耗和环境成本,获得尽可能大的经济效益和社会效益,加快构建高效、环保、和谐、绿色的资源循环型经济发展模式,从生产、消费和保障三大体系建设入手,逐步建立健全有利于发展循环经济的长效机制,推动昌江循环经济工业园区又好又快地发展。

（二）基本原则

推动昌江工业开发区循环经济的发展，要坚持以下四项基本原则：

1. 坚持因地制宜、统筹规划原则

昌江工业开发区是海南省西部五大工业园区之一。为了更好地发挥昌江工业开发区在西部工业走廊中矿产基地和循环经济试点的示范功能，一定要根据海南省的战略规划和昌江地区的实际情况，坚持因地制宜、统筹规划的原则。特别要根据昌江工业开发区资源、环境、地理、产业特点，依托资源优势，重点发展特色优势产业，优化配置各种生产要素，用循环经济理念指导企业建设，实现资源开发、节约、利用与保护并举，将园区经济增长与能源资源节约、资源再生、污染控制、废物利用、环境质量改善加以综合考虑，同步协调。以园区工业循环经济为基础，加紧统筹规划、分步实施，梯度推进，构建覆盖全园区符合全面、协调、可持续性特点的循环经济发展模式。

2. 坚持"3R"和"3层次"并重原则

昌江工业开发区起步较晚，园区内部企业数量不多，目前基本没有对地区环境产生负面影响，所以今后更应该对入园企业的生产环保标准进行严格要求，对未来园区产业体系的资源循环利用模式进行科学的设计，以杜绝走发展工业"先污染，后治理"的老路，因此必须坚持"3R"和"3层次"并重的原则。在园区发展过程中，既要以核心项目、主要企业为中心，按照"减量化、再循环、再利用"的要求，推进资源极大化利用，废物极小化排放；又要注重企业内部小循环、园区产业间中循环、园区与社会间大循环三个层次循环经济的同时扩张与和谐统一，构筑有机、系统、融合的园区循环经济网络体系，充分放大示范功效。

3. 坚持发展循环经济与促进结构调整相结合原则

循环经济发展的一个普遍性规律是，资源循环利用效率和工业生态链的长度以及网络化程度成正比。昌江工业开发区主要以矿产开采和加工产业为主导，产业链条较短，所以园区在现有产业基础上发展循环经济，必须注重园区内产业结构的调整和优化，打造以重化工为核心的循环经济体系。要立足于转变经济发展方式，注重从利用资源与延伸产业两个方面促进园区的可持续性发展，努力实现经济持续发展、社会全面进步、资源永续利用、环境不断改善和生态良性循环的目标。既要坚持集约、集聚、集中的内涵式发展路线，改变粗放型经济增长模式，走科

技含量高、经济效益好、资源消耗低、环境污染少、人力资源优势得到充分发挥的新型工业化道路,推广应用先进高效的能源节约和替代技术、综合利用技术及新能源和可再生能源利用技术,并加强管理,淘汰落后技术和设备,减少损失浪费。同时又要促进经济结构优化和升级,形成有利于节约资源、保护环境的生产方式和消费方式,通过调整产业结构、产品结构和能源消费结构,加快发展高新技术产业,用高新技术和先进适用技术改造传统产业,提高产业整体效率。

4. 坚持市场调节与政府调控相结合原则

昌江地区毗邻北部湾,地处西部工业走廊的中心,交通便利,市场潜力巨大,因此要发展循环经济,必须以市场为导向,充分发挥市场在配置资源中的基础性作用,促进园区内企业的发展壮大;同时,在园区循环经济共生有机体系形成之前,还要全面发挥政府的调控作用。应积极制定和实施循环经济技术标准,加强政府引导、激励与干预性政策的并用,避免因市场失灵所形成的环境破坏与资源浪费。在发挥市场与政府两方面作用中,应营造有利于循环经济的体制环境、政策环境和市场环境,加快形成符合循环经济要求的新机制。

(三)战略定位

按照海南省"十一五"规划中"实施两翼推进,打造西部工业走廊"的总体要求,充分发挥昌江工业开发区的区位优势、资源优势、政策优势,大力实施循环经济战略,创造性地推进园区资源"减量化、再循环、再利用"的可持续开发模式,把昌江工业开发区建设成经济效益、生态效益与社会效益并举,能够带动昌江地区加速发展的核心增长区;实现"以点带线、以线促面"的传播绿色制造理念、辐射带动海南西部循环经济发展的典型推广区;成为全国同类重化学工业园区率先实践资源综合利用、清洁生产和节能减排活动的标杆示范区。

(1)昌江加快发展的核心增长区。作为一个典型的少数民族自治县,昌江经济总体发展水平还比较落后,加快发展是地方政府的首要任务。在2008年昌江县《政府工作报告》中,县政府就提出"坚持发展为重,发展为先,发展为大,抢抓机遇,加快发展"的要求。昌江工业开发区占昌江经济总量的一半以上,是昌江增长最快、活力最强的工业区,也是昌江未来实现大发展的重点区域。加快昌江工业开发区发展,对于促进昌江地区脱贫致富、全面建设小康社会和提高经济竞争力都有积极意义。

(2) 海南西部循环经济发展的典型推广区。海南西部工业走廊聚集了海口保税区、老城开发区、洋浦开发区、东方化工城、昌江工业开发区等一系列园区，已经逐步构筑起集油气化工、建筑材料、食品饮料、纺织、冶金等主导工业群，形成在海南经济中具有举足轻重地位的经济增长带。加强昌江工业开发区的建设，以循环经济原理促进园区经济发展，对于以农产品为原料或者以矿产品为原料的海南西部各类以资源为基础的工业园区的发展都有典型引领作用。在海南省地域范围环境容量有限、协调好保护与发展关系意义重大的情况下，昌江工业开发区探索发展循环经济的经验，会影响到海南西部工业走廊的未来走向。

(3) 全国同类重化学工业园区率先实践资源综合利用、清洁生产和节能减排理念的标杆示范区。中国目前处在重化学工业化阶段，表现为有数量庞大重化学工业园区，其中一些园区还带有高能耗、高消耗、高排放、低效益的特点，如果不加快转变经济发展方式，未来的资源与环境压力将难以承受。昌江工业开发区通过本次循环经济试点，将从产业链条单一、单向的工业园区向复合型、循环型的园区发展，探索具有自身特色的循环经济道路，协调解决工业发展与资源、环境、生态的相互关系，可以为国内众多同类产业园区的可持续性发展起到表率和示范作用。

二、昌江工业园区循环经济发展主要任务

顺应重化学工业园区循环经济发展的基本规律，遵循"减量化、再利用、资源化"的原则，围绕未来五年昌江循环经济发展目标，以资源综合利用、节能降耗减排和清洁生产为重点，构造"资源—产品—废弃物—再生资源"的循环流程，围绕打造先进制造体系、清洁生产、节能减排、资源利用、绿色消费、废物循环处置等方面展开工作，探索企业间耦合共生的科学模式，形成能够带动昌江工业园区发展的循环经济产业集群，提升园区环境质量，维护园区生态安全，促进园区生态、经济、社会全面、协调、可持续发展。

(一) 构建新型产业体系，提升产业生态化水平

把构建新型产业体系作为昌江工业开发区循环经济发展的基础。昌江工业园区的产业体系处在起步成长初期，资源蕴藏好，发展空间大。要结合园区优势，按照循环经济发展模式的要求，规范和引导产业成长，提升园区的产业素质进而提升整个园区产业化水平。要在充分考虑

资源条件、市场需求以及经济和环境成本的基础上，按照生态化的要求配置园区生产力，强化资源环境约束，形成资源循环利用、环境管理规范、可持续发展能力与市场竞争力不断增强的新型产业体系。

按照新型工业化的要求，打造昌江循环经济园区"节约·高效·环保"的工业体系。根据国家、省、市国民经济发展规划、产业结构调整指导目录以及重点行业的产业政策，尽快设计符合昌江工业园区实际的产业发展指导目录，明确产业发展方向，并鼓励资源节约型企业间的联合重组，发展和壮大规模经济，提高产业集中度。以矿产资源加工工业为起步，以"节约·高效·环保"为目标，以铁矿开采、水泥产业、冶炼、化工等现有主导产业为核心，围绕资源的最大化利用和提高产品附加价值，通过延伸产业链条，按照规模化、深加工的要求，提升资源加工工业的整体竞争力；利用昌江地区丰富的木薯、桉树子、蓖麻子等资源，开发新型绿色能源产业；在经济规模逐步扩大的情况下，也应积极鼓励环保产业、电子信息等技术含量高、环境污染少、附加价值高的产业发展。

（二）以三大组团为基地，优化园区循环经济布局

运用工业生态学和循环经济理念，围绕核心资源发展循环经济，构建纵向资源循环链和横向联系的共生网络。要进一步优化园区产业布局，根据园区的工业特点，在工业区内三个组团的产业形成互相衔接的循环耦合。按照组团模式在园区内部形成分工清晰、配套紧密、块状分布、合作互补的关系，充分发挥产业的集聚效应，建设功能齐全、布局合理、环境优美、运转高效的新型工业园区。

昌江工业开发区总占地面积很大，园区内企业分布相对分散，土地利用开发不足，县城与园区的边界模糊。为更有效地利用土地资源，增加单位土地面积的产出率，必须进行合理的园区规划。依据园区现有产业布局进行功能定位划分，对叉河、国投、太坡三个组团明确目标、因地制宜，分类引导和有效管制，推进一体化、基地化、集约化，发挥园区内的产业分工与集聚效应，优化园区内部产业布局。

叉河组团以钢铁、冶炼、镁锭加工、锂电池生产、钛白粉加工、橡胶加工、石英砂加工及玻璃制造、废弃物处理等产业为主。这一组团位于昌化江上游，下游人口密集，并有部分自来水厂，所以叉河组团的污水不能直接排放，必须进行无害处理，可以设计相应的污水管道，将处理过的废水进行深海排放。国投组团毗邻叉河组团，产业以水泥生产、

水泥制品、配重砂、建材加工等产业为主。叉河和国投两个组团目前是昌江工业开发区的产业集聚中心，产业类型相似，均以资源开采和加工为主，在组团间更易形成资源循环交叉网络，应围绕两组团现有工业体系，引进关联大项目，打造更多循环节点，构建共享循环设施。太坡组团毗邻昌江主城区，产业应以农产品加工、高新技术、物流商住等产业为主。服务业则应集中布局交通便利、集散能力强、吞吐量大的优势区位，以充分发挥产业集中和辐射的作用。

（三）积极推进资源的节约化利用，加大节能降耗力度

昌江工业开发区的工业多属于高资源消耗型产业，要按照循环经济的要求，建立有利于资源节约利用和节能降耗的长效机制。必须贯彻科学规划，有序开发的要求，把资源的合理开发与节约结合起来，在开发中保护资源，在开发中节约资源。要大力扶持和鼓励企业使用资源低消耗的先进工艺和设备，把节能、节电、节水和节约原材料等作为园区各个层面发展循环经济的重点内容。凡新建和改、扩建工程的设计方案，除了搞好环评外，都必须制定合理的资源节约方案。鼓励园区内企业、部门、个人使用再生利用产品和绿色产品，如能效标志产品、节能节水认证产品和环境标志产品等。政府机构、企业、居民家庭都尽可能实行"绿色采购"，推行耗电、耗水、耗材、商务公务用车耗油等方面的定额管理。

1. 把节能作为资源节约的重点

重视能源利用规划，以重点行业、重点企业的能源利用规划为突破口，推动昌江工业园区的节能降耗工作；对园区重点耗能行业（水泥、金属冶炼）和年耗能3000吨标准煤以上企业进行跟踪和指导，落实节能降耗目标和措施，推行节能自愿协议。制定重点产品单位节能降耗标准、主要用能设备能效限额、目标和具体措施，规范企业用能行为。对采矿、冶金、建材、制糖业等重点用能行业制定单位产值能耗限额；要积极推进热电联产，发展集中供热，提高能源综合利用率；鼓励现有企业加大节能技术改造投入力度，促进生产工艺的优化和产品结构的升级，实现技术节能和结构节能；应推广使用清洁能源，积极引进天然气、液化天然气资源，改善能源结构；管理部门要带头节能，推行节约型公务行为，打造节约型机关；注意建设和完善节能降耗服务体系，为企业实施节能改造提供诊断、设计、融资、改造、运行、管理一条龙服务。

2. 鼓励节约用水

在昌江工业园区建立工业节水管理与考核体系，实行定额管理；推广一水多用、循环利用，实现园区总体废水"零排放"目标；在高耗水企业用水的关键环节，加强节水管理，增强企业班组和车间的节水意识；在重点用水行业如钢铁、冶金行业，引进和推广工业节水新设备、新工艺、新技术；注重中水回用。可将处理后的中水作为锅炉用水、原料用水、产品处理用水、清洁用水、冷却用水、空调用水和绿化用水等，提高工业用水重复利用率；落实超定额用水加价收费制度，发挥价格杠杆作用，减少和限制不合理用水。

3. 搞好节约用地

坚持管住总量、控制增量、盘活存量的方针，在昌江工业园区建立科学用地机制，防范用地平衡失控。昌江工业园区规划面积较大，可供开发的土地尚有80%以上。但是，未来拟建的项目较多，务必提前规划，合理安排。应实行严格的工业用地管理制度，控制工业用地的过快增长。土地的增量指标应向优势产业和优势企业倾斜，提高土地利用效率，积极培育和有效规范工业用地市场。对于工业用地，实行规范的招拍挂制度，发挥市场引导工业用地资源配置效率提高的作用；加大工业结构调整力度，促进节地型工业发展，减少工业过多占用土地，提高容积率和投资强度；鼓励企业新上项目和技改项目使用老企业的土地，对新上项目没有达到出让合同要求的用地，应按照政策对相关企业加收补缴土地出让金；加强工业园区建设。在集中利用和共享园区资源的过程中规范园区管理，减少不规范、不合理的圈占土地现象，对占而不用的工业用地应坚决收回；用经济手段治理工业企业多占土地及低效利用土地现象。提高工业闲置用地的资源占用费和土地增值费，加大对闲置用地的处罚力度，促使企业更集约地使用土地资源。

4. 重视节约用材

应在昌江工业园区建设中加强对冶金、建材、化工等重点行业的原材料消耗管理，强化材料消耗核算，正确选择材料，尽可能使用再生材料，提高材料利用率。必须考虑到园区建筑的节材设计和改造，积极推广钢结构等可循环利用的新型建筑体系，推广应用散装水泥、新型墙体材料、新型装饰材料、无机非金属材料、非金属矿深加工材料等高性能、低材（能）耗、可再生循环利用的绿色建筑材料，利用园区生产的节能砖代替实心黏土砖。

(四) 强化环境治理,推进污染物减量化排放

加强环境污染的综合治理是昌江工业园区可持续发展的基础。海南省多年来都把环境保护作为经济发展的前提,限制各种高污染的产业污染环境,破坏天然绿色的岛上风光。昌江地区环境状况保持良好,地方政府一直注重加强对污染物排放的管制,这为工业园区的建设和发展提供了良好的基础。但由于园区产业多为污染较重的重化学工业类型,重金属、二氧化硫、烟尘、粉尘等污染方式同时存在。只有采取严格的污染物排放控制制度,才能有效推动循环经济有序、和谐地发展。

1. 切实重视环境污染的防治

在政府层面上,将环境污染治理目标放在与经济增长目标同等重要的地位,严格执行国家环境考核标准和一票否决制度,增强政府部门的环境治理责任;在决策程序上,禁止新上不符合国家产业政策的项目和环评不合格的项目,新建企业达不到环境准入要求的,坚决不能发放生产许可证。对一些能耗、污染较重的企业明确退出机制和退出标准,限制和淘汰浪费资源、污染环境的落后工艺、技术、产品和设备。在产业层面,注重推动节能减排的生产方式以促进结构调整,积极发展绿色产业,从源头上防范新增环境污染。加快淘汰立窑水泥、小钢铁、实心黏土砖等落后产能和工艺技术。在企业层面上,要提高企业的环境责任意识,增强企业改善环境的自觉性,建立相关的奖惩制度,鼓励企业主动减排和承担环境治理责任。

2. 加强环境监管

昌江工业开发区要全面落实"十一五"减排指标,推行排污许可证管理;加大环境执法和对违法案件的处罚力度,对超标排污企业严格停产限期治理。重视水污染的治理。把河流治理与排污企业的污染治理结合起来。严格取缔直接排入各类水源的排污口,实行严格的达标排放标准,加强对水源的严格保护。在水污染治理过程中强化监控。重点污染企业都应安装在线监测装置,对污染物排放实行自动监测监控;严格执行国家的环境法律法规,加强"三同时"制度执行情况的监督与落实。

(五) 积极推进清洁生产

要以更高的标准依法推进昌江工业园区的清洁生产。落实《中华人民共和国清洁生产促进法》和《清洁生产审核办法》,逐步扩大清洁

生产的范围。实施生产者责任延伸制度，使企业在产品的生命周期内包括设计、制造、流通、回收实行全过程责任制，大力降低生产过程中的资源能源消耗和污染产生量，为循环型工业发展奠定坚实基础。尤其是要加强对采矿、冶金、建材、化工等高资源消耗产业清洁生产的监督，积极推进重点工业技术改造，做好清洁生产的示范推广。

1. 尽可能通过清洁生产减少废气、废水和固体废弃物排放

要在昌江工业园区推动各行业生产环节的清洁生产，从源头削减废弃物的排放量。大力支持矿产资源加工工业开展生态设计和生产，用节约环保的高新技术改造传统产业。在耗煤产业推广使用低烟煤、清洁煤和低硫煤种，减少煤烟污染；尽可能使用清洁能源，有效利用电能、天然气、核电、太阳能、风能、沼气等无污染的能源。尤其是应重视开发利用可再生的新能源，改善能源结构。对水泥和化工行业，促使企业应用脱硫除尘等类设备和先进工艺，从逐个企业、逐个车间、逐个环节的功能优化出发，削减废气排放量。在待建项目和中小企业生产环节推广水处理循环系统，以污水"零排放"为目标，使重复利用率达90%以上。重视减少固体废弃物的堆放。要求各企业内部、企业之间充分利用贫、尾矿堆和其他工业产出的废渣减少占用耕地和空间。鼓励建筑施工单位采取清洁生产方式，督促建筑业推广生态设计和使用绿色建材。

2. 加强清洁生产审核

要在昌江工业园区推动重点行业的清洁生产审核，督促其他企业重视清洁生产审核。在生产过程中优先选用低毒或无毒无害的原材料。减少有毒有害原材料的使用量，完善安全生产管理，尽量减少生产过程中的各种危险因素的产生，实现由末段治理向污染预防和生产全过程控制转变。对于污染物排放超过国家和地方规定标准或者总量控制指标的企业，以及使用有毒、有害原料生产或者在生产中排放有毒有害物质的企业，依法强制实施清洁生产审核。建立有毒废物排放清单制度，要求使用、产生有毒物质的重点企业定期报告处理、储存或处置的有毒废物清单，并制定有毒物质排放削减计划。要配合环保部门监督落实清洁生产审核方案的实施，从源头和全过程实现污染物的减量化、资源化和无害化。

（六）加强资源的综合利用，不断提高资源化水平

昌江工业园区的支柱产业具有明显的资源开发型特点，资源的综合利用将是昌江循环经济园区发展的重中之重。改变传统的开采方式与生

产方式，坚持对资源合理开发、深度加工、优质优用、循环利用，把资源优势最大化地转化成经济优势。

1. 充分提高资源开采效率，减少资源开发中的浪费与废弃物排放

在昌江工业园区矿产资源开发中，应根据资源赋存特征，合理规划布置矿区范围、规模和开采水平，在资源开采环节充分采收资源，减少浪费，提高回采率和综合回收率，降低采矿贫化率，延长矿山寿命。在开采阶段，应合理选择开采顺序，科学搭配待开采资源，合理配置不同层次与不同厚度的矿床，并以提高资源税等方式防范采厚弃薄等不合理的开采现象发生，减少资源的浪费性开发；应探索适合昌江矿产资源特点的采选工艺，选用科学的开采技术和方法，提高开采效率；加强铁矿、石灰石、白云石、石英砂尾矿资源的再提取，推进共生伴生矿产资源的综合开发和合理利用。

2. 促进企业之间的联合，重视资源加工过程中的废弃物利用

要推动产业、产品之间的物质、能量循环，把生产环节的废弃物充分转化为资源，引导企业对生产中产生的废渣、废水、废气、余压余热等进行回收利用，发展精深加工，在开发终端高附加值产品，提高资源的加工利用程度。应兴利除弊、充分利用好矿产资源开发的废弃物。作为海南省"十一五"规划确定的省内水泥生产基地，昌江循环经济工业园应充分发挥水泥产业对废弃物的吸收、消化和加工转化功能，实现废弃物的资源化和产业化利用。

3. 加强可再生资源利用网络的建设

应将回收体系与处置加工体系联系起来，在昌江工业园区实现流程化、一体化的废弃物加工利用。比如，对废水进行无害化处理后加以回用，提高水的循环利用效率；对废旧家电、废催化剂、废灯管、废电池、废旧机油等生活废弃物加以分类收集和处置，建立回收、交投、分拣和加工利用一体化网络，推进生活垃圾向生物化、资源化转化，提高无害化水平。

（七）推进园区矿山地区的生态恢复

加强对矿山塌陷地区的生态再修复，对于恢复昌江工业园区的生态环境和提高土地利用效率意义重大。昌江循环经济工业园内的不少矿产采掘企业如海矿联的前身都曾是老国有企业，具有几十年的经营历史，过去长期的粗放式管理和环境保护意识的淡薄导致矿山采掘开发过程中造成了大片的塌陷区，植被覆盖率很低，而冶炼、化工、建材等工业在

发展中也造成了一定的污染地区，比如尾矿堆积的矿坑，直接影响到园区的环境，成为园区居民日常生活中的不安全、不稳定、不协调的因素，不适应循环经济发展的要求，应该通过生态恢复加以扭转。

（1）应按照增量全部恢复、存量逐步恢复的原则推动昌江工业园区内矿区和污染严重区域的生态修复。加强矿山土地的复垦力度，实行田、水、林、路综合治理的方式，减少废弃物占用土地，以便实现土地资源的再利用和再增值。①根据矿山破坏区的程度，对矿山区进行分级分类，进行恢复治理规划。②适度填充采掘区，对开采后凹凸不平、破碎零乱的矿区旧迹地进行修复，通过土石方工程填平补齐，恢复和谐的地形地貌。③根据矿区开采后的生态修复需要，建设必要的灌溉设施，保障生态修复对水的需要。④道路恢复。设计必要的道路标准，加强道路整理，保障人员和车辆进出的需要。⑤植被恢复。按照旅游、休闲、农业、商业等不同用途，提出废弃矿区不同地块的土地利用方向，实施旧迹地披绿工程。实行乔、灌、草结合的方式补植恢复植被，改善和恢复天然生态环境。通过对采掘区域的环境绿化整治，节约和保护土地资源。对于污染严重地区，应该在减废和用废的同时，把工程措施与生物措施结合起来，降低污染物堆积，增加有助于分解和吸收污染物的林草植被覆盖，逐步恢复被污染区域的生态功能。

（2）在昌江工业园区整体发展过程中，应把矿区生态恢复与园区生态建设结合起来，建设整体、协调、美化、绿化的生态园区。加强公共绿地、厂区绿地、居住区绿地和风景林地建设，形成点、线、面结合的绿地生态系统，建设环境优美、服务配套、网络分布、和谐统一的生态示范园区。

三、昌江循环经济发展的工作重点

为了实现昌江循环经济工业开发区的目标，针对本次循环经济试点所要解决的主要问题，园区工作重点需要在三个层面上突出重点并予以突破。在企业层面，应该在现有企业基础上，抓紧重点循环经济项目的实施，推进适用性技术的研发和引进，注重清洁生产，积极探索企业内部循环经济模式。在产业层面，以打造重化工业循环体系为主体，以多角度、多层面延伸循环产业链为重点，以发展辅助型绿色产业为依托，实现园区由资源开采销售型线性产业模式向资源深加工及再生资源综合利用循环经济产业模式转型，培育园区产业的共生网络有机体。在园区层面，以制定完善的法规制度和建设相应的基础设施为保障，充分发挥政府和市场的作用,以宣传环保理念为重要手段,确保园区大循环网络的有效运行,实现园区循环经济又好又快地发展。

(一) 以构建循环经济产业链为重点,推进循环经济项目实施

昌江工业开发区起步较晚,工业总体规模不大,主要以矿产采掘、水泥行业、建材、有色金属冶炼为主,应围绕重点企业,在资源开采、消耗、废弃物产生、资源再生等环节,组织循环经济项目的实施。在资源开采环节,统筹规划矿产资源开发,推广先进的技术、生产工艺和设备,大力提高资源的综合回收利用率;在资源消耗环节,加强对重点行业能源、原材料、水等资源消耗的管理,延伸资源产业链,提高资源利用率;在废物产生和再生资源利用环节,强化污染预防和全过程控制,降低废物最终产生量,同时要大力回收和循环利用各种废旧资源。要依托昌江循环经济工业园的产业与资源基础,以资源循环利用、节约利用、规模利用为目标,考虑不同产业的生产消费环节与加工延伸方向,形成多产品、多链条的生态工业网状结构,使工业区的布局和结构既能增强产业群的柔性和综合抗市场风险能力,又能增加资源循环的渠道,提高资源循环的效率。

1. 铁矿采掘产业——贫矿、尾矿资源利用模式

昌江循环经济工业区内蕴藏了大量的矿产资源,其中铁矿是亚洲蕴藏最大、品位最高的露天富铁矿,储量达1.3亿吨。铁矿石的采掘和冶炼历来是昌江重要产业,其中在铁矿石采选过程中,传统工艺将高品位的矿石提取出来,抛弃品位较低的矿石,日积月累形成高达1300多万吨的贫废矿堆积,占用了大量的土地资源,也对矿区自然生态环境造成破坏。矿石筛选还产生大量的尾矿和废水,严重污染环境。在循环经济园区建设中,应该将海矿联作为循环经济重点企业,对上述两类废弃物按照循环经济的模式加以利用。

(1) 对贫矿进行再开发。贫矿可以运用新技术再次精选提纯,对资源进行再利用,提高资源采收效率。

(2) 对尾矿进行再回收。对于尾矿可以实施超细矿石的回收生产铁精粉,最终获得冶金等产业的原材料。

(3) 对废渣利用进行资源化利用。生产铁精粉后形成的废弃物,可作为资源投入生产水泥或者新型墙材。

(4) 把尾矿砂作为再循环的原料来源。矿山开采后堆积物,可以进行综合利用,用于生产地砖、空心砖、免烧建筑装饰材料、微晶玻

璃、筑路原料和用于充填采空区。

（5）实现废水利用。废水经过净化完全可以回收利用（见图1）。

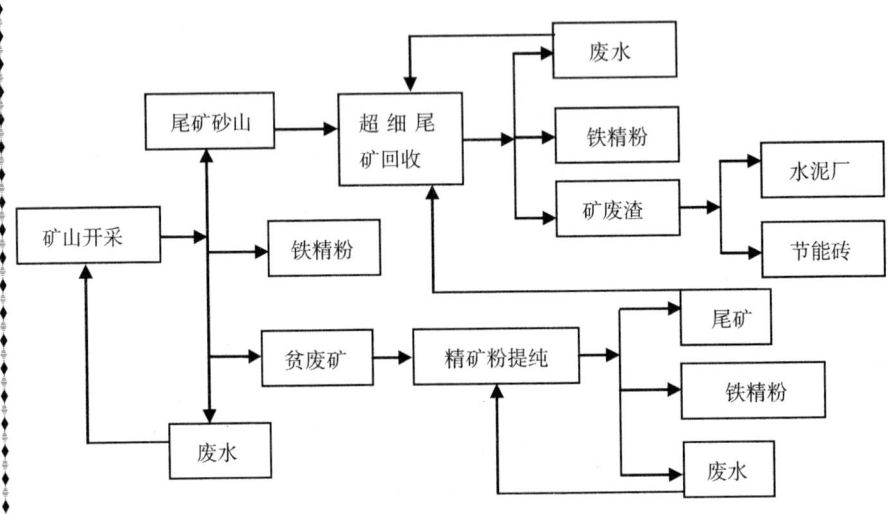

图1 贫矿、尾矿回收加工模式

目前，工业园区内的海南矿业联合集团正尝试加强对历史遗留的贫废矿和尾矿砂加以循环回收。公司通过采用中低品位铁矿选矿关键技术、超细粒尾矿回收技术，投资2亿多元建设了年产60多万吨的铁精粉厂，年回收贫矿、废矿110万吨，产值6亿多元；投资了1600万元建设尾矿精粉选矿厂，预计年回收废弃尾矿60多万吨，产精矿粉3万多吨，产值3000多万元，通过技术的升级，企业每年可节约原矿10多万吨，大大减少了贫矿和尾矿堆积的污染以及对耕地的影响。同时，企业还配备了高性能水循环利用系统，废水利用率高达95%以上。

从循环经济的角度看，昌江在钢铁产业方面应该注重两个方面的延伸：①产业链条的延伸。从铁矿石开采到加工成铁精粉，是钢铁冶炼的最初级阶段，只完成了一个环节的加工过程，附加价值不高，产品的技术含量也不高。应该通过冶炼再冶炼，实现炼铁、炼钢甚至到加工成特殊钢材的转变，不断地将产品再加工、再资源化、再利用，在更长的加工环节提高劳动生产率。②循环经济链条的延伸。钢铁工业产业链越长，加工环节越多，发展循环经济的链条就越长，在余热发电、压差发电、废渣再利用、循环用水等方面越有空间，在矿山资源开采后的生态恢复上也越能摊低成本，资源再利用的效率越高。因而，加快经济发展方式的转变和发展循环经济，都要求减少钢铁产业中的初级产品，推动钢铁产业的深加工。

2. 水泥产业循环模式

昌江被海南省规划为未来的水泥生产基地。预计到2010年水泥生产能力将达到1200万吨/年，占全省水泥总产量的85%，水泥行业因而可能超过矿产采掘行业成为昌江工业园区最大的产业。目前，园区内有华盛、国投、汉河三家水泥厂，年产量达到200万吨。水泥属于传统三高行业，耗能大、污染严重，生产中逸出的粉尘既造成大量污染，也是一种资源浪费。昌江工业开发区应积极利用水泥、铁矿等生产的废弃物，变废为宝、化公害为资源，提高水泥产业经济效益。

园区内的华盛水泥公司和国投水泥公司，采用国内领先的新型干法回转窑熟料生产线和生产工艺，利用进口无烟煤为燃料并结合助燃剂为原料，在生产过程中降低了粉尘的产出，节约能源和水资源的投入。2008年开始华盛公司和国投公司各200万吨的二期和三期水泥生产线扩建工程正式启动；100万吨汉河水泥厂技改项目也在规划当中；如何更好地实现其节能减排的效果，放大清洁生产的示范效应，推动园区循环经济有好又快地发展成为园区工作的重点。例如，华盛水泥公司日产5000吨的生产线全部使用无烟煤燃料，水泥熟料热耗已由传统的6500千焦/千克降低到了3100千焦/千克，有效节能50%以上。公司还投资6935万元回收废气建设余热发电站，装机容量6500千瓦，年节约用电42000度，电费2000万元，减少原煤消耗24400吨，减少二氧化硫排放35000吨，其回收排放的粉尘、二氧化硫、降低温室气体排放等各项指标达到国际先进水平，获联合国CDM项目资金支持。

在水泥行业循环经济发展方向上，通过构造循环经济产业链，实现废弃物的资源化利用：

（1）废渣利用。利用电厂、钢铁厂的废煤渣、铁渣、造纸厂的滤泥、制糖厂的甘蔗渣作为生产原料，对废弃物进行资源化利用，以减少有害物质排放和实现增值。

（2）余热利用。有效利用热能资源，将旋窑生产产生的低温余热用以发电，产生的电力可回用于工业，也可民用。

（3）废水利用。工业生产过程中产生的废水经过处理后可回用，用于冷却、清洁和园林绿化。

（4）废气利用。除尘后收集的碳酸钙和脱硫石膏可再深加工，减少烟尘、粉尘排放造成的大气污染，并成为新的原料来源（见图2）。

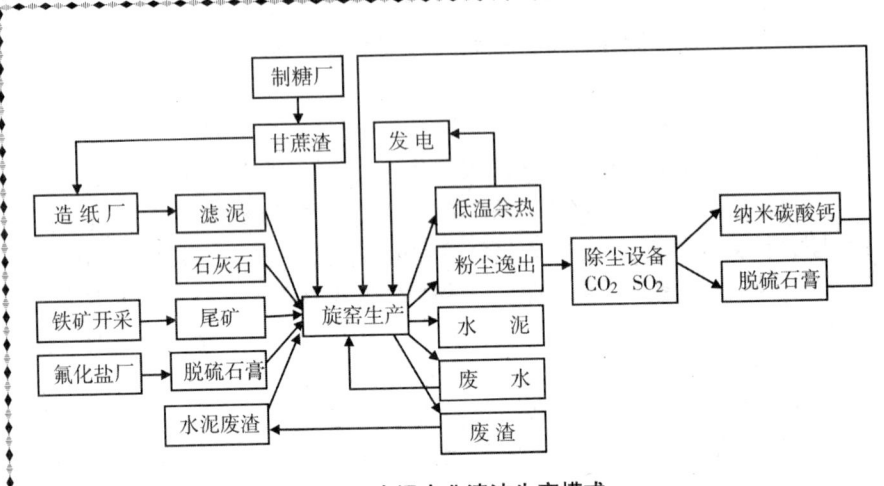

图 2 水泥产业清洁生产模式

3. 有色冶金与化工产业混合循环模式

昌江工业园区的铜钴硫化矿是有色冶金工业和化工产业的重要矿产资源。这两类产业加工能源消耗较多，产业的废弃物数量大，适合于发展循环经济。其中，化工行业的循环交叉产业链更容易构建，具有成本低、收益高、市场好的优势。尽管有色金属冶炼与化工行业为铜钴冶炼、氟化盐生产以及在建的镁、钛、多晶硅的产业，新投产年产 600 多吨钴酸锂和 5 万吨精铜的钴铜厂也具有较好的市场前景，但还应该拉长产业链，实现由"资源—产品—污染排放"技术路径向"资源—产品—再生资源"循环模式的转型。

有色金属行业循环经济应该建立在节能、节水、废物回收和资源综合利用的产业链条上。中国铜、钴等有色金属矿产资源的自给率不高，但是资源消耗较大，开发铜、钴资源有重大价值。但中国有色金属资源利用率一般只有 60%，比发达国家低 10～15 个百分点，资源中共伴生资源综合利用率 40%，比国外低 20 个百分点。要科学设计铜钴资源的开发模式，发挥大企业在资金、人才和技术方面的优势，对铜钴资源进行精细化开发、循环式生产、综合性利用，提高资源加工利用程度。在这一过程中，除了高度重视铜钴资源的开发、冶炼和加工外，还要科学设计循环经济产业链条。

（1）对冶炼过程中会产生大量的二氧化硫气体，可采用新型工艺回收循环配合助燃剂，当做燃烧辅助物质使用，提高煤炭的燃烧率和冶炼产出率，减少废弃物排放和污染，使废气能够得到有效利用。

（2）部分过量二氧化硫气体可以氧化成为硫酸，作为氟化盐项目的原料，成为下游产品的新原料，实现资源化、循环化利用。

（3）生产过程中的余热可以进行发电或用以提高原料的进炉温度和加热水等用途，减少热量损失，充分节约和有效地利用能源资源。

（4）氢氟酸可通过延长产业链条的方式，用以生产出氟化铝、冰晶石、氟化钠、氟化镁等氟化盐类产品，提高产品的加工利用程度。

（5）产生的滤液经净化后可全部回收利用，减少废弃物排放，实现资源化转化。

（6）副产品脱硫石膏、灰渣等废渣可以再利用，作为水泥的生产原料，实现产品增值（见图3）。

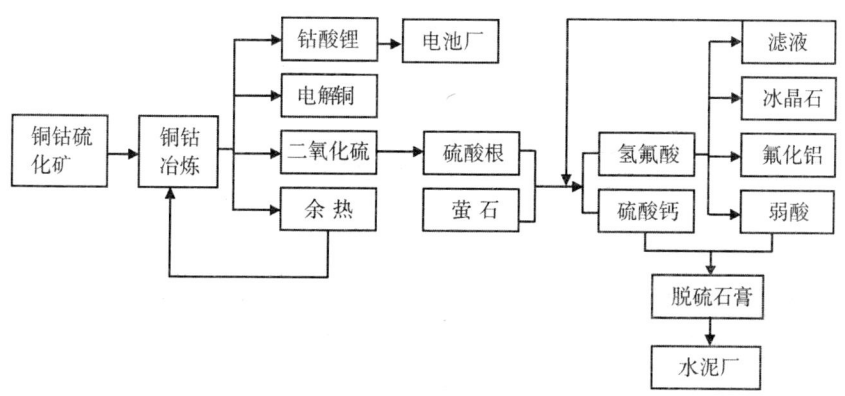

图3 铜钴工业循环模式

4. 农产品加工循环模式

依托园区工业基础，充分利用周边地区农村面积大，水热条件丰富，甘蔗、芒果、橡胶、木薯等农作物和经济作物及渔业等农副产品基础较好的优势，发展农产品深加工循环产业模式，带动昌江地区农业产业化和促进农产品加工增值。按照产业链条化、区域生态化的思路，形成以工业带动农业，园区反哺农村的机制，实现地区经济的平衡增长。在以农产品为原料的工业发展中，可采用多渠道的循环经济模式。比如，利用木薯生产生物乙醇，木薯残渣作为代用燃料或者造纸原料，所产滤泥作为水泥原材料；废水处理后可以回用或者灌溉，形成复合型循环经济产业链（见图4）。部分农产品如蓖麻子、桉树子也可以通过加工链条延伸用以建设新能源项目。园区还可以进一步规划把种植业、养殖业和渔业通过沼气建设连接起来。人类与牲畜的粪便可以在沼气池中转化，沼气可以作为生活能源，沼液可作为渔业饲料并可浇灌农田，沼渣可用于饲养牲畜，形成农牧渔复合生态系统的良性循环。

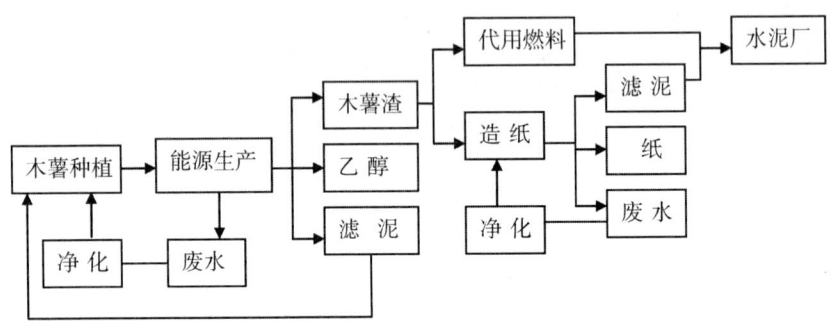

图4 农产品加工循环模式

5. 废旧物资回收循环模式

循环经济产业链条的延伸包括废旧物资的回收利用。昌江循环经济工业园与昌江县城并未形成明显的界线，为一个园区与县城区交织的大的循环系统，每天会产生大量的废旧物资，但由于目前城区资源回收利用体系尚未完善，处于较低水平运作，回收利用率不高。可考虑以园区为基地，以县域为辐射范围，引导静脉产业落户园区，或在现有企业基础上联合组建再生资源管理部门，按照循环经济的模式建立起废旧物资分类回收和集散的收购体系，大力回收和循环利用园区内所产生的各种废旧金属、废纸、废塑料、废旧轮胎、废旧家电、废旧手机、废旧包装物等废旧资源，构建功能齐全的再生资源交易市场，有效整合社会资源，提高可再生利用资源的综合加工能力，形成"买废—卖废—加工"三位一体的废旧物资综合利用循环经济模式。其中，一些废旧物资可以通过清洁后再利用，一些可以拆解进行再组装，一些可以变卖给低收入的消费者，另一些可以做垃圾发电等用途（见图5）。通过回收网络的建设，可以有效地减少园区的废弃物排放，扩大企业的原料来源，提高全社会的经济效益。

从总体上看，整个园区的循环经济产业链按照如下模式进行（见图6）：

从企业内部层面来看，园区主导企业的"节能、降耗、减排、资源循环利用"工作开展良好，清洁生产模式得到示范应用。大型水泥、

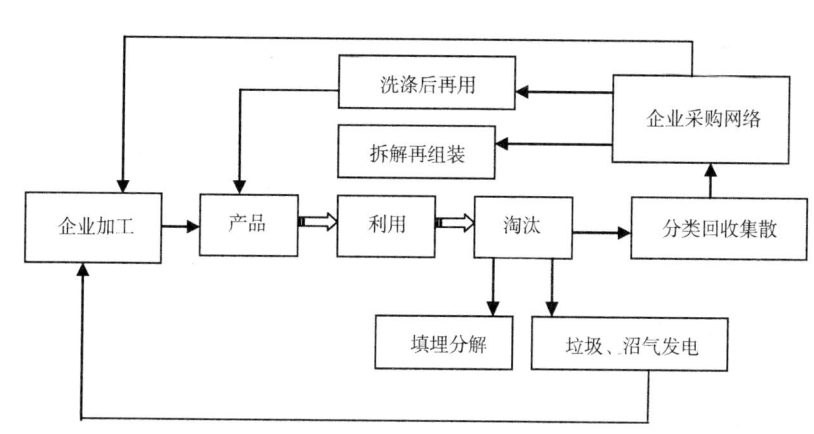

图 5 以园区为基地的大循环模式

铁矿（海矿联、华盛、国投水泥）企业具备完善的废水处理能力，水循环使用率达95%以上；水泥厂利用回收的粉尘加工水泥，实现污染物减量排放、资源回收利用。铁矿开采企业具备了贫矿尾矿回收工艺，减少堆积；石灰石开采也具有分质利用环节，按照矿产品位的高低差别利用、降低废矿、伴生矿的丢弃率；水泥产业整体升级，采用旋窑式生产设备，提高水泥的产出效率，减少资源浪费。钴铜冶炼生成的废气二氧化硫一部分回收循环成为冶炼环节的辅助燃料，一部分经过氧化成为副产品硫酸。白云石冶炼的废煅白和尾气加工生产轻质碳酸镁；水泥、冶炼产业生成的废气、余热能够一定程度回收发电替代煤炭资源的消耗，降低二氧化硫和二氧化碳的排放。

从产业间层面来看，园区内已经初步形成现有产业的循环经济框架，大企业的核心作用突现，重化工类产业节点逐渐增加。采掘产业（钢铁、白云石、石英砂等）、冶炼产业（镁金属加工、钴铜冶炼等）的下料（废料）可作水泥加工、钛白粉加工的上料（主要辅助原料）；水泥、钛白粉以及其他固体废弃物等下料可作为建材厂生产节能砖的上料；水泥企业可回收钢铁厂、电厂、氟化盐等工厂的废料作为加工水泥的原料；钴铜冶炼生成的副产品硫酸则是生产氟化盐的原料。氟化盐生产的废料可以氧化为脱硫石膏又是水泥和节能砖生产的上料。园区工业与农业产业之间也具备关联耦合，清洁能源项目充分利用昌江的木薯以及蓖麻子、桉树子等农业资源生产乙醇和油料替代传统能源，一方面节约了不可再生资源，另一方面降低了环境污染。同时产生的废物如残渣

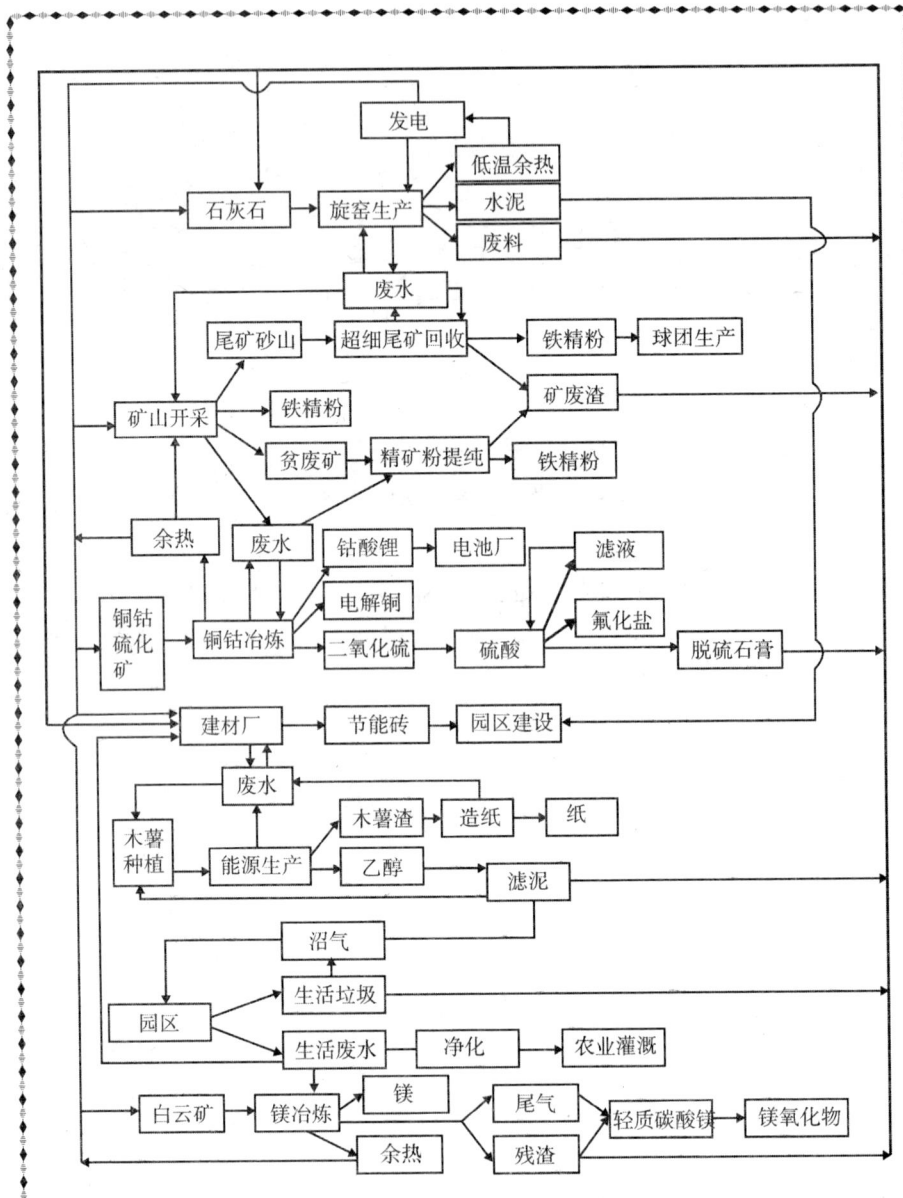

图 6 昌江循环经济工业园区基本循环框架

是造纸厂的原料或作为替代燃料回馈水泥、冶金行业，滤泥可以用于沼气发电，废水则经过处理灌溉使用。

从园区层面来看，基础设施建设正在有序开展，尚需进一步完善。园区即将建成的污水、废固处理共享措施可以更好地解决园区内不具备环保投入能力的中小企业的清洁生产问题，中小企业不但可以耗费较低成本实现生产"三废"的妥善处置，还可以相互交流适用技术，学习大企业的先进技术。园区生活污水和生活垃圾的排放问题也将得到改善，垃圾通过分类、回收，具有循环价值的可以再利用，有害废弃物集中处理，污水处理后转化为园区环保用水或农业灌溉用水。园区建设采用自产的水泥和节能砖等环保材料。全园区范围内提倡使用清洁能源。

上述循环经济框架能够反映出园区创建的"3331"发展模式，即"3R"原则、三方机制、三个层面以及一个产业。要以"减量化、再利用、资源化"为基础，对输入端、过程中、输出端三个环节的全过程管理；要形成市场、社会、政府三方联动机制，激发多元主体结成伙伴关系，共同推进循环经济；要实现大、中、小三层循环有机共生、和谐发展。最后还要发展资源再生产业，根据地域资源条件，在园区建设几个静脉产业簇团，完善废物回收系统、废弃物拆解、利用系统以及无害化处理系统。

（二）重视资源循环利用基础设施建设

发挥政府在昌江工业园区循环经济建设中的调控作用，推动与资源和废弃物利用相配套的基础设施建设。园区资源循环利用基础设施网络建设，必须与园区大小循环相对接，形成相得益彰、相辅相成的有机整体。基础设施建设应界定政府、企业各自的责任，遵循规范的招投标制度，并采用市场化的手段维持基础设施的正常运营。

（1）重视园区循环经济基础设施的硬件建设。要参照国内外有关标准规范，设置昌江工业园区基础设施建设标准，加强基础设施建设规划。加快建设园区市政污水管网、燃气管道、垃圾收集处理网络、废旧物品集散回收网络、园区清洁饮水设施、电力天然气供应设施、污水处理厂、集中焚烧设施与安全填埋厂、废弃物贸易交换中心，并统筹规划建设节能、节材、节水类基础设施。建设园区共享的辅助生产系统，园区形成重化工产业集聚，所需生产条件相似，通过区内统筹、社会协作的方式建立共享生产系统，维修系统、中心化验室和环境监测站，电信、运输设施以及各种生产福利设施。通过基础设施的建设，形成规范的园区资源、要素、废弃物的流动路线，提高循环经济的集约化、规模化、合理化水平。

（2）建立贯穿昌江工业园区内外的循环经济信息沟通和协调平台，实现信息的收集、处理、发布与共享，加强对循环经济运行与进展的监测与评估。①建设循环经济政策、法律、标准、清洁生产等方面的信息库，为企业开发设计、生产过程控制、经营管理、售后服务等方面的绿色制造与服务提供重要决策信息。②建设清洁技术储备库。开发技术咨询拥护系统，满足清洁生产中的数据存储、数据加工、数据集成、信息查询等方面的需求，建设多层次的清洁生产技术信息服务体系。③园区循环经济发展进展的信息汇集与评估。及时反映园区循环经济建设的成果，介绍园区及其他地区循环经济成功的经验，收集与汇总国内外循环经济的做法、关键技术和组织模式，对园区循环经济的进展进行监测与评估。

(三) 重视园区循环经济发展中的制度建设

加强循环经济发展中的制度建设，对于能够顺利推进循环经济至关重要。要在制度建设中深化管理体制改革，加强纵向监督与横向监督，规范各类市场参与主体的行为，形成一定的激励约束机制，明确政府与市场、政府与企业、政府与家庭和个人等各自承担的责任，推动循环经济的发展。

(1) 要把政府与市场的作用结合起来。在昌江工业园区循环经济的发展中，政府的作用十分关键，如建立严格市场准入制度；完善谁污染、谁治理、谁破坏、谁恢复的环保责任制；制定环保的激励或者制裁办法等。同时也要充分使用市场手段，通过超标排放收费、开征环境税、排污权交易、税收减免、加速折旧等激励或者限制性措施，激励企业全面考虑社会成本和企业收益，更加主动地改善环境，主动实施循环经济。对于清洁生产型企业、通过ISO14001认证的企业以及已获得产品环境标志认证的企业均可优先入园。在资源开采方面，严格完善矿产资源勘察开采准入管理，加强矿产开发项目核准管理，调整资源评估价款和资源有偿使用费收支，建立"归属清晰、权责明确、保护严格、流转顺畅"的资源产权制度，抓紧制定紧缺和重要矿产资源的开采和生产管理办法。要严格取缔各种非法小矿山，加大对违法采矿的执法力度，禁止无证采矿、超层越界采矿和违反安全规定采矿现象。通过推进矿产资源开发的规模化、集约化，实现规范开发、规模开发和安全开发，提高矿产资源的开发效率。

(2) 重视利用市场手段引导昌江工业园区内的企业重视环境保护。深化价格体制改革，以价格杠杆引导全社会重视资源节约。在用能、用水、用电、用地、用材等方面，定期公布各类企业、政府部门、居民家庭的消耗水平，采取差别价格、超定额加价收费等方式，建立成本约束机制，鼓励各类市场主体采取更有效地节约资源方式。在企业之间资源与能源循环流上，可以由企业自身通过谈判的方式确定谁支付、谁受益及其价格水平，在利益差异的基础上，组建利益均沾的共同体。比如，一个企业的废弃物，会成为另一个企业的资源。对前一个企业来说，处理废弃物是要花成本的；而对后一个企业来说，购买或者开发资源同样是要花费成本的。这样，以协议的方式协商一个双方都可以接受的价格水平，从而鼓励园区企业之间副产品、废弃物、边角料的横向流动与加工增值，促进企业之间废水、余热、尾矿、煤灰、滤泥、矿井水及其他伴生资源的综合开发利用，推动废弃物的资源化处理和提高资源利用效率。

（四）加快开发和推广应用循环经济技术

要适应昌江工业园区循环经济发展的要求，加强政策引导，鼓励企业自主创新，联合行业相关科研部门与高校，搭建产学研一体化技术创新体系。加大对资源节约与循环利用关键技术的开发，重点是在替代技术、减量技术、再利用技术、资源化技术和系统技术等方面进行创新，争取取得技术突破，并加快新技术、新产品、新材料的推广应用，以技术创新推动昌江工业园区循环经济的发展。

围绕昌江工业园区产业发展的方向与重点进行技术创新。采掘企业需要研究矿产资源特点，引进更先进的设备，提高磁选水平和矿产采掘的效率。重点开发提高资源采选回收率的新技术新工艺，无废开采综合技术，低品位矿高效开采技术，共、伴生矿产资源和尾矿综合利用技术。资源深加工行业要重视开发利用能源节约和替代技术、新能源技术、资源节约技术、金属资源综合利用技术、矿山固体废弃物资源化处理技术、废物综合利用技术、矿产资源深加工技术、"零排放"技术、有毒有害原材料替代技术、可回收利用材料和回收处理技术、绿色再制造技术以及新能源和可再生能源开发利用技术等。重视推广应用节能、节水、节电、节材新技术。要注意引进先进技术改造园区内的传统产业，积极应用节能减排类先进适用设备与成熟技术。积极推进余热余压发电、绿色照明、钴铜冶炼制硫酸、联产水泥、纯烧高炉煤气发电等多项循环经济先进技术，并加快淘汰落后的生产能力。水泥行业要积极采用旋窑技术和新型干法生产方式，加速淘汰立窑生产方式。

（五）优化投资环境，积极引进大型循环工业项目

按照昌江循环经济工业园区的发展规划，近年内还需要引进更多主导性的化工业产业，充实园区循环共生网络的核心节点，因此营造良好的投资环境，提供相应的优惠政策是成功引进关联大项目的关键。在目前企业融资渠道不畅的情况下，政府优惠的信贷政策是引导企业绿色生产的保障。应当建立绿色财政和金融制度，通过财政贴息、税前还贷、技改资金安排、融资优先、取物价补贴、企业亏损补贴等手段引导和推进项目建设。建议政策性银行以低息贷款、无息贷款、延长信贷周期、优先贷款、贷款贴息等方式予以企业资金支持；也可借鉴国际经验，对企业生产经营过程中使用的无污染或减少污染的机器设备实行加速折旧制度。通过政府面向开展循环经济的企业进行有针对性的财政补贴，可以大幅度地调动循环经济建设的积极性，指导着整个社会资源向循环经济的方向发展。地方商业银行应当成为支持循环经济发展的金融主力军。例如，商业银行在信贷审核和决策过程中，对于能够体现发展循环经济、保护自然环境和维护生态平衡要求的客户或项目，可以给予降低利息率、延长信贷期限、加大贷款额度、放宽还贷条件等优惠；指导入园企业生产向循环经济的方向发展。土地问题也是影响投资的一个重要因素，昌江循环经济工业园区应该在集约规划工业土地的基础上，减少符合入园要求工业企业土地使用的审批程序，可以把已办好土地证的储备工业用地交给工业区开发区管委会管理，缩短投资者申报时间，提高土地审批效率。其他相关管理部门如税务、工商、审计等也可以协同办公，建立绿色通道以及服务平台，增强园区的"孵化器"功能。

第十四章 西部地区的工业发展与循环经济

从1999年党中央、国务院提出西部大开发的战略以来，中央政府组织实施西部大开发政策已经数年了。资料显示，2000~2008年，国家在西部累计新开工重点工程102项，投资总规模达1.7万亿元，青藏铁路、西气东输、西电东送等一批重点工程相继完成。截至2008年，西电东送、西气东输分别为东部输送6318万千瓦的电能以及454亿立方的天然气，为东部发展提供了能源保障。东部在西部的投资额度超过2.2万亿元。国家还实施了油路到县、送电到乡、广播电视到村、沼气到户等一批改善农村生产生活条件的项目。为加强生态环境保护和建设，2000年以来，国家在西部相继启动了退耕还林、天然林保护、退牧还草等一批重点生态建设工程，这是新中国成立以来在西部实施退耕还林工程造林数量最多的时期，截至2008年底，中央累计投资近2000亿元，累计营造林和封山育林4亿多亩。在西部大开发政策的推动下，西部地区经济发展速度明显加快，2000年，西部地区的生产总值只有16654.67亿元，占全国生产总值的比重只有17.13%。但到2010年西部地区生产总值达到81408.5亿元，占全国的比重也上升到18.6%。从长期的发展趋势看，西部地区需要培育以工业为主体的具有市场竞争力的优势产业。而在发展工业的过程中，必须高度重视发展循环经济。

第一节 西部地区的工业发展与工业结构变化

从1999年至今，国家对西部地区的投资主要集中在基础设施与生态建设方面。但是，由于新一轮工业化对资源性产业的需求增加及西部大开发双重因素的推动，西部地区的工业占全国的比重出现波折中上升的趋势（见图14-1）。2000年西部地区的工业增加值占全国的比重为13.01%，但是到2007年，这一比重已经上升到15.25%，2010年上升到17.77%。近年来，西部不少省份的工业增加值的增长速度快于全国的增长速度。内蒙古、广西、青海、陕西等省份的增长速度都明显增大，相关省份工业在区域乃至全国的影响力有所提升。在西部地区整体经济增长过程中，相对于其他产业来说，工业部门具有更为重要的贡献。

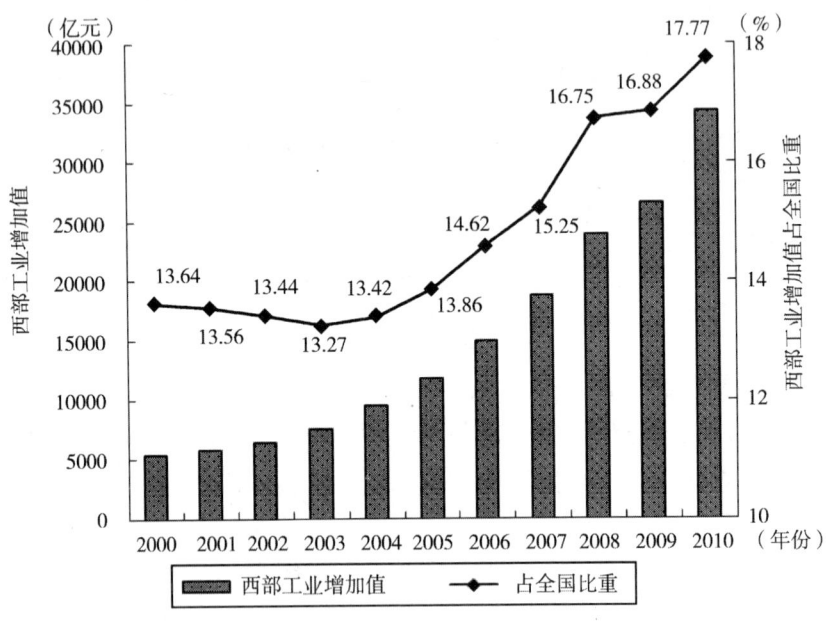

图 14-1　2000 年以来西部地区工业增加值及占全国比重的变化

根据有关数据，1999 年以来，西部地区的工业发展与工业结构变化具有以下特点：

（1）工业对西部地区经济增长的贡献度呈现不断攀升趋势。2000～2010 年，工业增加值虽然出现了几次下滑过程，但随后出现较大幅度的提升，工业占西部地区生产总值的比重从 32.66% 上升到 42.19%，10 年间提升了近 10 个百分点。而全国工业在国家整体经济中的贡献却相对稳定，维持在 40% 左右。2008 年和 2009 年，工业在西部和全国的贡献出现了两个交叉点，而到 2010 年，西部地区工业在经济中的贡献明显超过全国工业对经济的贡献。由于近年来西部占全国经济总量在提升过程中，可以认为，工业是西部在全国经济影响力提升的主要推动力量。

（2）西部各省份工业化与全国的工业化水平的差距缩小。西部与全国工业增加值在区域经济中的贡献差别完全缩小，表现在不少省份工业对经济的贡献大幅度提高上。比如，用各地工业增加值占地区生产总值的比重来衡量，2007 年全国工业增加值占国内生产总值的比重为 43.0%，在西部包括内蒙古、广西、重庆、四川、贵州、云南、西藏、陕西、甘肃、青海、宁夏、新疆在内的 12 个省份中，除了内蒙古、陕西、青海、宁夏四省份工业增加值比重高于 40% 外，其余 8 个省份的工业增加值所占的比重低于 40%。而到 2010 年，全国工业

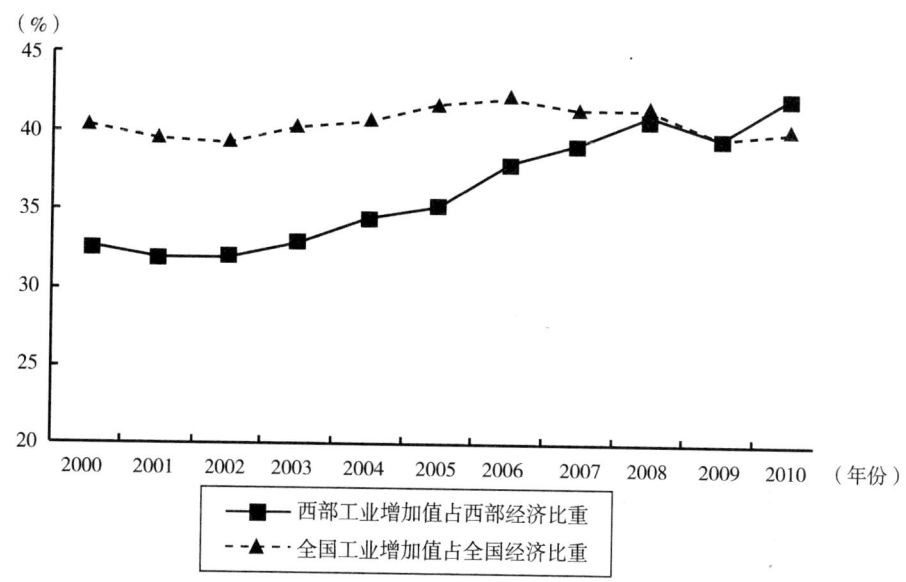

图 14-2 西部和全国工业增加值占各自区域生产总值比重

增加值占全国国内生产总值的比重下降到 40.1%，而西部地区的内蒙古、广西、重庆、四川、陕西、青海六个省份的工业增加值占生产总值的比重升高到全国平均水平之上，而重庆、四川、陕西等都是西部具有影响力的省份，这种由大省大市工业化率先发动带来的直接结果是整个西部工业在全国影响力的提升。

（3）西部地区的工业结构中加工工业的比例相对较低。对于工业化的评判，还可以用加工工业在整体工业中所占比重进行分析，以反映产业链条的延伸状况与资源的加工利用程度。2007 年，在全国各地的工业内部结构中（见表 14-1），沿海地区以加工工业为主，采矿业所占比重最低，只有 5.83%；中部地区采矿业所占比重也相对较低，但是也高于全国平均水平，达到 14.17%。西部地区与东北的采矿业所占比重都高于 20%，其中东北地区最高，为 25.95%；西部地区的采矿业比重也达到 22.14%。在存在垂直性分工的空间结构中，西部地区的采矿业对全国经济有很大贡献。

表 14-1 2007 年西部与全国其他地区采矿业增加值及占规模以上工业增加值的比重

	沿海	东北	中部	西部	全国
采矿业（亿元）	4005.95	2680.14	3040.83	3842.86	13569.76
所占比重（%）	5.83	25.95	14.17	22.14	11.59

资料来源：根据《2007 年工业统计公报》（地区篇）相关表格计算。

事实上,从 2000 年以来,西部地区工业增加值占全国的比重在相对上升,但是采矿业在西部地区重工业中所占的比重还有继续上升的趋势。表 14-2 显示,除了部分钢铁产品,西部地区不少采掘和原料工业品的数量在全国的比重都明显提高,显示出全国地域分工格局还在进行之中。但是,西部越来越倾向于生产资源品和原料产品也是一个不争的事实。当然,随着国家西部大开发政策的推进,沿海一些不具有比较优势的加工工业也在向西部地区转移。

表 14-2　1999 年、2004 年、2007 年、2010 年西部地区部分工业品产量及占全国的比重

工业品类型	1999 年 数量	占全国的比重(%)	2004 年 数量	占全国的比重(%)	2007 年 数量	占全国的比重(%)	2010 年 数量	占全国的比重(%)
原煤(亿吨)	2.59	25.55	5.19	26.53	10.27	40.66		
原油(万吨)	2771.23	17.32	4071.93	23.27	5194.74	27.88	5840.70	28.77
天然气(亿立方米)	134.04	53.19	270.29	65.14	549.58	79.37	768.53	81.03
发电量(千瓦时)	2786.33	22.48	5099.00	23.32	8837.88	26.93	12230.56	29.07
生铁(万吨)	1994.74	15.91	3674.96	14.59	6750.96	14.17	8438.77	14.13
钢(万吨)	2063.64	16.61	3547.56	13.00	6373.93	13.03	8359.43	13.12
钢材(万吨)	1832.48	15.13	3594.30	12.09	6834.70	12.08	9959.22	12.41
水泥(万吨)	11635.20	20.31	18584.38	19.16	29833.74	21.92	53391.70	28.37
硫酸(万吨)	684.68	29.06	1580.73	39.58	2495.96	46.11	3299.70	46.54
纯碱(万吨)	112.23	14.65	252.23	19.37	408.47	23.14	533.32	26.21
烧碱(万吨)	79.41	13.69	170.09	16.04	339.64	19.31	517.61	23.23
农用氮磷钾化肥(万吨)	993.22	30.55	1556.37	34.82	2095.34	35.97	2387.23	37.67

资料来源:《中国统计年鉴》(2000、2005、2008、2011)。

第二节　发展循环经济对西部地区工业化的意义

循环经济作为一种在发达国家诞生并在西方各个国家广泛应用的产物,按理说更应该在中国的发达地区率先实施。这是因为:①按照一般规律,经

济越发达，会越注意资源节约与环境保护。从维护经济形象、提高经济效益、改善区域环境的需要看，发达地区比不发达地区更应该采取循环经济的发展模式。②发达地区比不发达地区更有可能在发展循环经济方面投入资金与技术。发展循环经济本身是需要一定资金与技术投入的，越是经济发达地区，政府和企业的资金与技术动员能力就越强，技术进步与创新的可能性越大，越有可能实施循环经济模式。③发达地区居民对改善生态环境有更强烈的愿望。在基本生活需求得到满足、小康目标的实现水平大幅度提高以后，经济发达地区的居民更加重视追求好的生活质量与生活环境，发展循环经济可以满足广大居民的生活愿望。④市场竞争要求企业更加重视资源的充分利用。越是经济发达地区的企业，越是承受着国内外市场激烈的竞争。废弃物的浪费和流失既包含着社会成本的增加，也是一种私人资源的损失。不充分利用好这些资源，不仅意味着社会要承受巨大的污染成本，也不利于企业提高经济效益。在市场竞争和社会需求的压力下，发达地区的企业会更加重视和主动推动循环经济的发展，不发达地区的企业则因为经济实力差、技术储备低、增长冲动强的原因，则可能更不重视采取循环经济的模式。这也符合世界发展循环经济的一般规律。就全世界来看，经济越不发达的国家越不重视发展循环经济。

我们认为，尽管西部地区的经济不够发达，西部地区的工业化低于全国工业化水平，但是，在中国西部地区的工业化进程中，必须更加重视发展循环经济。这是因为：

（1）西部地区具有推进循环经济的现实基础。从工业结构上看，西部是一个重工业所占比重较大的区域。2007年以规模以上工业企业增加值衡量，全国重工业增加值占工业增加值的比重为70.02%，而西部地区重工业增加值占西部工业增加值的比重达到74.81%。通常而言，循环经济更多地强调资源的稀缺性，轻工业所投入的原料主要是可再生资源，可以通过人工方式扩大资源的产出量，资源的数量是动态的和可增加的，对于发展循环经济的要求相对较弱；而重工业所投入的原料主要是不可再生的矿产资源，资源总量十分有限，开采一点会减少一点，采取循环经济的模式，就是希望维持经济的可持续发展。对于重工业所占比重较大，矿产资源开采、原料加工到加工工业整体链条完善的西部区域来说，采取循环经济的发展模式符合资源节约和有效利用的原则。

（2）西部地区具有发展循环经济的巨大潜力。循环经济要求将资源—产品—废弃物所代表的线性、单向流动生产模式，转换成资源—产品—再生资源的闭路反馈型生产模式，关键在于废弃物能够通过生产流程的设计得到充分利用。能够排放出较多废弃物的区域，应该是具有发展循环经济潜力的区域。以2007年全国各地每万元工业增加值所排放的工业污染物来看（见

表14-3），西部地区每万元工业增加值排放出工业废水29.50吨、工业废气5.56万标立方米、工业固体废弃物2.83吨，都明显高于沿海、东北和中部地区。在西部地区发展循环经济，将会大大提高资源的利用效率，并减少污染物治理的成本。

表14-3　2007年不同地区每万元工业增加值产生的工业污染物排放

区域	工业废水排放量（吨）	工业废气排放量（万标立方米）	工业固体废弃物产生量（吨）
沿海	17.20	2.35	0.77
东北	16.20	3.45	2.02
中部	22.73	3.50	2.03
西部	29.50	5.56	2.83

资料来源：根据《中国统计年鉴》（2008）、《中国环境统计年鉴》（2008）相关表格计算。

（3）西部地区没有浪费不可再生资源的资本。西部地区虽然是中国资源相对丰富的区域，但是又是经济最不发达的地区。2004年，西部地区土地面积占全国的71.5%，人口占全国的比重为27.5%，但是地区生产总值占全国的比重却只有17.4%。在全国贫困人口中，西部地区所占的比重高达62%；在国家贫困县中，西部地区也占60%以上。在西部地区，资本、技术、固定资产等生产要素都十分短缺，只有资源相对丰富。在市场激烈竞争的情况下，西部地区的发展会更加依赖于资源开发。假如不可再生资源被线性、低水平、无循环地开发利用，在同等经济规模产出的背景下，资源开发利用的年限会大为缩短，实现西部地区城乡居民摆脱贫困局面的理想将更为艰难。只有采取循环经济的方法，才可以大幅度提高资源的利用效率，使这一代居民获得更有效率的增长收益，并且不把一个被严重污染的环境留给下一代。

（4）西部地区具有发展循环经济的长远利益。西部地区是全国不可再生资源蕴藏最为丰富的区域，是21世纪中国能源与矿产资源的接替区域。由表14-4可见，在西部地区矿产资源储藏中，除了石油、铁矿、硫铁矿和铜矿四种资源以外，有十种矿产资源的储量在全国占50%以上。实际上，鉴于中国矿产勘察工作程度总体还较低，西部地区尚存在许多矿产勘查空白区，大批物化探异常尚未查证，随着勘探工作的进行，西部在全国矿产资源中的优势地位还会得到加强。由于沿海和中间地区资源开发逐步进入中后期阶段，未来国家对资源的需求形势，一定会要求西部地区更多地承担起为全国提供矿产资源的责任。相应地，未来全国一些重要矿产资源的开发重心必然转移到西部地区。在西部地区采取什么样的资源开发利用模式，不仅事关西部地区经济的发展和脱贫致富，而且事关西部地区能否为中国经济提供更为长久的资源支撑，事关全国21世纪实现可持续发展的大局。

表14-4 西部地区矿产资源的储量与占全国的比重

矿产类型	石油	天然气	煤炭	铁矿	锰矿	铬矿	钒矿
储量	73651.20万吨	20274.60万吨	1658.20亿吨	62.40亿吨	21410.80万吨	389.70万吨	998.40万吨
占全国比重(%)	29.57	80.16	49.16	28.68	72.19	72.57	76.51
矿产类型	原生钛铁矿	铜矿	铅矿	锌矿	铝土矿	硫铁矿	磷矿
储量	20831.10万吨	1032.10万吨	891.00万吨	3171.70万吨	40123.60万吨	69886.00万吨	197695.20万吨
占全国比重(%)	97.41	35.24	67.77	76.40	55.67	35.84	50.77

资料来源：根据《中国统计年鉴》(2005) 相关表格计算。

第三节 西部地区发展循环经济的主要类型

近年来，西部各地针对自身经济发展的现状与问题，在发展循环经济方面采取了积极务实的态度，并结合实际进行了一些卓有成效的积极探索，积累了发展循环经济的经验，并形成了各不相同的发展类型和模式。在众多的循环经济实践中，各种类型的进展不一，成效也差别较大。其中，有些循环经济类型正在探索之中，有些循环经济类型已经取得了成功的经验，有些循环经济类型还有待进一步完善。按照循环经济在各地推动的范围与影响，我们可以将西部地区规划或者正在实施的循环经济区分为以下类型：

一、全省动员型

目前，西部地区有一些省份已经开始在全省推进循环经济试点工作，比较突出的有云南和甘肃等省份。

据有关方面的资料显示，云南省曾提出用5年时间在全省重点企业、行业和区域开展循环经济试点，并以循环经济理念指导和推进10个重点行业、30个工业园区和7个工业基地的发展与建设，同时抓好200个村庄、1万户农户循环经济示范，以带动农业循环经济的发展。其中，10个重点行业包括：烟草、能源、医药、冶金、电子信息、建材、化工、机械制造、农特产品加工、造纸；7个工业基地包括：烟草、能源、有色金属、高浓度磷复肥、煤化工、农特产品加工、林纸。

与云南省的做法有所不同的是，甘肃省决定在全省范围内大力发展循环经济，并确定了九大发展循环经济的重点领域。这九大重点领域包括：①有色金属、冶金、电力、煤炭、石化、化工、造纸、建材等有潜力的重点行业。②重点企业的节能、节材、节水、资源综合利用和清洁生产。③重点城市和区域生活垃圾、城市污水回收处理利用。④废旧金属、废纸、废塑料、废旧轮胎、废旧家电、废旧包装物等废旧物资回收和再生利用。⑤粉煤炭、化工废渣、冶炼尾矿等大宗工业固体废弃物的综合利用。⑥新能源、可再生能源开发利用。⑦发展第三产业，积极鼓励绿色消费。⑧限制高耗能、高耗水、高污染产业项目发展。⑨依法加快淘汰现有浪费资源、污染环境的落后技术、工艺和设备。

二、重点地区带动型

由于资源赋存和重化学工业的发展在地域上相对集中，在西部的一些省份，政府或者学者已经明确提出了各地实施循环经济的重点区域。比如，针对陕西的矿产资源开发主要集中在陕北，陕西的一些学者提出要根据陕北能源资源性质、产业链、地貌和环境特征，将陕北能源化工基地建设成循环经济示范区。具体地说，示范区内可建设神府煤电铝生态工业园、榆阳煤气化工生态工业园、米脂盐化工生态工业园、横靖定油气化工生态工业园、延安石油化工生态工业园、子黄煤油电生态工业园、陕北生态产业科技园和环保科技产业园。

青海省针对本省的资源赋存和未来的产业发展状况，提出要将柴达木盆地建设成青海省循环经济试验区。在柴达木盆地25.66万平方公里的土地上，已查明有资源储量的矿种39个，产地208处，资源总储量3315亿吨，潜在经济价值15.5万亿元，占青海省矿产资源潜在价值的90%以上。在柴达木盆地的资源开发过程中，青海省强调加快延伸发展产业链，发展焦炭、电石、烧碱、烯烃、PVC、氯化甲烷、硫酸、复合肥等产品，将电力、石油、天然气化工、盐湖化工、煤化工、有色金属、建筑材料等多种产业横向链接起来，构建循环型产业链，提高资源利用效率。

三、城市驱动型

应该说，在西部地区，资源利用规模较大、重化工产业比重较大的城市，政府由于遭遇到环境污染矛盾突出和资源利用效率不高的双重问题，对于发展循环经济的热情也最高。一些城市也因此成为西部地区推动循环经济发展的先行者和成功者。其中，以贵阳市和内蒙古自治区的乌海市表现得尤其突出。

贵阳市是全国首个循环经济生态试点城市。在循环经济发展初期，贵阳市邀请大专院校编制了《贵阳市循环经济生态城市建设总体规划》，并在全国率先出台了《贵阳市建设循环经济生态城市条例》，成为中国促进循环经济发展的第一个地方法规。根据贵阳市城市与产业特点，贵阳市设计了八大循环体系，即磷产业、铝产业、中草药、煤产业、生态农业、建筑与城市基础设施、旅游与循环经济服务、循环型消费。比如，在磷化工基地，开展黄磷尾气、磷渣、磷石膏、粉煤灰、盐泥等废弃物的资源化利用，初步构建起多环节的磷化工生态链网。中化开磷集团利用磷渣生产石膏砌块，开阳双流开发黄磷尾气综合利用生产甲酸，山东兖矿集团与开磷集团合作，利用当地磷煤资源生产合成铵。近年来，贵阳在招商引资、制定规划时，由过去只注重单个项目的引进转变为注重项目间的关联关系。所有引进的项目，力争和已有的企业间形成一个区域循环，从而实现资源利用的最大化和环境保护的最优化。

乌海市是一个工业重型化特征十分明显的城市，主要工业行业包括能源、化工、建材、冶金等产业，在以往发展中存在着资源使用效率低、资源消耗迅速、环境污染严重等问题。按照1998年《乌海市矿产资源储量核查报告》，以现有生产能力计算，乌海市的绝大部分资源只能开采30年。近年来，围绕着将乌海市建设成内蒙古自治区氯碱煤焦化工业基地的目标，乌海市一直重视推进循环经济模式，并出现了像西卓子山水泥公司、华西焦化厂、黄河工贸集团等一批发展循环经济的典型企业。尤其是黄河工贸集团在循环经济发展的模式设计上十分科学，经济效益也比较明显。其循环产业链为：采煤、洗煤、用精煤炼焦、焦炭冶炼钢铁、排放物水渣和干渣做矿渣水泥；洗煤剩下的中煤、矸石和炼焦产生的煤气用来发电；发电后利用当地生产的食盐电解盐，形成烧碱，烧碱与当地矿产石英石合成层状硅酸钠，作为无磷洗涤剂的助洗剂提供给日用化工企业；燃煤发电后的固体排放物做水泥原料；炼焦产生的粗苯与氯合成氯苯再向下延伸生产氨基吡啶。炼焦产生的煤气一部分民用，另一部分用于发电，电的余热又用于居民供暖。据测算，集团内部通过排放物循环利用每年可以增加效益3956万元。

四、园区驱动型

目前，西部地区有一些园区开始重视发展循环经济，将循环经济与产业集群结合起来，使一个企业生产中产生的废弃物成为另一个企业的资源产品，在生产过程中实现了有效分工与合作，"吃干榨净"各类资源，大大提高了资源的集约利用水平。在这方面，青海省的甘河工业园区表现得比较突出。

位于青海省西宁市的甘河工业区是一个以矿产资源加工为主，包括冶金、化工、建材等产业在内的省级开发区。在开发区发展过程中，以西部矿业为主的一批企业从项目的引进、产品开发、生产工艺的各环节，都注重推进循环经济的模式，强调以最小的环境代价利用自然资源和环境容量，实现了经济效益、社会效益和生态效益的持续提高。园区内的西部锌业从锌精矿中加工生产锌锭、硫酸、镉锭，硫酸供给区内西部化肥和利亚达化工厂生产磷酸系列化肥和硼酸；生产过程中产生的铅、锌等废渣，供给西部钢业和西部正兴化工公司生产金属钢业和粗铅；粗铅供给西部铅业生产铅锭，提铅后的铅渣供给湟水水泥公司生产水泥、电解泥供给金、银生产线制取金锭和银锭，通过循环利用，使锌精矿中98%以上的有用成分得到利用。西部铅业以铅精矿生产粗铅锭，粗铅电解成铅锭，生产过程中产生的硫化气体回收后制成硫酸，硫酸供西部化肥生产化肥，铅精矿中的金银等有用物质通过园区内产业链得到回收。利亚达化工厂、西部化肥、西部碳素等企业也通过各种产业链使原来的废弃物成为资源，使园区的资源得到综合利用。

五、企业驱动型

企业是市场竞争和资源利用的主体，在诸多西部循环经济的发展探索中，许多企业都付出了较大的努力，成功的企业也相对较多。典型的有广西的贵糖模式、内蒙古的包钢模式、新疆的天业模式、四川的天原模式等。其中，以广西的贵糖模式最为出名。

广西贵糖（集团）股份有限公司在糖业生产过程中，注意到糖业生产中的副产品和废弃物较多，设计出了六个系统来综合利用各类排放物质。各系统内分别有产品产出，各系统之间通过中间产品和废弃物的相互交换而互相衔接，形成一个完善和闭合的生态工业共生网络，使废弃物得到有效利用，环境污染减少到最低水平。这六大系统包括：①蔗田系统。建设优质高产甘蔗科技示范园，引进优良品种开展科学试验，建成现代化甘蔗园，普及推广良种，向园区提供高产、高糖、安全、稳定的甘蔗（包括有机甘蔗）原料，保障制造系统有充足的原料供应。②制糖系统。通过制糖新工艺改造、低聚果糖生物工程，生产出高品质的精炼糖以及高附加值的有机糖、低聚果糖等产品。③酒精系统。通过能源酒精生物工程和酵母精工程，有效地利用甘蔗制糖副产品——废糖蜜，生产出能源酒精和高附加值的酵母精等产品。④造纸系统。通过绿色制浆工程，改造、扩建制浆造纸规模（含高效碱回收）及CMC（羧甲基纤维素钠）工程，利用甘蔗制糖副产品——蔗渣，生产出高质量的生活用纸、高级文化用纸以及高附加值的CMC等产品。⑤热电联产系统。通过使用甘蔗制糖的副产品——蔗髓替代部分燃料煤，进行热电联产，向制糖系统、酒精系统、造纸系统以及其他辅助系统提供生产所必需的电力和蒸汽，保障生产系统的动力与热力供应。⑥环境综合处理系统。通过除尘脱硫、节水工程以及其他综合利用，为制造系统提供环境服务，包括废气、废水、废渣的资源化处理，生产水泥、轻质碳酸钙等副产品，进一步利用酒精系统的副产品——酒精废液制造甘蔗专用有机复合肥，并向园区各系统提供回用中水，提高水资源的重复利用率。

由以上诸多循环经济的类型，结合西部地区循环经济的起步时间和发展规模看，西部地区在推动循环经济的实践上并不落后于全国其他地区。这反映了在新的市场竞争格局与产业发展格局下，西部的政府官员与企业家越来越具有现代化的发展视角，越来越重视增长方式的转变，越来越具有可持续发展的观念与思维。并且证明了，简单地为西部地区贴上观念落后的概念化标签不仅是扭曲了外界对西部的印象从而不利于西部招商引资和实现经济快速发展，而且也不符合西部大开发以来西部地区自主发展循环经济的具体实践。

尽管西部地区在循环经济发展方面取得了比较突出的成绩，但是，也还存在着一些问题和不足，突出表现在：①循环经济模式多集中在资源开采后的加工阶段，对于资源开采阶段和产品销售后的循环经济重视不够。②政府强调过多但政策激励不够，发展的措施还不够完善。③高层重视，低层不重视。具体地说，政府官员重视但是老百姓不够重视，大型企业重视而中小企业不够重视，重点区域和重点城市重视而一般地区和一般城市不重视。④宏观政策不协调，没有考虑到循环经济发展的现实要求。在对钢铁、水泥、有色金属等行业进行宏观调控时，没有考虑到西部一些企业发展循环经济的客观现实，采取"一刀切"的政策措施，结果使西部一些积极推动循环经济实践、资源利用效率较高的行业和企业受到严重影响，降低了宏观经济政策的效率。⑤一些区域循环经济发展的规模还相对偏小。以贵州来说，贵州是资源开采业比较突出的省份，也是西部工业化水平较低的省份。但是，工业废水废气排放量、工业固体废物产生量在全国和西部都是较为严重的。2003年，工业"三废"综合利用产品产值仅为441亿元，只占全国总量的2.3%，综合利用量只占总产量的29.3%，比全国低26.5个百分点。⑥部分废弃物的循环较好而其他类型废弃物的循环不够。比如，乌海市的循环经济已经有一定规模，但是固体废弃物的循环规模较大而气体废弃物的循环规模偏小，以至于在大气污染恶化方面还需要花费气力扭转。在国家和自治区例行监测的影响城市大气环境质量的五项主要污染物中，乌海市有三项居于自治区各盟市的首位。二氧化硫年超标0.85倍，总悬浮颗粒物超标2.4倍，可吸入颗粒物超标4.5倍。2003年，乌海的粉尘排放量达6.12万吨，占全区工业粉尘排放量的37%。在全区开展环境空气质量监测的12个城市中，乌海是唯一一个极重度污染的城市。上述问题说明，西部地区的循环经济还有进一步推动的必要。这种推动不仅需要西部地区自身进一步努力，也需要中央政府的积极支持。

第四节　西部地区发展循环经济的总体战略

发展循环经济，对于西部地区的工业化与经济发展具有重要意义。如果在工业化过程中放任对资源的粗放开发和环境的严重污染，却又大张旗鼓地进行生态环境治理，西部大开发的政策效果就会被抵消，西部地区的发展矛盾将难以缓解。只有采取循环经济的模式推动西部地区的工业化和经济发展，才不仅会延续西部地区资源利用的时限和提高资源使用效率，以资源的持续利用带来财富的持续积累，还会在西部大开发中实现西部的可持续发展。

在西部地区工业化中采取循环经济的发展战略，要以科学发展观为指导，紧密结合国家的西部大开发政策，围绕特色优势产业发展，以转变生产方式和消费方式为内容，以革新和优化资源利用流程为核心，以技术创新和制度创新为动力，遵循政府引导、市场推进、法律规范、公众参与的原则，在更广区域、更多产业、更多环节实施循环经济的发展模式，以实现"低开采、高利用、低排放、再利用"的良性循环，推进西部地区由传统工业化向现代工业化的转变，加快建设经济发展、人民幸福、资源节约、山川秀美的新西部。

（1）将循环工业置于西部大开发的关键位置。如果说，西部大开发的政策实施效果要通过西部地区的工业化加以验证的话，循环工业的发展模式就要为西部地区的工业化提供一个稳定的经济、社会与生态保障。因而，循环工业应该是西部工业化中不可缺少的重要内容。工业化中产生的资源浪费，是西部地区最重要的经济浪费之一；工业化中产生的环境污染，是西部地区最重要的环境破坏之一。在西部工业化推进中，必须将工业发展方向与循环工业联系起来加以考虑；在各地制定经济社会发展规划时，必须充分展示循环工业的发展思路与举措。

（2）从工业化推进的全流程发展西部的循环经济。要按照国家对循环经济发展的要求，在西部地区工业化的五个环节加快循环经济发展。在资源开采环节，要大力提高资源综合开发和回收利用率；在资源消耗环节，要大力提高资源利用效率；在废弃物产生环节，要大力开展资源综合利用；在再生资源生产环节，要大力回收和循环利用各种废旧资源；在社会消费环节，要大力提倡绿色消费。尤其是要提高西部工业化中相对薄弱的资源开采环节、再生资源环节和社会消费环节中的资源利用效率。以资源开采环节为例，西部一些地区存在着严重的急功近利倾向，采富弃贫、采厚弃薄等问题比较突出，使大量资源在开采源头就彻底丧失了进入工业化循环网络的机会。在煤炭开采领域，国家《煤炭工业技术规范》明确要求，煤炭矿井回采率最低不应少于75%，中国重点煤矿的回采率平均为65%，而中国西部一些区域煤矿回采率仅为20%~30%，甚至一些国家大型煤矿，在拥有世界级煤田优越的赋存条件、一流的开采设备和较高技术素质员工的条件下，回采率仍比较低。可见，必须加强对西部工业化全流程多环节的循环经济管制，建立循环工业的管制标准和管制程序，形成全社会发展循环工业的激励机制和约束机制，规范政府、企业和广大消费者个人的经济行为。

（3）注重重点产业和重点区域相结合。针对西部地区的资源与产业发展状况，要加强重点行业循环经济的管理。在开采环节，要加强煤炭、石油、有色金属等产业资源有效开采的控制；在原料工业的生产环节，要注意加强钢铁、有色金属、化工、建材等工业生产中工艺流程的改进，尤其是注重在生产设计环节，注重将产品具有上下游关联关系的产业的合理配置，使一个企业的废弃物能够成为另一个企业的投入品；在最终的消费服务领域，要各个区域加强对废旧工业品的回收。在重点区域的选择上，要加强对重点矿山、重点油田和煤田的管理，提高资源的开采效率，使资源在最初的环节就进入"能循环"的状态；在原料的生产环节，要加强生态工业园区（Eco-Industrial Park）的建设，提高园区产业集群的设计水平与管理水平，实现生产环节废弃物的低排放甚至于零排放，对不可不排的废弃物进行无害化处理，提高资源的"已循环"水平；在消费环节，要在大城市和特大城市加强对废旧工业品的回收管理，实现资源利用的"再循环"。

（4）注重技术创新与制度创新相结合。技术创新是循环经济发展的动力，西部地区循环经济更需要依赖于技术支持。要支持西部的科技经济一体化进程，在西部地区积极推进能够推进行业更新换代的高新技术、清洁生产技术、污染治理技术和环境综合利用技术，鼓励资源开发水平高、能源资源消耗低、废物产生量小的新工艺、新设备、新技术和新产品的研究、开发和推广使用，并根据各地的区域产业结构与经济发展水平，实现各种技术的灵活集成与综合利用。另外，要以制度创新推进西部的循环经济发展。在企业制度改革上，要明确污染排放与治理的政策与法律责任，要按照市场化方式理顺企业之间废弃物排出与使用的经济关系，同时建立公开、透明、公正、规范的排污权交易市场；在价格制度改革方面，将积极理顺资源型产品与最终产品的比价关系，完善自然资源价格形成机制，通过水价、电价等价格政策的调整，限制资源利用效率低的企业盲目发展，促进资源的合理开发、节约使用和有效保护；在政府管理制度改革上，要出台鼓励发展循环经济的新政策、新法规、新标准，按照循环经济的模式加强对企业和个人的管理，采用政策与法律手段引导清洁生产与绿色制造，规范政府对循环经济的管理和监督。

第五节　西部地区发展循环经济的可行性选择

在经济落后的西部地区发展循环经济，是一个十分复杂的系统工程。我们既要面对西部经济落后的现实，也要紧跟国内外绿色制造、清洁生产的趋势，积极利用各种政策手段、经济手段和法律手段，争取中央政策的支持，充分发挥政府与市场两个方面的优势，大力推动西部地区循环经济的发展。

(1) 注重制定西部地区循环经济发展规划，将其作为西部大开发专项规划的组成部分。要把循环经济作为科学推进西部工业化，实现西部工业增长模式转变的重要内容，纳入"十一五"西部大开发的专项规划之中，形成环境保护与资源节约型的工业发展模式，研究制定节能、节水、降耗、废弃物循环利用、资源综合利用、再生资源回收使用的系列方案，逐步建立科学的循环经济评价指标体系，尽快研究提出西部循环经济的战略目标和分阶段推进的实施规划。

(2) 争取中央政府政策的支持。要将循环经济纳入西部大开发的政策支持行列，在发展特色优势产业的过程中加强对循环经济的支持力度。考虑到西部地区财力普遍不足，国家在国债项目中应该加大对西部循环经济重点项目的支持；在国家进行宏观经济调控时，可以在行业控制的同时，将有无循环经济流程作为对具体企业进行政策区别对待的参考依据；国家发展与改革委员会、科技部、环境保护部在重点行业、重点领域、工业园区和部分城市安排循环经济试点工作时，应该充分重视对西部地区重工业基地的选取，并以财政预算内资金支持西部地区的循环经济试点。

(3) 形成促进循环经济的政策体系。在政府管理层面，要将保护环境、节约资源和发展循环经济作为重要的政绩考核标准。增加西部地区领导的资源与环境意识，要多方组织各类资源与要素，开展创建清洁生产先进企业、先进城市的活动。在区域和企业层面上，要实行有奖有惩的激励约束政策，对于能够综合利用资源的企业、园区和城市，应该实行一定的奖励制度，但是对于资源利用效率低、环境污染重的企业，应该采取一定的惩罚性措施。要引导公众消费绿色产品，对于采用生态设计和通过环境标准认证的产品优先采购，对通过清洁生产审计和 ISO 14001 认证的企业，提供财税、金融等方面政策的支持，减免相关的税收。对利用废弃物的研究与开发技术，应该采取政府财政补贴；对于利用循环经济模式采用先进设备和工艺流程的企业，要通过加速折旧、投资补贴、税收减免、财政贴息、税前还贷等政策手段加以支持。

(4) 积极推进西部地区工业结构的调整与优化。工业结构的优化与升级，通常标志着新兴产业对传统产业的替代和更新过程，符合技术进步、企业创新和资源效率提高的方向。比如，大力发展水电、风能、太阳能等可再生资源，可以在西部实现可再生资源对不可再生资源的部分替代，使不可再生的煤炭、石油、天然气等资源得到节约；注重发展空心砖，逐步杜绝生产实心黏土砖，可以实现资源节约型产品对资源消耗型产品的替代；注重利用可降解、无污染的袋状制品，逐步减少有污染、难降解的塑料袋，可以实现环境友好型产品对环境危害型产品的替代。通过工业结构的调整，提高资源的综合利用效率。

（5）在工业园区广泛建立资源共生的生产体系。在园区层次上，要注重园区的产业链管理，建立高起点、高水平的管理模式。在产业发展规划、招商引资过程中注意按照产业集群的模式进行设计，推动园区产业链条的延伸与耦合，注重中间产品再生产、上下游产品衔接和尾矿、废石、废渣的利用，对新建项目做到增产不增污；在企业层次上，要求采取清洁生产技术和工艺，实现清洁生产和废弃物的低排放甚至零排放；在产品层次上，注重按照产品生产周期和环境标志产品的要求生产低能耗、低物耗、低污染、可循环的产品。

（6）推动循环经济领域的技术创新与技术应用。要加强西部循环经济科学规划的研究，积极培养知识面广、适应性强能够为企业、地方政府提供循环经济规划的专业规划人才，以规划指导西部的循环经济发展；增加对循环经济领域技术创新的投资支持，积极组织相关领域的专家学者，重点突破西部循环工业发展中的技术瓶颈，将资源充分开采、节能降耗、清洁生产和再生资源回收利用作为西部技术创新与技术改造的重点，建立技术投资、创新和转化的机制。加快循环经济相关技术的转化，培育清洁生产的技术市场，加强清洁生产技术的示范、转让、咨询、信息传播和培训。

（7）规范市场管理，实行科学的市场准入制度。要在西部地区积极推进产品的质量绿色认证制度，建立资源开采、加工流程、产品质量的绿色生产标准，淘汰技术落后、效率低下、资源综合利用率低的生产设备与生产企业。已有的企业，在整改以后仍然达不到国家规定的资源利用与废弃物排放准入标准的，应该采取严格措施促使其退出市场。

（8）形成促进西部地区循环经济发展的法律法规。应该借鉴贵阳市制定的循环经济条例，各地制定自己的促进循环经济发展的地方性法规。要有激励和惩处性的可操作性措施，使法规能够真正对企业和全社会起到引导和约束作用。比如，在西北地区，由于水资源供需矛盾尖锐，应该大力鼓励中水回用。应该制定合理的政策，鼓励上下游企业之间建立良性循环的关系，用合同和法律规范企业之间的物质往来关系，要鼓励下游企业使用上游企业排放废弃物的同时，对上游企业向下游企业提出不合理的费用要求加以制止。

专题报告 14
建立推进三江源地区可持续发展的长效机制

在西部大开发的过程中，三江源地区的生态环境恶化问题逐步引起人们的普遍关注，中央政府也从促进区域可持续发展的角度加大了对三江源地区治理的投资。在治理资本短缺问题得到解决的情况下，积极研究后续的治理模式、治理途径与治理政策，以建立推进三江源地区可持续发展的长效机制。

一、调整人类行为是三江源地区生态治理的必由之路

近年来，包括生态学、地理学、环境科学的许多学者已经对三江源地区生态恶化问题进行了深入的研究，使人们对三江源地区的生态环境问题有了进一步的了解。大体上说，三江源地区的生态环境问题可以初步概括为：草地退化、来水减少、湖泊数量与面积减少、水土流失、沙漠化、鼠害严重、过牧等，这里，每一个问题都影响到三江源地区的环境变化，其中，每一个因素在影响生态恶化方面的表现程度又都不同。从以上因素看，大体上可以将其中的影响因素划分为自然因素与人为因素两种类型。但是，像来水减少、湖泊消失等因素主要是因为气候干旱、冰川后退造成的，而水土流失、草地退化等因素则更多地与当地居民的经济行为有关。

在物价上涨、人口数量迅速增长、居民对现代生活的追求越来越迫切的情况下，以过牧的形式追求畜群数量增多的行为就会具有普遍性。为了争夺到更多的自然资源和得到更好的养育水平，居民愿意多生育子女。如果一个区域的居民有共同的选择偏好或者说"羊群效应"的情况下，这一区域将出现人口压力、畜群压力同时上升而生产环境甚至生存环境下降的结局。

从国内外的经验看，在科学技术日益发达的情况下，通过人类行为调节来改变自然生态的变化具有一定的合理性与可行性。三江源地区生态环境的治理主要就是要通过人的行为调整来影响到环境的变化，以改变生态不断恶化的趋势。比如，可以在尊重自然规律的基础上通过人为的因素局部影响到自然生态系统的循环，进而在一定范围内影响到自然生态系统的演变进程：通过人工降水增加地表水的产出数量，通过引进和扩大耐寒耐旱的草种来增加草地的覆盖度，通过对各种老鼠的捕杀来

减少草地的鼠害；而在人为因素影响较大导致生态环境恶化的诸种现象如水土流失、沙漠化和过牧等现象中，需要采取退耕还林、退牧还草、退杂草还良草等增加植被覆盖度的方式进行治理，而这类政策实施都需要重新改变人的行为。

可见，从总体上说，调整人的行为是三江源地区生态环境治理的必由之路。这种因果关系，决定了三江源地区生态环境的治理需要更多的社会科学研究工作者加入以自然科学研究工作者为主体的治理行列，为三江源地区的生态治理做出贡献。

二、三江源的生态治理与社会各方的经济行为分析

人的经济行为因其所处的地位不同、价值追求不同、作为群体或者团体所代表的利益不同，其行为表现会有所不同。马斯洛曾经在心理学著作中对人的行为进行生理需求、价值实现等方面的分析。

作为政府，对于生态环境保护具有重要责任，实现统筹人与自然和谐关系的可持续发展一直是各级政府的目标。无论是通过转移支付还是通过中央政府的投资，生态建设靠政府的规律具有现实的合理性。但是，在政府资源动员能力有效而且决策行为理性的情况下，政府在选择进行基础设施建设以吸引更多的投资者还是进行生态建设以改善环境方面一定会存在着两难选择。在经济发展水平较低、政府的财力有限的情况下，中央政府一般倾向于扩大基础设施的投资，实现经济的快速发展和居民生活水平的提高，也容易选择地理区位好、经济实力较强的个别区域优先发展。但是，在经济发展到一定水平、政府财力大幅度提高的基础上，中央政府则更愿意关注区域经济的平衡发展、社会的安全与和谐以及生态安全和生态健康。与西部大开发中的生态建设相一致，三江源地区的生态治理也是在全国经济发展到一个新的阶段后进行的。

从地方政府来看，西部地区的地方政府即使发展到现阶段，经济发展水平与沿海发达地区相比仍然相对落后，面临的生态问题和发展水平低下等诸多矛盾都需要解决。在资源动员能力有限而且政府决策理性的情况下，地方政府更愿意加快基础设施建设的投资以改善投资硬环境，难以有足够的经济能力进行生态建设方面的投资。中央政府从全国生态建设的长远角度出发，加大包括三江源地区在内的西部地区生态建设的投资，既能使西部地区原有加快经济增长的意图不受影响，同时又弥补了在西部进行生态建设财力不及有心无力的缺憾。

三江源地区的草地退化在于过牧的私人成本低于社会成本。在环境

经济学领域内，对环境破坏的解释是私人成本低于社会成本，私人收益高于社会收益。解决这样的环境问题通常有两种形式：对于企业来说，通常采取的措施是要让企业支付额外的成本，比如企业投入技术改造资本、对企业征收污染费用等；对于居民个人的行为，通常是由政府提供转换资本，促进个人或者家庭放弃原有的生产方式，而采用新的生产方式。美国在20世纪20~40年代就开始进行退耕还林，而中国目前进行的退耕还林和退牧还草都具有政府援助使居民家庭进行产业发展的转换。由于三江源地区的生态环境恶化是由大量分散的个体家庭造成的，通过政府提供生态治理和产业转换资本是符合经济规律的。

三、双层管理制度与三江源地区的生态治理

三江源地区的生态治理具有与西部地区进行的其他生态治理不同的特点：一是与包括黄土高原、西北地区的沙漠化治理有所不同的是，三江源地区的生态治理完全是在青海省范围内进行的；二是国家对三江源地区的治理完全由青海省人民政府组织实施。但是，国家在西部大开发过程中推进的退耕还林政策、退牧还草政策等的组织管理是依托相关部委进行的。因而三江源地区的治理是中央政府将生态治理权充分下放到省一级来组织实施，使生态治理重心下垂，生态治理纵向链条明显缩短，治理中的责权利在省级管理中更为统一，减少了上传下达的环节，体现了中央援助基础之上的属地管理和分级管理，有利于三江源生态治理政策决策的制定与措施的实施。

但是，在省级政府对三江源地区的生态治理中，也还存在着管理制度的合理设计与社会各阶层的行为协调。根据青海省三江源治理的状况，应该加强两个层次的管理：一是科学地设计政府管理的合理路线，协调政府部门对生态环境治理的行动；二是科学设计对企业和居民行为的管理。

目前，三江源国家级自然保护区管理局已经正式成立，对于三江源地区的管理制度将逐步健全起来。但是，在青海省管理范围内，三江源的生态治理也同样需要涉及内部的纵向管理关系与横向管理关系。从纵向管理关系上看，三江源的生态治理涉及包括规划、林业、科技等多个部门的管理关系，需要在省级政府的管理范围内协调各个部门之间的关系，明确各个部门在三江源生态治理中的责任，并加强各个部门之间的相互协作。从横向管理关系的角度看，三江源保护区规划总面积15.23万平方公里，涉及青海省5个民族自治州的17个县市，也就是说，三

江源的生态治理需要协调好三江源管理局与相关州县之间的管理关系尤其是与玉树、果洛两州之间的管理关系。

第二层次的管理涉及对企业和个人的管理。三江源生态恶化的关键问题之一就在于：草地的产权关系长期没有得到明确，草地带有公共产品的特点，牧民的牲畜具有私有性质。在经济理性的情况下，每一个家庭将有获得更大收益的倾向而缺乏维护公共财产的积极性，这样草地的退化现象将难以避免。因而在适度地进行围栏以明确草地的产权制度后，由于饲养周期的延续和饲养产品的私有属性，规定了牧民家庭对草地的投入—管理关系，从而要求牧民家庭更多地注重维护草地的生态性和生产性，以充分保护和培育草地资源。值得注意的是，由于气候条件的波动性，草地的生产量每年是不一样的，从理论上说，每年的载畜量也是不同的。在牧民家庭具有充分信息、能够独立承担市场风险、个人选择带有经济理性的情况下，牧民每年根据气候变化、草地地貌、草种结构、产草特点等条件采用的载畜量应该是最合理的载畜量。换句话说，在专业化生产的情况下，牧民能够做出以草定畜的合理决策。在牧民具有独立决策能力的情况下，专家计算的理论载畜量仅有科学意义，不能以计算的数值作为长期决策的参考。

对企业和个人的管理在三江源治理上具有重要意义。由于个人和企业具有追求利益最大化的冲动，如果制度设计的合理，个人和企业是愿意支付投入成本以获得经济收益的。因而在对企业和人的管理上，既要使其行为符合全社会的需要，减少甚至杜绝其对生态环境的破坏，同时又要使其取得应有的经济收益。我们认为，在对企业和个人的行为管理上，要通过规则和制度的建设，建立对个人和企业规范的激励—约束机制，促使其经济行为发生根本的变化。

在两个层次的管理上，需要确立从政府到企业和个人之间的管理规则的制定、资源的合理配置与利用、明确管理主体、加强生态治理行为的监管、加强管理绩效的反馈、明确奖惩制度等，从而构成整个生态建设管理制度的重要内容。

四、形成可持续发展的有效机制

在全国各地迈向全面建设小康社会目标时，三江源地区也同样需要实现全面小康的目标。在三江源的生态治理上应该将政府与市场两个方面的力量结合起来，在三江源地区传统的自然经济状况还广泛存在、市场发育很不充分的情况下，要发挥政府支持市场、政府引导市场、政府规范市场的作用。要发挥政府和市场两个方面的作用,应该具体体现在以下若干方面:①整体的抢救性保护与局部的合理性开发相结合。就是在进行生态保护的同时,也要注意经济增长,但是这种资源开发与产业发展是在小范围进行的。②尊重科学规律与尊重市场规律相结合。③生态移民与生产移民相结合。④工业化与城镇化相结合。

从以上思路出发,我们认为,在三江源地区可持续发展上注意以下几个方面的工作:

(一) 强化政府对三江源可持续发展的主导作用

1. 加强政府政策的管制作用

要发挥市场对三江源资源配置的基础作用,必须要加强政府对不合理的市场行为的干预与限制,切实规范好市场秩序。我们认为,在三江源地区的政府管制主要体现在以下几个方面:①生态管制:要因地制宜,划定不同级别的生态管制区域,采取一定的禁入条件与标准,维护生态系统的稳定性、健康性与可持续性。②生产管制:为保护三江源地区的生态环境,必须在产业政策上对一些产业加以限制乃至禁止,实行环境准入标准。比如,对于建筑材料等工业、生态污染的工业行业都要加以严格限制。在未来旅游业发展时,还可以考虑限制外来人口的进入密度。③生育管制:对于多生超生的生育行为,应该有合理的惩罚性制度。

2. 加强政府政策的诱导和支持作用

政府政策不仅体现在限制性方面,还应该体现在诱导性政策和支持性政策方面。一般来说,诱导性政策是一种事先性政策,先提出政策,然后引导企业和居民的经济行为与社会行为。在三江源地区,诱导性政策具有很大的作用。①生态诱导:应该建立一定的规范性制度和政策,鼓励生态建设类企业的进入,并按照退耕还林、退牧还草等政策精神予以鼓励。②生产诱导:这里我们可以从季节性移民开始,鼓励牧区居民转变生产观念。可以由政府创造一定的就业机会,鼓励三江源地区的农牧民季节性地走出来,采取政府引导的形式让三江源地区的牧民到西宁的工业或者建筑业中、格尔木的资源开发中、青藏铁路的建设中,在其提供季节性就业服务的过程中逐步转变就业观念,并逐步走出去适应现代化的都市生活。③生育诱导:实行奖励少生的政策。

3. 加强政府政策的支持作用

在发达国家,政府对进入特殊市场和特殊区域的企业,通常给予一定的政府援助与支持。比如,进行税收减免、就业补贴、基金支持等。对那些能够带来生态效益和社会效益的企业进行积极的支持。

(二) 积极培育三江源地区的主导产业

除了畜牧业的发展以外,还应该注意发展替代性产业,积极培育三江源主导产业。

(1) 畜牧业:要从传统的畜牧业向现代畜牧业发展方向转化,内蒙古草原兴发、蒙牛、伊利等一批农畜产品加工企业在市场能够做大的一个重要原因就是在规范加工的基础上,将原料来源向成千上万的农牧民家庭延伸。在三江源生态治理过程中,借鉴内蒙古等地的经验,在明确环境准入标准的基础上鼓励有实力的企业进入畜牧业领域。

(2) 旅游业:随着青藏铁路的建设,三江源地区旅游业的地位将得到增强,旅游资源将会得到充分挖掘,通过一系列旅游基础设施的建设和旅游线路的科学设计,将会增强旅游资源对国内外旅客的吸引力。

(3) 以中藏药原料基地建设为主的青藏高原动植物生产业:青海省将农畜产品加工业和青藏高原动植物资源加工业作为重要产业来对待,动植物资源的积极培育、合理开采都很重要,尤其是应该注意按照国家标准,加强中藏药基地的建设。

(4) 工业:电力、制药业、农畜产品加工等工业可以依据三江源地区的资源和产业延伸状况,依托城市加以发展。

(5) 商业:应该加强各地三江源地区与全国其他地区的商业往来,在促进三江源地区产业化和市场化的同时,沟通三江源与其他地区的商业往来,注意重要城镇商业网点的建设,并注意发展像毛皮、药材、肉类的专业化市场。

(6) 基础性产业的发展:加强道路、供水、排水、供电、医院、学校等基础性设施的建设,在提高三江源地区的可进入度和与其他地区往来的基础上,创造更多的就业机会。

(三) 注重经济资源向城镇的集中

在生态建设中,要对不同行为主体的选择目标进行评估,尤其是农牧民在退牧后的产业发展选择、产业转换成本、迁移后的成本收益、城镇建设规模等因素加以考虑。要鼓励企业向城镇的集中、产业向城镇的集群和人口向城镇的集聚,发挥城镇在带动区域经济发展的作用。

（四）充分重视符合市场规律的制度建设

在三江源的生态建设与可持续发展过程中，除了政府在管理制度、管理框架、管理规则上的建设外，还必须重视企业制度的建设，提高居民对政策和市场反映的能力。

在三江源的治理过程中，应该加强政府管理制度的建设。我们以宁夏一些区域的生态移民来说明管理制度建设的必要性。宁夏一度进行过南部山区向银川周围的生态移民，给移民分地、建房，但是由于户籍、土地管理、扶贫等方面的制度建设没有跟上，结果是最初的移民措施尽管花费了大量的投资，但是效率并不高。在三江源地区的移民过程中，应该借鉴其他地区的移民经验，从一开始就注重加强制度建设。

在三江源的生态治理过程中，在政策引导下，一定会出现企业进入市场和牧民退出牧业的过程。在企业进入产业化市场和生态治理市场过程中，要加强规范化的制度建设。采取拍卖生态治理权、治理权转让，鼓励企业进入市场。还可以采取倒租反包等一系列在农业产业化实施中卓有成效的做法，鼓励企业与牧民达成合作协议，由企业向牧民提供种子、化肥、信息、作业方式等技术咨询，促进企业与牧民家庭和科技人员的结合，尤其是应该积极推行在青海一些区域开展的行之有效的科技特派员制度，将会使整个产业链条的技术水平与管理水平有所提高。在企业产业化过程中，也会出现畜牧业规模经营、产后经济向产前经济发展的趋势，促进畜牧业产业链条的延伸和经济的增值。在企业制度的发育过程中，还可能出现一些服务于生态建设和产业化的专业性公司。比如市场中介、种子公司等将得到发育。

制度建设还惠及广大居民家庭。在市场化过程中，农牧民都有自己独立的要清晰地界定草地的产权，使牧民能够将对草地的劳动力、种子、资金、技术投入与自己的畜牧业收益结合起来。要在加强工业化的过程中，创造更多的就业机会和充分发育市场，在一些牧民退出牧业（即便是季节性地退出）的过程中，能够做出收益预估并且灵敏地对市场上劳动力供求信号和工资信号做出反应，强化牧民的市场意识。另外，要强化农牧民与企业交往中的风险意识，以便在合同制定与执行中能够依法维护自身的权益。

五、处理好三江源地区可持续发展中的关键问题

三江源地区的生态建设与可持续发展具有巨大的正的外部性。有数

据显示，通过三江源生态建设项目的实施，可以为下游带来 700 亿元的产值。

（1）要充分利用好中央政府的治理资金，建立推动三江源地区自主性、可持续性发展的机制，并最终减少对中央投资的路径依赖。把国家对三江源生态改善的投资作为启动资金，将国家投资用到最适合于发展的项目上，发挥专项性资金规模性的乘数效应，并调动民间资金参与到三江源地区的建设中，最后形成全社会支持三江源地区发展与建设的社会潮流。

（2）建议将三江源地区的人工降水列入国家建设重点项目，并在未来采用市场化的方式开发空中水源。

（3）建议将三江源地区列入国家计划生育奖励制度的实施区域，并争取国家相关部委的支持。

（4）要充分运用市场手段加强对三江源地区的生态治理。

（5）制定《三江源地区生态保护条例》。

附录　本课题发表的主要成果

［1］陈宗兴，周民良. 高度重视农村生态环境建设//蒋正华，李蒙. 生态健康与新农村建设. 北京：中国医药科技出版社，2008.

［2］陈宗兴，周民良. 循环经济与西部地区的工业发展//蒋正华，李蒙. 循环经济与生态健康. 北京：气象出版社，2007.

［3］周民良. 工业化、生态健康与沿海地区的可持续发展//蒋正华，李蒙. 生态健康与科学发展观. 北京：气象出版社，2004.

［4］周民良. 主体功能区规划引导区域开发. 新京报，2006-11-09.

［5］周民良. 跨国公司也要履行环境责任. 中国环境报，2006-12-19.

［6］周民良. 贫困、环境与可持续发展. 中国地质大学学报，2007（3）.［本文获得湖北省委宣传部湖北省社科期刊第十二届（2007~2008年度）专题优秀作品二等奖］

［7］周民良. 用信贷杠杆强化企业的环保责任. 新京报，2007-01-11.

［8］周民良. 长三角发展应科学规划. 新京报，2007-05-25.

［9］周民良. 绿色GDP诚可贵，惩处机制价更高. 新京报，2007-07-24.

［10］周民良. 从可持续发展角度看西部大开发的政策取向. 开发研究，2007（6）.

［11］周民良. 以环保责任引导政绩观. 中国环境报，2007-01-12.

［12］周民良. 中国城市的环境污染与可持续性发展. 中国地质大学学报，2008（5）.

［13］周民良. 以绿色交通政策引导城市交通走向. 西部论丛，2010（10）.

［14］周民良. 永定河流域的综合治理开发与西南五区的持续发展. 北京市政协西南地区论坛文集，2009.（本文获得北京西南五区发展论坛优秀调研成果奖）

［15］周民良. 促进低碳经济从生产领域转向消费领域. 创新，2011

(5).

[16] 周民良. 主体功能区战略下的地区发展新思维. 人民论坛, 2011, 6（中）.

[17] 周民良. 以培育发展战略性新兴产业促进国民经济结构的战略性调整. 领导之友, 2011（2）.

[18] 周民良. 构筑更加协调的区域科学发展格局. 中国经济时报, 2012-07-04.

[19] 周民良, 褚玉楠. 省会城市功能发挥与"两型社会"城市群建设. 中国地质大学学报, 2009（4）.

[20] 周民良, 杭正芳. 烧还是不烧. 垃圾处理陷两难. 中国经济导报, 2010-05-27.

[21] 周民良, 周群. 绿色交通体系建设与生态城市建设：逻辑与思路. 江海学刊, 2010（2）.

[22] 于美霞, 周民良. 中国各省区环境污染的变化趋势与特征分析. 江海学刊, 2009（1）.

[23] 于美霞, 周民良. 中国各省区环境污染的动态趋势与影响因素分析. 北京理工大学学报：社会科学版, 2009（4）.

[24] 杭正芳, 周民良. 日本城市废弃物处理机制研究. 城市发展研究, 2010（12）.

[25] 杭正芳, 周民良. 日本垃圾焚烧场所的区位决定与利益博弈. 地域研究与开发, 2011（4）.

[26] 杭正芳, 周民良, 李同昇. 日本废旧家电如何变废为宝. 环境保护, 2012（2-3）.

[27] 满明俊, 周民良. 陕西环境污染的地域分布规律. 中国地质大学学报, 2008（6）.

[28] 满明俊, 周群, 周民良. 加快建设西部高水平的资源开发基地//李平, 陈耀, 郝寿义. 中国区域经济前沿（2010/2011）："十二五"区域规划与政策研究. 北京：经济管理出版社, 2011.